数字经济基础

洪银兴　任保平　著

中国教育出版传媒集团
高等教育出版社·北京

内容简介

近年来以云计算、大数据、移动互联网和人工智能为代表的新一代数字技术突飞猛进，催生了社会生产生活方式颠覆性变革，驱动数据资源指数级增长和裂变式衍生，一个全新的数字时代已然来临。那么数字经济的基本要素是什么？基本的实践场景包括哪些？如何实现数字经济的规范和治理？这些都是经济学需要回答的基础问题。

本书从这些基础问题出发，包括数字经济的基本要素、数字经济的实践场景建设、数字经济的规范和治理三大篇。第一篇主要研究了数字经济的基本要素，包括数据要素、数字技术创新、互联网平台、物联网、工业互联网、数字基础设施。第二篇主要研究数字经济的实践场景建设，包括数字产业化、产业数字化、金融领域的数字化、贸易领域的数字化、数字经济的企业组织创新、政府治理和社会管理的数字化。第三篇主要研究数字经济的规范和治理，包括数字经济生态及其治理、数字经济的风险防范、平台经济秩序和规范、数字鸿沟及其治理。全书突出基础性特色，三大篇构成了数字经济基础问题的理论体系，突出研究数字经济的基本理论、基本实践和基本的治理体系。

本书可作为普通高等学校经济学、管理学等专业高年级本科生和硕士研究生的教材，也可作为数字经济从业人员，政府的经济管理人员、企业管理人员学习数字经济基本理论的参考书。

图书在版编目（CIP）数据

数字经济基础 / 洪银兴，任保平著. --北京：高等教育出版社，2024.3

ISBN 978-7-04-061588-3

Ⅰ. ①数… Ⅱ. ①洪… ②任… Ⅲ. ①信息经济-高等学校-教材 Ⅳ. ①F49

中国国家版本馆 CIP 数据核字（2024）第 023622 号

Shuzi Jingji Jichu

策划编辑 刘清田　责任编辑 吴淑丽　封面设计 裴一丹　版式设计 李彩丽
责任绘图 马天驰　责任校对 吕红颖　责任印制 刁 毅

出版发行	高等教育出版社	网　址	http://www.hep.edu.cn
社　址	北京市西城区德外大街 4 号		http://www.hep.com.cn
邮政编码	100120	网上订购	http://www.hepmall.com.cn
印　刷	鸿博汇达（天津）包装印刷科技有限公司		http://www.hepmall.com
开　本	787 mm×1092 mm　1/16		http://www.hepmall.cn
印　张	19.75		
字　数	390 千字	版　次	2024 年 3 月第 1 版
购书热线	010-58581118	印　次	2024 年 3 月第 1 次印刷
咨询电话	400-810-0598	定　价	52.00 元

本书如有缺页、倒页、脱页等质量问题，请到所购图书销售部门联系调换

物 料 号　61588-00

前　言

数字经济不同于以制造业为基础建立的传统工业经济形态，数字经济以新一代数字技术为基石，扬弃了传统经济形态标准化、规模化、模式化、效率化、层次化的特点，追求网络化、个性化、差异化、速度化。数字经济是将数据作为基础要素的经济形态，通过数字技术，主要包括数据的收集、存储、处理、传输和显示，产生数字化的产品和服务，作为直接消费品或生产过程的中间产品再次进入经济体系，同时，数字技术在向传统经济的渗透过程中，通过数字化、智能化迅速提高生产效率，从而实现数字经济与传统经济的融合。在数字经济背景下生产方式的变化不仅取决于创新力，而且取决于算力，数字经济的算力已成为数字经济生产力的核心因素之一。这就需要经济学来解释这种变化的世界，从而给这种变化世界的未来发展趋势做出正确的指导。

在经济学说史上，任何一次经济学范式的革命都与产业革命及相应的技术进步密切相关。技术进步及其产业革命是经济学范式变革的技术基础和产业基础。数字经济不仅带来了经济发展和运行方式的巨大变革，而且推动了经济学理论的创新发展。为了描述和揭示这些理论和实践上的新变化，并且普及数字经济的基础性知识，我们组织研究力量出版这本《数字经济基础》。本书内容包括数字经济的基本要素、数字经济的实践场景建设、数字经济的规范和治理三大篇，共计 16 章。

本书的特点在于：一是突出基础性。如同书名一样，本书突出对数字经济的基础理论、基础模式、基础范式进行阐释，以便于人们深入理解数字经济。二是突出前沿性。运用中国特色社会主义政治经济学的立场和方法研究数字经济，吸收国际范围内数字经济研究的前沿知识，力图在理论与实践结合的过程中阐释数字经济的基本理论和方法。三是突出应用性。把数字经济的基本理论与应用场景建设相结合，与实体经济深度融合，在基本理论阐释的基础上，突出数字经济基本实践应用和基本应用场景的研究。例如，数字金融、数字贸易、物联网、工业互联网等。四是突出指导性。主要是突出对中国数字经济发展实践的指导性，针对中国数字经济发展的现状、问题，提出进一步推进的路径。把数字经济的发展与数字经济的规范和治理结合起来，以指导我国数字经济的健康发展。

本书的创意和框架策划是由洪银兴教授提出，由南京大学数字经济与管理学院、南京大学江苏数字经济研究院任保平组织讨论而完成的。本书是集体分工协作完成的，各章分工如下：导论南京大学洪银兴、第一章南京大学任保平、第二章南京大学魏婕、第三章南京大学师博、第四章金陵科技学院刘丽、第五章西北大学钞小静、第六章南京大学赵华、第七章南京大学任保平、第八章南京大学王大中、第九章江苏科技大学汤向俊、第十章南京大学魏婕、第十一章西北大学郭晗、第十二章南京大学王大中、第十三章南京大学任保平、第十四章南京大学师博、第十五章上海财经大学任欣怡。洪银兴和任保平对全书进行了统稿。

本书的撰写得到了高等教育出版社的大力支持，刘清田编审等在本书策划和编辑中付出了辛苦的劳动，吴淑丽女士在设计和编校中做了大量工作，在此表示感谢。本书同时也得到了南京大学数字经济与管理学院、南京大学江苏数字经济研究院以及苏州校区管委会、南京大学社科处的大力支持，在此一并表示感谢。

中国数字经济的发展已经进入新的阶段，超越了自动化和信息化已经进入数智化阶段，实践的快速发展不断产生着新的理论与实践问题，迫切需要经济学理论不断创新，以便于更好地解释这些新的变化和新的问题。希望这本《数字经济基础》能起基础性的作用，以引起大家对数字经济问题的关注，以及对数字经济基础理论和方法的理解。

洪银兴

2023 年 12 月 10 日

目　录

导论 数字经济的基本经济问题

关于经济时代的划分，马克思有个经典的判断：“劳动资料的遗骸对于判断已经消亡的经济的社会形态也有同样重要的意义。各种经济时代的区别，不在于生产什么，而在于怎样生产，用什么劳动资料生产。”[①]在世界范围内，第一次产业革命提供了机械化的劳动手段；第二次产业革命提供了电气化的劳动手段；第三次产业革命则提供了信息化的劳动手段。第三次工业革命理论把互联网+清洁能源看作是第三次产业革命的标志。[②]现在还有第四次产业革命的说法，即在数字经济背景下提供智能化数字化的劳动手段。

当今世界正在进入的数字经济新时代，是崭新的、充满了基于数字技术的经济和社会体验的时代。依托数字技术的数字经济能使生产率和经济获得更快更长期的发展。2022年第2期《求是》杂志刊发习近平总书记重要文章《不断做强做优做大我国数字经济》，文章强调：综合判断，发展数字经济意义重大，是把握新一轮科技革命和产业变革新机遇的战略选择。数字技术、数字经济可以推动各类资源要素快捷流动、各类市场主体加速融合，帮助市场主体重构组织模式，实现跨界发展，打破时空限制，延伸产业链条，畅通国内外经济循环。

一、作为数字经济的经济

数字经济是继农业经济、工业经济之后的更高级经济阶段。1998年，美国商务部研究报告《浮现中的数字经济》描述了在IT技术扩散和渗透的推动下，从工业经济走向数字经济的发展趋势，并将数字经济的特征概括为“互联网是基础设施，信息技术是先导技术，信息产业是带头和支柱产业，电子商务是经济增长的发动机”。2016年《二十国集团数字经济发展与合作倡议》将数字经济界定为，“以使用数字化的知识和信息作为关键生产要素、以现代信息网络作为重要载体、以信息通信技术的有效使用作为效率提升和经济结构优化的重要推动力的一系列经济活动”。根据此定义，数字经济实际上由数字和经济两个方面融合而成。数字方面涉及数字技术，数据要素，信息网络，互联网（物联

① 马克思：《资本论》，第1卷，北京：人民出版社，2004年版，第210页。

② “互联网信息技术与可再生能源的出现让我们迎来了第三次工业革命”（杰里米·里夫金：《第三次工业革命：新经济模式如何改变世界》，张体伟，译，北京：中信出版社，2012年版，第31页）。

网）平台等基本要素。经济方面指的是这些数字要素渗透和融合到生产、流通、分配和消费各个方面。突出表现为云计算、大数据、人工智能与实体经济深度融合。数字经济在生产、流通、消费三方面与传统经济相区别。

在生产方面，马克思在《资本论》中把机器体系概括为工具机、传动机构和发动机。信息化后机器体系又加了计算机。数字化后，机器体系进入智能制造阶段，工具机、传动机构、发动机均数字化，也就是以新一代信息技术为基础，大数据、互联网、人工智能渗透在制造体系的各个环节。数据成为关键生产要素，网络的互联互通构成了生产联系，经营管理也智能化。工业互联网实现了资源共享、生产协同。数字技术实现从生产资料、生产设计，到产品制造、产品管理以及产品流通的跨越时间空间的分工合作。数字技术提供的产品和服务具有个性化、差异化、定制化的特点。数字技术可以对生产过程进行模拟、评估、优化，物联网技术可以对生产过程进行精细把控；智能机器人不仅能替代人类在高危环境中劳动，还能从事人类难以企的高难度工作。特别是3D打印在实际上可以复制一部分全球产业链分工环节，在一定程度上缓解外循环环节转向国内后的卡脖子压力。

在流通方面，数字经济时代的交换市场不再仅局限于传统意义上的实体市场，实体市场被互联网、物联网平台替代。这主要表现在以下三个方面。一是商品交易平台化。依赖于信息网络技术发展的电子商务实现了商品交换的网络化、平台化，商家依赖网络交易平台推广商品、提供购物指导和售后服务；消费者通过交易平台快速收集目标相关商品的信息，在众多商品中选择质优价廉的商品自助形成订单；并通过与物流公司和第三方支付平台合作完成交换行为。信息实时网络互动的互联网市场交易方式突破时间空间约束，将多样化的商品信息通过交易平台呈现给消费者。二是流通货币虚拟化。随着互联网及信息技术手段与传统金融服务业态的有机结合，商品交易采取网上支付、移动支付的第三方支付方式，不需要采用现金交易方式。电子货币可通过电子化途径将实体货币转化为数字，以数字形式通过第三方交易平台快捷支付。相比于传统货币，电子货币具有成本更低、支付更灵活、更安全可靠、流通更广的特点。随着区块链技术的应用，数字货币无须通过银行即可转移资金。三是流通体系的顺畅化。物联网通过各种现代信息和数字技术实时采集任何需要监控、连接、互动的物体或过程，通过各类可能的网络接入，实现物与物、物与人的互联互通，实现对物品和过程的智能化感知、识别和管理，建设高效顺畅的流通体系，降低物流成本。

在消费方面，依托大数据、消费互联网平台和人工智能技术，数字经济产生了新的消费业态。其数字化背景：一是实物产品数字化，如音乐、出版、新闻、广告等，消费者不用通过购买实物产品，只需要通过手机等移动终端直接交易和消费这些产品和服务；二是互联网平台为大众提供了开放式消费平台，直播带货定义了新的消费方式；三是共享型消费进一步发展，如移动支付、互联网、大数据等现代技术的发展使共享充电宝、共享雨伞、共享单车、共享汽车等各类共享型消费进入各种消费活动。消费数字化扩大并带动了消费升级。依靠移动终端，即时购买、消费、支付，供求不受时间空间限制，降低了交易成本，丰富了消费方式。消费数字化使消费向多元化发展。消费更为体现个性化、共享化。随着数字经济的快速发展，诸多新的消费场景和业态不断涌现，如电商直播、“云购物”、在线教育、在线医疗、智慧旅游等。互联网平台依靠大数据和云计算服务很大程度上可以克服市场信息不完全的缺陷，不仅可以为用户提供充分的市场信息、充分的选择机会，还可以为用户提供个性化的定制服务，为用户创造更大价值，消费者是上帝得到真正体现。

二、作为生产要素的数据和数字经济体系

1．作为生产要素的数据

数据可以分为原始数据和作为生产要素的数据。每个人的经济活动都在提供原始的数据，这些原始数据虽然很重要，但不被利用则毫无价值。成为生产要素的数据是经过采集、处理、分析，用于某种生产和服务目的的数据。在数字经济中，所有数据的采集、处理、分析离不开平台（平台代替了市场）。垄断数据来源的程度、处理和分析数据的能力，尤其是数据的应用范围和能力反映了平台的竞争能力。平台数据的所有权归属应该是平台。

数字经济的资源基础是数据。平台企业通过互联网掌握的大数据、通过云计算处理和提供的大数据，其他企业通过互联网平台获得的大数据将成为企业发展的重要资源。因而作为现代生产要素的数据，不是一般的数据，是在互联网上经过分析和处理过的数据。互联网平台是大数据的采集、开发和运用的平台。

数据的生产要素作用主要表现在以下方面：首先，是科技创新的重要因素。互联网、人工智能都是以大数据为技术基础。其次，数据是宏观经济运行和调控的依据。再次，数据是企业管理和营销的依据。最后，数据成为竞争力和垄断的内容：获取数据的能力成为竞争力的重要标志。谁垄断数据谁就垄断市场。数据成为生产要素后，对数据的生产、报酬、交易和消费等独特的运行，就产生数字经济。

2．数字经济体系

诺贝尔经济学奖获得者劳伦斯·克莱因将经济构成划分为三个部分：传统经济体系、知识经济体系和数字经济体系。传统经济体系是以传统制造业为主体的产业体系，知识经济体系是以高新技术产业为主体的产业体系，数字经济体系是以新兴产业为主体的产业体系。数字经济体系以高技术为支柱，以智力资源为依托，核心驱动力在于创新，创新既可以形成新的产业，如云计算、人工智能、物联网、移动互联等，可以通过新机器

的驱动，提高生产率，驱动更多的物质财富。“创新的驱动力是成本最小化、产出最大化，以及资源的利用。它确实带来了日益增长的物质财富，也可以带来利润的上升。”[①]在数字经济体系中，数字产业化和产业数字化是数字经济体系的核心内容。

由数据的生产要素作用而相应产生大数据产业，即为数字产业化，大数据产业成为基础性产业，提供的数字化知识和信息，也就是作为生产要素的大数据。新一代信息技术和信息产业（5G）不断催生新产业新业态新模式。这就是习近平总书记所说的，“随着信息技术和人类生产生活交汇融合，互联网快速普及，全球数据呈现爆发增长、海量集聚的特点，对经济发展、社会治理、国家管理、人民生活都产生了重大影响。世界各国都把推进经济数字化作为实现创新发展的重要动能，在前沿技术研发、数据开放共享、隐私安全保护、人才培养等方面做了前瞻性布局。”[②]

大数据赋能产业，即为产业数字化。利用互联网和数字技术对各个产业进行全方位、全角度、全链条的改造，不仅可以改造传统产业，加快制造业、农业、服务业的数字化、网络化、智能化，而且还可以衍生新产业。实践证明，移动互联网进入哪个产业领域，哪个产业领域就能得到根本改造和提升。数字技术对传统产业的渗透，使传统产业部门一跃进入信息化社会。“数字化的制造业”，如国内某个著名制造业企业董事长所说的，“核心业务全部在网上，管理流程全部靠软件，产品必须高度智能化。”农业中的数字化最为明显的是无人播种、撒药、施肥，以数字技术监测病虫害等。

三、互联网平台经济

数字经济依托的载体是互联网平台，互联网平台依托数字技术实现产业的深度融合和跨界。互联网平台的基础是数据，互联网平台同时也是大数据的采集、开发和运用的平台。例如对在互联网平台上自然生成的各类各地消费者的消费偏好、交易频次、消费品种和数量等数据加以计算和开发可以生成各种市场供求等方面的数据，供各种决策所用。再如实验经济学在计算市场供求均衡及相应的均衡价格时需要众多买者和卖者参与的实验，现在通过计算互联网平台的数据就能实现。不论是搜索引擎、电商平台，还是物流快递、打车平台，数据量越大、分析越准确，对市场需求的预判就越精准。从一定意义上说，互联网平台上企业的垄断地位由其垄断数据的能力决定。

已有的市场理论有几个重要缺陷：首先，市场配置资源有效性的重要前提条件是，参与者人数足够多，竞争充分。而在现实的市场上，交易双方参与者并不足够多，竞争

① 保罗·梅森:《新经济的逻辑：个人、企业和国家如何应对未来》，熊海虹，译，北京：中信出版社，2017年版，第215页。

② 习近平:《审时度势精心谋划超前布局力争主动 实施国家大数据战略加快建设数字中国》，人民日报，2017年12月10日。

也不充分。其次，货币介入商品流通后对交易的重大影响是：货币不一定即时支付，因此买卖在时间空间上的分离，可能造成支付链条断裂。第三，商品交换存在交易成本，也就是寻找市场，寻找价格，签订合约，监督合约执行所需要支付的成本。互联网+技术进入市场后，这些市场缺陷就可以在很大程度上得到克服。

对市场配置资源是否有效的最大质疑是市场信息不完全理论。其内容包括：市场不确定；信息不对称及其导致的劣币驱逐良币；著名的“囚犯困境”指出的信息不对称条件下市场交易者之间的互不信任。移动互联网平台代替市场，人们利用互联网平台的电子商务，甚至可以实现跨境贸易。这就在很多方面颠覆了传统市场理论。首先，市场不再是个场所，而是随时随地可以进入的平台。消费者在互联网上购买商品，缩短了供应链链条，明显降低了信息成本和交易成本。其次，平台代替实体市场后，商家通过网络寻找市场，交易成本大大降低，凭借节省的费用降低商品和服务价格，以低价吸引消费者。第三，互联网为消费者提供个性化的定制服务，消费者是“上帝”得到体现。

目前我国进入市场的互联网平台主要涉及：社交类的微信平台，电商类的淘宝、京东、拼多多等平台，移动支付类的支付宝、微信支付、云闪付，快递类的顺丰等。互联网平台的业态不只是影响市场，而且会对整个经济活动产生深远影响。现在我们所认为的传统产业特别是消费性服务业，只要加上移动互联网，这些传统产业就能进入现代产业体系。具体地说，互联网+零售即产生网购；互联网+金融即产生互联网金融；互联网+媒体即产生新媒体；互联网+教育即产生“慕课”（MOOC）；互联网+出租车即产生网约车；互联网+物流即产生快递。面对“互联网+”的挑战，实体店之类的经济面临生存危机，其生存和发展的必由之路是“+互联网”。如：零售实体店遇到网购产业的冲击，需要“+互联网”；金融业面对互联网金融业的冲击，需要“+互联网”，农业+互联网产生农村电商。尤其要注意到，“+互联网”的，不只是服务业，制造业也有这种趋势，也要“+互联网”。移动互联网平台提供的社交网络提供开放的、超广泛的、无限的空间，比如微信平台。进入微信群的每个人拥有多个群和朋友圈。相互间交叉，从而扩大了人际网络范围。进入微信群和朋友圈要以互信为基础。如果不信任某个人就可能被拉黑。粉丝经济的作用使信息发布者会尽可能发布准确可信的信息。由于微信信息会反复转发扩散，因而其信息传播速度快，公开性程度高。这样生产和消费的信息在群内实现连接。互联网平台和微信平台传播的信息很大程度上替代了广告宣传，销售不再需要销售人员满天飞。

传统经济没有采用互联网+的经济，其重要推动力是规模经济，规模经济指的是供给方即生产方的规模经济，规模达到一定点时规模经济效益递减是不可避免的。平台经济的驱动力量是互联网+经济。在以互联网+为驱动力的平台经济中，规模经济是需求方的规模经济。使用网络的人越多，对每个人的价值越大。规模经济效益递增则是不可避免的。

在互联网平台上产生共享经济。共享经济实际上是共享互联网平台的经济，共享经济的实质是借助互联网平台，实现私人资源的再利用，如网约车、共享单车等。用有限的资源实现尽可能的使用和服务，其基础和技术手段是互联网平台，进入平台的资源是公共的，平台是共享的。资产运用得越充分，获得的资源和创造的价值就会越大。共享经济的核心是：使用权和所有权分离，使用权比所有权更重要。使用者不试图占有这个资产，而要试图高频次、高效地去利用和使用这个资产，让它发挥更大的价值和效用。这意味着，在共享经济的背景下实现使用权的共享，不可避免对现有的所有制理论研究提出了挑战。在互联网平台，如微信平台上，个人掌握的相当多的私人信息都可以成为公共财富，因为许多人掌握的信息都愿意第一时间通过微信发布，朋友圈中所有人都具有平等的共享信息的权利。

与传统经济相比，平台经济中进入市场和竞争的方式有重大改变。首先，与通常讲的差别性竞争不同，互联网平台经济更为重视兼容，如果不能兼容，网络产品就进不了市场，这就淡化了差别性竞争。其次强调资源共享，就需求方规模经济来说，资源能够共享才能实现规模经济。第三，互联网平台重视标准的作用。互联网实际上形成了标准化的系统，互联网平台建立也是需要达到一定标准的。在产品和服务多元化和多样化时，互联网提供的标准化的信息就成为供求双方进入市场的选择标准，这就在很大程度上克服了不确定性。第四，竞争优势更为关注先行者优势。先行者先锁定顾客，“当从一种品牌的技术转移到另一种品牌的成本非常高时，用户就面临锁定。转移成本和锁定在信息系统中是很普遍的”。[①]先行者先行制定技术标准，不仅可以加速新技术的推广，还能为制定标准的创新企业扩大市场规模提供可靠标准。

四、数字经济中的创业、就业和企业

诺贝尔经济学奖得主塔德蒙•费尔普斯在《大繁荣：大众创新如何带来国家繁荣》一书中描述了大众创业、万众创新的景象：“现代经济把那些接近实际经济运行、容易接触新的商业创意的人，变成了主导从开发到应用的创新过程的研究者和实验者，科学家和工程师往往被他们召集过来提供技术支持。现代经济把各种类型的人都变成了‘创意者’，金融家成为思考者，生产商成为市场推广者，终端客户也成为弄潮儿。”[②]

“互联网+”本身所具有的创新功能可以为大众创业万众创新提供有效的支持。传统的财富观强调财富的私人所有，突出对财富的独占和排他的权利。互联网平台产生的共享经济挑战传统的私人占有理论。里夫金指出：“在第三次工业革命时代，传统的财产观——鼓励获取物质财富和独占、排他的权利，被全新的通过社交网络同他人分享经验的财产观所取代。”其表现就是他说的：“伴随互联网成长起来的新一代人习惯于对创造

① 夏皮罗，等：《信息规则》，北京：中国人民大学出版社，2000 年版，第 92 页。
② 塔德蒙•费尔普斯：《大繁荣：大众创新如何带来国家繁荣》，北京：中信出版社，2013 年版，第 30 页。

力、专业技能甚至产品和服务的开创性共享，以促进社会总体财富的增长。”[①]依托互联网的数字经济时代逐渐体现为创客时代。“小而美”、智能化、便捷化的产业形态大量涌现，推动了一批批中小企业的诞生，降低了企业的创业门槛。市场门槛和企业运营成本大幅降低，给中小企业创新创业带来了新机遇。

互联网平台提供了创新创业通道：第一，新业态的市场进入是没有门槛的。在互联网上就业和创业合为一体。只要有一台计算机，能上网就能创业就业，互联网提供的众创和众筹平台降低了就业和创业门槛。谁雇佣谁已不是主要的，就业者成为自雇者。第二，互联网提供的信息降低了创新创业所需要的（市场的，技术的）信息门槛。第三，利用互联网平台人人都可以成为创客，创新创业的风险投资可以通过互联网平台众筹，互联网平台解决创新成果的市场实现（如进入淘宝网）。产品可以在网上销售，网络平台为之提供众创空间。消费者成为创新的弄潮儿，消费成为体验过程。消费者通过选择、个性化定制成为创客。风险投资家通过互联网寻找选择投资对象。全国市场主体中新业态占了很大比重，大众创业万众创新在互联网平台上得到体现。

数字经济以研发和服务为中心，有助于减少信息不对称导致的研发不确定性，降低研发创新的市场风险，提升创新资源的利用效率。数字经济更加注重消费者的需求和体验。数字化、网络化创新平台突破了传统创新中消费者和研发者的信息分割，使消费者能够直接参与产品设计，通过将自身需求、感受、经验等及时反馈给企业，促使企业在产品开发、外观设计、产品包装、市场营销等方面加强创新以满足市场客户需求，满足消费者的参与感，使得原本未流向市场的要素得以市场化，盘活“沉睡”的要素资源，激发要素的潜能。

互联网+背景下产生网购、网约车，甚至人工智能发展后出现无人驾驶、无人超市等，是否意味着互联网+会加剧失业问题呢？马克思在说明机器大工业时就指出：现代工业的技术基础是革命的。“大工业的本性决定了劳动的变换、职能的更动和工人的全面流动性。”[②]机器大工业产生后的 100 多年的实践证明，当年的机器排挤工人的担心没有成为现实。最为重要的是创新在淘汰旧产业的同时创造了新产业，如网购在冲击实体零售店的同时，使快递业快速发展起来，尤其是为互联网+服务的产业也被创造出来。面对互联网+产生的新业态排斥实体业态所产生的结构性失业问题，正确的对策是就业适应工业基础变化，而不是相反。进一步说，在互联网+背景下，员工不再终身服务于某个企业，而是忠实于所承担的某个项目，劳动力（包括人才）流动成为常态。这可以说是进入信息化、智能化时代的新的就业现象。当然，这需要“教育与技术赛跑”，克服劳动者的“数

① 杰里米·里夫金：《第三次工业革命：新经济模式如何改变世界》，张体伟，译，北京：中信出版社，2012 年版，第 224、225 页。

② 马克思：《资本论》第 1 卷. 北京：人民出版社，2004 年版，第 560 页。

字鸿沟”，使其就业不断跟上数字经济时代的发展变化。

传统的企业组织有明确的边界，实行科层的（部门—车间—班组）垂直组织系统，研发、制造、销售等各个流程是串联的。移动互联网使企业成为无边界的创新平台。企业借助互联网广泛吸引创新资源进入企业平台，企业由一个个创新团队组成。如海尔依靠互联网实行企业平台化，员工创客化，用户个性化。企业成为孵化器平台，员工组成无数创客群体，全员创新、创造和分享价值。每个创新团队中包含研发、制造、营销的功能和人员。企业治理以创新项目为对象，以风险投资和品牌为纽带。企业内研发、制造、销售等各个流程是并联的，如研发的过程同时就是制造和销售过程。企业成为依靠互联网的创新平台后，企业范围扩大超出了已有的组织边界，原先非企业的员工组织的创新团队，被企业选中后，通过提供风险投资和品牌也可进入该企业。创新团队及其员工不是终身服务于某个企业，而是实行项目负责制。可以设想，随着数字经济的发展，企业的组织架构将会发生根本性改变。

五、对平台经济的监管

2021 年 3 月 15 日习近平总书记在主持中央财经委员会第九次会议时强调推动平台经济规范健康持续发展。该次会议充分肯定了平台经济在经济社会发展全局中的地位和作用：平台经济有利于提高全社会资源配置效率，推动技术和产业变革朝着信息化、数字化、智能化方向加速演进，有助于贯通国民经济循环各环节，也有利于提高国家治理的智能化、全域化、个性化、精细化水平。我国平台经济发展的总体态势是好的、作用是积极的，同时也存在一些突出问题，主要表现在：一些平台企业发展不规范、存在风险，平台经济发展不充分、存在短板，监管体制不适应的问题也较为突出。[①]这些问题包括：

一是互联网平台的市场失灵。互联网平台的行为也是市场行为，甚至是虚拟世界的行为。只要是市场活动就会有机会主义行为。互联网平台上的市场秩序问题可能会以新的形式表现出来。目前，我国的市场监管（包括法治）基本上是针对实体市场的，对这一领域的市场监管和法治还在建设中。

线上总要进入线下，虚拟世界总要进入现实世界。网络上虽然信息充分，但从隐瞒信息到信息噪声产生的信息误导可能成为互联网平台市场失灵的主要表现。互联网平台，无论是电商平台还是互联网金融平台都由互联网公司（大都是民营的）运营。互联网平台实际上也是信息不完全市场，只要是商业活动就会有逆向选择和道德风险之类的机会主义行为，现实的市场上存在的假冒伪劣、坑蒙拐骗现象不可避免会进入互联网平台，并且以新的形式表现出来。最为典型的是 p2p 网贷屡屡爆雷，造成平台参与者（主要是

① 习近平主持召开中央财经委员会第九次会议，新华网 发布时间：2021-03-15。

普通老百姓）的重大经济损失。这意味着互联网上打假也要采取新的形式。

二是互联网平台的不正当竞争。互联网平台的不正当竞争也以新的形式表现出来，传统的业态主要是生产者之间的价格竞争等方式，而在新经济业态中，竞争的目标是争夺用户，锁定用户。就是说，互联网平台是以用户资源为核心的竞争。用户使用搜索引擎、微信平台，表面上都是免费的，甚至可能有补贴。但平台在争得用户并垄断用户资源后则取消补贴，不再免费，甚至涨价。这意味着这种竞争最终不能增加社会福利。在互联网平台上的反不正当竞争也就有明确的针对性要求。

互联网平台的市场失灵和不正当竞争造成了互联网平台的垄断。互联网平台上的垄断也有垄断结构和垄断行为之分。在不同类型的领域都会出现某个或某几个互联网平台的垄断。某个领域（行业）的互联网平台垄断是基于数据资源和信息技术，是海量数据的收集和处理使生产要素和技术集中所形成的垄断。平台吸引万千流量、汇聚海量信息，并通过构建的数据收集、存储技术系统对数据进行特定处理后使其具有较高应用价值。

从垄断结构分析，平台企业达到的垄断地位，不仅是其数据和算法的垄断，也是其利用带有自然垄断性质的基础设施的垄断。基础设施大致有两种类型：一种平台企业是提供交易和交流所需的网络、系统、应用等数字基础设施，甚至可以成为无线接入网提供商等。另一种是媒介型平台，这种平台企业为供求双方提供信息匹配与撮合。互联网平台依托于先进的信息技术、便捷的物流网络、快速安全的信用支付渠道，链接起数量庞大的生产者和消费者群体，形成了多产业共生的商业布局。这两类平台企业具有制定涉及平台内经营者、消费者、第三方服务商等各参与主体的行为规则，维护交易秩序和平台生态环境的能力。在这里，互联网平台企业虽是由私人部门运作，却具有明显的“准公共产品”的属性，更适合自然垄断模式。在这里过度竞争反而会造成巨大的资源浪费。现实中，某些电信和互联网公司在各个领域提供互联网基础设施，其构建的网络系统和平台已成为现代共享经济模式下的重要的新兴基础设施，具有自然垄断性质。这种自然垄断是不应该反对的，是必须承认的。

从效率角度允许互联网平台垄断结构的形成：一是互联网平台创造的商业模式、技术工具已经成为信息社会的核心组织形式，二是平台企业为在更大市场范围内维持其垄断优势，会不断调整自身产品和服务。而且其形成垄断需要相当一个时期的低价甚至免费来争得更多的用户，需要付出较大的垄断形成成本。这不仅能提升企业效率，社会也能从中获益。三是大数据已经成为重要的生产要素。平台规模越大，获取的数据信息越多，经过科学的算法所形成的数据越是真实可靠。从这一意义上说，不能简单地反对互联网垄断结构形成，无视这类垄断结构可能产生的效率。如果只是看互联网公司进入领域广泛就要反对，则会扼杀其动能。

针对互联网平台的反垄断指的是反其利用垄断地位实施的以下行为，包括限制竞争的行为、滥用支配地位的行为、伤害消费者利益的行为、遏制中小创新的行为。如果其依靠垄断地位挤压利用互联网的小企业创新则要反对。显然，对互联网平台，虽不反垄断结构形成，但要反垄断和不正当竞争行为，互联网垄断平台利用其自然垄断地位及雄厚的资本可以在各个领域无限制扩张。如果不限制其进入的领域，占据支配地位的平台企业则可以利用其互联网平台全域覆盖的特点及其技术优势，进入几乎各个领域。其进入的方式是对相关领域的有潜力的公司肆意并购。其后果，一是，在大互联网公司的挤压下，小微企业无生存空间，何来大众创业万众创新。二是，通常的自然垄断行业基本上都是由国有企业（或者控股）经营的。而目前具有自然垄断性质的互联网平台基本上是由民营企业经营的。利润最大化的企业利用自然垄断地位在各个领域进行跨界并购并在各个领域居垄断地位达到一定程度可能会影响国家经济安全，尤其是在金融领域。

对互联网平台的市场秩序规范和反垄断有其特殊性，从其行为分析，作为企业，追求控制市场竞争的目标和动机及相应的合规合法行为无可厚非。一般的自然垄断行业都是国家经营国家定价，但互联网平台的自然垄断主要是由民营企业经营，由营利目标驱使，难以避免其利用垄断地位操纵市场的行为。其可能的垄断行为包括两个方面，一是平台之间的垄断，二是平台对消费者的垄断。

平台之间的垄断行为主要涉及同类业务范围内不同平台之间的行为，例如电子商务领域中的淘宝、京东、拼多多等平台之间，移动支付类的支付宝、微信支付、云闪付等平台之间，快递平台中的顺丰、菜鸟等平台之间，网约车类的滴滴、美团打车等平台之间等。一部分头部互联网平台企业利用技术手段、平台规则和数据、算法等，实施垄断协议和滥用市场支配地位行为，排除、限制市场竞争，妨碍商品服务和资源要素自由流通，削弱社会创新的边际效应。在短期内实现市值规模的快速扩张、产品业务市场的全覆盖，形成“赢者通吃”的局面。操纵市场限制企业竞争、它们利用其互联网技术和雄厚的垄断地位对相关领域有潜力的公司进行并购，对利用互联网创新的中小企业要么挤压，要么吞并。这种滥用市场支配地位的行为会扼杀创新，与激励大众创业相违背，显然是需要反对的垄断行为。

平台对消费者的垄断主要是指侵害消费者与社会公共利益的垄断行为：平台垄断企业利用其市场行为缺乏透明度、市场自由度以及市场开放程度，攫取垄断利润、损害消费者利益。例如采取限制措施限定交易人的市场行为，要求用户或第三方签订排他性条款（即二选一），尤其需要指出个人信息安全的保护问题。互联网平台掌握足够的消费者私人信息，私人信息的泄露甚至成为交易对象所产生的对消费者利益的损害是难以估量的。

需要指出，互联网平台反垄断行为存在困难，原因是判断互联网平台的垄断地位有其复杂性，判断垄断不如传统业态那样清楚。具体体现在以下三个方面：一是难以界定市场地域范围，原因是互联网互联互通，跨界经营，难以确定其所在市场，因而难以确定其在哪个市场垄断。二是难以界定市场支配地位，传统业态以销售额（包含价格）计算市场份额，互联网平台服务规模基本上是以客户数量衡量的。三是难以界定市场收益。互联网平台的竞争以信息手段实现，不完全是交易行为。而且其垄断收益与其知识产权收益交织。其知识产权收益虽然也属于垄断收益（熊彼特垄断），但属于创新收益，不同于市场垄断收益。

现实中还有平台企业与进入平台的各个企业之间的关系的问题。互联网平台是开放的，每个平台都有无数个企业，一个企业可以进入多个平台。卖者和买者都可以进入，但买卖双方是不直接见面的，各方只是同平台发生关系，平台实际上成为第三方。这是互联网平台经济中反不正当竞争行为存在的困难。例如，虽然互联网能够提供较为充分的信息，但如果出现假冒伪劣、坑蒙拐骗，责任人就不是那么容易明确。出现此类问题是惩处平台企业还是惩处进入平台的犯错企业，就不是那么容易分清。网购中的假冒伪劣屡禁不止，而且消费者维权困难也与此有关。

显然，互联网平台秩序建设是规范市场秩序的重要方面，随着互联网平台覆盖面的进一步扩大，规范互联网平台秩序将越来越重要，针对互联网平台秩序与一般市场秩序的区别，需要完善“互联网+”平台的法制建设，填补其法律空缺。现行的反不正当竞争法和反垄断法基本上是针对线下的行为，现在需要根据新经济业态的特征在充分调查研究基础上增加线上监管的法律内容。对互联网平台市场秩序的规范和监管可循着政府监管部门—互联网平台—进入平台的企业的顺序进行。首先，政府监管部门监管互联网平台，根据市场准入的负面清单制度，对涉及国家安全的领域，如金融领域，私人互联网公司及其平台应该限制进入，相应地需要法治保证。其次，平台对进入平台的企业负有责任，在严格的法律制度约束下互联网平台必须有严格的自律性措施和对进入平台的企业的严格的甄别和监管措施。否则，无论是什么样的平台都难以生存和发展。

政府对互联网平台的反垄断和反不正当竞争行为的监管主要有以下几个方面：

第一，智慧监管。互联网平台利用大数据，监管也必须利用大数据。监管对象由线下转到线上。监管部门同样要利用互联网平台监管互联网平台的市场行为，协助互联网平台利用大数据功能对参与者的征信进行网上甄别。以参与者的诚信和行为规范作为进入平台者的资信。

第二，信息监管。在互联网平台上，包括数据在内的信息资源可以说是互联网平台的第一资源。因此信息监管是第一位的。首先，信息的真实性问题最为重要，特别要防止以讹传讹。这意味着披露真实信息，随时由权威部门辟谣成为信息监管的重要方面。其次是私人信息的保护，保护知识产权和用户私人信息安全就成为市场监管的着力点。第三，互联网平台成为监管的对象。例如，许多进入网购平台卖假货的是消费者找不着的行为者。平台就要承担监管责任，无论是打假还是整顿秩序都在平台上。信息监管可以利用大数据处理和云计算服务平台，对海量数据进行分布式数据挖掘，基础是各个参与者都在提供经过分析和处理的数据。为此，数据的公开和共享特别重要，需要打破信息的垄断。

第三，信用监管。互联网平台建设要规范、可信才可持续。传统业态中经济行为者是实体，一旦出现假冒伪劣、坑蒙拐骗等问题能够直接追踪到经济行为的实体，而且由于其传播范围有限，受骗上当者有限。在新经济业态中，经济行为者假冒伪劣，坑蒙拐骗等问题在线上比在线下更难识别。而且其虚假信息在网上传播迅速，传播范围更广，受骗上当的人数也更多。互联网+平台的信用体系建设包括完善企业信用监管，通过大数据功能对参与者的征信进行网上甄别；将参与者的诚信和行为规范纳入平台者的资信；建立市场主体准入前信用承诺制度，将信用承诺纳入市场主体信用记录；建立企业信用修复机制，鼓励企业重塑信用。

概而言之，针对互联网平台，既要肯定并放大互联网平台经济带来的各种积极效应，同时也要清醒地认识到它给互联网监管提出的一系列挑战。基于互联网平台的规范运作，有序推动新时代社会主义市场经济的进一步完善。

六、数字经济学理论体系的构建

数字经济学理论体系构建应以马克思主义经济学原理为指导，以市场经济一般规律为基础，着重研究数字经济的基本要素、数字经济的应用场景、数字经济的规范和治理。总体来看，理论体系包括三大部分：

第一部分：数字经济的基本要素。数字经济是数据成为生产要素和数字技术成为经济增长的动力以后而形成的经济形态，数字经济学理论体系首先要研究数字经济的基本要素。主要研究内容：一是作为生产要素的数据，包括数据要素的内涵与特征、数据要素的价值、数据要素的资本化、数据要素的产权、数据要素市场。二是数字技术创新，包括数字技术的内涵和类型、数字技术的特征、数字技术创新的内涵和要素、数字技术创新的模式。三是互联网平台，包括互联网平台的内涵、要素构成及其特征、互联网平台的分类及其主体责任、互联网平台对经济发展的影响、互联网平台发展的趋势。四是物联网与工业互联网，包括数字经济时代的物联网、物联网关键技术及其应用、物联网的体系架构、物联网的应用场景，工业互联网的基础、工业互联网的体系架构、工业互联网的关键技术及其应用、工业互联网的建设应用场景，以及我国物联网与工业互联网的发展历程。五是数字基础设施，包括数字基础设施的理论内涵、数字基础设施的基本分类、数字基础设施的典型特征、数字基础设施对数字经济的重要作用。

第二部分：数字经济的实践场景。数字经济发展带来了经济运行与发展方式的变化，形成了许多新的应用场景，数字经济学理论体系也要研究数字经济的实践场景。主要研究：一是数字产业化，包括数字产业化的逻辑机理，人工智能技术、区块链技术、云计算技术及其产业化，数字产业化的进程，数字产业化的推进路径。二是产业数字化，包括产业数字化的形成逻辑机理，产业数字化的现状与任务，产业数字化的未来路径。三是金融领域的数字化，包括数字金融发展的机制、银行业数字化转型、保险业数字化转型、证券业的数字化转型、数字金融监管创新。四是贸易领域的数字化，包括贸易领域数字化内涵和特征、数字贸易对传统贸易的影响、数字贸易态势和影响、数字贸易壁垒与贸易规则、数字贸易与全球价值链。五是数字经济的企业组织创新，包括数字经济下企业组织结构变革的肇因，从数字技术突破空间性要求、网络化协同生产要求、成本节约的环境变化要求、价值链形态根本性变化要求等方面研究数字经济背景下的企业组织变革、数字经济下企业组织之间竞合的形式和趋势、数字经济下企业自身组织演化的特征和趋势、数字经济下企业组织创新的适应性策略。六是政府治理和社会管理的数字化，主要研究政府治理和社会管理数字化的理论逻辑、数字政府治理和数字社会管理的实践发展，数字政府治理和数字社会管理的趋势与挑战，政府治理与社会管理数字化转型的实现路径。

第三部分：数字经济的规范和治理。数字经济发展在推动经济社会发展的同时，也出现了一系列垄断、风险等社会问题，需要加强数字经济治理，规范数字经济运行，数字经济学理论体系也要研究数字经济的规范和治理。主要研究：一是数字经济生态及其治理，主要包括数字经济生态的内涵与理论基础，数字经济生态的中国实践，数字经济生态的发展机制与路径，数字经济生态的治理逻辑与机制。二是数字经济的风险防范，包括数字经济的运行机制，数字经济发展中的安全风险及其形成机制，我国数字经济发展安全风险预警体系的构成，数字经济安全风险防范机制构建。三是平台经济秩序和规范，包括平台经济对市场秩序的影响、数字经济的竞争行为、平台经济的垄断行为、平台经济秩序的规范、我国平台经济秩序监管体系的完善。四是数字鸿沟及其治理，包括数字鸿沟及其形成，数字鸿沟的表现，数字鸿沟对数字经济发展的影响，我国数字鸿沟的治理对策。

第一章　作为新生产要素的数据

数据成为新的生产要素以后，不仅对生产方式、生活方式、社会治理方式产生了深刻影响，同时还引发了一系列新的理论问题，需要从马克思主义政治经济学的角度做出理论回应。厘清数据生产要素的新特征、数据要素的价值、数据要素的资本化、数据要素的产权以及数据要素市场的培育与发展问题，对于不断加深政治经济学对数据生产要素的理论阐释，进一步明确我国数字经济时代要素市场化改革发展方向，充分利用数据要素做大做强做优我国数字经济具有重要意义。

第一节　数据要素的内涵与特征

数据作为一种新的生产要素，已成为数智时代新型知识生产方式主要的生产要素，是数字经济时代下社会价值创造的重要来源。2020 年 4 月，中共中央、国务院发布《关于构建更加完善的要素市场化配置体制机制的意见》，将数据作为与土地、劳动力、资本、技术并列的五大生产要素之一[①]；2022 年 12 月，《中共中央 国务院关于构建数据基础制度更好发挥数据要素作用的意见》对外发布，明确指出要“构建适应数据特征、符合数字经济发展规律、保障国家数据安全、彰显创新引领的数据基础制度”[②]，数据要素的地位进一步提高。长期以来，政治经济学将生产力要素抽象概括为劳动过程的三要素，即“有目的的活动或劳动本身、劳动对象和劳动资料”[③]，但生产要素是个历史范畴，随着科学技术进步及其新的生产劳动形式的发展，生产要素的内涵与特征也随着新要素的出现而不断拓展。

① 《关于构建更加完善的要素市场化配置体制机制的意见》，《人民日报》，2020 年 4 月 10 日。

② 《中共中央　国务院关于构建数据基础制度更好发挥数据要素作用的意见》，《人民日报》，2022 年 12 月 20 日。

③ 《马克思恩格斯全集》，第 42 卷，北京：人民出版社，2016 年版，第 169 页。

一、数据成为新的生产要素

从生产要素的发展历程来看，任何一个新生产要素的引入都要经过历史逻辑、现实逻辑、理论逻辑的验证，必然遵循社会发展矛盾运动客观规律，基于不同时代背景下的经济形态，对社会生产力的提高产生举足轻重的作用。在早期农业时代，“土地为财富之母，而劳动则为财富之父和能动的要素”①，劳动创造价值，土地是生产资料；进入工业时代，技术革命下大机器代替手工劳动掩盖了劳动在生产活动中的关键作用，包含劳动资料和劳动对象的资本成为重要生产要素；而“资本大部分是由知识和组织构成的”②，随着技术进步和生产关系的不断发展以及垄断的出现，知识和组织这类非经济资源也被囊括在生产要素的范围之内并对生产力发展作出了突出贡献。二十世纪以来，现代科技的急速变革促使劳动资料再一次迎来颠覆性的大发展，科学技术作为先进生产力在社会经济活动中展现出巨大作用，它大范围地创新了劳动工具、更新了劳动对象、提高了劳动力素质，也深刻改变了生产力诸要素在生产中的地位和组合方式。如今，已进入数字经济时代，以大数据、云计算、人工智能等现代新兴技术为代表的新一轮信息革命迅速发展，数据兼具劳动资料和劳动对象的双重身份并广泛用于生产之中，已俨然成为当今社会生产力发展的决定性力量，并对其背后所蕴含的社会生产关系也带来了革命性影响。

按照中国信通院定义，数据是对客观事物的数字化记录或描述，是无序的、未经加工处理的原始素材③。但在经济学视角下，上述定义更适用于描述未能直接对生产作出贡献的数据资源，而从提升社会生产力水平的理论逻辑来看，只有融入了人类劳动且能够发挥经济效益的大数据才能称之为数据要素。马克思指出：“劳动生产力是由多种情况决定的，其中包括：工人的平均熟练程度，科学的发展水平和它在工艺上应用的程度，生产过程的社会结合，生产资料的规模和效能，以及自然条件。”④因此，可将数据视为通过影响“科学的发展水平及其在工艺上应用的程度”来进一步提升劳动生产力。在以数据为核心的非物质性生产劳动活动中，数据要素既作为劳动对象，参与采集、存储、加工、流通、分析等环节；又作为劳动工具，通过融合应用提升生产效能⑤。

综上，数据要素是数字经济时代背景下的新型生产要素，产生于非物质性的数字劳动过程而具有使用价值和价值，它能够为数字经济时代生产力发展带来新动能并催生新

---

① 威廉·配第：《配第经济著作选集》，陈冬野，等，译，北京：商务印书馆，2009年版，第63页。

② 马歇尔：《经济学原理》（上卷），朱志泰，译，北京：商务印书馆，2011年版第169页。

③ 史德年：《数据价值化与数据要素市场发展报告（2021年）》，2021中国国际大数据产业博览会，2021年5月27日。

④ 马克思：《资本论》，第1卷，北京：人民出版社，2004年版，第53页。

⑤ 何小龙：《中国数据要素市场发展报告（2020—2021）》，第四届数字中国建设峰会大数据论坛，2021年4月25日。

生产关系的出现。

二、数据作为新的生产要素的特征

数据成为新的生产要素，本质上是数字经济时代经济发展过程中生产力与生产关系矛盾运动的结果，也是数字经济浪潮下生产力和生产关系的重构，数据作为新的生产要素显现出有别于传统生产要素的独有特征。

1. 数据作为新的生产要素具有提升其他要素效率的依附倍增性

数据以电子化的非实体形式存在，不像土地、资本要素可以单独发挥作用，但它与其他传统要素的依附程度极高，可以与其他传统生产要素相结合产生乘数作用，提升传统要素的生产效率。比如“数据+土地”实现对田间数据的精准测量，促进对可用耕地进行合理规划，获取最高产量与最大经济效益；“数据+劳动”加快人力资本积累，便于人们学习先进的知识和技术，提高劳动生产效率；“数据+资本”制定科学投资决策，引导资本流向高收益部门；“数据+技术”发挥技术创新优势，促进先进技术的传播扩散，带动全社会生产力水平提升。由此，数据要素作为新的生产要素，通过依附其他要素发挥作用，实现要素间资源的优势互补，并带来单一生产要素的倍增效应。

2. 数据作为新的生产要素具有减少稀缺要素损失的集约替代性

随着数据采集技术和存储能力的快速提升，数据呈现出指数型增长和积累，表现为不同于传统生产要素的非稀缺性，同时这一非稀缺性要素可以部分替代稀缺性要素，有效缓解传统生产要素资源紧缺的压力。比如在替代土地要素方面，利用汇聚水、土、气、生的土壤基础数据搭建土地时空数据全景，大幅度节约实体土地空间；在替代劳动要素方面，形成以生产数据管理系统为核心的自动化智能化生产流程，部分甚至全部替代劳动力的使用[①]；在替代资本要素方面，收集不同投入组合的动态模拟数据以实现精准生产，降低资本的试错成本。因此，具有非稀缺性的数据要素，在很大程度上可以通过替代具有稀缺性的土地、劳动、资本要素，破解我国要素资源紧缺的发展困境。

3. 数据作为新的生产要素具有促进多元主体协作的网状共享性

相较于传统生产要素，突破了物理空间限制的数据要素流动性最强，其速度、深度、广度均优于同为虚拟形态的技术要素；它的复用难度低且复用效率高，表现出更为明显的非竞争性和非排他性，数据流动和使用的边际成本几乎为零，从而使得多个主体可以同时使用数据要素投入生产，网状共享程度加深。比如以数据为基础的信息网络构建了网络连接、平台型企业、数智化企业、智能化管理等数字生产关系[②]；数据共享支持多元

---

① 李海舰，赵丽：《数据成为生产要素：特征、机制与价值形态演进》，《上海经济研究》，2021 年第 8 期。

② 洪银兴，任保平：《数字经济与实体经济深度融合的内涵和途径》，《中国工业经济》，2023 年第 2 期。

主体参与生产全过程的各个环节，以“外包”“众包”“皮包”的形式进行协作化生产[①]。由此可见，数据作为新的生产要素催生了新型生产关系，形成了多元主体共同参与协作的生产方式，打破了信息壁垒，从而有利于构建灵活开放的共享生态。

4．数据作为新的生产要素具有按照贡献参与分配的分配特殊性

分配关系也是马克思主义政治经济学所研究的生产关系的内容之一，不同于传统意义上的生产要素按贡献参与分配，数据作为新的生产要素因其自身的独特性质而在分配过程中表现出特殊性。一方面，数据作为新的生产要素存在产权归属的特殊性，由于数据具有原始形态和加工形态的区别，即劳动者有原始数据提供者和加工数据处理者之分，使得数据产权主体、内容、责任等方面变得复杂，增加了数据要素分配的困难程度；另一方面，数据作为新的生产要素存在贡献界定的特殊性，由于数据对其他要素的依附性强，数据要素对生产的贡献极易与劳动、资本等生产要素的贡献相混淆，因而其贡献成果在一定程度上将会被掩盖。依此来看，数据作为新的生产要素在产权归属和贡献界定等方面产生了新问题，导致其在参与分配时表现为一定的特殊性。

三、数据作为新的生产要素对传统生产要素的超越

数据作为新的生产要素在重构生产力方面体现为依附倍增性和集约替代性，在重构生产关系方面体现为网状共享性和分配特殊性。它具备超越了传统要素的基本属性与特征，一跃成为数字经济时代下的核心战略资源。

从要素数量丰裕度来看，数据作为新的生产要素比传统生产要素的数量更为充足。土地要素是自然赋予的一种有限资源，并会随着人类的污染排放而呈现递减倾向，具有明显的稀缺性；劳动力要素在表现为消费劳动资源的支付能力、支付手段时是有限的，并且社会发展对劳动力技能的要求也越来越高，高素质劳动力要素极其匮乏；资本要素是市场运行的核心，在不同的组织生产中体现出资本稀缺性；技术要素也是现代较为稀缺的资源，各国的核心技术均比较有限；而数据要素单从数量上来讲是极其丰富的，数据作为新的生产要素呈现出指数型的快速增长趋势，日增量以 TB、PB 甚至 EB 为存储单位来衡量，并且其在使用后依然存在，不会产生折旧或消耗，这种情况在传统生产要素中从未出现过。

从要素流动自由度来看，数据要素比传统生产要素的流动更为灵活。土地要素受地理条件制约难以进行大规模的调配，其流动性最弱；劳动力要素的流动比土地要素更为自由，但同样受空间因素的限制；资本要素通常在投机和逐利的目标驱使下流动，相对比较灵活；技术要素具有较强的外部性，并且可以凭借其先进性传播到不同地区，因而

① 李海舰，李燕：《企业组织形态演进研究：从工业经济时代到智能经济时代》，《经济管理》，2019 年第 10 期。

也具有较强的流动性；数据作为新的生产要素流动的自由程度则更加突出，它能够以秒为单位传递到世界各地，并且在一定程度上将会加速其他生产要素的流动，而这种要素的灵活流动在数字经济时代之前很难实现。

从要素主体复杂度来看，数据要素比传统生产要素的主体更为多样。劳动力要素的主体最为单一，即劳动者个人；土地要素的主体次之，包括国家和农民集体；资本要素的主体相对较多，可以是国家部门、群众集体，也可以是法人单位、社会个人；技术要素的主体也比较丰富，在研发层有科研机构、技术研究员等，在应用层有企业组织、政府机关以及使用技术的所有参与者等；数据作为新的生产要素的主体较其他要素更为复杂多样，既有提供数据的所有用户，也有处理数据的数据工程师，还有使用数据的各层各级应用者，并且在现代技术的加持下，数据要素的开放共享性更为突出，其所涉及的主体范围也就更为广泛，几乎当下社会中的每一个人都可以是数据要素的主体，这是过去传统生产要素难以达到的。由此可以看出，数据作为新的生产要素突破了传统生产要素的诸多局限性，已成为数字经济时代影响全球竞争的关键战略性资源。

第二节　数据要素的价值

数据作为新的生产要素具有超越传统要素的基本属性和新特征，也具有不同于传统要素的价值实现方式，主要表现在以下三方面：一是在价值创造方面，作为非物质形式存在的数据，其本身并不像土地、劳动力、资本等传统生产要素可以表现为具体的实物个体价值，即每一单位的传统生产要素都有其相应的价值，而少量、分散的每单位数据本身并没有价值，只有将它们聚合为信息或知识才能充分发挥价值，这一价值创造过程比传统生产要素更为复杂；二是在价值体现方面，数据要素增量大且流动性强，在数据传播共享的链条中涉及复杂多样的主体，不像土地、劳动力、资本等传统生产要素主体较为单一，在这种情况下对数据要素各主体贡献及价值的认定分配比传统生产要素更为困难；三是在价值倍增方面，数据要素在使用后并不会折旧或消耗，并不像土地、劳动力、资本等传统生产要素具有明显的排他性，反而可以对数据重复使用甚至无限开发，从而体现出传统生产要素所不具备的倍增效应。具体来看，数据作为新的生产要素贯穿于生产、交换与分配、消费各环节，既有传统意义上社会再生产过程的共性，也有区别于传统生产要素价值实现的独特之处。

一、数据作为新生产要素的价值创造

数据的原始形式表现为客观事物未经处理和简化的直接记录，在人们无意识的行为

活动中产生。对于这些原始数据提供者而言，做出浏览、关注、点赞、转发之类行为的难度极低，分摊到每单位数据上的成本也可以忽略不计，并且在这一过程中也只是生产出了作为行为附属品的分散数据，它们的使用价值不高；再加上这些数据并不是严格意义上由生产性劳动所创造，因而它们也不具有价值。

原始数据在经过采集、聚合、加工等处理流程后，其可用性大幅提升，演化为能够发挥经济效益的数据资源。对于这些加工数据处理者而言，进行数据收集、清洗、标注、融合等工作要结合先进算力算法并消耗大量体力脑力，此过程不仅提升了数据的使用价值，还由于非物质形式的数字劳动的参与而创造出了价值。从劳动主体来看，数据工程师和算法工程师是积极性、创造性活动的数字劳动者；从劳动工具来看，这一劳动过程主要依托云计算、人工智能等新型技术载体；从劳动对象来看，处理数据的数字劳动的本质也是加工、改造客观对象的过程，并没有改变劳动的根本特征，仍然是生产性劳动。因此，在数字经济时代下，数据的价值依然是由劳动所创造，依然遵循马克思所认为的“劳动是创造价值的唯一源泉”的客观真理。

在参与数据生产的资本家眼中，“不仅要生产使用价值，而且要生产交换价值，不仅要生产价值，而且要生产剩余价值”①。数据作为关键生产要素，其自身在作为生产资料生产其他产品的过程中一方面转移了包含劳动价值的旧价值，另一方面处理和分析数据的数据工程师追加的活劳动创造了新增价值。②平台企业雇佣数据工程师从事高级的数字劳动，而这种专业性强的复杂劳动可以在相同时间内创造出更多价值，在数字劳动者所生产的新价值中，资本家无偿占有劳动创造的价值和劳动报酬之间的差额也就是剩余价值。并且伴随着数字技术的发展，劳动生产力也得以发展，进而达到数据企业资本家“缩短工人必须为自己劳动的工作日部分，以此来延长工人能够无偿地为资本家劳动的工作日的另一部分”③的目的，加剧了数据企业资本家对数字劳动者的剥削。

综上所述，在数字经济时代下，数据作为新的生产要素的价值由数据加工处理等非物质的生产性劳动所创造，符合“劳动价值论”的规律；并且这一生产过程仍具有二重性，即一方面是生产数据使用价值的数字劳动过程，另一方面是基于平台生产剩余价值的价值增值过程。

二、数据作为新生产要素的价值实现

在数字经济时代早期，数据更偏向于一种商品，其价值必须通过交换体现，并由生产数据的社会必要劳动时间决定数据产品的价值量；随着现代新型技术的发展，商品化

① 《马克思恩格斯全集》，第 42 卷，北京：人民出版社，2016 年版，第 178 页。
② 严金强：《数字经济的价值来源与价值决定的理论解析》，《教学与研究》2022 年第 3 期。
③ 《马克思恩格斯全集》，第 42 卷，北京：人民出版社，2016 年版，第 326 页。

的数据逐渐向要素化方向转变，与之相关的交换依然是其价值体现的重要方式。在最广泛的意义上，马克思将交换总体分为四种形式：生产过程中发生的活动和能力的交换；生产过程中的产品交换；不同生产单位之间的交换；直接为消费而进行的交换[①]。本文所讲的数据要素的交换，特指平台企业家出让部分资本与数据工程师的活劳动进行交换的关系，它具有不同于普通交换过程的特殊性质，即马克思所揭露的劳资交换背后的不平等。鉴于这种交换与分配环节联系甚密，可将两者结合起来作为流通过程中数据要素的价值体现部分进行分析。

“劳动不是一切财富的源泉”[②]，数据作为新的生产要素参与分配，体现了非劳动生产要素在财富创造中所做出的贡献，这与劳动是创造价值的唯一源泉并不矛盾。在马克思的分配理论中，参与财富创造的各个要素所分配的不是全部财富的分配，而是新创造价值的分配[③]。具体来说就是把土地、资本的要素收入视为对剩余价值的分割，把要与复杂劳动相结合的技术、数据要素的收入视为劳动报酬，由此可见，数据作为新的生产要素参与财富创造与数据要素参与价值分配具有内在一致性。

在数据作为新的生产要素创造财富的生产活动中，数字劳动创造出了新价值（$v+m$），在对这部分收入进行分配时要考虑以下两点：一是新价值（$v+m$）在劳动报酬（v）和剩余价值（m）之间分配，二是土地和资本要素（主要是资本要素）参与剩余价值（m）的分配。首先考虑劳动报酬（v），其遵循按劳分配的分配制度，主要表现为数字劳动者在数据生产过程中的突出贡献，他们在创造价值过程中提供了复杂劳动因而应获得较高的劳动报酬；其次是剩余价值（m）的分配，物质资本要素连同技术、管理、数据等要素都对剩余价值的增加起到一定促进作用[④]，因此，这些要素基于对要素的所有权而获得对剩余价值的分配权，即数据要素凭借数据所有权参与剩余价值的分配。

综上所述，商品化的数据通过交换体现出它的价值，要素化的数据亦是如此；并且在数据作为新的生产要素参与的生产活动中，劳动者既可以因其劳动创造了价值而参与劳动报酬的分配，也可以因其持有的要素促进了剩余价值的增加而参与剩余价值的分配，以上环节作为连接生产和消费的桥梁和纽带，均体现了数据要素的价值。

三、数据作为新生产要素的价值倍增

马克思主义消费观中的消费有广义和狭义之分，其中，广义的消费是生产消费，狭义的消费是生活消费。生产要素视角下的数据消费则是广义上的消费，即人们在劳动过

① 晏维龙：《马克思主义流通理论当代视界与发展》，北京：中国人民大学出版社，2009年版，第10页。
② 马克思：《哥达纲领批判》，北京：人民出版社，2018年版，第8页。
③ 洪银兴：《非劳动生产要素参与收入分配的理论辨析》，《经济学家》，2015年第4期。
④ 李政，周希禛：《数据作为生产要素参与分配的政治经济学分析》，《学习与探索》，2020年第1期。

程中，对劳动工具、原材料、燃料等的使用和消耗，以期生产出某种新产品。但与土地、资本等传统生产要素不同，数据作为新的生产要素凭借其易复制性和非稀缺性，能够以极低甚至为零的成本得到几何量级的相同数据，并且在这一过程中，非实物形式的数据不存在任何磨损和消耗，其价值和使用价值也不会因消费而减少。

相反，数据作为新的生产要素的价值还会在重复使用和多次消费中发生价值增值，这种价值增值表现为价值倍增，倍增来源于对一手数据的二次加工，其本质仍然是一种生产性劳动，并且同一份数据会随着被使用次数的增多而产生更高的价值。根据马克思所说的“消费创造出新的生产的需要”[①]，平台用户的消费画像数据对于企业而言有极大的使用价值，深度挖掘其中的潜在价值对提升企业的经营状况十分重要，当一份数据被一个企业所消费可以实现一个企业的生产结构调整，再基于数据要素的共享性，当这一份数据被全社会的各个企业所消费则可以实现全社会的供给结构调整，从而在这一过程中，数据作为新的生产要素的价值和使用价值因消费而发生增值。

此外，在5G通信、大数据、云计算等先进技术的加持作用下，消费环节将有力助推社会再生产以更快的速度循环。数字经济时代里，现代通信技术的飞速发展，极大地缩短了计算机响应时间、增强了信号抗干扰能力、提升了数据运输的传输速度和安全性，同时基于强大的新型基础设施建设，数据在加强多元之间联系的网状共享性方面愈发明显，数据作为新的生产要素价值增值的速度和规模也将大幅提升。

总之，数据作为新的生产要素依靠其特殊性在消费环节中不仅没有造成数据价值和使用价值的减少，反而引起数据价值和使用价值的倍增，究其根本仍是由劳动创造出的价值，是数字经济时代下对马克思劳动价值论的进一步拓展；并且数据作为新的生产要素对生产力的提升作用将增大这一环节下价值倍增的强度。

第三节　数据要素的资本化

数据作为新的生产创造的剩余价值在数据生产环节中产生，在消费环节后以货币的形式转化为资本，并且在循环往复的再生产运动中加深了这种新的数据生产要素的资本化程度。

一、数据资本性质的二重属性

马克思认为，资本具有作为生产要素自然属性和作为资本主义生产关系载体社会属

① 《马克思恩格斯选集》，第2卷，北京：人民出版社，2012年版，第691页。

性的二重性。资本化的数据要素带有资本性质，同样也具有作为创造社会财富物质要素的自然属性和作为以物为中介的人与人之间社会关系的社会属性。数据资本与传统资本的本质相一致，均是要追求剩余价值，但在分析其具体特征时又与传统资本存在较大差别。

从自然属性的角度来看，一方面，数据资本凝结了人类对客观物质世界的符号化反映与表达，普遍具有人为加工的迹象，因而人工化程度更高，更有利于发挥人的主观能动性以突破自然环境和物理空间的限制，而不像传统资本一样是建构在依赖天然或半天然生产要素形态的传统生产方式[①]；另一方面，数据资本对社会生产力发展的提升作用更强，数据作为新的生产要素较传统要素呈现出倍增效应、乘数效应等特殊性，更能推动劳动方式变革、促进产业转型升级，从而在社会生产过程中表现出更高的价值增值效率，获取比传统资本更多的剩余价值。

从社会属性的角度来看，一方面，数据资本化过程中形成了新型劳资关系，“去劳动关系化”[②]趋势明显，比如数字经济时代下创造出了“零工”“众包”等新型雇佣关系，看似是在弱化传统生产方式下劳资之间的矛盾，实则是在原有实际隶属关系下进一步侵犯了劳动者的基本权益；另一方面，数据资本在分割剩余价值时存在特殊性[③]，数据资本依靠数字技术优势形成垄断并加深了与其他要素交叉融合，在分配剩余价值过程中表现得更加隐蔽，进而为数据资本的逐利行为提供了更加便捷的方式和渠道，促使数据资本更快地在全球范围内延伸，因此相较于传统资本，数据资本的驱使更易形成不平等的垄断关系。

由此可见，在数据作为新的生产要素资本化程度不断加深的同时，在自然属性和社会属性方面表现出其独有的特征，这种数据资本二重性的新表现，为科学分析数据要素资本化趋势、准确把握数据要素资本运动规律奠定了逻辑基础。

二、数据要素资本化行为的两面性

数据资本的二重属性决定了数据要素资本化行为的两面性，即数据作为新的生产要素的资本化既带来了积极作用，又带来了消极作用。

数据资本是社会不可或缺的物质要素，在社会财富创造方面的贡献突出，发挥着马克思所说的“资本的伟大的文明作用”[④]。资本化的数据要素依然以逐利为目标，通过加快数字技术进步、掌握更多有用数据信息、深度挖掘数据潜在价值，来提高自身的竞

① 吴欢，卢黎歌：《数字资本与剩余价值规律的新表现：数字经济时代马克思资本理论的再阐释》，《大连理工大学学报》（社会科学版），2023 年第 2 期。

② 吴媚霞，王岩：《数字资本化与资本数字化的学理考察及其启示》，《思想教育研究》，2022 年第 9 期。

③ 蔡万焕，张紫竹：《作为生产要素的数据：数据资本化、收益分配与所有权》，《教学与研究》，2022 年第 7 期。

④《马克思恩格斯全集》，第 30 卷，北京：人民出版社，1995 年版，第 390 页。

争优势以获取更多利润，并在此过程中更大程度上推动了社会生产力的发展。同时，在社会主义市场经济中，数据作为新的生产要素的资本化在增加国家税收收入、促进企业组织创新、加速技术人员培养等方面做出了重要贡献，因而数据要素资本化对于现代社会发展具有一定积极意义。

但数据资本的本质仍然是一种剥削关系，数据要素资本化不仅加大了资本的剥削程度和剥削范围，更进一步深化了劳动和劳动者的异化。在没有明确边界的数字空间里，各平台企业数字劳动者的劳动时间被无形延长，碎片化的时间甚至以无偿劳动的形式被利用；包括平台用户也在时刻创造着可被平台企业所使用的数据，万千的社交媒体用户都成为受剥削的创造剩余价值和货币利用的数字工人[①]。而“一旦有适当的利润，资本就胆大起来”[②]，平台企业数据资本积累的过程中极易发展为数据垄断，严重破坏市场规则和公平竞争。此外，马克思还指出，资本雇佣下的劳动异化表现为人同自己的劳动产品、自己的生命活动、自己的类本质相异化，其直接结果就是人同人相异化[③]，在数字经济时代这种异化更加严重，用户和数字劳动者创造加工的数据越多，平台企业积累的资本、占有的剩余价值也就越多；随着数字技术融入人们生活的方方面面，人们对网络平台的依赖性也越来越强而自身的主体意识也越来越弱；人们的行为活动不知不觉被数据化、抽象化为数字符号，最终走向与自身的异化。由此可见，资本所带来的负外部性不容小觑，特别是数字经济背景下更是会放大数据资本的消极影响。

第四节　数据要素的产权

为防止数据要素资本化下的无序扩张、充分发挥数据作为新的生产要素的积极作用，需要以完善的数据要素制度为引导，加快培育和发展高水平数据要素市场，其中最为基础的一步就是要确定数据要素的产权。在数字经济蓬勃发展的时代下，将数据要素产权置于马克思主义产权理论框架进行科学释义，并结合我国现阶段数据确权问题进行现实分析具有很强的时代意义。

一、数据要素的产权界定

财产关系是生产关系的法律表现。马克思在揭示经济领域的生产关系的同时也对法

① 周延云，闫秀荣：《数字劳动和卡尔·马克思：数字化时代国外马克思劳动价值论研究》，北京：中国社会科学出版社，2016 年版，第 241 页。

② 《马克思恩格斯全集》，第 42 卷，北京：人民出版社，2016 年版，第 777 页。

③ 马克思：《1884 年经济学哲学手稿》，北京：人民出版社，2014 年版，第 52—54 页。

律领域的财产关系进行了剖析，形成了系统的产权理论体系。马克思主义产权理论具有科学性和发展性的鲜明特征，数字经济时代下的数据作为新的生产要素，其产权依然符合这其中所论述的客观真理。

从产权的本质来看，数据作为新的生产要素，其产权仍表现的是一种生产关系。生产资料所有制是生产关系的核心，而产权则是根源于物质生活的经济关系，表现为法律层面的法权关系。马克思指出，“这种具有契约形式的（不管这种契约是不是用法律固定下来的）法的关系，只是反映着经济关系的意志关系。这种法的关系或意志关系的内容是由这种经济关系本身决定的”[①]，并且他认为产权是在一定生产力条件下形成并受社会关系影响的历史范畴。因此，脱离经济体系的产权归属毫无意义，数据作为新的生产要素参与生产各环节形成的生产关系是数据要素财产权利得以维系的基础；并且数据要素产权作为产权的丰富和延伸，是现代科技进步促使社会生产力不断发展的结果，依然遵循着社会经济基础决定上层建筑的历史唯物主义原理。

从产权的规律来看，数据作为新的生产要素，其产权规律仍可以揭示资本家对劳动者剩余价值的剥削。产权对于资本家和劳动者有着完全不同的性质，马克思据此区分了产权的第一规律和第二规律。产权的第一规律是劳动者的产权规律，即劳动者对自己劳动的产品拥有产权；产权的第二规律是资产阶级的产权规律，即资本家对他人劳动的产品拥有产权的规律，即“第一规律是劳动和财产的同一性；第二规律是劳动表现为被否定的财产，或者说财产表现为对他人劳动的异己性的否定”[②]。在数据要素的生产过程中，平台企业通过雇佣数字劳动者使其创造出新价值，并剥削这些数字劳动者的剩余价值，数据作为一种财产仍是资本雇佣劳动逻辑下的产物，表现为资本家对他人劳动的占有，由此可见，经济领域数据价值增值过程中的关系与产权领域数据所有权占有过程中的关系具有内在统一性，经济领域的数据剩余价值规律在产权领域依然成立，它们均揭示了资本家对数据剩余价值的剥削。

从产权的属性来看，数据作为新的生产要素，其产权所包含的权利仍是既能统一又能分离的。马克思全面考察和分析了所有权和占有权的统一和分离，并揭示了这种财产关系背后的生产关系和阶级关系。一方面，所有权和占有权在一些情况下是统一的，比如在小农经济下，个体农民是自身劳动力的占有者和所有者，也拥有这些劳动力的占有权和所有权；另一方面，所有权和占有权在一些情况下又是分离的，比如在劳动雇佣关系中，劳动者拥有自身劳动力的所有权，但出售了劳动力的占有权。数据要素产权亦是如此，当把数据要素视为劳动工具时，它属于平台企业自有的生产资料，同时具有可以自行支配这些数据的权利，体现了数据要素所有权和占有权的统一；当把数据要素视为

① 《马克思恩格斯全集》，第 42 卷，北京：人民出版社，2016 年版，第 66 页。
② 吴易风：《产权理论：马克思和科斯的比较》，《中国社会科学》，2007 年第 2 期。

劳动对象时，运用隐私计算技术则可以在不暴露原始数据的情况下完成虚拟的联合计算，体现了数据要素所有权和占有权的分离。

综上，产权是一个历史范畴，马克思产权理论在产权本质、规律、属性方面的科学阐释，对于分析数字经济时代下作为新的生产要素的数据同样适用；反过来讲，数据作为新的生产要素，其产权也对这一理论体系做出了进一步延伸和拓展，这也从侧面凸显出了马克思主义政治经济学拥有与时俱进的理论品格。

二、数据要素的确权

作为新的生产要素的数据要进入市场交易并参与财富分配，必须对其产权做出科学界定。然而在现实情况下，我国的数据要素产权化道路中仍面临诸多问题亟须解决，因此，要通过分析问题的根源来探索完善我国数据要素产权体系的路径。

首先，健全数据产权制度的突破点在于解决数据要素确权难题。目前我国对于数据产权的界定主要是通过知识产权和反不正当竞争法的途径，而在建立清晰明确的数据产权界定框架上略显不足，这其中最核心的问题就在于产权难以界定清晰。这一困境的成因可以分为以下三点：一是数据作为新的生产要素的特殊性质，比如在数据与其他要素的强依附性下难以区分数据与其他要素的贡献、在数据的流动与共享性下难以对每一环节创造出来的价值进行动态追踪溯源等；二是多元主体对数据作为新的生产要素的利益诉求不同，比如用户期望数据保护而平台期望数据开放、个人信息可能会关乎不同企业之间的利益等；三是界定数据产权的方法存在局限性，比如传统界定产权的一刀切方法难以适用于多样化的数据产权场景、对数据权属主体的单一划分并不能在多方共存的情况下公平分配等。在这些复杂因素的综合影响下，不仅增加了界定数据要素产权的难度，也带来了许多有关数据治理的新问题。

其次，要构建和完善合理的数据要素产权制度框架。鉴于传统权利制度框架难以突破数据产权困境，我国于 2022 年公布了构建数据要素基础制度体系的“数据二十条”，创造性地提出建立数据资源持有权、数据加工使用权、数据产品经营权“三权分置”的数据产权制度框架[①]。数据资源持有权聚焦于数据的依法取得和合规持有[②]，数据加工使用权聚焦于数据的合法加工和正当使用，数据产品经营权聚焦于数据的自主经营和收益分配，由此可以看出，“三权分置”数据产权制度的重点就是要淡化数据所有权、强调数据使用权，并着眼于数据使用权的流通，这对形成高效公平的数据要素市场、极大限度

---

① 《中共中央 国务院关于构建数据基础制度更好发挥数据要素作用的意见》，《人民日报》，2022 年 12 月 20 日。

② 王春晖，方兴东：《构建数据产权制度的核心要义》，《南京邮电大学学报》（社会科学版），2023 年第 1 期。

地激活数据要素价值具有重要意义。因此，接下来的工作就是要推动数据要素产权制度进一步落实，建立起公共数据、企业数据、个人数据的分类分级确权授权制度，有重点地规避各类数据的潜在风险。

第一，注重个人数据的隐私保护。个人数据是基于个人原始信息进行采集加工而成的结果，虽然个人本身不参与数据的价值创造，但个人行为活动生成的数据是“原材料”且具有潜在价值，因此在作为信息提供者的用户个人与作为数据加工者的企业、政府技术部门之间的授权合约关系中，要充分认识到个人贡献、充分尊重用户人格权。对个人数据的分级确权授权大致可以分为三个层次：一是允许采集信息；二是允许利用采集到的信息提供服务；三是允许将采集到的信息共享或移交。在这一标准统一化的框架下，个人数据权利基本能够得以界定，但不同平台的具体授权规定存在差异，比如支付宝未对基础服务与附加服务进行具体区分、百度没有明确地允许用户取消或修改第三方授权的条款等，因而要进一步将这些差异更为直接地被用户所意识到，从而帮助个人关注到数据隐私保护问题，避免平台过度收集或私自共享个人信息带来的负面影响。

第二，强调企业数据的利益保障。企业数据的产生途径主要有三种：一是在生产经营活动中自身形成的统计信息；二是基于企业自身信息由其他机构组织加工而成的数据；三是企业利用收集的数据自行加工处理为可被利用的有价值的数据。在第一种途径中，企业的权利相对自由，可以自行对数据进行合法处置并依法享有其带来的利益；在第二种途径中，作为信息提供者的企业与作为数据加工者的其他企业、政府之间就数据产权和利益问题进行协商；在第三种途径中，企业因对数据开发利用进行了投资而应享有投资回报。其中，第二、三种途径中涉及的利益方较多，因此分级确权授权制度主要针对这两种企业数据，分为提供服务、开发数据等不同级别，并基于数据持有权有效划分边界，允许不损害企业自身利益的支配行为存在，从而平衡好各方利益。

第三，推动公共数据的安全共享。公共数据包含了社会中自然、人文等众多丰富信息，其中，信息提供者为政府，信息采集者可以是政府本身也可以是非政府组织。由此可根据信息采集者的两种情况分为两种形式的公共数据：若采集者是政府，则政府享有公共信息的基础产权；若采集者是非政府组织，则将产生政府与此组织之间的确权协商关系。对公共数据的分级授权可以有效降低协商成本但应特别注意与国家安全有关的敏感数据问题。因此对于敏感性高的数据为确保安全要由政府主动申请；对于敏感性低的数据为促进共享则要分级开放，无条件开放的数据公众使用的自由程度较大，有条件开放的数据在申请通过的情况下获得授权。总而言之，在不伤害国家利益和安全的情况下，以统一的数据要素分级标准促进公共数据的开放共享，可以极大激发数据开放活力，增加公共数据的有效供给。

综上，数据作为新的生产要素确权迫在眉睫，我国在数据要素产权化的道路上不断探索，并创新性地提出构建符合我国数据产权现状的制度框架，既有利于平衡好政府、企业、个人三方的利益关系，也为我国数据要素产权化、市场化的发展指明了方向。

第五节 我国数据要素市场的培育与治理

随着数据要素化、资本化的程度不断加深，数据作为新的生产要素的确权之路日益明晰，我国数据要素市场化进程逐渐加快，在这一时期，必须有序规范地推进数据要素市场建设，为数据作为新的生产要素开辟出更大的价值潜力空间。

一、数据要素市场及其特征

中国信通院发布的《数据价值化与数据要素市场发展报告（2021 年）》中指出，“数据要素市场是数据要素在交换或流通过程中形成的市场，既包括数据价值化过程中的交易关系或买卖关系，也包括这些数据交易场所或领域”[①]。其涵盖了交易场所和交易行为两层含义，因而可将数据要素市场界定为：作为数据要素供给者的数据产业部门或个人与数据要素需求者，进行数据要素有偿交换或流通的活动场所和买卖关系的总和。

数据要素市场区别于传统要素市场，在许多方面都展现出了其独特性和特殊性。一是在交易范围方面，数据要素市场是一个横跨各领域的综合要素市场，而其他传统要素市场所涉及的领域和产业较为单一，两者在很大程度上会相互融合；二是在交易对象方面，数据要素市场中的交易对象是体量巨大且虚拟存在的大数据，不像传统要素市场中所进行的是数量有限的实物交易；三是在交易关系方面，数据要素市场中的交易可能涉及三方甚至多方，而在传统要素交易过程中通常只关系到买卖双方；四是在交易环境方面，数据要素市场的有序性和规范性较传统要素市场略显不足，并且对数据要素市场进行监管和治理时面临的情况更加复杂。

但与传统生产要素市场一样，数据要素市场也是高效规范、公平竞争、充分开放的全国统一大市场的重要组成部分，在建设全国统一大市场的过程中发挥着诸多作用。首先，它能够更好地激发数据要素的潜在价值，在畅通数据要素流动共享的过程中加快产业的优化升级，培育更多经济增长新动能；其次，它能够促进数据要素与其他生产要素的深度融合，更好地发挥数字化传统要素所形成的乘数效应，提升社会生产力水平进而实现降本增效；最后，它还能够发挥在数据资源配置中的决定性作用，减少资源错配、浪费的现象发生，同时推动不同主体参与数据要素市场建设并保障各方主体权益。因此，

① 中国信通院：《数据价值化与数据要素市场发展报告（2021 年）》，2021 年 5 月。

加快数据要素市场的培育和发展对于建设全国统一大市场具有重大现实意义，完善的数据要素市场将成为推动我国数字经济高质量发展、抢占数字经济发展先机的关键力量。

二、我国数据要素市场的培育路径

目前我国数据要素市场尚不成熟，仍处于探索阶段，应将马克思主义基本原理与中国数字经济发展实际相结合，在调控有度的政策指引下从多方面发力以加快培育我国数据要素市场。

1. 以数字技术为根基培育数据要素市场

数据要素市场的自动化、智能化程度较高、技术特性极其显著，因而技术的发展程度对数据要素市场的完善程度具有决定性作用。新一代数字技术是培育数据要素市场的基础，在我国数据要素市场培育中，首先需要利用域名解析、云计算等技术作为建设数据中心的基础设施，将诸多数据资源聚集起来，以确定数据市场中的交易范围；其次需要利用“平台+算法”等技术形成多主体之间的联系，制定出标准化的市场规则和机制，为数据要素市场提供交易途径；再次需要利用区块链、隐私计算等技术提高数据资源的安全性，增强数据的可信性和共享性，保证数据要素市场安全有序；最后，大力推进“边缘计算”“监管沙盒”等新技术的研发，这有助于夯实我国数据要素市场的技术根基。

2. 以制度保障推动数据要素市场的培育

数据要素市场是近些年数字经济发展下的新市场，它不及传统要素市场发展时间长，所以尚未形成完备全面的制度体系与之相适应，而滞后于生产力的生产关系势必会阻碍生产力的发展，因此要加快完善数据要素市场的制度设计安排，发挥非正式规则与正式规则的互补作用[①]。一是在数据要素产权制度方面，加强数据供求双方的产权意识，基于“三权分置”和分类分级确权授权的产权制度框架，利用正式规则促进数据要素权责明晰；二是在数据要素交易制度方面，围绕数据合规登记、供需匹配、协议形成、交付结算、争议仲裁等交易流程，进一步规范数据流通全过程，注重提升各个主体的数据素养；三是在数据要素分配制度方面，遵循数据要素收益分配的平等、效率、公平原则，进一步强化数据要素按价值贡献参与分配。

3. 以多元关系搭建数据要素市场生态

数据要素市场中呈现出市场主体聚集的分布趋势，各主体之间的联系在智能互联的数字经济时代下日益密切，多元主体共同搭建数据要素生态已是大势所趋。在数据要素市场中，政府依然起着关键性的引领作用，统筹构建有效市场和有为政府相结合的数据要素市场新格局，并通过对市场中企业、社会、个人等多主体的权利和义务划分，进一

① 欧阳日辉：《数据要素流通的制度逻辑》，《人民论坛·学术前沿》，2023 年第 6 期。

步激发他们的责任担当；这一背景下，数据企业自身的创新精神和责任意识将不断增强，数据行业协会将逐渐发挥其社会力量，个体用户将对数据市场运作进行微观监督，各类型主体之间的协同治理关系围绕数据价值链将会变得更加紧密，从而形成和谐的数据要素市场生态。

综上，在以技术为支持、以制度为保障的基础之上，由多元协作共同培育发展数据要素市场，将更有利于挖掘我国数据要素市场发展潜力和深层价值，为我国现阶段加快完善数据要素市场提供了切实可行的发展路径。

三、我国数据要素市场的治理

数据要素市场治理对于培育健康可持续的数据要素市场的规范和秩序至关重要，因此可围绕数据要素市场的培育路径，有重点地对市场中的无序现象和活动开展治理，推动我国数据要素市场的规范性运行，形成我国数据要素市场的秩序性。

1．治理手段和治理对象：运用和针对数字技术

数字技术是构成数据要素市场的基石，它在为数据要素市场治理提供新方式的同时，也带来了一系列亟须解决的治理新问题。

一方面，数字技术在提升数据要素市场监管安全性和治理全面性方面发挥着重要作用。数据安全性的监管是数据要素市场治理的重要内容，目前基于大数据、云计算等数字技术建立的电子政务系统，可以使政府实现对整个数据要素市场运行的远程监管，有效防范数据风险、提升数据流动的安全性；与此同时，数字技术发展下搭建的数字平台为多方治理创造了便利条件，这也在很大程度上弥补了传统政府一方治理的监管漏洞。此外，数字技术加强了数据要素市场的全过程治理，在事前预防阶段从源头排查各种安全隐患、在事中控制阶段及时止损、在事后处理阶段动态量化追责，进一步为数据要素营造了规范有序的市场环境。

另一方面，数字技术的滥用造成了数据流通和使用的负面影响。在数字技术和数字平台宽松的发展环境下，数据资本迅速集中并呈现出垄断态势，一些寡头平台企业滥用其市场支配地位的行为严重损害了数据要素市场公平，给市场交易下的数据要素流通带来新挑战。此外，数据在被使用过程中的隐私安全等问题不容忽视，一些不良企业利用算法黑箱侵犯用户合法权益，存在信息泄露、算法歧视、恶意推荐等多重潜在危机，数据要素市场治理面临新难题。

鉴于数字技术在数据要素市场中兼备治理手段和治理对象的双重身份，要在数据要素市场的治理过程中用好数字技术这把双刃剑，充分发挥其有利一面，推动数字技术向善发展。

2．治理格局：健全数据要素市场制度

2022 年印发的《中共中央　国务院关于构建数据基础制度更好发挥数据要素作用的意见》从数据产权制度、数据要素流通和交易制度、数据要素收益分配制度、数据要素治理制度四个方面提出了构建数据基础制度的具体要求，并明确指出要“建立安全可控、弹性包容的数据要素治理制度”①。

一方面，数据安全关乎国家安全，风险可控能确保市场有序。为保护个人信息隐私、守护企业商业机密、维护国家数据安全，我国通过立法守住了安全底线，严格依法履行数据安全的监管职责，并针对数据要素市场中的各种潜在风险相继出台了多部法律法规以维护市场秩序。今后依然要以零容忍的态度对待一切危害国家安全、扰乱市场秩序、侵犯个人隐私的行为，积极开展现有立法的完善工作，并根据现实需要制定新的法律条例，构筑起数据要素市场中维护数据安全、抵御市场风险的治理法网；同时加强行业的自我约束，唤起社会中各主体的责任意识，以道德与法律相结合的方式，对数据要素市场进行全方位的治理。

另一方面，宽松弹性利于发展，包容开放利于创新。数据要素市场的繁荣发展依赖于弹性包容的治理环境，过于严苛的管理和限制会阻碍数据要素的自由流通，因此，平衡好保护数据安全与促进数据开放之间的关系就成为现阶段我国数据要素市场治理的重难点。而这一问题的突破口在于对数据的分类分级管理，也就是针对不同数据的敏感级别制定不同的治理办法，将数据类别进行细化并抵制一刀切的刚性数据管理政策。此外，还要鼓励和包容数据要素市场中合理合法的创新行为，并不断创新治理模式。

由此，在政府对数据要素治理制度不断完善和创新的过程中，既要促进数据依法合规流动，又要推进数据安全开发共享，加快形成数据要素市场治理新格局。

3．治理主体：加强多元有机协同

数据要素市场中的参与者众多、交叉关系错综复杂，单靠政府一方加强监管难以做到全面治理，在这样的处境下，企业和其他社会力量等主体治理和自治的突出作用逐渐显现。

数据企业是数据要素市场中的主要参与者，也是治理数据要素市场的关键力量。数据企业在进行数据要素市场治理时主要依靠的是企业自身的社会责任，一方面利用数据流通交易声明和承诺等形式对自身行为进行基本约束，以企业信誉为保证，吸引更多企业主体参与到数据要素的生产流通过程之中；另一方面呼吁各企业承担数据要素的登记和披露义务，提高数据要素交易的透明度，减少大型平台滥用其市场支配地位导致的垄断行为发生。在加强企业自我管理的基础之上推进政企数据的双向流通共享，将更有利

①《中共中央　国务院关于构建数据基础制度更好发挥数据要素作用的意见》，《人民日报》，2022 年 12 月 20 日。

于形成数据要素市场治理合力，释放更大的数据要素价值，促进海量高频的数据要素交易有序进行。

社会力量作为数据要素市场治理的关键主体，在加强市场行业自律性方面发挥着重要作用。以行业协会为代表的社会力量的根本功能在于协调与引导，一方面，数据相关行业协会通过建立起数据要素市场信用体系，促进数据企业之间、企业与政府及其他相关机构之间的信息互通，共同严惩违法违规行为，从而起到规范数据要素市场的作用；另一方面，数据相关行业协会在设定数据要素市场的行业公约、治理标准等方面发挥作用，在政府宏观政策指引下积极引导数据企业参与行业自律，以此来营造规范有序的数据要素市场环境。

在以政府为引领，企业和其他社会力量等诸多市场主体共同参与的治理格局下，有效市场与有为政府共同发挥数据治理作用，促进了多元主体由被治理者向治理者方向的身份转变，很大程度上缓解了传统治理方式中的政府压力，提高了数据要素市场治理的有效性。

第二章　数字技术创新

数字技术是指利用计算机、互联网和其他信息技术，让数据或信号可以通过计算而得到数字表示的技术。数字技术创新是指包括人工智能、区块链、云计算、大数据、物联网、移动互联网等数字技术在内的新一代数字技术通过与实体经济的深度融合催生出新技术、新产品、新产业、新模式、新业态的过程。本章主要研究数字技术与数字技术创新。

第一节　数字技术的内涵和类型

一、数字技术的内涵

数字技术通常指大数据、云计算、人工智能、区块链、5G 等具有一定代表性的技术。数字技术通常嵌在信息通信技术系统之中或结合了信息技术的产品服务；它通常改进信息通信系统的数字硬件等物理部分，还改进包括数据、产品、平台和基础设施等部分。具体而言，可以通过数字技术的种类、数字技术的元素以及数字技术的本体三个角度来理解数字技术。

第一，对于数字技术的种类，学者通常通过列举法这种直观的呈现方式进行说明。Bharadwaj et al.（2013）[①]以及 Vial（2019）[②]将数字技术定义为信息、计算、通信以及连接技术的一种组合；Rüßmann et al.（2015）[③]认为数字技术的类型包括大数据分析、自主机器人、仿真、水平和垂直系统集成、物联网、网络安全、云计算、加法制造和增强现

① BHARADWAJ A., EL SAWY O. A., PAVLOU P. A., VENKATRAMAN N. V., "Digital business strategy: toward a next generation of insights", MIS quarterly, 2013.

② VIAL G., "Understanding digital transformation: A review and a research agenda", The journal of strategic information systems, Vol. 28, No. 2, 2019.

③ RÜßMANN M., LORENZ M., GERBERT P., WALDNER M., JUSTUS J., ENGEL P., HARNISCH M, "Industry 4.0: The future of productivity and growth in manufacturing industries", Boston consulting group, Vol. 9, No. 1, 2015.

实；Sebastian 等（2017）[①]将数字技术归纳为 SMACIT 模型，即包括社交技术、移动技术、分析技术、云计算技术和物联网技术。

第二，对于数字技术的元素的列举，Nambisan（2017）[②]认为数字技术包括数字组件、数字基础设施和数字平台三个具有相关性的不同元素；Berger 等（2021）[③]将数字技术的元素归类为数字产品、数字平台、数字基础设施工具或系统，以及数字应用、组件或媒体内容；Elia 等（2020）[④]在 Nambisan 的基础上进一步定义，认为数字技术允许或加强了前所未有的计算、通信、内容和人的网络融合，可以分为数字组件、数字基础设施和数字平台三个不同但相关的元素。

第三，对于数字技术的本体而言，Lyytinen 等（2016）[⑤]认为数字技术是指由信息和通信技术所体现的产品和服务；Briel 等（2018）[⑥]认为数字技术是指互联网、智能手机和其他收集、储存、分析和共享信息的应用和技术；Yoo 等（2010）[⑦]将数字技术分为层次设备、网络、服务、内容这四个层次；Markus 等（2006）[⑧]、Williams 等（2009）[⑨]认为数字技术的基础是可以将信息标准化并允许组织快速编码、储存、形式化和分发知识的信息和通信技术系统。

综上所述，简单地对数字技术的内涵进行总结归纳，可以将数字技术定义为信息、计算、沟通和连接技术的组合。

二、数字技术的类型

目前新兴的数字新技术主要包括大数据、云计算、物联网、区块链、人工智能、元

---

① SEBASTIAN I., ROSS J., BEATH C., MOCKER M., MOLONEY K., FONSTAD N., "How big old companies navigate digital transformation", MIS quarterly executive, Vol. 16, No. 3, 2017.

② NAMBISAN S., LYYTINEN K., MAJCHRZAK A., SONG M., "Digital innovation management", MIS quarterly, Vol. 41, No. 1, 2017.

③ BERGER E. S., Von BRIEL F., DAVIDSSON P., KUCKERTZ A., "Digital or not—The future of entrepreneurship and innovation: Introduction to the special issue ", Elsevier, 2021.

④ ELIA G., MARGHERITA A., PASSIANTE G., "Digital entrepreneurship ecosystem: How digital technologies and collective intelligence are reshaping the entrepreneurial process", Technological forecasting and social change, Vol. 150, 2020.

⑤ LYYTINEN K., YOO Y., BOLAND JR R. J., "Digital product innovation within four classes of innovation networks", Information systems journal, Vol. 26, No. 1, 2016.

⑥ BRIEL F., DAVIDSSON P., RECKER J., "Digital technologies as external enablers of new venture creation in the IT hardware sector", Entrepreneurship theory and practice, Vol. 42, No. 1, 2018.

⑦ YOO Y., HENFRIDSSON O., LYYTINEN K., "Research commentary—the new organizing logic of digital innovation: an agenda for information systems research", Information systems research, Vol. 21, No. 4, 2010.

⑧ MARKUS M. L., STEINFIELD C. W., WIGAND R. T., "Industry-wide information systems standardization as collective action: the case of the US residential mortgage industry", MIS quarterly, 2006.

⑨ WILLIAMS M. D., DWIVEDI Y. K., LAL B., SCHWARZ A., "Contemporary trends and issues in IT adoption and diffusion research", Journal of information technology, Vol. 24, No. 1, 2009.

宇宙六大技术。根据数字化生产的需求分类要求，大数据技术是数字资源，云计算技术是数字设备，物联网技术是数字传输，区块链技术是数字信息，人工智能技术是数字智能，六大数字技术是一个整体，相互融合而且呈指数级增长。

1．大数据

对于大数据尚未有一个公认的定义，不同的定义基本是从大数据的特征出发，试图通过这些特征的阐述和归纳给出其定义。在这些定义中，比较有代表性的是 3V 定义[①]，即认为大数据需满足 3 个特点：规模性（volume）、多样性（variety）和高速性（velocity）。除此之外，还有提出 4V 定义的，即尝试在 3V 的基础上增加一个新的特性。关于第 4 个 V 的说法并不统一，国际数据公司（International Data Corporation，IDC）认为大数据还应当具有价值性（value）[②]，大数据的价值往往呈现出稀疏性的特点。IBM 认为大数据必然具有真实性（veracity）。[③]

2．云计算

目前，云计算没有统一的定义，当前云计算的定义主要包括以下几种：中国云计算网将云计算定义为：云计算是分布式计算（Distributed Computing）、并行计算（Parallel Computing）和网格计算（Grid Computing）的发展，或者说是这些科学概念的商业实现。[④] Vaquero（2009）在综合多个云计算的定义之后，给"云"下了如下定义：云是一个包含大量可用虚拟资源（例如硬件、开发平台以及 I/O 服务）的资源池。这些虚拟资源可以根据不同的负载动态地重新配置，以达到更优化的资源利用率，这种资源池通常由基础设施提供商按照服务等级协议（Service Level Agreement，SLA）采用用时付费（Pay-Per-Use，PPU）的模式开发管理。[⑤]

3．人工智能

在发展初期，人工智能被描述为具备等同于人类的思维、行动能力并在未来能够超越人类相应能力的"思考机器"（Mccorduck，2004）[⑥]。也有学者认为能力的发挥需要特定的载体与外部环境，Dreyfus（1992）[⑦]对人工智能的经典批判和 Searle（1992）[⑧]的"生

① Grobelnik M., Big-data computing: Creating revolutionary breakthroughs in commerce, science, and society. http://videolectures.net/eswc2012_grobelnik_big_data/ . 2012.

② Barwick H. "The ‘four Vs’ of Big Data". Implementing information infrastructure symposium. http://www.computerworld.com.au/article/396198/iiis_four_vs_big_data/. 2012.

③ IBM. What is big data?. http://www01.ibm.com/software/data/bigdata/ .2012.

④ 中国云计算网，什么是云计算. http://www.cloudcomputing-china.cn/Article/ShowArticle/ . 2009.

⑤ VAQUERO L. M., RODERO-MERINO L., CACERES, J., "Lindner M. “A break in the clouds: towards a cloud definition", ACM SIGCOMM computer communication review, Vol. 39, No. 1, 2009.

⑥ MCCORDUCK P., CFE C., " Machines who think: A personal inquiry into the history and prospects of artificial intelligence ", CRC press, 2004.

⑦ DREYFUS H. L., "What computers still can't do: A critique of artificial reason", MIT press, 1992.

⑧ SEARLE J. R., "The rediscovery of the mind ", MIT press, 1992.

物自然主义”观点都认为实现类人的智能需要像人一样的身体体现和社会背景。目前对人工智能概念较为全面的描述来自 MIT 电气工程领域的研究，即认为人工智能是一个有机整体，是通过模型建立的关于思维、感知和行动的表达系统，以生成测试法为基本运行方式，这一系统存在一定的约束条件，并通过算法（程序或方法）实现约束条件的作用（Finlayson 等，2010）①。

4．区块链

不同学者对区块链理解的侧重点不同，但都包含三个核心特点：第一，区块链本质上是一种新的数据库存储形式。罗航（2018）认为，区块链是一个建立在共识模式基础上的数据库②。唐塔普斯科特（2016）认为，“区块链本质上是比现有方案更靠谱的数据库，即一种让关键利益相关者（买家、卖家、托管人、监管者）保持共享及不可删除记录的数据库”③。第二，区块链的根本目的是用“分布式账本”替代第三方担保（所谓的“中心”），建立信任关系。如霍学文所言，“区块链是在信息不对称的情况下，无须相互担保信任或第三方核发信用证书，采用基于互联网大数据的加密算法，创设的节点普遍通过即为成立节点的信任机制。”④第三，区块链是不同层面技术的组合。Panarello 等.（2018）认为，区块链至少包含四项核心技术：P2P 网络链接；透明和分布式账本；分类账本的同步复制；分布式矿工核实打码。⑤

5．物联网

物联网最初是以美国麻省理工学院自动化识别系统中心（Auto-ID Center）研究的产品电子代码（Electronic Product Code，EPC）为核心，利用射频识别（Radio Frequency Identification，RFID）、无线数据通信等技术，基于计算机互联网构造的一个覆盖世界上万事万物的实物互联网。⑥简单来讲，物联网就是将各种信息传感设备，如射频识别装置、红外感应器、全球定位系统、通信等各种装置与互联网结合起来而形成的一个巨大网络，它使所有物品都与网络连接在一起，方便识别与管理。物联网的实质在于，利用

① FINLAYSON M. A., RICHARDS W., WINSTON P. H., "Computational models of narrative: Review of a workshop", AI magazine, Vol. 31, No. 2, 2010.

② 罗航，成欢：《透视区块链技术在经济和金融领域的应用》，《西华大学学报》（哲学社会科学版）2018 年第 2 期。

③ 唐塔普斯科特，亚力克斯 •塔普斯科特：《区块链革命：比特币底层技术如何改变货币、商业和世界》，凯尔、孙铭、周沁园，译，北京：中信出版社，2016 年版，第 29 页。

④ 唐塔普斯科特，亚力克斯 •塔普斯科特：《区块链革命：比特币底层技术如何改变货币、商业和世界》，凯尔、孙铭、周沁园，译，北京：中信出版社，2016 年版，第 12 页。

⑤ PANARELLO A., TAPAS N., MERLINO G., LONGO F., PULIAFITO A., "Blockchain and IoT integration: A systematic survey", Sensors, Vol. 18, No. 25, 2018.

⑥ 贾凯，刘慧，王保松：《物联网在我国医药流通中的应用研究》，《商讯商业经济文荟》，2005 年第 5 期。

射频自动识别技术，通过计算机互联网实现物品（商品）的自动识别以及信息的互联与共享。[①]

6．元宇宙

方凌智等（2021）[②]总结出关于元宇宙概念的相应分析：第一，元宇宙的本质是人造虚拟世界。这种虚拟世界最早由文字构建，出现在文学之中。之后随着技术发展，媒介形式变化得以让电脑和互联网逐步地、具体地将元宇宙呈现在人们面前。第二，元宇宙的提出，其原动力在于互联网功用中心从信息转变成为人，人们对交互要求的日益提升驱使着媒介技术的不断进步，这推动了元宇宙的发展。第三，元宇宙的出现条件是信息技术的高度发达和社会文明的高度繁荣，它的出现会对社会进行全方位的变革，可能在未来形成新的社会形态。综上所述，元宇宙是互联网发展的终极产物，是现阶段已形成虚拟世界的升级，并拥有着高度发达的虚拟社会系统。

第二节　数字技术的特征

一、通用技术特征

数字技术本质上包含信息数字化和处理数据两个部分，其具有两个本质特征：数据同质化（Data homogenization）和可重新编程性（Reprogrammable functionality）（Ciriello 等，2018[③]；Yoo 等，2010[④]）。数据同质化特性是指数字技术把所有声音、图片等信息均操作为二进制数字 0 和 1 进行处理，在这个操作化的过程中，具有二进制特征的数据被同质化处理；而可重新编程性是指数字技术使得对数据进行处理的程序同样可以作为数据进行存储和处理，这一性质使得对程序的编辑或重新编程变得更加容易（Yoo 等，2012）[⑤]。而这两个本质属性使得数字技术具有可供性（Affordance），即不同的组织和个

① 朱砖：物联网概念股横空出世. http://stock.sohu.com/20090916/n266766027.shtml .2009.

② 方凌智，沈煌南：《技术和文明的变迁：元宇宙的概念研究》，《产业经济评论》，2022 年第 1 卷。

③ CIRIELLO R. F., RICHTER A., SCHWABE G., "Digital innovation", Business &information systems engineering, Vol. 60, 2018.

④ YOO Y., HENFRIDSSON O., LYYTINEN K., "Research commentary: the new organizing logic of digital innovation: an agenda for information systems research", Information systems research, Vol. 21, No. 4, 2010.

⑤ YOO Y., BOLAND JR R. J., LYYTINEN K., MAJCHRZAK A., "Organizing for innovation in the digitized world", Organization science, Vol. 23, No. 5, 2012.

体可以利用同样的数字技术来实现不同的目的（Yoo 等，2010）[1]。例如企业对用户在手机上使用社交媒体收集的大数据进行分析可以实现降低成本或者个性化定制等不同目的（Yoo 等，2012）。[2]

在新一轮科技革命和产业变革正在全球范围内蓬勃兴起的背景下，通常将从大数据、云计算、物联网和人工智能为核心的数字技术作为新产业革命中的通用技术。参考陈维宣等（2020）[3]的研究，我们认为通用技术相较于传统技术具有如下特点：第一，技术相对优势。相对优势通常包括技术的易用性、有用性等方面：易用性能够降低需求方采纳通用技术时的初始成本，使通用技术能够较快地进行市场推广；有用性则主要表现为对生产技术进行改造升级。第二，技术兼容性。兼容性是指通用技术与当前的技术条件相一致的程度。通用技术作为企业的基础技术，不仅拥有数据同质化和可重新编程性两种基本特征，而且与现有生产设备互联互通，能够降低企业采用新技术时的不兼容风险，可以使企业以较低的成本实现生产设备的智能化改造升级。

二、技术簇群特征

突破性技术簇群的涌现是数字经济革命的核心特征。布莱恩约弗森和麦卡菲（2014）[4]的有关创新的类型化研究对理解技术簇群的产生具有借鉴意义。他们指出创新行为包括果实类创新和重组式创新两种类型。其中，果实类创新即为通用目的技术的不断应用和再创新，果实类创新的特征是价值创造呈现出周期性特征。相反，重组式创新的特征则是价值创造的持续升级。[5]Roberts 等（1981）提出，知识生产过程是对人类既有知识的重新拓展和组合过程，基于此类技术创新基础上的经济增长被他称为“组合式增长”。[6]布莱恩约弗森和麦卡菲认为，数字经济时代的根本特征就是创新范式从果实类创新的主导范式转向重组式创新主导范式。而这种转换发生的机理，就在于数字经济的基础是基于数

---

① YOO Y., HENFRIDSSON O., LYYTINEN K., "Research commentary: the new organizing logic of digital innovation: an agenda for information systems research", Information systems research, Vol. 21, No. 4, 2010.

② YOO Y., BOLAND JR R. J., LYYTINEN K., MAJCHRZAK A., "Organizing for innovation in the digitized world", Organization science, Vol. 23, No. 5, 2012.

③ 陈维宣，吴绪亮：《通用数字技术扩散的模式、特征与最优路径研究》，《经济研究参考》，2020 年第 18 期。

④ 埃里克·布莱恩约弗森，安德鲁·麦卡菲：《第二次机器革命》，蒋永军，译，北京：中信出版社，2014 年。

⑤ 张其仔，贺俊：《第四次工业革命的内涵与经济效应》，《光明日报》，2021 年 5 月。

⑥ ROBERTS K., WEITZMAN M. L., "Funding criteria for research, development, and exploration projects", Econometrica: journal of the econometric society, 1981.

字化、网络化、智能化的新型信息化，新型信息化大大拓展了技术架构的模块化范围和深度。[①]因此，在如今的数字经济时代，以数字技术为核心的新兴技术呈现群体涌现、协同融合的特征。根据数字化生产的要求，大数据、云计算、物联网、人工智能、区块链以及不断迭代衍生的数字新技术，交叉承载了数据采集、存储传输、计算分析、安全保障等功能，为人类的生产、生活所需提供系统化、专业化服务，共同成为构建数字经济的技术基础。在新范式成熟期，万物互联、泛在感知、空天地一体化的智能网络形成。数字化技术成熟化，并不断与制造、能源、材料和生物等领域的技术进行融合，形成相互联结的新主导技术群。[②]

三、万物互联

万物互联（Internet of Everything，IoE）是在物联网基础上添加了数据、人员和业务流程的链接，其包含物联网、人联网和工业互联网等多种连接范式，是智能事物、人、流程和数据之间具有实时数据和信息流动的连接网络[③]，通过数字功能将消费品与设备连接到全球互联网上，以技术为实现基础，是互联网更高效、更智能的发展方向[④]。唐魁玉（2020）认为万物互联是将人、流程、数据和事物结合在一起，使网络连接变得更加相关、更有价值，万物互联引领智能化的“物” 成为权利平等的信息创造、发布、传播和接收主体。[⑤]总体而言，学者们认为万物互联是在互联网和物联网的基础上，融合人、数据和流程等要素，使信息和数据能够自由流通。

万物互联的特征：第一，信息易感性、信息的全面感知、可靠传送和智能处理是物联网时代的基本特征，其核心是物与物、人与物之间的信息交互。万物互联能够极大地增强信息的实时性、真实性和可获取性，通过多类型、多渠道传感器和物联网基建，万物互联时代的信息感知和采集能力得到极大提升，增加了信息的丰富性和综合性，互联互通功能进一步提高。第二，在万物互联技术的支持下，可以实现与多种智能硬件的连接。这些连接同时存在于虚拟世界和物理世界中，虚拟世界由5G、计算机和物联网等基础设施进行投射，实现与物理世界的实物相连。随着连接人、机构、组织和实体对象的技术不断发展，最终可实现简便的人与人的互动连接以及人与物、物与物的要素连接，

① 杰里米·里夫金：《零边际成本社会：一个物联网，合作共赢的新经济时代》，赛迪研究院专家组，译，北京：中信出版社，2014年版。

② 张路娜，胡贝贝，王胜光：《数字经济演进机理及特征研究》，《科学学研究》，2021年第3期。

③ LANGLEY D. J., DOORN J., NG I. C., STIEGLITZ S., LAZOVIK A., BOONSTRA A., "The Internet of Everything: Smart things and their impact on business models", Journal of business research, Vol. 122, 2021.

④ TUCKER K., BULIM J., KOCH G., NORTH M. M., "Internet industry: A perspective review through internet of things and internet of everything", International management review, Vol. 14, No. 2, 2018.

⑤ 唐魁玉：《万物互联时代的兴起及其边缘算法效应》，《人民论坛·学术前沿》，2020年第9期。

理论上基本可以达到万物皆可相连。[①②]第三，以移动设备为代表的新技术推动了以用户个体为中心的多重网络的连接，并促进这些网络中的多种交互。从交易到社会信息共享，到与连接设备的接口等，极大地提升了万物互联时代的交互强度[③]。

第三节　数字技术创新的内涵和要素

一、数字技术创新的基本内涵

1．数字技术创新的内涵

数字技术创新即在创新过程中采用信息（Information）、计算（Computing）、沟通（Communication）和连接（Connectivity）技术的组合，包括带来新的产品、生产过程改进、组织模式变革以及商业模式的创建和改变等（Yoo 等，2010[④]；Fichman 等，2014[⑤]；Nambisan 等，2017[⑥]；Bharadwaj 等，2013[⑦]）。这一定义包含三个核心要素：一是数字技术。根据上文的定义，数字技术是信息、计算、沟通和连接技术的组合，例如包括大数据、云计算、区块链、物联网、人工智能、虚拟现实技术等。二是创新产出。如产品创新、服务创新等。三是创新过程。和一般创新过程定义的关键区别在于强调创新过程中对数字技术的应用。

2．数字技术创新特征

数字技术创新具有融合性（Integration）。数字创新使得产业边界、组织边界、部门边

① VERHOEF P. C., STEPHEN A. T., KANNAN P. K., LUO X., ABHISHEK V., ANDREWS M., BART Y., DATTA H., FONG N., HOFFMAN D. L., "Consumer connectivity in a complex, technology-enabled, and mobile-oriented world with smart products", Journal of interactive marketing, Vol. 40, No. 1, 2017.

② 唐魁玉：《万物互联时代的兴起及其边缘算法效应》，《人民论坛·学术前沿》2020 年第 9 期。

③ VERHOEF P. C., STEPHEN A. T., KANNAN P. K., LUO X., ABHISHEK V., ANDREWS M., BART Y., DATTA H., FONG N., HOFFMAN D. L., "Consumer connectivity in a complex, technology-enabled, and mobile-oriented world with smart products", Journal of interactive marketing, Vol. 40, No. 1, 2017.

④ YOO Y., HENFRIDSSON O., LYYTINEN K., "Research commentary—the new organizing logic of digital innovation: an agenda for information systems research", Information systems research, Vol. 21, No. 4, 2010.

⑤ FICHMAN R. G., DOS SANTOS B. L., ZHENG Z., "Digital innovation as a fundamental and powerful concept in the information systems curriculum", MIS quarterly, Vol. 38, No. 2, 2014.

⑥ NAMBISAN S., LYYTINEN K., MAJCHRZAK A., SONG, M., "Digital innovation management", MIS quarterly, Vol. 41, No. 1, 2017.

⑦ BHARADWAJ A., EL SAWY O. A., PAVLOU P. A., VENKATRAMAN N. V., "Digital business strategy: toward a next generation of insights", MIS quarterly, 2013.

界甚至产品边界等变得模糊且重要性降低（Nambisan 等，2017）[①]。例如，整合了数字技术和传统物理实体产品的智能产品突破了原有产品使用范围，新的数字化产品边界不再明确（Porter 和 Heppelmann，2014）[②]。

数字技术创新具有自生长性（Generativity）。自生长性指由于数字技术是动态的、可自我参照的、可延展的、可编辑的，数字创新可以持续地不断改进、变化（Yoo 等，2012[③]；Ciriello 等，2018[④]）。

数字技术创新具有灵活性（Flexibility）。由于数字技术具有可编辑性，可以被控制行为之外的对象访问和修改（Nambisan，2017[⑤]；蔡莉等，2019[⑥]），同时嵌入式和多功能性的计算能力使得非数字组件变得更具备可编程性和可塑性。数字技术促进形式与功能之间的脱耦，这意味着数字编码指令的独立性和可重复修改性，使得不同的组织和个体可以按照自身需求对已有的数字技术进行创新来实现各自不同的目的。

二、数字技术创新的类型和功能

1．数字技术创新的类型

刘洋等（2020）[⑦]根据创新产出的类型把数字创新进一步分为数字产品创新、数字过程创新两个层面。

数字产品创新指对特定市场来说非常新的产品或服务，是包含数字技术，即信息、计算、沟通和连接技术的组合，或者被数字技术所支持。数字产品创新主要包含两大类：纯数字产品（如 App）以及数字技术与物理部件相结合的产品（例如智能家居产品）（Boudreau，2012[⑧]；Nylén 和 Holmström，2015[⑨]）。

---

① NAMBISAN, S., "Digital entrepreneurship: Toward a digital technology perspective of entrepreneurship", Entrepreneurship theory and practice, Vol. 41, No. 6, 2017.

② PORTER M. E., HEPPELMANN J. E., "How smart, connected products are transforming competition", Harvard business review, Vol. 92, No. 11, 2014.

③ YOO Y., BOLAND JR R. J., LYYTINEN K., MAJCHRZAK A., "Organizing for innovation in the digitized world", Organization science, Vol. 23, No. 5, 2012.

④ CIRIELLO R. F., RICHTER A., SCHWABE G., "Digital innovation", Business & information systems engineering, Vol. 60,2018.

⑤ NAMBISAN S., "Digital entrepreneurship: Toward a digital technology perspective of entrepreneurship", Entrepreneurship theory and practice, Vol. 41, No. 6, 2017.

⑥ 蔡莉，杨亚倩，卢珊，等：《数字技术对创业活动影响研究回顾与展望》，《科学学研究》，2019 年第 10 期。

⑦ 刘洋，董久钰，魏江：《数字创新管理：理论框架与未来研究》，《管理世界》，2020 年第 7 期。

⑧ BOUDREAU K. J., "Let a thousand flowers bloom? An early look at large numbers of software app developers and patterns of innovation", Organization science, Vol. 23, No. 5, 2012.

⑨ NYLÉN D., HOLMSTRÖM J., "Digital innovation strategy: A framework for diagnosing and improving digital product and service innovation", Business horizons, Vol. 58, No. 1, 2015.

数字过程创新指数字技术（即信息、计算、沟通和连接技术的组合）的应用改善甚至重构了原有创新的流程框架。在数字经济时代，创意产生、产品开发、产品试制与制造以及物流和销售等环节都可能被数字技术所颠覆（Austin 等，2012[①]；Huang 等，2017[②]；Lyytinen 等，2016[③]； Nylén 和 Holmström，2019[④]）。

2．数字技术创新的功能

数字技术创新可以实现创新机会的快速识别、创新资源的高效组合、创新参与主体的动态交互、创新文化的建设以及创新效率的提升[⑤]。参考 Vial（2019）[⑥]和闫俊周等（2021）[⑦]的研究，我们从以下方面分析数字创新的功能。

第一，提升运营效率。一是在产品、服务和商业模式中使用数字技术均有利于提升运营效率。企业通过嵌入利用大数据进行自动化的算法决策，提高了辨别能力，可以更精确地为客户和潜在客户提供个性化的产品和服务，提升消费者的体验。而云计算可提供随需应变的弹性资源[⑧]，改变了企业获取、利用和创造价值的方式，可产生效率型商业模式[⑨]。二是数字技术通过改变、优化创新流程和组织形式提升创新效率。数据驱动业务流程的改进，组织可以从中获得最初的业务价值，共享新的业务见解[⑩]。企业应通过对大数据、人工智能等信息技术的准确使用，优化创新流程和改善组织形式，提高组织运营效率[⑪]。此外，数字技术的运用和数字创新的平台化，也打破了数字创新主体的地理限制，促使跨行业、跨地区创新主体的参与，降低了沟通协调成本、信息搜索和分享成本[⑫]。

---

① AUSTIN R. D., DEVIN L., SULLIVAN E. E., "Accidental innovation: Supporting valuable unpredictability in the creative process", Organization science, Vol. 23, No. 5, 2012.

② HUANG J. C., HENFRIDSSON O., LIU M. J., NEWELL S., "Growing on steroids: Rapidly scaling the user base of digital ventures through digital innovation", MIS quarterly, 2017.

③ LYYTINEN K., YOO Y., BOLAND JR R. J., "Digital product innovation within four classes of innovation networks", Information systems journal, Vol. 26, No. 1,2016.

④ NYLÉN D., HOLMSTRÖM J., "Digital innovation in context: Exploring serendipitous and unbounded digital innovation at the church of Sweden", Information technology & people, Vol. 32, No. 3, 2019.

⑤ NAMBISAN S., "Digital entrepreneurship: Toward a digital technology perspective of entrepreneurship", Entrepreneurship theory and practice, Vol. 41, No. 6, 2017.

⑥ VIAL G., "Understanding digital transformation: A review and a research agenda", The journal of strategic information systems, Vol. 28, No. 2, 2019.

⑦ 闫俊周，姬婉莹，熊壮：《数字创新研究综述与展望》，《科研管理》，2021 年第 4 期。

⑧ KANE G. C., PALMER D., PHILLIPS A. N., KIRON D., BUCKLEY N., "Strategy, not technology, drives digital transformation", MIT sloan management review, 2015.

⑨ AMIT R., ZOTT C., "Value creation in e - business", Strategic management journal, Vol. 22, No. 6 - 7, 2001.

⑩ GUST G., NEUMANN D., FLATH C. M., BRANDT T., STRÖHLE P., "How a traditional company seeded new analytics capabilities", MIS quarterly executive, Vol. 16, No. 3, 2017.

⑪ NAMBISAN S., "Designing virtual customer environments for new product development: Toward a theory", Academy of management review, Vol. 27, No. 3, 2002.

⑫ FELIN T., ZENGER T. R., "Closed or open innovation? Problem solving and the governance choice", Research policy, Vol. 43, No. 5, 2014.

第二，提高组织绩效。一是数字产品创新为客户创造新价值。将数字技术嵌入产品和创新过程中，会促使企业打破既定的创新路径，以适应新的创新环境[①]。数字化内容通过增强、扩展和重新定义实体或传统产品和服务，重塑交付给客户的价值主张，创造了新的收入流，数字化转型可以帮助各个行业生存下来[②]。二是数字服务创新为企业带来更高利润。运用数字技术能够打造个性化的品牌体验，创造更多的互动广告，让消费者以新颖的方式体验产品和空间，增强消费者参与感，加强与客户和供应商的连接，为企业带来更高利润[③]。三是数字商业模式创新改变了企业以往获取价值的方式。企业获取和创造价值的载体转变为价值空间，这使得企业在应对外部环境变化方面变得更加灵活，增强了其竞争优势[④⑤]。

第三，促进多维发展。一是数字技术创新过程中会产生新的原生数字化创新模式。通过数字新技术的应用和商业模式的完善促进产业发展[⑥]。二是运用数字技术改造传统产业。通过对传统产业既有产品生产流程的数字化改造、与传统产业相融合方式等探寻新发展路径，提升传统产业发展能力。三是加速企业数字化转型。数字技术创新推动企业组织环境转为动态型，生产流程转为人工智能，创新模式转为开放式创新，加速企业数字化转型，推动数字经济和实体经济加速融合，促进企业高质量发展[⑦]。四是驱动经济高质量发展。数字技术创新驱动产业向数字化、智能化、高端化、生态化等方面转型升级，有利于经济高质量增长和可持续发展[⑧]。

第四，改变竞争格局。一是扩大了创新主体和参与者范围。数字技术创新的过程和结果将不再是有界的，而是动态的，这种无边界性扩大了创新主体和参与者范围[⑨]，有利

① SVAHN F., MATHIASSEN L., LINDGREN R., "Embracing Digital Innovation in Incumbent Firms", MIS quarterly, Vol. 41, No. 1, 2017.

② KARIMI J., WALTER Z., "The role of dynamic capabilities in responding to digital disruption: A factor-based study of the newspaper industry", Journal of management information systems, Vol. 32, No. 1, 2015.

③ SETIA P., VENKATESH V., JOGLEKAR S., "Leveraging digital technologies: How information quality leads to localized capabilities and customer service performance", MIS quarterly, 2013.

④ TEECE D. J., "Profiting from innovation in the digital economy: Enabling technologies, standards, and licensing models in the wireless world", Research policy, Vol. 47, No. 8, 2018.

⑤ LI L., SU F., ZHANG W., MAO J. Y., "Digital transformation by SME entrepreneurs: A capability perspective", Information systems journal, Vol. 28, No. 6, 2018.

⑥ 余江，孟庆时，张越，等：《数字创新:创新研究新视角的探索及启示》，《科学学研究》，2017 年第 7 期。

⑦ 陈凯华，冯泽，孙茜：《创新大数据，创新治理效能和数字化转型》，《研究与发展管理》，2021 年第 6 期。

⑧ JACOBIDES M. G., CENNAMO C., GAWER A., "Towards a theory of ecosystems", Strategic management journal, Vol. 39, No. 8, 2018.

⑨ NAMBISAN S., LYYTINEN K., MAJCHRZAK A., SONG M., "Digital innovation management", MIS quarterly, Vol. 41, No. 1, 2017.

于充分利用社会资源。二是催生新的商业模式。数字化基础设施的完善和所带来的技术可编辑性为商业模式创新带来巨大机会，会催生新的或颠覆性的商业模式。如打车 App、无人驾驶汽车的出现改变了原有商业模式和原有产业的竞争格局。三是创新生态成为重要的创新组织形式。数字技术发展加速了数字平台建设，创新组织形式也逐渐转变为一种生态的方式。作为一种数字核心技术，平台生态系统重点围绕生态本身进行研究，标准或开放式接口可以帮助互补技术连接到核心技术。连接到核心技术之后，共享的技术资产和资源就可以得到充分利用，产生互补性创新，受益于更多的创新平台用户，从而可以创造更多的价值[①]。

三、数字技术创新的基本要素

在数字技术创新中，创新要素逐渐发生改变，不仅使创新要素之间的关系得以改善[②]，且创新过程不再受资源、环境等传统创新条件的约束。在这个过程中数字创新者与数字创新公众逐渐成为数字创新的主体（Sussan 等，2017）[③]；数字技术贯穿其中，是数字技术创新的基础支撑；数字创新平台成为创造价值的源泉[④]；数字创新文化是数字技术创新的灵魂[⑤]。鉴于此，本章借鉴闫俊周等（2021）[⑥]的研究，提出数字技术创新包含以下五个基本要素。

一是数字创新者。创新者推动了创新的数字化转型，加速数字创新进展，是数字创新的主体。与传统创新者相比，数字创新者需要将数字技术与创新者特征和动机相结合，致力于创新活动，为企业或行业数字化转型打好基础，因此，他们要具有显著的数字素养、识别数字创新机会和数字吸收的能力，一般为企业高层管理团队和数字技术研发人员，他们的支持是数字创新成功的关键[⑦⑧]。对于数字技术研发人员，应该提高对数字环境的扫描能力和吸收能力，及时识别组织内外部与数字环境相关的创新机会，并充分利

① JACOBIDES M. G., CENNAMO C., GAWER A., "Towards a theory of ecosystems", Strategic management journal, Vol. 39, No. 8, 2018.

② 张超，陈凯华，穆荣平：《数字创新生态系统：理论构建与未来研究》，《科研管理》，2021 年第 3 期。

③ SUSSAN F., ACS Z. J., "The digital entrepreneurial ecosystem", Small business economics, Vol. 49, 2017.

④ 柳卸林，董彩婷，丁雪辰：《数字创新时代：中国的机遇与挑战》，《科学学与科学技术管理》，2020 年第 6 期。

⑤ VIAL G., "Understanding digital transformation: A review and a research agenda", The journal of strategic information systems, Vol. 28, No. 2, 2019.

⑥ 闫俊周，姬婉莹，熊壮：《数字创新研究综述与展望》，《科研管理》，2021 年第 4 期。

⑦ SUSSAN F., ACS Z. J., "The digital entrepreneurial ecosystem", Small business economics, Vol. 49,2017.

⑧ LEE J., ELBASHIR M. Z., MAHAMA H., SUTTON S. G., "Enablers of top management team support for integrated management control systems innovations", International journal of accounting information systems, Vol. 15, No. 1, 2014.

用外部知识和资源，加快数字创新进展①。

二是数字创新公众。在数字网络中，公众参与创新过程具有很大自愿性，自愿参与数字创新行为或活动的公众可称作数字创新公众②。数字创新公众不仅是数字创新的服务对象，还是创新过程的参与者，其为创新难题的解决提供了新的方式和思路，主要表现在以下几个方面：一是数字创新公众自愿参与性提高。数字素养、数字公民意识、享乐动机、个人习惯和数字创新平台的开放性能够增强和提升数字创新公众的参与意愿。二是数字创新公众的知识存在异质性。数字创新公众的多样性、异质性知识和创造力，能有效解决创新过程中遇到的复杂社会问题③。三是数字创新公众的参与有助于改进创新过程。数字技术的扩散改变了用户对产品的需求，企业应该寻求对产品最终用户的深入了解，以帮助改进现有产品和服务，从而为数字创新发展找到正确方向④。

三是数字技术。无处不在的数字技术深入渗透到许多组织的产品、服务和运营的核心，并从根本上改变产品和服务创新的本质⑤，其作用体现在：一是支撑数字创新。数字技术是数字创新的基础支撑和价值传输的必要组成，是服务提供、价值共同创造和服务创新的重要方面，很大程度上改变了各类创新主体的创新逻辑、创新模式和创新过程⑥。二是赋能数字创新。数字技术可为依赖于传统要素的产业赋能，改变传统产业的发展模式并推动产业升级，并推动融合型产业和新生型产业的产生⑦。三是提升数字创新绩效。数字技术进步会加速数字创新进程，推动各类创新主体跨领域、跨界创新，提升资源获得的便利性，提高资源配置效率并产生杠杆效应⑧。

四是数字创新平台。数字创新平台是在数字基础设施之上创建和培育的，是能够在

---

① KOHLI R., MELVILLE N. P., "Digital innovation: A review and synthesis", Information systems journal, Vol. 29, No. 1, 2019.

② MOSSBERGER K., TOLBERT C. J., MCNEAL R. S., "Digital citizenship: The Internet, society, and participation", MIT press, 2007.

③ KUBE M., HILGERS D., KOCH G., FÜLLER J., "Explaining voluntary citizen online participation using the concept of citizenship: an explanatory study on an open government platform", Journal of business economics, Vol. 85, 2015.

④ ABRELL T., PIHLAJAMAA M., KANTO L., VOM BROCKE J., UEBERNICKEL F., "The role of users and customers in digital innovation: Insights from B2B manufacturing firms", Information & management, Vol. 53, No. 3, 2016.

⑤ YOO Y., BOLAND JR R. J., LYYTINEN K., MAJCHRZAK A., "Organizing for innovation in the digitized world", Organization science, Vol. 23, No. 5, 2012.

⑥ 孟庆时，余江，陈凤，等：《数字技术创新对新一代信息技术产业升级的作用机制研究》，《研究与发展管理》2021 年第 1 期。

⑦ 陈凯华，冯泽，孙茜：《创新大数据，创新治理效能和数字化转型》，《研究与发展管理》，2021 年第 6 期。

⑧ HUANG J. C., HENFRIDSSON O., LIU M. J., NEWELL S., "Growing on steroids: Rapidly scaling the user base of digital ventures through digital innovation", MIS quarterly, 2017.

外部生产者和消费者之间实现价值创造互动的服务和内容的数字资源①，其作为数字创新的重要支撑，不仅是企业创新活动的中心，还为企业数字创新提供方向②。数字创新平台在资源获取和价值创造方面具有优势：一是有利于建立强大的创新生态系统。数字创新平台邀请多个外部团体，如消费者、生产者、服务和数字产品的提供者，以及第三方开发者参与交互和创造新价值③，其可用性、低成本、低门槛、高效率特性，有利于吸引更多创新者加入，为创新者互动提供了载体，增加了资源流动性，提高了合作透明度和信任度④。二是改变了企业价值获取、价值创造的路径，进而影响企业决策制定。数字平台的分层架构和模块化架构，使组织能够获得新的价值创造机会⑤，能够帮助数字创新者把握技术、模式和管理决策的制定，对数字创新参与者采取不同的管理策略，保障了创新活动顺利进行⑥。

五是数字创新文化。文化是企业和组织的灵魂，发挥着核心作用，在数字经济蓬勃发展的组织中，组织文化是最突出的创新要素⑦。创新文化强调通过灵活的组织结构和外部关注来改变，这一过程需要通过探索、冒险和发现进行成长。企业建设具有明确导向的数字创新文化至关重要，良好的数字创新文化对创新主体的每位成员有着潜移默化的影响，可在无形之中创造价值。具体而言，组织需要重点建设的数字创新文化包括：承担风险的文化、允许试验和学习的文化以及分享观点和分权决策的文化⑧。组织内分享观点、决策分散文化和低风险规避文化将对数字创新产生积极影响⑨。此外，社交媒体的扩散，帮助企业探索新知识，利用现有知识或者新知识进行更多更好的创新，也有利于打造充满活力的数字创新文化⑩。

---

① CONSTANTINIDES P., HENFRIDSSON O., PARKER G. G., " Introduction—platforms and infrastructures in the digital age", Information Systems research, Vol.29, No.2, 2018.

② RAI A., CONSTANTINIDES P., SARKER S., "Next generation digital platforms: toward human-AI hybrids", MIS quarterly, Vol. 43, No. 1, 2019.

③ JACOBIDES M. G., CENNAMO C., GAWER A., "Towards a theory of ecosystems", Strategic management journal, Vol. 39, No. 8, 2018.

④ AMIT R., HAN X., "Value creation through novel resource configurations in a digitally enabled world", Strategic entrepreneurship journal, Vol. 11, No. 3, 2017.

⑤ ROLLAND K. H., MATHIASSEN L., RAI A., "Managing digital platforms in user organizations: The interactions between digital options and digital debt", Information systems research, Vol. 29, No. 2, 2018.

⑥ AMIT R., ZOTT C., "Value creation in e - business", Strategic management journal, Vol. 22, No. 6 - 7, 2001.

⑦ LEE M. T., RASCHKE R. L, LOUIS R. S., "Exploiting organizational culture: Configurations for value through knowledge worker's motivation", Journal of business research, Vol. 69, No. 11, 2016.

⑧ VIAL G., "Understanding digital transformation: A review and a research agenda", The journal of strategic information systems, Vol. 28, No. 2, 2019.

⑨ LOKUGE S., SEDERA D., GROVER V., DONGMING X., "Organizational readiness for digital innovation: Development and empirical calibration of a construct", Information & management, Vol. 56, No. 3, 2019.

⑩ BENITEZ J., CASTILLO A., LLORENS J., BRAOJOS J., "IT-enabled knowledge ambidexterity and innovation performance in small US firms: The moderator role of social media capability", Information & management, Vol. 55, No. 1, 2018.

第四节 数字技术创新的模式

一、互联网驱动的创新模式

数字技术的创新可以使企业更加容易地通过互联网进行开放式的网络化创新，相较于封闭式创新，企业可以吸收并且利用外界已有的知识和成果，并且进一步整合内外部创新资源。这一模式具有以下特点：

第一，互联网能够降低企业获得外部信息的交易成本，从而提高企业的创新效率。例如，企业使用互联网可以轻松地获取各种资源以及相关理论，可以很方便地查看论文、专利以及科研成果，整合并吸收相关知识从而促进本企业的创新研发。

第二，互联网加强隐性知识在企业之间的传播。知识可分为显性知识以及隐性知识，显性知识具有可编码性，并且较为正式易于传播；而隐性知识由于其不可编码性而不易传播（Nonaka 和 Takeuchi，2007）[①]。在互联网与数字技术高速发展的背景下，企业之间可以利用数字技术加强联系与交流，使得知识在企业之间的传递变得更加高效（Forman 和 Zeebroeck，2019）[②]。

第三，互联网可以加强企业对外部技术的自身吸收能力。Roberts 等（2012）[③]指出，经过数字化转型的企业可以通过互联网技术加强其识别外部知识的价值并吸收转化为企业本身的知识基础，并最终应用研发和商业应用能力（Cohen 和 Levinthal，1990）[④]。

二、大数据驱动的创新模式

大数据驱动的创新模式是通过把大数据技术与人工智能、区块链、物联网等其他数字技术相融合，形成的技术创新模式及其应用场景。这一模式的特点是：

第一，指数级增长的数据奠定了“数据驱动创新”的基础。[⑤]而这又主要来自三个来源：互联网推动下人类行为的全面数字化、无处不在的传感器及其网络所构建的物联网

---

① NONAKA I., TAKEUCHI H., "The knowledge-creating company", Harvard business review, Vol. 85, No. 7/8, 2007.

② FORMAN C., Van ZEEBROECK N., "Digital technology adoption and knowledge flows within firms: Can the Internet overcome geographic and technological distance?", Research policy, Vol. 48, No. 8, 2019.

③ ROBERTS N., GALLUCH P. S., DINGER M., GROVER V., "Absorptive capacity and information systems research: Review, synthesis, and directions for future research",MIS quarterly, 2012.

④ COHEN W. M., LEVINTHAL D. A., "Absorptive capacity: A new perspective on learning and innovation", Administrative science quarterly, 1990.

⑤ 张晓：《“数据驱动创新”的政策研究：来自 OECD 的经验》，《电子政务》，2000 年第 3 期。

感知数据、计算机本身及其之间的通信数据。①

第二，数据分析成本的降低与普及使得更多企业能够承担数字化转型的成本，并从信息提取过程中获益。②但同样值得注意的是，网络连接能力的限制、隐私和安全风险的威胁，以及行业缺乏统一标准致使不同云计算平台之间不能轻易迁移等问题的存在，仍然限制了数据分析成本的进一步降低。③

第三，知识创造和决策范式的转变使得人们日益意识到并切实从数据驱动创新的过程中获益。④“数据”“信息”和“知识”这三个概念的分离，使得人们可以从“数据被转化为信息和知识”以及之后“被用于决策”这两个阶段，将数据的社会和经济价值挖掘出来。⑤

三、人工智能驱动的创新模式

人工智能（AI）作为一项前沿数字技术，不仅深刻改变了我们的生活和工作方式，而且形成了人工智能驱动的技术创新模式，通过整合5G、AI、大数据、云计算、工业互联网等数字技术，形成“算力硬件+AI框架+大模型”的技术创新模式。这一模式的特点是：

第一、AI创新具有强大的动态回报（学习效应）。AI的学习效应使企业迅速获得外界知识，并且AI与早期在网络和通信技术、高速计算和数据分析，以及最近的认知和成像领域所开发知识具有互补性，这都提升了企业的创新效率。并且ICT创新者对AI创新者还存在知识溢出效应，但该效应仅限于新技术领域前沿企业。随着新技术的兴起，由于内部能力积累和知识基础扩张，顶尖AI创新者的技术领先地位获得提高。⑥

第二、AI会替代中低技能员工，提高资本使用效率。中等技能员工执行手工和高度常规化的任务暴露在更高被工业机器人取代的风险（Autor等，2003⑦，Acemoglu和Restrepo，2020⑧，Graetz和Michaels，2018⑨，Arntz等，2017⑩）。Sterlacchini

① 程学旗，刘盛华，张儒清：《大数据分析处理技术新体系的思考》，《中国科学院院刊》，2022年第1期。

② 史丹，孙光林：《大数据发展对制造业企业全要素生产率的影响机理研究》，《财贸经济》，2022年第9期。

③ 赵慧娟，姜盼松，范明霞，等：《数据驱动中小制造企业提升创新绩效的机理：基于扎根理论的探索性研究》，《研究与发展管理》2021年第3期。

④ 张志清，李云梅，张瑞军：《数据驱动技术创新：能力构成模型与关键流程》，《科技进步与对策》，2015年第16期。

⑤ 陈潭：《国家治理的大数据赋能：向度与限度》，《中南大学学报》（社会科学版），2021年第5期。

⑥ IGNA I., VENTURINI F., "The determinants of AI innovation across European firms", Research policy, Vol. 52, No. 2, 2023.

⑦ AUTOR D. H., LEVY F., MURNANE R. J., "The skill content of recent technological change: An empirical exploration", The quarterly journal of economics, Vol. 118, No. 4, 2003.

⑧ ACEMOGLU D., RESTREPO P., "Robots and jobs: Evidence from US labor markets", Journal of political economy, Vol. 128, No. 6, 2020.

⑨ GRAETZ G., MICHAELS G., "Robots at work", Review of economics and statistics, Vol. 100, No. 5, 2018.

⑩ ARNTZ M., GREGORY T., ZIERAHN U., "Revisiting the risk of automation", Economics letters, Vol. 159, 2017.

（2022）[①]研究了在人工智能创新发展后，大型科技公司的就业情况如何发生变化，发现了服务业公司的职位扩张和制造业公司的收缩。这使企业不再局限于人力资本的制约，有助于企业创新模式的转变。

第三、AI 会促进企业生产率的提高，有利于企业增加创新投入，进而促进企业创新形成良性循环。Alderucci 等（2020）[②]研究了美国人工智能和非人工智能创新公司之间的生产力差异，证明了前者有相当好的表现。Rammer 等（2022）[③]分析了德国公司使用人工智能进行创新目的的情况，发现高度自动化的（人工智能驱动的）方法对推出世界第一的（产品）创新做出了重大贡献。

四、区块链驱动的创新模式

区块链通过降低企业的生产成本进而促进企业的创新。非生产性支出的降低为企业创新节省了资金，能够使企业将更多资金用于开展创新活动。而运营效率和利润率的提升能够为企业创新投入带来增量资金，使企业创新投入和产出具有较强的持续性。这一模式具有以下特点：

第一，区块链可以发挥拓展有限理性的作用。盛守一（2021）[④]认为区块链技术在企业生产、经营、管理中的应用不仅加大了企业内部的信息交流和处理速度，提高了企业信息共享程度，还有助于形成以数据挖掘、分析和应用为基础的公司治理体系。在成本管控和财务决策过程中，管理者会更多地基于数据的定量分析而非主观判断，从而拓展管理者的有限理性，减少由个人认知能力有限所导致的决策误差。

第二，区块链可以发挥抑制机会主义行为的作用。石超（2020）[⑤]研究发现，区块链创建了一个几乎防篡改和永久性的过去交易记录，从而使不当行为易于被察觉并被追踪。对过去不当行为可核实的审计追踪甚至可以在法律上强制执行。因此，不当行为暴露的风险至少可以防止更明显的欺诈或操纵行为。此外，区块链智能合约可以限制机会主义行为，因为智能合约可以确定交易参数并强制执行。总之，区块链可以在一定程度上提高交易各方的透明度，防止机会主义行为。

---

① STERLACCHINI A., "AI Patenting and Employment: Evidence from the Worlds' Top R&D Investors", 2022.

② ALDERUCCI D., BRANSTETTER L., HOVY E., RUNGE A., ZOLAS N., "Quantifying the impact of AI on productivity and labor demand: Evidence from US census microdata", in Allied social science associations—ASSA 2020 annual meeting, 2020.

③ RAMMER C., FERNÁNDEZ G. P., CZARNITZKI, D., "Artificial intelligence and industrial innovation: Evidence from German firm-level data", Research policy, Vol. 51, No. 7, 2022.

④ 盛守一：《基于区块链技术的供应链信息资源共享模型构建研究》，《情报科学》，2021 年第 7 期。

⑤ 石超：《区块链技术的信任制造及其应用的治理逻辑》，《东方法学》，2020 年第 1 期。

第三，区块链可以发挥降低不确定性的作用。[①]区块链运用于企业生产经营过程中会使企业有关存货和生产进程等经营状况的信息易于获取，公司内部透明度得到提高。[②]因此，区块链能够促进企业业务流程优化，提高内部监测和控制能力。流程优化促进了管理决策的灵活性，从而减轻了外部不确定性的冲击，而内部监测和控制能力的提高可以消除内部原因所造成的不确定性影响。[③]

第四，区块链可以发挥提高交易频率的作用。[④]由于区块链增强了交易各方之间的信息共享，因此，区块链能够提高交易的透明度。区块链提升的数据交易质量促进了商品和服务、资金和信息的更有效流动，提高交易环境的便利性，从而大大地提高交易频率。

五、元宇宙驱动的创新模式

元宇宙以数据网络为主要载体，是集成5G、云计算、人工智能、区块链和人机交互等数字技术，由现实世界映射或超越现实世界，并与现实世界交互的虚拟世界，是促进数字经济发展的重要组成部分。这一模式有以下特点：

第一，元宇宙对数字经济发展的乘数效应机制。在元宇宙环境下，数据作为新的生产要素会对其他要素产生乘数效应，改变生产要素供给体系，突破生产要素稀缺性制约，推动数字经济的持续性增长。

第二，元宇宙对企业的技术带动效应。元宇宙技术会突破传统数字经济发展的障碍，打破空间层面、技术层面的界限，实现企业的创新转型。突破时空壁垒。“实时共享、开放并联”的物联网和互联网在元宇宙中深度融合，在一定程度上可以打破资源配置的时空壁垒，让跨越时空距离的分布式生产活动成为可能（钟业喜和吴思雨，2022）[⑤]。陆岷峰（2022）从技术与场景生态圈维度分析，认为元宇宙可以创造和创新更广泛的应用场景，进而打破空间的壁垒，最大限度地满足消费者需求，拉动信息消费升级，促进产业数字化，提高数字经济效益。[⑥]

第三，元宇宙促进物理世界与虚拟世界的融合效应。元宇宙作为一系列先进技术的集大成者，能够助力企业数字经济的突破性发展。王文喜等（2022）从技术维度深入剖析元宇宙，概述了元宇宙通过6G、物联网等技术连接物理世界和虚拟世界，促进两个空

① 徐晨阳，陈艳娇，王会金：《区块链赋能下多元化发展对企业风险承担水平的影响：基于数字经济时代视角》，《中国软科学》2022年第1期。

② 李勇建，陈婷：《区块链赋能供应链：挑战、实施路径与展望》，《南开管理评论》，2021年第5期。

③ 陈志斌，潘好强，戚珺：《基于区块链技术的企业风险管理体系构建》，《财务研究》，2022年第3期。

④ 宋立丰，区钰贤，郭一蓉：《区块链经济下盈利模式探究》，《财会月刊》，2020年第24期。

⑤ 钟业喜，吴思雨：《元宇宙赋能数字经济高质量发展:基础、机理、路径与应用场景》，《重庆大学学报》（社会科学版），2020年第4期。

⑥ 陆岷峰：《新格局下强化数字技术与实体经济融合发展路径研究》，《青海社会科学》，2022年第1期。

间的融合与交互发展，为企业数字化创新提供强大的驱动力。[①]

第四，元宇宙赋能数字经济发展的规模效应。在元宇宙环境下，随着生产规模的扩大，边际成本降低，规模效应逐渐凸显，且不会出现经济效益增长的拐点（江小涓，2017）[②]。向鹏（2022）指出，元宇宙的发展将汇集多元产业资源，带来了新的消费场景和模式，与以区块链为代表的数字科技推动数字产业化形成合力，形成数字经济新优势[③]。由于企业边际成本递减，企业有更多的资金用于投资研发，并在此过程中与数字经济相融合，持续推动企业的技术创新。

第五节　我国数字技术创新的基本现状和趋势特征

一、我国数字技术创新发展现状

中国数字经济整体发展已跻身世界第一梯队，同全球发达国家站在同一起跑线上（李三希，2021）[④]。具体来看，我国数字经济发展呈现出以下四个特征。

第一，数字产业化稳步发展。一方面，数字基础设施建设呈现爆发式发展。当前，我国已经建成了全球规模最大的 4G 网络和光纤网络，5G 网络也正在全面部署，固定宽带和移动 LTE 网络 IPv6 改造均已全面完成。此外，近年来，新一代云计算平台加速构建，正逐步向规模化、大型化方向发展，全国一体化大数据中心加快建设，传输网络架构可以承载多方向大容量的国际数据传输，为数字产业与实体经济融合提供了坚强保障。另一方面，数字化消费新业态新模式加快形成。在新冠疫情期间，数字用户的消费习惯进一步得到培育，以远程办公、在线教育、智慧医疗、电子政务等为代表的数字服务产业显示出了更为广阔的发展前景与巨大的增长潜力。此外，在人工智能等数字技术支撑下，智能家居、数字传媒等新兴智能产业也纷纷进入发展快车道。

第二，产业数字化不断提速。2021 年我国产业数字化规模约为 37.2 万亿元，占当年 GDP 的比重为 32.5%[⑤]，产业数字化在数字经济中的主引擎地位更加突出，已经发展成为推动我国数字经济发展的主导力量。一方面，数字技术创新有力助推了产业的升级与融合。近年来，我国在人工智能、机器学习、大数据与云计算等前沿数字技术领域的研发

① 王文喜，周芳，万月亮，宁焕生：《元宇宙技术综述》，《工程科学学报》，2022 年第 4 期。
② 江小涓：《高度联通社会中的资源重组与服务业增长》，《经济研究》，2017 年第 3 期。
③ 向鹏：《元宇宙：以区块链为核心的数字新生态》，《高科技与产业化》，2022 年第 4 期。
④ 李三希：《我国数字经济发展的主要特点和突出优势》，《国家治理》，2021 年第 18 期。
⑤ 杜传忠，任俊慧：《中国制造业关键技术缺失成因及创新突破路径分析》，《经济研究参考》，2020 年。

取得较大进展，新一代信息技术为数字经济的发展壮大提供了坚强保障，对实体经济数字化转型和完善数字产业链具有重要作用。另一方面，数字经济与实体经济的融合发展取得重要进展。我国实体经济数字化的范围不断拓宽，二者融合程度不断加深。工业互联网的发展也为智能制造、柔性生产、数字工厂管理等新模式提供了发展空间，推动数字技术在实体经济各行业场景的延伸。

第三，数字创新的相关产品深度融入生活。数字消费场景取代传统消费场景，数字支付、直播带货、电商网购等降低了交易成本，促进了消费活力。2022 年，仅“双十一”首日，天猫、京东、拼多多等主流电商平台营业额就超过了一万亿元，超过埃塞俄比亚当年 GDP[①]。直播带货领域，以抖音为例，其双十一期间直播时长累计 3821 万小时，参与商家同比增长 86%，重点打造货架销量同比增长 156%。[②]ToB 业务层面，数字化咨询、工业互联网、无人驾驶等产品已然普及，企业广泛地采用数字经济相关核心技术衍生的产品，改变要素结构，提升生产效率，降低企业风险，提高决策效力。以无人驾驶为例，矿山、码头等高危行业已然成为智能化、无人化改造的排头兵，无人矿卡成为各类矿山运转生产的主角。ToC 业务层面，辅助驾驶技术已经在各品牌汽车上广泛应用，百度公司推出的萝卜快跑业务已经在五座城市实现商业化试点。万物互联则已经体现在中国居民的日常生活中，无论是国家推出的公交车实时动态查询系统、还是类似小米的智能化家居解决方案，5G 技术的普及为这一切提供了可能。

第四，支持数字技术创新的政策持续完善。广义来讲，党中央、国务院出台了众多的支持数字经济发展的政策，诸如：《中国制造 2025》《国务院关于积极推进“互联网+”行动的指导意见》《中华人民共和国国民经济和社会发展第十三个五年规划纲要》《国家数字经济创新发展试验区实施方案》《关于推进“上云用数赋智”行动，培育新经济发展实施方案》，等等。数字经济发展倒逼数字技术创新，助推数字技术发展。狭义地讲，关于数字技术创新这一细分领域，中央也提出了政策支持。2022 年，科技部、财政部印发了《企业技术创新能力提升行动方案（2022—2023 年）》；2023 年，工信部等八个部门又印发了《关于推进 IPv6 技术演进和应用创新发展的实施意见》。无论是数字经济支持政策，还是直接的推进企业数字技术创新、规范细分创新领域等政策都为我国数字技术创新提供了充分的政策支持。

二、当前我国数字技术创新存在的问题与挑战

数字技术创新是新一轮科技革命的结果，目前世界各国都在加紧数字技术创新的规

① 电商数据来自各大电商发布的“双十一业绩”，GDP 数据来自 IMF。
② 有米有数：《2022 抖音双 11 营销洞察报告》。

划。为此，我们需要面向前沿数字技术，促进我国数字技术的创新发展。

1．数字技术创新底层关键技术缺失

我国数字技术发展迅速，在5G通信、人工智能、区块链、云计算、大数据等技术创新上已经成为最大的技术专利持有和申请国。但是，仍然存在应用领域和基础领域创新效率倒挂，关键创新不足，头重脚轻、基础不牢的问题，一些核心技术和关键领域仍然存在短板，导致"卡脖子"问题。根据工业和信息化部在2019年的调查研究，在数字经济领域，我国在高端芯片、嵌入式 CPU、存储器、基础算法、工业软件等三百多项关键核心技术上仍然受制于人。近年来，美国不断在以高端芯片为代表的数字技术核心部件领域对中国展开制裁，导致国内难以获取高算力设备，降低了数字技术应用领域的创新效率，导致许多关键创新仍产自美国。但是，这种制裁和封锁也倒逼我国不得不开始在这一领域自主研究，国产替代。近日，随着自主科研突破，存储器等中低端制程的芯片加工已经开始国产替代[①]；高端芯片攻关初显成效，导致荷兰巨头 ASML 对配合美国封锁制裁态度暧昧；工业软件加速快跑，众多国产工业软件企业在科创板上市，以 EDA 为例，华为于 2023 年 2 月 28 日的总结会上宣布 14 nm 级以上的软件工具已经实现全部国产化；基础算法领域仍需进一步提升，改变目前基础算法、底层算法普遍使用美方开源软件的现状，实现进一步自主化。

2．创新逻辑下的新挑战

数字技术创新本身存在区别于传统技术创新的新挑战，需要技术研发人员的进一步适应。一是数字技术创新的可扩展性和可再演化性，区别于以往的产品，数字产品往往能够将使用中的数据传输返回企业，为进一步创新提供依据，这种行为产生了一个完整的创新闭环。如何适应新的创新方式，应用好使用数据完成进一步创新成为数字技术创新的一大命题。二是分布式创新主体，由于数字技术让信息的搜索和分享成本降低（Felin 等，2014）[②]提高了创新主体的合作效率，使创新参与者多元化、复杂化。企业如何基于创新全流程生态思维建立创新的全新管理机制，进而有效管理创新主体成为一大挑战。三是基于数字创新融合性的特点，跨界创新模糊了产业边界，使竞争对手不再限于迈克尔·波特所定义的产业内竞争对手，企业将面临非同业竞争的挑战。四是创新创业标准难以确定，由于许多创新结果是在创新主体之间的互动中产生的，因此部分数字技术创新存在非目的性，如新商业模式等，对于此类创新成果如何更好地衡量成为创新专利工作人员面临的首要问题。

① 数据来自三星集团财报，由于长存（长江存储）突破 SSD 技术，三星 2023 年一季度利润下跌 95%。

② Felin T., Zenger T. R., "Closed or open innovation? Problem solving and the governance choice", Research policy, Vol. 43, No. 5, 2014.

三、促进我国数字技术创新发展的路径探索

第一，瞄准数字科技前沿，加快底层核心数字技术的集中攻关。当前中国应当集中力量推进关键核心技术攻关，牢牢掌握数字经济发展自主权。以国家战略需求为导向，瞄准全球数字技术基础前沿领域和关键核心技术重大问题，积聚力量进行原创性引领性数字技术攻关。加大集成电路、新型显示、关键软件、人工智能、大数据、云计算等重点领域核心技术创新力度。着力提升基础软硬件、核心电子元器件、关键基础材料和智能制造装备的供给水平，加快锻造长板、补齐短板。打造原创技术策源地，强化原创技术供给，建设新型创新主体，培育创新生态体系。推动数字技术成果转化，以数字技术与各领域融合应用为导向，优化创新成果快速转化机制，打造安全可靠、系统完备的产业发展生态。

第二，中国企业需加快数字化转型，成为真正数字创新的主体。聚焦人工智能、先进计算等重点领域，培育一批掌握关键核心技术、具有国际竞争力的生态主导型企业。加强面向多元化应用场景的技术融合和产品创新，打好关键核心技术攻坚战，提升产业链关键环节竞争力，保障产业链供应链稳定。不断培育壮大云计算、大数据、区块链、工业软件等数字产业，探索建设中国特色的开源生态。推动数字产业集群化发展，高质量建设中国软件名城、名园，提升软件产业集聚度，打造世界级数字经济产业集群。充分激发市场活力，支持互联网企业不断加强技术创新，提升核心竞争力，鼓励平台企业依托市场、技术、数据等优势，赋能实体经济，支持平台企业不断提升国际化发展水平。

第三，在数字中国建设中发挥政府有为之手的支撑、协调和监管作用。一是注意发挥数字基础设施对数字技术创新的助力作用。深入实施新型基础设施建设专项，持续推动 5G 网络规模化部署和融合应用，积极培育垂直行业应用场景，建设面向重点区域和重点行业的人工智能基础设施，优化 IPv6 性能和服务能力。统筹布局绿色智能的数据与算力基础设施，推进“东数西算”工程，建设完善全国一体化大数据中心体系，加快国家绿色数据中心建设。全面发展融合基础设施，加强工业互联网新型基础设施建设，推动车联网部署应用，加快交通、能源、民生、文化、环境等领域基础设施数字化改造。二是出台各种有的放矢的创新政策为中国数字技术创新能力的提升增添助力。在加速推进数据要素价值化进程，充分释放数据要素活力，完善数据要素资源体系的同时，还要健全法律法规，营造适宜数字经济高质量发展的规范有序的政策环境。政府应当采取动态调整的方式，不断优化监管体系和市场治理方案，破解“不管就乱、一管就死”的难题。

第三章　互联网平台

随着互联网、人工智能与大数据等数字技术与社会生产和再生产不断深度融合，衍生出了能够共享资源、信息、技术与知识的各类互联网平台。互联网平台是生产力新的组织方式，是经济发展新动能，对优化资源配置、促进跨界融通发展和大众创业万众创新、推动产业升级、拓展消费市场尤其是增加就业，都具有重要作用。

第一节　互联网平台的内涵、要素构成与特征

一、互联网平台的内涵与要素构成

1．互联网平台的内涵

平台（Platform）是指促成双边或多边用户之间达成交易的场所或空间，并通过收取合理的费用而获得收益以维持运营。[①]平台既可以是现实空间也可以是虚拟空间。对平台的定义多源自“双边市场”（Two-Sided Markets）的概念，双边市场也被称为双边网络（Two-Sided Network）。Rochet 和 Tirole（2003）首次相对粗略地提出“双边市场是一个或几个允许最终用户交易的平台，通过适当地从各方收取费用使双边保留在平台上”。[②]在此基础上，Armstrong（2006）给出更一般性的双边市场定义，存在两组需要通过网络型平台实现互动的用户，其中一组用户加入平台的收益取决于加入该组平台的另一组用户的数量。[③]更一般地来讲，双边市场是互享网络收益的独立用户群体的经济网络或平台。[④]对双边市场的界定已非常接近“互联网平台”，相关理论研究的重心也开始从传统的现实空间平台转向新兴的虚拟空间平台。双边市场在现实世界中存在较为广泛，许多传统产业

① 徐晋，张祥建:《平台经济学初探》，《中国工业经济》，2006 年第 5 期。

② Rochet, JC. and Tirole, J., “Platform Competition in Two-Sided Markets”, Journal of the European Economic Association, Vol.1, No.4: 990-1029, 2003.

③ Armstrong, M.,“Competition in Two-Sides Market”, Rand Journal of Econmics, Vol.37, No.3：668—691, 2006.

④ 黄益平:《瓶体经济：创新、治理与繁荣》，北京：中信出版社，2022 年版，第 13 页。

如媒体、中介业和支付卡系统都是典型的双边市场。随着信息通信技术的迅速发展与广泛应用，又出现了多种新型的双边市场形式，如B2B（Business to Business）、B2C（Business to Customer）电子市场、门户网站、搜索网站、社交媒体等。此后的研究进一步发现，部分平台的用户群体大于两类，因此多边市场的概念被提出，但双边市场与多边市场的内涵是一致的。在现代经济系统中双边市场乃至多边市场广泛存在，其创造价值需要三个前提：一是有不同的用户群体；二是一边用户得益于与另一边或多边客户之间相协调的需求；三是平台的存在使用户群体间的沟通协调更加高效。

互联网平台是运用互联网、人工智能等技术的数字平台，是数字经济的核心基础设施之一，也是平台经济运行发展的微观基础。互联网平台的双边或多边参与方包括四大类：平台监管者、平台企业、平台商家与平台消费者。其中，平台企业是互联网平台的内部控制者，通过价格管制、许可授权以及竞争策划对互联网平台实施管控。互联网平台除了借助数字化技术促成双边或多边用户之间达成交易外，既是信息交流和商品交易的渠道，也是数据收集的来源。互联网平台的核心业务大多是流量和数据服务，具有覆盖面广、渗透性强的特点。因此信息对于平台具有战略价值，而互联网平台兼具信息壁垒打破者与重构者的双重角色。一方面互联网平台不仅打破了供需之间的信息壁垒，而且打破了传统中心化的信息壁垒；另一方面平台也塑造着新的信息壁垒，平台天然成为新的信息枢纽，造成信息在政府、平台、双边用户之间不均衡分布。此外，当互联网平台在某一垂直领域“一家独大”成为超大型平台时，平台就是具有准公共产品属性的新型经济社会基础设施。就竞争性而言，新用户的注册使用并不影响其他用户享用平台的服务，从而具备了非竞争性。从排他性来看，平台不仅不会将任何合法、合规用户排除在服务范围之外，而且还会通过补贴、免费的方式吸引更多用户进入平台。

2．互联网平台的要素构成

从要素构成来看，互联网平台涵盖技术、规则和应用三个层面。其中，技术层由网络、数据与算法等底层要素构成，为平台上的用户提供基础支持。互联网平台数据包括骨干数据、外围数据、清洁数据与肮脏数据。[①]骨干数据是基于自由市场下平台参与方的原始基础需求所产生的数据。外围数据是解构影响互联网平台的制度环境、社会经济环境、产业环境等因素后获取的大数据。清洁数据是反映互联网平台交易的真实可靠的大数据，并能对平台运行产生积极影响。肮脏数据是指平台交易中源头真伪难辨的数据以及有重复或遗漏的数据。规则层包括准入、交互、评价、退出规则等，为平台用户的行为提供规范。互联网平台的规则有基础规则、动态规则与衍生规则。基础规则是经济社会长期运行中形成约定俗成的规则，具有普遍性、指导性、笼统性和模糊性。动态规则

① 王玉：《我国平台经济政府监管创新研究》，北京：人民出版社，2022年版，第37—40页。

建立在基础规则之上，结合平台运行的具体问题形成的新规则，是具象化规则。衍生规则是指动态规则随着互联网平台不断发展进化而衍生出的更为细致化的规则，是平台参与方行为和意识变化的累积结果。应用层指平台上的双边或多边用户群体基于平台开展交互活动。

3．互联网平台用户群体交互模式

互联网平台用户群体的交互（交易）模式包括门户模式、搜索模式、社交模式和算法模式。[①]门户模式主要为门户网站编辑信息，分类投放，在此基础上消费者分类查找信息。搜索模式主要依靠平台提供搜索服务，用户通过关键词检索获取需要的信息。社会模式中所有用户都可以成为内容生产者，平台为用户提供信息与交互匹配。算法模式中所有用户也都可以成为内容生产者，平台以数据和算法为驱动，根据用户偏好着重从事个性化信息匹配。

4．平台经济

以互联网平台为基础，在宏观层面形成了平台经济。平台经济是以数字技术为支撑、以互联网平台为依托的新兴经济形式。更进一步，现有理论认为平台经济是以数字化技术为基础的新的资源配置方式。作为一种资源配置方式，平台经济并不通过市场价格机制或企业组织治理完成经济资源配置，而是依靠于数字网络技术的协调[②]。不仅如此，平台经济还会调节宏观经济运行，以敏感的数据采集和传输系统、发达的算力和功能强大的数据处理算法为基础，跨时空跨国界跨部门地继承生产、分配、交换与消费活动的信息，促进社会生产与再生产过程顺利进行。[③]在现实中平台经济还衍生出共享经济（Sharing economy）与零工经济（Gig economy）。信息技术革命带来的零边际成本社会使协同模式成为必然（里夫金，2014）[④]，并导致用户从追求所有权向追求使用权的蜕变，以“社会资源内部化与内部资源社会化”驱动在更大范围、更高层次、更深程度的资源优化配置。共享经济最初是指闲置资源依托互联网平台，实现共享利用、协同生产与社区互助的社会经济活动，目前已发展为闲置资源的出租共享，包括共享资产、共享部门、共享员工、共享客户。[⑤]共享经济的五个要素分别是：闲置资源、使用权、连接、信息、流动性，关键在于如何实现最优匹配，实现零边际成本。零工经济则是共享经济在劳动用工制度上的具体体现，数量众多的劳动者作为“独立承包人”，借助互联网平台自主提供计件、计

---

① 中国信息通信研究院：《互联网治理研究报告（2019）》，http://www.caict.ac.cn/kxyj/qwfb/bps/201903/P020190301352676530366.pdf，2019 年。

② 易宪容，陈颖颖，于伟：《平台经济的实质及运作机制研究》，《江苏社会科学》，2020 年第 6 期。

③ 谢富胜，吴越，王生升：《平台经济全球化的政治经济学分析》，《中国社会科学》2019 年第 12 期。

④ 杰里米・里夫金：《零成本社会：一个物联网合作共赢的新时代》，赛迪研究院专家组，译，北京：中信出版社 2014 年版，第 2—3 页。

⑤ 李海舰，李燕：《对经济新形态的认识：微观经济学的视角》，《中国工业经济》，2020 年第 12 期。

时工作的经济形式，主要包括群体工作和经应用程序接洽的按需工作两种形式，属于短期工作形式。零工经济使劳动力供给者利用自己的空余时间，帮别人解决问题从而获取报酬；也使得一些企业为了节约成本，选择弹性的用工方式让自己的人力成本变得更精益。零工经济体现出劳动用工制度的两大转变，从在职员工到在线员工的转变，从一人一职到一人多职的转变。

二、互联网平台的特征

1．网络外部性

外部性又称为溢出效应、外部影响、外差效应或外部效应、外部经济，指一个人或一群人的行动和决策使另一个人或一群人受损或受益的情况。经济外部性是经济主体（包括厂商或个人）的经济活动对他人和社会造成的非市场化的影响，可分为正外部性和负外部性。正外部性是某个经济行为个体的活动使他人或社会受益，而受益者无须花费成本，负外部性是某个经济行为个体的活动使他人或社会受损，而造成负外部性的人却没有为此承担代价。网络外部性是外部效应的一种特殊形式，即一个人消费某种商品的效用取决于消费这种商品的其他消费者的数量。消费者选择哪种即时通信软件，在很大程度上取决于该软件的用户数量，某个软件即便功能再强大，如果用户数量过少，消费者也不会选择这款软件。根据梅特卡夫法则，网络的价值等于其节点数的平方，网络产生和带来的效益将随着网络用户的增加而呈指数形式增长。因此网络的外部性是指，每个用户从使用某产品中得到的效用与用户的总数量有关。用户人数越多，每个用户得到的效用就越高。网络外部性的概念最早是由 Rohlfs（1974）提出的，他指出网络外部性是需求方规模经济的源泉。[①]当一种产品对消费者的价值随着其他使用者数量增加而增加时，就说这种产品具有网络外部性。Katz 和 Shapiro（1985）年对网络外部性进行了较为正式的定义：随着使用同一产品或服务的用户数量变化，每个用户从消费此产品或服务中所获得的效用的变化。[②]网络外部性广泛存在于电信、航空等领域，是传统经济学中的外部性在网络系统中的表现。

网络外部性可以分为直接网络外部性与间接网络外部性。直接网络外部性也被称为平台的用途外部性，是指消费者直接和网络单元相连，可以直接增加其他消费者的使用效用。间接网络外部性又被称为平台的成员外部性，是指随着一种产品使用者数量的增加，市场出现更多品种的互补产品可供选择，而且价格更低，从而消费者更有意愿购买

① Rohlfs, J., “A Theory of Interdependent Demand for a Communications Service”, Bell Journal of Economics and Management Science, Vol.5, No.1: 16—37, 1974.

② Katz, ML., Shapiro, C., “Network Externalities, Competition, and Compatibility”, American Economic Review, Vol.75, No.3: 424—440, 1985.

该产品，间接提高了该产品的价值。如硬件和软件，丰富而优质的软件会提升硬件价值。网络外部性包含两类价值：① 自有价值。在没有别的消费者使用的情况下，产品本身所具有的那部分价值。② 协同价值。当新的用户加入网络时，已有用户从中获得的价值。

2．规模经济

一般意义上的规模效应是指大规模生产带来的经济效益提高，对平台经济而言，规模效应来自零边际成本生产和大规模信息匹配带来的巨量交易。正如杰里米·里夫金所提出的：“通信网络、能源网络和交通网络通过物联网进行整合，将大大提高生产率，让接近零的边际成本成为可能。在互联网领域，趋近于零的边际成本让互联网这种新的经济模式成为可能。”也就是说，基于移动互联网和大数据的互联网平台具有趋近于零边际成本生产的特性。零边际成本意味着在固定成本不变的情况下，每新生产一单位的商品总成本增量为零，这正是互联网平台具备规模效应的关键所在。以电商平台为例，电商平台的建设一旦完成，在规模和技术要求不变的情况下，固定成本是有限的，但在平台上，只要商家申请账号，电商平台就能零成本开通，而同时参与的商家能够经常共享多个平台。因此互联网平台扩张的速度非常惊人，这与容纳量有限的线下商业领域，有很大的不同。另一个重要的方面是，平台策划的促销活动，包括各类降价和购物节，既给生产方带来更多订单，也给物流和支付系统带来巨大的效益，物流企业和支付企业规模越大效益就越好，这样原本单纯的厂商规模经济被平台再次放大，互联网平台呈现出显著的规模效应。

3．范围经济

范围经济是指生产多种产品的总成本低于分别生产各个产品的成本之和。互联网等技术不仅带来了企业产量上的增加，也使得企业开始关注产品的多样化生产。数字经济时代开创了自身产品之外的伴生利润来源，之所以能实现这种盈利模式，是因为其充分发挥了范围经济的作用。传统的范围经济是指厂商的范围而非规模带来的经济，也就是同时生产两种或多种产品的费用低于分别生产每种产品所需成本的总和。而数字经济可以依靠在某一种主营业务积累起来的用户，低成本地开展多样化的业务，获得更多的利润来源。目前典型的互联网平台均可提供多样的产品或服务，如某些互联网平台的主营业务为即时通信，但其同时有邮件、新闻、在线会议等多种衍生业务，后者均基于主营业务平台，因此具有较低的成本，同时，企业积累的大量用户资源也使新业务易于传播和被用户接受。

4．多属策略

多属策略是指由于存在很多功能可以相互替代或者相互之间并不关联的平台，双边市场中至少某一方就会采取与多个平台发生关联的行为策略。目前会产生多属策略的平台市场结构包括相似性平台和交叉性平台。相似性平台，是指几个功能相似的平台为市场同一方提供同质服务，如银行、电信和网络门户网站等，平台之间存在竞争关系。交叉性平台，是指平台提供可相互替代的产品或服务，平台之间也存在服务与被服务的关系。交叉平台间具有竞争与合作双重关系，比如电商平台与支付平台。当一定比例的买方具有多属行为，且买方有能力转移到其他竞争性平台上，平台对其的需求弹性将会上升。同时，买方的多属行为将导致平台努力“控制”卖方，限制卖方选择其他竞争性平台，产生“二选一”不正当竞争行为。

第二节 互联网平台的分类及主体责任

一、互联网平台的分类

互联网平台具有多样化特征，其分类也有不同标准，目前常用的分类标准包括服务对象、功能、开放程度、连接性质以及规模。

1．按互联网平台服务对象分类

互联网平台服务对象可分为消费者和厂商，以消费者个人为用户的互联网平台称之为消费互联网平台，以厂商为服务中心的互联网平台称之为产业互联网平台。

消费互联网平台是以个人为用户，以日常生活为应用场景的应用形式，满足消费者在互联网中的消费需求而生的互联网类型。消费互联网平台以消费者为服务中心，针对个人用户提升消费过程的体验，在人们的阅读、出行、娱乐、生活等诸多方面有很大的改善，让生活变得更方便、更快捷。消费互联网本质是个人虚拟化，可以增强个人生活消费体验。

消费互联网平台可以分为媒体属性平台与产业属性平台。其中，媒体属性互联网平台是由自媒体、社会媒体，以及资讯为主的门户网站，产业属性互联网平台是由在线旅行和为消费者提供生活服务的电子商务等组成的。消费互联网平台基于较为传统单一的技术依赖路径和产品供销模式，实现创新成本和试错成本的最小化，因而产品的低端锁定和同质化竞争较为普遍，产业链分化明显，继而为多样化的中间渠道盈利提供可能。

产业互联网是指传统产业借力大数据、云计算、人工智能等技术，实现传统产业与互联网的深度融合，减少中间代理、降低流通费用，提高效率的商业模式和产业发展模式。[①]产业互联网平台以万物互联和信息共享为基础，逐渐淘汰重复低质产品竞争企业，同时行业大数据化实现倒逼企业技术创新，供需数字终端的直接对接更极大降低了企业

① 任保平，朱晓萌：《中国经济从消费互联网时代向产业互联网时代的转型》，《上海经济研究》，2020年第7期。

寻求中间代理的可能性。产业互联网平台真正实现通过设备联网、数据联网汇聚供需终端在一个平台上，促进实现生产企业与消费企业、消费者的直接联系，最小化中间成本，强化了同边网络效应即企业和消费者同时受益。

产业互联网涵盖了工业互联网、农业互联网、医疗互联网和教育互联网等。其中，工业互联网的普及率最高、应用最为广泛。工业互联网作为新一代信息技术与制造业深度融合的产物，通过系统构建网络、平台、安全三大功能体系，打造人、机、物全面互联的新型网络基础设施，形成智能化发展的新兴业态和应用模式，是推进制造强国和网络强国建设的重要基础。工业互联网网络体系将连接对象延伸到工业全系统、全产业链、全价值链，可实现人、物品、机器、车间、企业等全要素，以及设计、研发、生产、管理、服务等各环节的泛在深度互联。平台体系是工业互联网的中枢。工业互联网平台体系是面向制造业数字化、网络化、智能化需求，构建基于海量数据采集、汇聚、分析的服务体系，支撑制造资源泛在连接、弹性供给、高效配置的载体。安全体系是工业互联网健康发展的保障，包括安全分类分级标准、安全防护、安全管理、安全应用服务。

2．按互联网平台功能分类

按功能分类，互联网平台可以分为五类。第一种类型是广告平台，它在用户使用平台进行交互活动时，对用户信息进行提取和分析，然后出售分析结果或销售广告空间等数字服务。第二种类型是产品平台，平台利用数字技术将传统商品转化为数字商品和服务，在平台为消费者提供服务的过程中收取租金或订阅费，例如实体书转化为电子书、唱片转化为数字唱片。第三种类型是精益平台，资本家尽可能将除平台本身以外的服务外包出去，只保留互联网平台，并通过提供数字信息服务和作为生产资料的数据产品获利。第四种类型是云平台，互联网平台企业拥有相关数字业务的互联网平台、硬件和软件，并根据需要提供云平台分析能力的出租服务。第五种类型是工业物联网平台，互联网平台企业构建能够为传统制造业提供互联网的链接服务，通过平台安排实体产品的生产过程，从而降低生产成本。五种平台类型并不互相排斥，而且能够在一个企业内部同时发挥作用。[①]

此外，2021 年国家市场监督管理总局组织起草的《互联网平台分类分级指南（征求意见稿）》，其核心思想是按照功能，将互联网平台总体划分为 6 类：① 网络销售类平台，连接的是人与商品，其主要功能包括提供销售服务、促成双方交易、提高匹配效率等。包括以下子平台，综合商品交易类、垂直商品交易类、商超团购类。② 生活服务类平台，连接的是人与服务，其主要功能包括提供出行旅游、配送、家政、租房买房、子女教育等服务。包括以下子平台，出行服务类、旅游服务类、配送服务类、家政服务类、房屋

① 王璐，李晨阳：《平台经济生产过程的政治经济学分析》，《经济学家》，2021 年第 6 期。

经纪类。③ 社交娱乐类平台，连接的是人与人，其主要功能包括社交互动、游戏休闲、视听服务、文学阅读等。包括以下子平台，即时通信类、游戏休闲类、视听服务类、直播视频类、短视频类、文学类。④ 信息资讯类平台，连接的是人与信息，其主要功能包括提供新闻资讯、搜索服务、音视频资讯内容等。包括以下子平台，新闻门户类、搜索引擎类、用户内容生成类、视听资讯类、新闻机构类。⑤ 金融服务类平台，连接的是人与资金，其主要功能包括提供支付结算的功能，提供网络贷款服务、金融理财服务、金融资讯和证券投资服务等。包括以下子平台，综合金融服务类、支付结算类、消费金融类、金融资讯类、证券投资类。⑥ 计算应用类平台，连接的是人与计算能力，其主要功能包括应用在手机上、操作系统上，进行信息管理和云计算，提供网络服务等。包括以下子平台，智能终端类、操作系统类、手机软件应用商店类、信息管理类、云计算类、网络服务类、工业互联网类。

3．按互联网平台开放程度分类

按照开放程度，互联网平台可分为开放平台、封闭平台和垄断平台。在开放平台中，市场买方与卖方各成员可以自由进入平台市场；在封闭平台中，现有成员可以阻止后来者进入；而在垄断平台中，所有市场位置均由一个垄断者控制。根据一体化的程度，互联网平台可以进一步划分为开放一体化平台、封闭一体化平台。开放一体化平台与开放平台、封闭一体化平台与封闭平台之间的区别在于平台提供者往往是卖方，由卖方形成一体化。

4．按互联网平台的连接性质分类

互联网平台连接的是双边市场，据其连接性质不同可分为横向互联网平台、纵向互联网平台以及观众互联网平台三类。横向互联网平台借助相似匹配将具有相近特征的成员聚集在同一个现实或虚拟空间，常见的横向平台是通信平台。纵向互联网平台通过发挥中介作用为买卖双方提供现实或虚拟的交易空间，一般情况下纵向平台本身不参与交易过程，电子商务平台多是纵向平台。观众互联网平台通过给观众提供免费服务来获取目标客户，平台提供的服务和商品并不是平台自有的，一般来自商户赞助或资助。

5．按互联网平台规模分类

对互联网平台进行分级，需要综合考虑用户规模、业务种类、经济体量以及限制能力。用户规模即互联网平台的年活跃用户数量，业务种类即平台分类涉及的平台业务，限制能力即平台具有的限制或阻碍商户接触消费者的能力。

超级互联网平台指同时具备超大用户规模、超广业务种类、超高经济体量和超强限制能力的平台。其中，超大用户规模，即平台上年度的年活跃用户不低于 5 亿；超广业务种类，即平台核心业务至少涉及两类平台业务，该业务涉及网络销售、生活服务、社交娱乐、信息资讯、金融服务、计算应用六大方面；超高经济体量，即平台上年底市值（估值）不低于 1 万亿元人民币；超强限制能力，即平台具有超强的限制商户接触消费者（用户）的能力。

大型互联网平台指同时具备较大用户规模、较广业务种类、较高经济体量和较强限制能力的平台。其中，较大用户规模，即平台上年度的年活跃用户不低于 5 000 万；较广业务种类，即平台具有表现突出的主营业务；较高经济体量，即平台上年底市值（估值）不低于 1000 亿元人民币；较强限制能力，即平台具有较强的限制商户接触消费者（用户）的能力。

中小互联网平台指具有一定用户规模、有限业务种类、有限经济体量、有限限制能力的平台。

二、互联网平台的主体责任

互联网平台的主体责任往往因平台功能和规模而具有差异性，但一般情况下互联网平台的主体责任包括：平台内容管理责任以及平台内消费者和经营者保护责任。[①]

1．互联网平台内容管理责任

互联网平台经营者应当根据平台自身的特点，建立有效的内容管理制度，避免违法违规信息在平台上的传播。互联网平台经营者发现违反法律法规、违背社会公序良俗、对网络生态造成不良影响的信息，应当视情节采取警示、限制发布、停止传输、消除信息、暂停更新直至关闭账号等措施，并保存有关记录，向监管部门报告。

2．互联网平台内消费者和经营者保护责任

互联网平台经营者应当保障消费者的各项法定权利，不得欺骗、误导消费者。互联网平台经营者应当建立便捷有效的投诉、举报和争议在线解决机制，协助消费者维护权益。互联网平台经营者针对平台内经营者发布的商品和服务，应当建立内部监督检查制度，督促平台内经营者提供符合保障人身、财产安全要求的产品及服务。互联网平台经营者应当承担相应的安全保障义务，保护消费者人身、财产安全。

互联网平台经营者不得利用服务协议、交易规则以及技术等手段，对平台内经营者的活动进行不合理限制或者附加不合理条件，或者向平台内经营者收取不合理费用。互联网平台经营者不得利用自己运营平台所掌握的各方面优势，与平台内经营者展开不正当竞争。互联网平台经营者依据法律法规、平台服务协议和交易规则对平台内经营者违法违规以及违约行为，确定实施警示、暂停或者终止服务等措施的，应当及时公示，并保障平台内经营者就相关措施提出申诉以及获得救济的权利。

---

① 国家市场监督管理总局：《互联网平台落实主体责任指南（征求意见稿）》，https://www.samr.gov.cn/hd/zjdc/ 202110/t20211027_336137.html。

第三节 互联网平台对经济发展的影响

一、互联网平台对生产的影响

生产是以一定的生产关系联系起来的人们，利用生产工具改造自然，创造物质资料的过程，也即是通过劳动创造产品的过程。马克思认为一般劳动过程存在三个要素：劳动对象、劳动资料和劳动者的劳动。互联网平台会通过作用于一般劳动过程三要素而影响生产活动，推动生产环节向数字化、网络化、高端化和智能化方向转型，进而提升全要素生产率、优化资源配置效率、强化市场竞争。从劳动对象来看。劳动对象的系统性构成会随生产力的发展而动态演变。早期土地是劳动的一般对象，劳动对象随着生产力进步而逐渐复杂化、多元化，进入信息化社会后数据便成为重要的劳动对象。互联网平台涉及的数据包括两类，一是用户在平台交易行为所产生的大数据，二是建立与完善平台所需的数字化技术和知识。数据成为劳动对象后，一方面使得一般性企业能够使用信息资讯类平台的大数据，促进生产过程的数字化转型；另一方面，数字化技术和知识的传播与外溢能够提升全社会的信息化水平。从劳动资料来看。在平台经济的生产过程中，数字技术和互联网平台成为主要的生产资料，具体表现为计算机、互联网和人工智能等数字技术以及作为数字化基础设施的各类互联网平台。相应地，消费互联网平台和产业互联网平台作为劳动资料，将推动生产过程的网络化以及生产与消费匹配度的提升。从劳动者的劳动来看。在数字经济时代，互联网平台所产生的数据和数字化技术将与劳动力相结合，为储备更高素质的数字化人力资本提供有利条件，间接推动生产的高端化和智能化转型。互联网平台对生产的影响表现在：

一是互联网平台的发展有利于提升全要素生产率。在互联网平台的发展中，数据成为劳动对象、数字技术和互联网平台成为劳动资料以及劳动力的数字化技能提升将会提升全社会的数字技术水平。数字技术作为通用性技术，通过与实体经济各部门的深度融合，从而以数字化驱动全要素生产率广泛提升。同时网络化会加速数字技术的外溢，智能化则会降低研发成本、生产成本、环境成本，例如生产企业可以使用电子商务平台来处理订单、管理库存和物流，从而减少时间成本与劳动力成本。

二是互联网平台的发展有利于优化资源配置效率。企业通过消费互联网挖掘用户价值，平台为用户提供产品和服务信息，用户对产品的信息反馈通过平台被企业捕捉。数字平台能够收集、处理、共享并传输经济社会活动的信息资源，促使消费和供给数据可查询、可追溯，以此提升市场信息的传播效率和交互效率。需求方通过网络平台可便捷地获取产品价格、质量、服务等多维度信息；供给方也可以利用交易平台建立消费信息查询、用户体验评价、意见反馈等交互功能，聚合分析消费者的分散信息，以解决逆向选择和道德风险，满足消费者的偏好和需求，部分规避了市场失灵、提升资源配置效率。

三是互联网平台的发展有利于强化市场竞争。互联网平台可以实现供需双方的良性、即时互动，降低了部分行业的准入门槛。并且数字经济能够促进知识扩散，扩大有效供给，使得原本无法参与供给的潜在市场主体也加入供给侧，显著扩大市场边界，对接海量和长尾市场，弱化甚至打破区域界限和市场分割。同时，数字交易平台便于中小微企业了解和掌握客户的需求偏好，根据竞争对手的产品信息、市场占有率及发展状况，进行产品差异化生产，以此来保持乃至增进市场份额，最终促进竞争、抑制垄断。值得注意的是，互联网平台的搜索升维和降维、封禁与断链、流量控制等行为，基金补贴甚至零价竞争行为，以及对创新型小企业的杀手式并购反而会导致垄断加剧。

二、互联网平台对分配的影响

分配指已生产出来的产品，通过一定形式被社会成员所占有的过程，广义的分配包括生产资料和消费资料的分配。互联网平台通过改变传统的用工模式和就业模式而影响社会分配。伴随着互联网技术进步与大众消费升级出现的零工经济拓展了劳动收入来源。在数字经济背景下，去雇主化、平台化的就业模式衍生出助播、选品、脚本策划等更多相关新兴岗位。互联网平台创造丰富多样的数字化就业机会，拓展了新兴就业模式，新的就业机会和就业形态给灵活就业带来了新空间。新个体经济利用互联网平台、社交软件、音视频网站等进行创新创业，而零工从业者可自主选择平台工作、自主决定工作时长，这些促使就业形势多元化发展。互联网平台借助线上快捷下单、支付，带动平台业务和相关从业者收入快速攀升。互联网平台给低技能劳动者提供了灵活的就业选择和多种创收渠道，以零工经济的形式提高了从业者的可支配收入。互联网平台的发展增加了就业总量、有利于优化就业结构、有助于引发就业保护，进而提升企业社会效益。数字经济对数字技术的要求，能够创造数据分析、研发设计等知识技能密集型就业岗位，互联网平台生成的新就业形态吸纳了低技能劳动者，增加了就业总量。同时数字平台可以拓展新型就业，就业向新型服务业转化，促进了社会就业层面的普惠公平。

此外，互联网平台可以改变某些行业的市场结构，例如共享经济平台和在线零售平台。这可能会导致传统企业的衰落，但同时也会创造出新的市场机会。值得注意的是，互联网平台可能会加剧财富和机会的不平等。那些适应互联网平台发展模式并取得成功的群体可能会赚取更多的收入，而那些缺乏技能或资源的群体可能会被互联网平台边缘化，产生数字鸿沟。

三、互联网平台对交换的影响

交换是指人们在等价基础上，相互交换劳动产品的过程。交换是生产和消费的中间环节，只有通过交换企业才能得到生产资料，并将产品和服务销售出去，实现生产的价值、维持和扩大再生产；只有借助交换居民才能获取所需的消费品和服务，满足对美好生活的需要。广义的交换包括隶属于生产过程内部的生产资料交换和独立于直接生产过程的消费品交换。互联网平台经济优化消费品和生产资料交换模式，能够满足人民日益增长的美好生活需要。平台作为典型的双边市场，一边连接用户，一边连接为用户提供商品或服务的供应商，并成为二者的信息撮合媒介和交易空间。更为关键的是，互联网平台还能发展共享经济以及构造新型聚集平台，优化生产资料和消费品的交换模式。

互联网平台经济有利于实现供给与需求的动态平衡。十九大报告指出我国社会主要矛盾已转化为人民日益增长的美好生活需要和不平衡不充分的发展之间的矛盾。在微观层面社会主要矛盾就体现为，由于信息不完全，各类产品和服务的需求与供给之间存在的结构性不匹配。互联网平台经济能够实现信息流集中和物流分散，信息流集中化使得需求和供给低成本精准匹配，物流分散化实现了地理空间上分散的需求和供给的分布式网络化连接。电商平台的快速崛起和发展揭示出互联网平台经济对传统交换模式已产生了颠覆性的冲击。而互联网平台经济正是融合了智能数据、智能分析、智能导购和智能客服等人工智能技术，才能在技术层面支撑天量的数据交换行为。此外，基于互联网平台的人工智能技术通过深度学习与无人机、智能机器人技术，在降低物流配送失误率的基础上，还会进一步有效控制市区内分散化物流的配送成本和配送时间，有效助力供给与需求的动态平衡，改进消费者的效用排序。

互联网平台经济能够发展共享经济提升交换效率。互联网平台经济通过人工智能的优化算法使得共享经济得以实现和落地，爱比邻、优步、滴滴打车、小猪短租等新商业模式不断涌现。交易成本理论认为，互联网平台构建的共享经济能够节约搜寻费用、议价费用和监督费用，从而通过降低交易费用提升交换效率。协同消费理论指出，共享经济使得消费不再局限于产品和服务的所有权，凭借部分所有权或消费协议就能享用产品和服务，并且避免了永久所有权带来的风险和成本，从而增加了交换发生的频率。多边平台理论聚焦于数字平台经营方可以吸引多个需求方和供给方，这就增加了市场竞争性，提供了多样性和多元性市场选择，进而提升了交换效率。并且由于共享经济中存在网络外部性，即汇集在平台的需求者和供给者数量越多、网络结点越多，交换形成的概率越大，个体从平台中获得的价值越高。

综上所述，建立在互联网平台之上的共享经济在五个层面优化了交换模式：① 使得闲置资源、“死资产”通过交换被充分有效率利用，实现物尽其用、提升使用价值；② 引入更多供给和需求的竞争者，促进专业化水平提升；③ 供给和需求质量信息通过互评，能够实现显性化，解决信息不对称问题；④ 在降低交易费用的同时，促进交易数量和频率提升；⑤ 通过模式创新促使低效率、供给不足的传统行业改进供给质量，增进消费者福利。

四、互联网平台对消费的影响

消费指人们为维持自身生存和发展的需要而对各种生活资料的使用和消耗过程。互联网平台已实现从在线平台的信息搜索、商情阅读与比较、商品与服务预订、在线购买支付、到店体验全面覆盖，从而使消费者更容易地购买商品和服务。[①]例如通过电子商务平台进行在线购物，或通过共享经济平台租赁汽车或住房。这可以节省消费者的选购时间和精力，降低商品和服务的搜寻成本，并提高购物消费体验。互联网平台同时也会为消费者提供更多的选择，例如通过在线市场提供更多的商品和服务，或通过共享经济平台提供更多的交通和住宿选择。目前平台利用大数据提供的增强搜索功能和个性化推荐工具，可以在平台上呈现大量可选择商品和服务，消费品和服务的种类得以不断增长。并且通过推荐系统，新产品和服务会引起访问其网站消费者的注意，加速新产品和服务的发现和传播。互联网平台的间接网络外部性可以给市场带来更多的竞争，使消费者更容易找到他们所需的商品和服务。此外，消费者通过比较互联网平台各类产品和服务的消费数量、消费评价与商家评级，有助于其做出更适合自身偏好的选择，推动理性消费。不仅如此，互联网平台一方面可以通过规模效益和低成本的数字化运营来降低成本，另一方面可以节约场地费用和人工费用，从而有效降低商品和服务的价格。这使得消费者可以购买更多的商品和服务，同时也能够提高整体消费者剩余。

在互联网平台快速发展中，信息技术也会对服务消费市场的信用环境产生重要影响，数字鸿沟的存在使得处于信息弱势的消费者有可能被平台系统地加以利用，从而损害消费者利益和市场竞争。随着平台规模的日益增大，平台的道德风险问题越来越突出，出现了个性化定价、算法歧视、不公平排名、算法合谋等突出问题，而个性化排名、推荐和过滤算法也可能存在操纵消费者选择、导致用户认知碎片化等问题。

第四节 我国互联网平台发展的趋势

互联网平台是数字经济时代的重要组织模式，是数字经济生态的关键环节。在新一代数字技术推动下，互联网平台快速成长，我国互联网平台的发展表现出了以下趋势。

---

① 刘奕，夏杰长：《平台经济助力畅通服务消费内循环：作用机理与政策设计》，《改革》，2021 年第 11 期。

一、多元化发展趋势

随着数字经济辐射范围不断扩大，互联网平台将趋于多元化发展，涉及更多的行业和领域，例如共享经济、社交媒体、在线教育、医疗健康等。而这将带来更多的机会和挑战，需要平台运营商具备更广泛的知识和技能。多元化平台是指在一个平台上提供多元化的服务、功能或内容，以满足用户的多样化需求。这些平台通常整合了不同类型的功能，例如社交媒体、电子商务、娱乐、新闻等，为用户提供全方位的体验。多元化平台的优势在于集中各种服务和功能，为用户提供便利和高效的体验。用户可以在一个平台上完成多种操作，而不需要切换多个应用或网站。此外，多元化平台还能够通过数据分析和用户反馈来不断改进和优化服务，提供更加个性化的推荐和体验。一些常见的多元化平台包括社交媒体平台、电子商务平台、娱乐平台以及新闻聚合平台等。这些平台通过整合各种功能和内容，为用户提供丰富的选择和便利的体验。随着科技的发展和用户需求的升级，多元化平台的发展也在不断演进。

二、人工智能和大数据技术与互联网平台深度融合的趋势

互联网平台的高质量发展需要将人工智能（AI）技术应用于平台中，以实现智能化的功能和服务。平台 AI 技术可以通过机器学习、深度学习、自然语言处理等技术，对用户的数据和行为进行分析和理解，从而提供更加个性化和精准的推荐、搜索、广告等功能。平台 AI 技术还可以通过自动化、智能客服等方式，提升平台的效率和用户体验。大数据是指海量的结构化和非结构化数据，这些数据通常来自用户的行为、交互、社交媒体、传感器等多个来源。通过对大数据进行采集、存储、处理和分析，可以获取有价值的信息和洞察，为平台提供数据驱动的决策和服务。大数据可以帮助平台了解用户的偏好、需求和行为模式，进而优化产品设计、改进运营策略、提供个性化的推荐等。

互联网平台、AI 与大数据之间存在紧密的关联。大数据为平台 AI 提供了丰富的数据基础，使得平台 AI 能够更好地理解用户、预测用户需求，并做出相应的决策和推荐。同时，平台 AI 也可以通过对大数据的分析和挖掘，发现数据中的模式、趋势和关联，为平台的运营和决策提供支持。平台 AI 与大数据相互依存，共同推动多元化平台的发展。它们的结合可以提供更加智能化、个性化和高效的服务，为用户带来更好的体验。

平台的人工智能与大数据应用可以在多个方面发挥作用，以下是一些常见的应用领域：① 个性化推荐。平台可以利用大数据分析用户的行为和偏好，结合人工智能算法，为用户提供个性化的推荐内容。例如，电商平台可以基于用户的购买历史和浏览行为，推荐相关的产品；娱乐平台可以根据用户的观看记录，推荐符合其喜好的电影或音乐。② 搜索引擎优化。利用大数据和人工智能技术，平台可以改进搜索引擎的算法，提供更

准确和相关的搜索结果。通过分析用户的搜索行为和点击模式，平台可以优化搜索结果的排序和内容匹配，以提供更好的搜索体验。③ 客户服务和智能助手。平台可以利用人工智能技术开发智能客服和虚拟助手，通过自然语言处理和机器学习算法，实现自动化的客户服务。这些智能助手可以回答用户的问题、提供帮助和建议，从而提升用户体验。④ 预测和决策支持。通过分析大数据和应用人工智能技术，平台可以预测用户行为、市场趋势和需求变化，为决策提供支持。例如，平台可以利用用户数据和市场数据，预测产品的需求量和销售趋势，以指导库存管理和市场推广策略。⑤ 欺诈检测和安全保障。平台可以利用大数据分析和人工智能算法，检测和预防欺诈行为，保障用户的安全和隐私。例如，金融平台可以利用大数据分析用户的交易模式和行为特征，检测异常的交易活动并采取相应的安全措施。⑥ 数据分析和洞察。平台可以利用大数据和人工智能技术对数据进行分析和挖掘，发现数据中的模式、趋势和关联。这些洞察可以帮助平台了解用户行为、市场趋势和产品性能，从而优化产品设计、改进运营策略和提供更好的用户体验。

在互联网平台中，数据的集中使用具有了前所未有的商业意义，它们可用来优化生产流程、洞察消费者偏好、控制员工行为、协调外包服务、开发增值产品或直接向广告商出售，而数据挖掘和数据分析进一步生成了更具商业价值的数据循环。数据日益成为主宰平台组织竞争结果的关键因素，也是它们竞相获取的核心资源。由于在平台组织中，数据的收集几乎是零摩擦的，每个用户都是数据生产的免费劳动者，因此受竞争的压迫和利益的驱动，平台组织不断开发更隐蔽的数据采集技术，获取更强大的数据采集能力，更深入地收集用户信息甚至侵犯个人隐私。[①]

三、区块链技术在互联网平台的加深应用的趋势

区块链技术将会越来越广泛地应用于互联网平台，用于提高数据安全性和透明度，减少中间环节，改善交易效率。平台区块链技术是指将区块链技术应用于多元化平台的一种方式。区块链是一种分布式账本技术，可以记录和验证数据的交易和操作，具有去中心化、不可篡改、透明和安全的特点。

将区块链技术与多元化平台结合可以带来以下优势和应用：① 去中心化和信任机制。平台区块链可以建立一个去中心化的网络，消除中间商和中心化机构的需求，实现直接的点对点交互。通过区块链的分布式共识机制，平台可以建立可信任的交易环境，减少对第三方的依赖，提高交易的安全性和透明度。② 数据安全和隐私保护。区块链采用密码学和分布式存储技术，将数据以加密的方式存储和传输，能确保数据的安全性和完整性。平台区块链可以为用户提供更高的数据隐私保护，用户可以控制自己的数据，

---

① 王彬彬，李晓燕：《互联网平台组织的源起、本质、缺陷与制度重构》，《马克思主义研究》，2018 年第 12 期。

并选择与谁分享数据。③ 智能合约和自动化执行。智能合约是在区块链上执行的可编程的合约代码，可以自动执行合约条款和条件。平台可以利用智能合约实现自动化的交易和业务流程，减少中间环节和人为干预，提高效率和可靠性。④ 去信任的数据交换和共享。平台区块链可以建立一个安全的数据交换和共享平台，通过区块链的数据验证和访问控制机制，能确保数据的真实性和合规性。用户可以在不暴露敏感数据的情况下进行数据交换，促进跨组织的合作和数据共享。⑤ 去中介化的支付和结算。平台区块链可以实现去中心化的支付和结算系统，消除传统金融机构的中介角色，降低交易成本和时间。通过使用加密货币或平台特定的代币，用户可以在平台上进行快速、安全和低成本的支付和结算。⑥ 去中介化的数字资产交易。平台区块链可以支持数字资产的交易和管理，如加密货币、代币化资产、虚拟商品等。通过区块链的不可篡改性和透明性，用户可以进行安全和可信任的数字资产交易，推动数字经济的发展。

四、互联网平台跨界合作的趋势

互联网平台跨界合作是指不同领域的互联网平台之间进行合作与整合，以实现资源共享、优势互补、创新发展的目标。这种合作可以发生在不同行业、不同类型的平台之间，通过整合各自的技术、用户基础、数据等资源，创造出更多的价值和商机。

互联网平台跨界合作的典型合作模式有：① 平台生态合作。不同的互联网平台可以建立生态合作关系，通过开放 API、数据共享和互通机制，实现平台之间的无缝连接和协同作业。这种合作可以使用户在不同平台之间享受一体化的服务和体验，提升用户黏性和平台价值。② 跨行业合作。互联网平台可以与其他行业的企业进行合作，开展跨行业的业务拓展。例如，互联网金融平台可以与传统银行合作，共同提供金融服务；电商平台可以与物流公司合作，实现快速、高效的物流配送；在线教育平台可以与学校、教育机构合作，提供在线学习解决方案等。③ 跨界创新合作。不同类型的互联网平台可以合作开展创新项目，共同探索新的商业模式和技术应用。例如，社交媒体平台与音乐平台可以合作推出音乐社交功能等。④ 跨国合作。互联网平台之间的跨国合作可以促进全球化业务的拓展和资源的整合。不同国家或地区的互联网平台可以合作开展市场拓展、技术交流、合规合作等，实现互利共赢。

五、互联网平台环保和社会责任不断提高的趋势

随着高质量发展的不断深化，公众的环保和社会责任意识将逐渐提高，企业的 ESG（Environmental，Social and Governance）理念也在提升，未来互联网平台将更加注重环保和社会责任。平台将采取更多的环保措施，例如使用可再生能源、减少包装等，同时也将承担更多的社会责任，例如保护用户隐私、维护社会公正等。

强化互联网平台环保和社会责任的重点在于：① 加强环保意识和倡导。互联网平台可以通过宣传、教育和信息传递等方式提高用户对环境保护的认识和意识。平台可以利用自身的影响力和广泛的用户基础，传播环保知识、倡导低碳生活、提倡可持续发展等理念。② 提升节能与减排力度。互联网平台可以通过优化技术架构和数据中心管理，实现节能减排。平台可以采用高效的能源利用方案，使用清洁能源，提高设备和系统的能效，减少能源消耗和碳排放。③ 促进电子化与数字化转型。互联网平台的数字化转型可以减少纸张和物理资源的使用。通过提供电子化的服务、电子商务等方式，缩短了传统纸质流程、降低了对物流的需求，减少了资源消耗和环境影响。④ 倡导社会公益和慈善事业。互联网平台可以通过慈善捐赠、公益活动和对社会项目的支持，回馈社会和推动社会发展。平台可以设立慈善基金，支持环保组织、教育项目、健康医疗等领域的公益事业。⑤ 加大数据隐私与安全保护。互联网平台在数据隐私和安全方面承担责任，应保护用户个人信息的安全和隐私。平台应加强数据保护措施，遵循相关的法律法规，确保用户数据不被滥用或泄露。⑥ 推进社会多元性和包容性。互联网平台应积极促进社会的多元性和包容性。平台应尊重和保护用户的多样性和权益，反对歧视和仇恨言论，提供公正、平等和安全的平台环境。

同时互联网平台还可以参与环境保护项目、资源回收和再利用、减少电子垃圾等方面的实践，以减少对环境的负面影响，并推动社会的可持续发展。通过积极履行社会责任，互联网平台可以为构建可持续的社会和环境做出贡献。

第四章　物联网与工业互联网

物联网与工业互联网是数字经济发展的通信网络基础设施，其中物联网是指通过信息传感设备，按约定的协议，将任何物体与网络相连接，物体通过信息传播媒介进行信息交换和通信，以实现智能化识别、定位、跟踪、监管等功能。工业物联网是工业互联网中的基建，它连接了设备层和网络层，为平台层、软件层和应用层，把工业生产过程中的人、数据和机器连接起来，使工业生产流程数字化、自动化、智能化和网络化。工业互联网是要实现人、机、物的全面互联，追求的是数字化。物联网强调的是物与物的连接，追求的是自动化。

第一节　物　联　网

早在 1982 年，美国卡内基梅隆大学的程序员设计了物联网设备，将可口可乐自动售卖机连接到互联网以便查看剩余可乐的数量和种类。随后科学家们尝试将各种设备连接互联网，形成了早期的物联网雏形。1995 年比尔 · 盖茨的《未来之路》一书中提及物联网概念[①]，1999 年美国麻省理工学院首次界定其内涵，认为物联网是指依托射频识别（Radio Frequency Identification，RFID）技术和设备，按约定的通信协议与互联网相结合，使物品信息实现智能化识别和管理，实现物品信息互联而形成的网络[②]。2005 年，国际电信联盟（ITU）在突尼斯举行的信息社会世界峰会（WSIS）上发布了《ITU 互联网报告 2005：物联网》，引用了“物联网”的概念，其中明确提出物联网不再只是指基于 RFID 技术的物联网，将任何时间、任何地点的人与人之间的沟通连接扩展到人与物、物与物之间的沟通连接，强调物品的联网和应用[③]，物联网的定义和覆盖范围得到了较大的拓展和升级，受到业界的高度认可。2008 年，欧盟物联网研究项目工作组在此基础上将物联

① 比尔 · 盖茨：《未来之路》，辜正坤，译，北京：北京大学出版社，1996 年版。

② Ashton K、Sarma S、Brock L D：The networked physical world，Auto—ID Center White Paper，2000。

③ International Telecommunication Union：ITU Internet report 2005: The Internet of things，Tunisia: World Summit Of Information Society，2005 年。

网定义为“由具有标识、虚拟物体或对象所构成的网络，它们在智能空间中通过智慧的接口与用户、社会和环境进行交流”[①]。

我国对物联网的理解分为狭义和广义两方面。狭义上的物联网（Internet of things，IoT）是一个可实时共享物品信息的物物相连的互联网[②]。广义的物联网指通过各种信息感知设备，如射频识别（RFID）装置、红外感应器、全球定位系统、激光扫描器等与互联网结合起来，按照标准的、可互操作的通信协议，实现人、物、系统和信息资源实时连接[③]，从而进行物理和虚拟世界的信息交互并进行处理、做出反应的智能服务系统。具有全面感知、可靠传递和智能处理等特征。物联网已经广泛应用于包括物流、交通、电网、环保、消防、医疗、家居等领域，正在加速虚拟世界和物理世界的融合，不但改变了人们的生活方式，而且还改变了企业的生产方式、社会结构和经济模式。

一、数字经济时代的物联网

2016 中国杭州 G20 峰会提出了《二十国集团数字经济发展与合作倡议》，将数字经济定义为“以使用数字化的知识和信息作为关键生产要素、以现代信息网络作为重要载体、以信息通信技术的有效使用作为效率提升和经济结构优化的重要推动力的一系列经济活动”[④]。物联网既是联系这些经济活动的重要桥梁，也是数字经济时代的重要基础设施之一。党的二十大报告提出：“加快发展物联网，建设高效顺畅的流通体系，降低物流成本”[⑤]。物联网技术不仅能够收集、传输和管理海量的实时数据，还可以将这些数据与人工智能、大数据等技术相结合，从而实现更加高效、智能和自动化的运营模式，助推数字经济快速发展。

1．物联网激活数据资源价值

在数字经济时代，随着传感器、计算机、手机等数据处理设备的大量普及和广泛应用，全球数据呈爆发式增长。海量的数据是数字经济时代重要的生产要素，物联网激活数据成为一种极具价值的资源，物联网设备不仅能够收集海量的实时数据，还能够将这些数据高效地传输到云端进行分析和处理。通过对数据的深入挖掘和应用，人们可以更好地了解周围环境和设备状况，从而提高生产力和生活品质。首先，物联网激活生产环节的数据价值。通过收集生产各环节的数据，企业可以深入了解设备运行情况，实时监测设备状态，提高设备的可靠性。并通过数据分析对设备进行预测性维护、检修，降低

---

① EPOSS Expert Workshop：Internet of things in 2020，EPOSS Report，2008。

② 刘建周：《物联网的概念及发展》，《中国科技术语》，2011 年第 5 期。

③ 中国国家标准化管理委员会：《GBT 35319-2017 物联网系统接口要求》，中国标准出版社，2018 年版。

④ 中华人民共和国互联网信息办公室：《二十国集团数字经济发展与合作倡议》，http://www.cac.gov.cn/2016-09/29/c_1119648520.htm。

⑤ 赵刚：《数字经济的逻辑》，北京：人民邮电出版社，2022 年版，第 23 页。

生产损失和维修成本。其次，物联网提高城市管理、交通运输等领域的运行效率。在智慧城市建设和管理中，通过收集城市内各种设施的实时数据，比如空气质量、垃圾桶使用数量等，便于更好地规划城市建设和交通路线，提高城市管理水平。在交通运输领域中，通过收集海量数据可以帮助交通部门进行交通流量监测和拥堵预测，从而优化交通系统的运行效率。最后，物联网通过更多应用场景，如智能家居、医疗保健等领域，使人们可以更好地了解自己的生活习惯和身体健康状况，并采取相应的措施来改善生活质量。

2．物联网技术支撑数字化转型

随着物联网设备的普及和应用，企业可以将生产线上的所有设备连接起来，并通过物联网技术进行集中数字化管理和控制。一方面通过实时监测设备状况，预测设备故障，及时采取措施给予应对。另一方面可以帮助企业优化生产流程和资源配置，精确评估生产线上的效率和产品质量，创造新的商业模式和增值服务，提升企业的竞争力和市场份额。此外，物联网技术可以改善企业与客户之间的交互体验，通过将设备与互联网连接，企业向客户提供更多样化、个性化的服务，并实现实时监测和反馈，以消费者的需求导向激励企业数字化转型。

3．物联网拓展数字经济市场空间

物联网驱使人工智能、云计算、大数据、5G 等新兴数字技术与实体经济各行业各领域的应用场景紧密结合，企业可以实现自动化、数字化、智能化的生产流程，降低成本和风险，从而促进数字产业化规模的扩张。同时，通过对物联网数据的深入挖掘和应用，物联网技术为企业创造更多智能化、个性化、定制化的服务，创造新的商业增值点，创造更多市场发展机会和空间。比如，智能导航、远程监测、预测性维护、智能家居、车联网等领域。然而，在物联网技术应用的过程中也需要考虑到数据安全和隐私保护等问题，以确保物联网技术的安全、稳定和可靠。

二、物联网体系架构

全球各个国家的物联网体系架构基本情况因其国内政策和技术水平的不同而有所不同。美国、欧盟、日本、韩国在物联网发展中走在前列，尤其在物联网体系架构等方面开展了大量工作，美国先后发布了总统创新伙伴计划、先进制造伙伴计划等一系列国家战略布局和发展物联网[①]，将物联网列为影响国家竞争力的关键技术。其物联网体系架构已经形成了较为成熟的分层结构，包括感知层、网络层、服务层和应用层[②]，如图 4-1 所示。欧盟高度重视物联网创新，其物联网体系架构强调开放性和互操作性，包括边缘计

① 吴功宜：《智慧的物联网：感知中国和世界的技术》，北京：机械工业出版社，2010 年版，第 48 页。
② 李晓辉：《物联网开放体系架构发展研究》，《中国电子科学研究院学报》，2016 年第 5 期。

算、云计算和大数据等多种技术。其体系架构也采用了和美国类似的分层结构，包括感知层、网络层、数据中心和应用层。日本的物联网体系架构和美国、欧盟的四层结构类似，其体系架构主要集中在智能家居、车联网、工业自动化等领域的应用，强调数据安全和隐私保护。韩国电子与通信技术研究所（ETRI）提出了 USN 架构。USN 架构包括五层：感知层、接入网层、网络基础设施层、中间件层和应用平台层，强调了物联网基础设施的重要作用。目前已形成国际电信联盟（ITU-T）标准①。

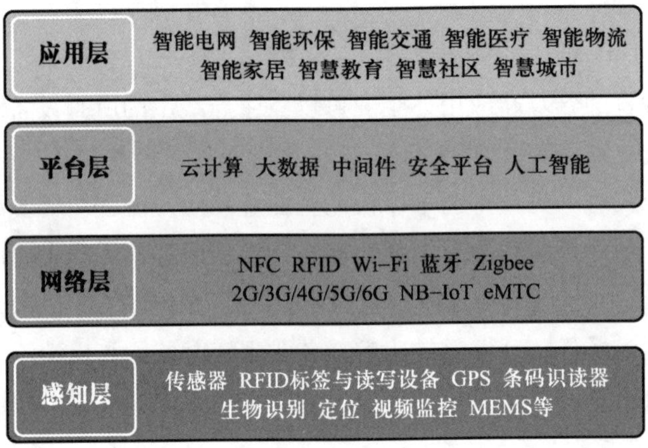

图 4-1 物联网体系架构

中国物联网体系架构主要有三种，分别是：第一种是中国电子标准化研究院（电子标准院）和无锡物联网产业研究院联合提出的“六域”模型架构，“六域”包含用户域、目标对象域、感知控制域、服务提供域、运维管控域和资源交换域②。第二种是中国信息通信研究院（工业和信息化部电信研究院）提出的三层架构，认为物联网网络架构由感知层、网络层和应用层组成③。第三种是国内行业分析中应用较多（尤其是互联网行业）的是四层模型架构，本书采用此种架构进行分析，认为物联网是由感知层、网络层、平台层和应用层组成。

感知层是实现物联网感知与控制的基础，通过传感器、RFID、全球定位系统、生物识别等感知和识别现实世界的物体，采集和捕获信息，比如温度、湿度、光照强度、压力、空气质量和其他类型的数据（位置、速度、运动状态等），然后经过本地控制系统初步处理后，将信息通过网络传递给上层网络，供云端平台进行进一步处理、分析等。

网络层也是传输层，主要负责设备之间的通信和数据传输。通过多种传输方式（如

---

① 李晓辉：《物联网开放体系架构发展研究》，《中国电子科学研究院学报》，2016 年第 5 期。

② 中国国家标准化管理委员会：《物联网 参考体系结构（GB/T 33474-2016）》，北京：中国标准出版社，2017 年版。

③ 中国信息通信研究院（工业和信息化部电信研究院）：《物联网白皮书 2011》，2011 年版，第 13 页。

Wi-Fi、ZigBee、NB-IoT 等）将从感知层获取的信息传递给平台层。因此网络层需要考虑网络带宽、安全和扩展性等因素，还可以使用边缘计算技术来加速数据处理[①]。

平台层是物联网体系架构的中间层，是连接感知层和应用层的重要环节，向下实现对终端/用户的各种管理、控制、计算、存储和分析等功能，向上要为终端应用层提供开发及运行环境、PaaS 等更高级别的应用程序和服务，并为各行业提供通用基础服务。

应用层是物联网体系构建的最高层，通过将物联网技术与垂直行业应用场景相结合，对物联网系统中收集到的数据进行进一步的计算、挖掘和分析，以实现更深入的数据应用和价值挖掘，还可以对整个物联网系统进行远程管理、故障诊断和升级等操作，同时，应用层还需考虑大规模部署和运营的问题，例如数据安全和隐私保护、标准化和互操作性等方面。目前，物联网已实际应用到安防、交通、物流、工业制造、家居、农业等领域，应用领域还在进一步扩展。

三、物联网关键技术及其应用

物联网技术是指利用传感器、执行器、嵌入式软件和通信技术等将各种设备连接起来，实现物品之间的互联互通和智能化运营的技术。它包括硬件、软件、通信和服务等多个方面的技术要素。具体来说，物联网关键技术包括以下几个方面。

1．无线射频识别技术（RFID）

无线射频识别技术是一种无线通信技术，俗称电子标签，可以在非接触的情况下对物品进行识别和跟踪[②]，其核心原理是利用电磁场将数据从读写器传输到标签上或者从标签传输到读写器上，并通过解码和编码技术实现数据交互。无线射频识别系统通常由三个主要部分组成：电子标签、读写器和中间件，三个部分相互配合，为各行各业提供智能化管理的解决方案。电子标签内部集成芯片和天线，向读写器发送响应信号。这些电子标签可以贴在物品、货物、设备等物体上，并存储有关它们的信息，例如识别码、生产日期、批次号等。读写器由控制器和天线构成，通过无线电波与电子标签进行数据交换，将数据信息反馈给中间件。还可以通过网络连接到其他设备或云端服务器，以实现数据共享和远程管理。中间件是用于管理 RFID 系统中的数据流和信息交换的一种软件，具有数据过滤、数据转换、数据整合、数据存储、事件管理、设备管理和安全管理等功能，可以帮助企业更好地掌握 RFID 系统中的信息，提高运营效率和管理水平。RFID 技术已被广泛应用于物流、供应链和库存管理等领域，例如商品追踪、自动化仓库管理等。

---

① 蔡凤翔、李群、李英浩:《物联网技术发展现状浅析》,《信息系统工程》, 2021 年第 1 期。

② 胡蓉、雷媛媛、王慧:《无线射频识别技术（RFID）及其在物联网中的应用》,《科技广场》, 2010 年第 9 期。

2．传感器网络技术

传感器网络是由各种各样的传感器节点组成，用以进行信息的收集、传输和处理的网络系统[①]。在新《韦式大词典》中，传感器是“从一个系统接受功率，通常以另一种形式将功率送到第二个系统中的器件”。《国家标准 GB7665-87 传感器》中定义，传感器为“能感受规定的被测量并按照一定规律转换成可用信号的器件或装置”[②]。物联网中的传感器通常包括四个部分：检测元件、转换器、处理芯片、外壳和连接器[③]。检测元件包括热敏电阻、光敏二极管、压电晶体等，主要检测和测量环境参数变化，比如温度、湿度、光强度、气压等。转换器可以将传感器检测到的信号转换为数字信号或模拟信号的电路。处理芯片是控制传感器工作的核心，通常由微控制器或单片机构成，负责采样、处理和存储传感器输出的信号，并通过无线连接，将数据上传到云端服务器进行后续信息分析和处理。外壳和连接器是传感器的外部组成部分，以避免传感器内部元件受到环境影响而损坏，并提供与其他设备或系统相连的接口，如电气接口、网络接口、无线接口等。当前，传感器已被广泛应用于智能家居、医疗保健、工业制造等领域。

3．嵌入式系统技术

嵌入式系统一般是针对有特殊需求的用户而个性定制的，通常包括硬件和软件技术。嵌入式硬件是指实现嵌入式系统功能的电路板、芯片和传感器等硬件设备，具有小体积、低功耗、高可靠性和实时性等特点，可以有效地实现对物联网设备的控制和管理。常用的嵌入式硬件开发工具包括 PCB 设计软件、电路仿真器、逻辑分析仪等。在硬件开发完成后，需要使用调试工具进行验证和测试，例如示波器、通用测试平台等[④]。嵌入式软件是系统运行中的程序和操作系统，通过控制和管理嵌入式硬件设备，使物联网设备能够进行数据采集、处理和传输等功能。常用的嵌入式软件开发工具包括 C/C++编译器、汇编编译器、调试器等。在对嵌入式系统进行开发和测试时，还需要使用仿真器、示波器等工具进行调试和验证。嵌入式系统技术已经广泛应用于多个领域和行业，比如，在工业自动化领域中，通过嵌入式硬件和软件使 PLC（可编程逻辑控制器）等控制设备实现生产线上的自动化控制和数据采集。

4．无线网络通信技术

无线网络通信技术是物联网中非常重要的一部分，它可以通过计算机和网络通信设备对图形和文字等形式的资料进行采集、存储和传输等，使信息资源达到充分共享[⑤]，包括蓝牙、NFC 技术、Wi-Fi、ZigBee、LoRa、5G 等技术，能够实现不同距离范围内的通

① 吴文博、刘依卓：《5G 背景下物联网的应用与发展问题研究》，《数字通信世界》，2021 年第 10 期。
② 孙晶、凌云峰：《传感器的原理与应用研究》，《科技咨讯》，2011 年第 21 期。
③ 丁露、梅恪：《智能传感器在物联网领域的应用》，《信息技术与标准化》，2010 年第 8 期。
④ 董耀华：《物联网技术与应用》，上海：上海科学技术出版社，2021 年版，第 21 页。
⑤ 张志勇，等：《物联网：万物互联的技术及应用》，合肥：安徽大学出版社，2018 年版，第 54 页。

信需求。根据实际应用场景选择合适的无线通信技术能够使物联网设备更加高效、智能化和便捷。比如，在手机和耳机之间使用蓝牙技术进行音频传输，Wi-Fi 技术可以进行公共设施管理和信息采集，LoRa 技术用于环境监测和物流管理等。

5．云计算

云计算是以计算资源、存储资源、网络资源为基础，通过软件技术和网络技术实现的一种灵活、可扩展、高效的服务模式，主要特点是将计算任务和数据存储转移到了云端服务器上，可以帮助用户降低成本、提高效率，并满足数字化转型和商业需求[①]。基础设施即服务（IaaS）、平台即服务（PaaS）和软件即服务（SaaS）构成了云计算的核心。三种服务模式有着不同的层次和功能，可以满足用户在不同阶段的需求。IaaS 是将计算机基础设施作为一种服务提供给用户，包括运算能力、存储空间、网络带宽等，适用于希望在云端部署应用程序，并要保持对基础设施控制权的用户；PaaS 是一种云计算服务模式，为用户提供软件开发和部署所需的平台环境；SaaS 是指以软件形式提供的应用程序，用户无须安装和维护付费即可使用的软件程序。例如，电子邮件服务、在线会议和协同工具等，可以缩短应用程序交付周期，提高工作效率和业务价值[②]。

四、物联网的应用场景

1．智能电网

智能电网是指基于物联网和新型能源技术的一种智能化电力系统，物联网可以用于智能电网建设中发电、输电、变电、配电、用电和调度等多个环节，以实现电力系统的数字化、自动化和智能化和可持续发展。在发电环节，物联网可以帮助监测电力生产设备的状态、负载和效率等关键指标，通过数据分析和预测优化电力发电过程。在输电环节，监测电力输送过程中的安全性、稳定性和质量等参数，及时发现潜在问题并进行预警和调整。在变电环节，监测变电站设备的运行状态、温度、湿度等情况，实时发现故障并进行修复。优化配电过程，比如，使用智能电表、智能插座等设备，对电力消耗实时监测和管理，为用户提供实时电力数据、用电情况、能源消耗等信息，控制电力消耗和避免电力浪费。在调度环节，帮助调度工作人员实时监控电力系统运行情况，及时处理异常事件和危急情况。

2．智能交通

物联网在智能交通领域的应用为人们提供更加安全、便捷、高效和环保的出行体验，促进城市可持续发展和数字经济的新跨越。

（1）智能交通监测应用。常见的智能交通监测应用有：智能交通信号灯、智能视频监控、道路流量监测、路况预测和规划、远程监控和调度。通过物联网技术的应用，实

① 刘鹏：《云计算》，北京：电子工业出版社，2011 年版，第 26 页。
② 訚力宇：《物联网及应用探讨》，《信息与电脑》，2017 年第 3 期。

现对交通信号灯、道路交通情况和车辆行驶状态、交通路段和设备的实时监测和调整，从而实现交通系统的智能化管理和规划，及时处理交通事件和危机情况，优化交通资源配置和运输效率。

（2）智能停车。通过使用智能摄像头和车位检测器，对停车场内车位的实时监测和管理，将车位信息实时存储至数据云端，通过电子引导牌、车载 GPS 或智能手机将空余车位信息传递给司机，提高停车效率和便利性。

（3）辅助驾驶。物联网在辅助驾驶中可以通过使用智能定位系统和地图数据实现智能导航功能，帮助驾驶员规划最佳路线。在车辆上安装传感器和控制设备，实时监测车辆状态、性能和故障情况，提供相应的警告和修复建议。使用激光雷达和摄像头等传感器，结合人工智能算法，可以实现自动泊车。使用距离传感器和摄像头等设备，实时监测周围环境和车辆行驶状态，提供相应的碰撞风险预警和自动刹车功能，从而避免交通事故的发生。使用智能传感器和数据分析技术，实时监测驾驶员的驾驶习惯、疲劳程度和心理状态等指标，提供相应的驾驶建议和警告，避免驾驶疲劳和失误。

3．智能家居

智能家居是以住宅为平台，为人们提供一些智能家居系统的居住环境。主要运用了自动控制技术、传感器技术、无线传感网络通信等技术，实现家庭设备、家居环境和生活方式的智能化和自动化，提高家居的舒适度、安全性和便捷性[①]。其中包含有智能照明系统、智能家电设备、智能门锁和视频监控设备等安全设备、智能温控设备和空气质量传感器等，通过智能家居控制中心或者手机 App 等软件，实现对家庭各类设备和系统的远程遥控和管理，方便用户随时随地掌控家庭的状态和运行情况。

4．智能医疗

智能医疗是通过打造健康档案区域医疗信息平台，利用最先进的物联网技术，实现患者与医务人员、医疗机构、医疗设备之间的互动，实现医疗监测和管理的数字化、自动化和智能化，提高医疗服务的质量、效率和便捷性[②]。主要运用在远程医疗、医疗检测、智能健康管理、医疗资源调度和智能医疗设备等方面。比如，通过远程医学诊断、远程手术指导和远程康复训练等手段，解决地域限制和医疗资源不足的问题；使用智能医疗监测设备、智能健康管理软件，实时监测患者的生命体征、病情变化和健康状况等指标，将数据上传到云端服务器进行分析和处理，提供相应的医疗建议和治疗方案，也能帮助人们更好地了解和管理自己的健康；通过智能医疗设备、智能算法，如智能药盒、智能注射器和智能手术机器人等，实现自动化诊断和治疗，从而提高医疗服务的精准度和安全性。

---

① 贾源，等：《阿里物联网平台的智慧家居监测保护系统设计》，《物联网技术》，2023 年第 3 期。
② 官芳芳、孙喜琢、林君：《我国智慧医疗建设初探》，《现代医院管理》，2013 年第 2 期。

第二节 工业互联网

随着人工智能、大数据、云计算等新一代信息技术的不断发展和加速创新，互联网应用从消费领域延伸到生产领域，作为新一代信息技术与工业深度融合的产物，工业互联网整合工业革命和互联网革命的优势，将两者有机结合在一起，通过连接人、机、物、系统等，构建覆盖全要素、全产业链、全价值链的工业生产、服务体系，在工业产品设计、生产、制造、管理等环节进行高效精准决策，实时动态优化，敏捷灵活响应[①]，是数字化转型的关键支撑和重塑工业体系的重要基石。

一、工业互联网的基础

“工业互联网（Industrial Internet）”的概念，最早由美国通用电气公司于2012年《工业互联网：打破智慧与机器的边界》白皮书中提出，认为“工业互联网是把人、数据和机器连接起来，以打破技术之间的壁垒，并激活传统工业的过程”[②]。此后，通用电气和思科、IBM 等巨头企业组建了工业互联网联盟（IIC），并对工业互联网进行了传播和推广。工业互联网联盟认为工业互联网是由人、机器、物与计算机及其网络所构成，集成并整合人工智能制造、过程控制和个人感知，用于数据集成、分析与决策的开放式工业智能化系统[③]。世界主要发达国家政府也实施了一系列重大举措加速工业互联网的发展，比如，美国实施先进制造业战略、德国依托雄厚的制造业基础推进工业4.0的应用，英国推出工业2050战略，日本、韩国、法国等均推行制造业振兴计划等。中国政府和国内学者也深刻认识到，工业互联网是驱动智能制造的关键手段，2015 年，印发了《中国制造2025》，尤其是在2016年中国工业互联网产业联盟成立，2017年国务院发布《关于深化“互联网+先进制造业”发展工业互联网的指导意见》之后，工业互联网理论与实践不断涌现。

中国工业互联网研究院的定义在国内被广泛采纳，认为工业互联网是通过人、机、物的全面互联，构建起覆盖全要素、全产业链、全价值链和全新制造与服务体系，形成数字化、网络化、智能化的新兴生态和应用模式[④]，通过软件定义、数据驱动、平台支撑、服务增值和智能主导重新构建产业发展基础、创新生产力、变革生产关系，引领工业发

① 蔡呈伟、戚聿东：《工业互联网对中国制造业的赋能路径研究》，《当代经济管理》，2021年第12期。

② 通用电气公司（GE）：《工业互联网：打破智慧与机器的边界》，北京：机械工业出版社，2015年版，第4页。

③ Industrial Internet Cosortium: The Industrial Internet reference architecture technical Document http://www.iiconsortium.org/IIRA-1-7-ajs.pdf。

④ 中国工业互联网研究院：《中国工业互联网产业经济发展白皮书（2022）》，https://www.china-aii.com。

展。其中，软件定义工业产品和服务为显著的智能化功能效果，数据驱动是利用新一代信息技术对工业领域数据的采集集成、处理再造、建模、智能决策分析，平台向下汇聚和连接工业资源，向上承接和提供智能化应用服务，拓展服务增值[①]，实现制造业数字化、智能化转型升级。发展数字经济是世界各国科技革命和产业变革的战略选择，工业互联网是推动企业数字化转型、数字经济发展的核心驱动。工业互联网在企业数字化转型中的作用体现在：

首先，可以通过优化生产流程，提高生产效率和品质。在工业互联网的应用中，通过传感器和互联网技术的联动，可以实现对生产设备和流程的实时监控和数据采集，形成全局性的数据分析和优化。这种方式可以帮助企业发现和解决生产过程中的问题，提高生产效率和品质，从而降低生产成本，提高企业的核心竞争力。

其次，实现智能制造，提高生产管理和控制水平。工业互联网可以帮助企业实现智能制造，通过物联网、云计算、大数据和人工智能等技术，形成数字化的生产平台和智能化的管理体系，实现对制造全过程的可视化、智能化和优化管理。这种方式可以提高生产管理和控制水平，降低生产过程的人为干预和错误率，提高产品的品质和工艺水平，从而增强企业的市场竞争力。

最后，拓展数字化产业服务，提高产业附加值。工业互联网可以通过数字化技术和互联网平台，拓展产业服务领域，实现对生产过程的优化和智能化服务。通过数字化转型和智能化升级，企业可以更好地适应市场变化和消费者需求，提高产品质量和服务水平，从而增强企业的核心竞争力和市场影响力。同时，数字化服务也可以为企业带来更多的产业附加值和经济效益。

二、工业互联网的体系架构

为了推动工业互联网的发展，各个国家的工业互联网联盟纷纷推出了自己的工业互联网参考架构模型，用以指导相关标准体系建设及产业推进。目前在国际上有：德国的工业 4.0 参考架构模型（RAMI4.0），美国工业互联网联盟（IIC）发布的《工业互联网参考架构 IIRA》，日本工业价值链计划 IVRA，中国工业互联网体系架构等。

中国工业互联网体系架构是由中国工业互联网产业联盟先后于 2016 年与 2019 年分别发布的《工业互联网体系架构 1.0》与《工业互联网体系架构 2.0》[②]。2.0 版本是在不断总结 1.0 经验的基础上修订完善的。综合两个版本内容，工业互联网体系架构是由网络、平台、数据、安全四部分构成，在产业、企业、系统、设备四个层次进行部署和实施。

---

① 武汉大学工业互联网研究课题组：《“十四五”时期工业互联网高质量发展的战略思考》，《中国软科学》，2020 年第 5 期。

② 余晓晖，等：《工业互联网体系架构 2.0》，《计算机集成制造系统》，2019 年第 12 期。

其中，网络是基础、平台是核心、数据是驱动、安全是保障。如图 4-2 所示。

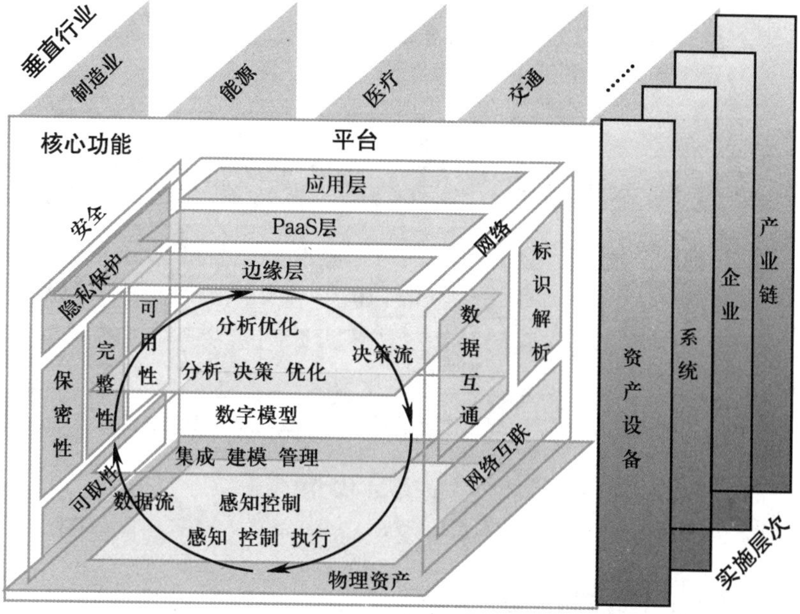

图 4-2　工业互联网体系架构图

（资料来源：余晓晖，等：《工业互联网体系架构 2.0》，《计算机集成制造系统》，2019 年第 12 期。）

1. 网络是工业互联网体系架构的基础

工业通信网络利用物联网、互联网等信息技术通过工业系统中人、物品、机器、车间、企业以及设计、研发、生产、管理、服务等产业链、价值链全要素的互联互通，实现信息数据在生产系统内各单元之间，生产系统与商业系统各主体单元之间的无缝传输，从而得以实时感知、协同交互、智能反馈[①]。随着互联网与工业融合加深，数据传输方式逐步由局域网转向广域网，支撑企业运用模式和社会生产关系的重构。网络包括网络互联体系、标识解析体系和信息互通体系[②]（见图 4-3）。网络互联体系实现各主体之间信息的传输，包括企业内部网络和外部网络。企业内部网络有企业信息（IT）网络和企业控制（OT）网络两种。企业信息网络用于连接企业内部物质材料、机器设备、控制系统、人员。企业外部网络用于连接上下游企业、企业与用户、企业与产品。标识解析体系主要包含标识和解析系统，通过对物品、机器进行唯一性的标识、定位、信息查询和管理，实现数据信息企业间、行业间、区域间精准对接和共享共用。信息互通体系是通过应用协议、

① 延建林、孔德婧：《解析“工业互联网”与“工业 4.0”及其对中国制造业发展的启示》，《中国工程科学》2015 年第 5 期。

② 张慧颖、段韶波：《宏微观视域下智能制造关键领域及技术热点研究》，《天津大学学报（社会科学版）》，2017 年第 4 期。

信息模型和语义的表达，使得异构系统间数据能够理解和交互。

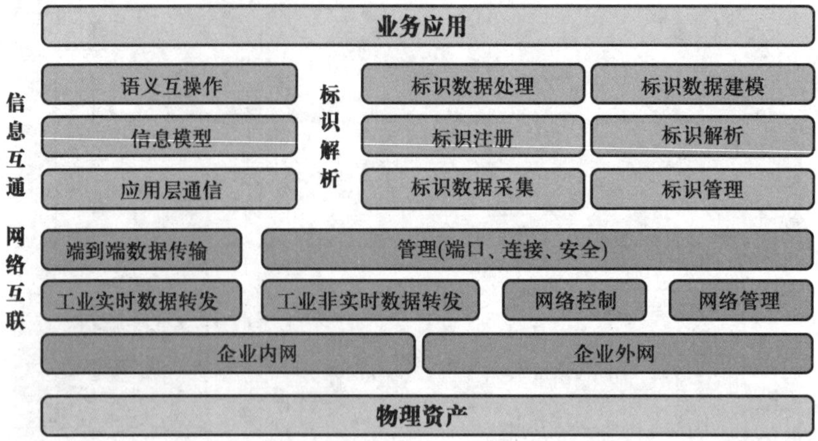

图 4-3　网络结构图

（资料来源：余晓晖，等:《工业互联网体系架构 2.0》,《计算机集成制造系统》，2019 年第 12 期。）

2．工业互联网平台是工业互联网的核心

作为构建工业互联网生态体系的核心载体，连接人员、机器设备、软件、系统、产品等工业行业全要素，是工业互联网的“操作系统”，包含边缘层、基础设施层（IaaS）、平台层（PaaS）、应用层（SaaS）四大核心要素[①]（平台架构体系见图 4-4）。边缘层实时、精准、高效地采集端层产生的数据，并对其进行协议解析、边缘处理，进行格式转换和统一，通过光纤、以太网等链路，将相关数据以有线或无线方式（5G、NB-IoT 等）远程传输到工业互联网平台。IaaS 主要提供云基础设施，如计算资源、网络资源、存储资源等，支撑工业互联网平台的整体运行。其核心是虚拟化技术，利用分布式存储、并发式计算、高负载调度等新技术，实现资源服务设施的动态管理，提升资源服务有效利用率，也确保资源服务的安全。IaaS 层是设备和平台应用的连接层，为 PaaS 层的功能运行和 SaaS 层的应用服务提供完整的底层基础设施服务[②]。PaaS 是工业互联网的核心，由数据库、算法分析等技术构建，对数据进一步处理与计算、数据存储、应用或微服务开发等，以叠加、拓展的方式提供工业应用开发、创建、部署的基础环境，形成工业操作系统。此外，PaaS 还能提供资源调度、平台运行等安全机制保障。SaaS 层是基于 Pass 平台将工业服务软件化、模块化，打造工业微服务组件池，为平台用户提供特定行业和场景的工业 App 等数字化解决方案，实现工业互联网平台的最终应用价值。

① 李君、邱君降，等:《工业互联网平台评价指标体系构建与应用研究》,《中国科技论坛》，2018 年第 12 期。

② 周志勇，等:《工业互联网平台体系架构及应用研究》,《中国仪器仪表》，2021 年第 6 期。

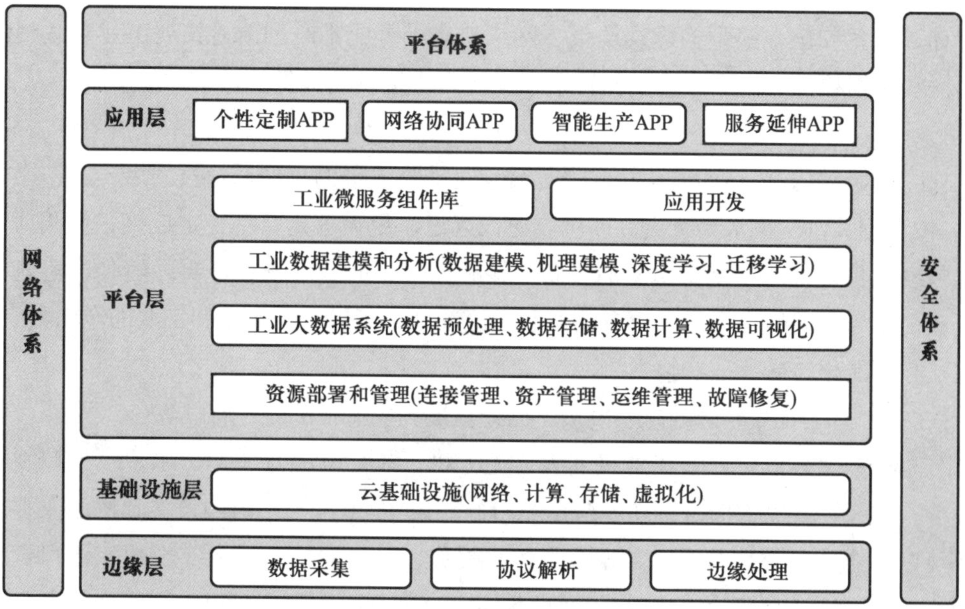

图 4-4　工业互联网平台体系

（资料来源：余晓晖，等：《工业互联网体系架构 2.0》，《计算机集成制造系统》，2019 年第 12 期。）

3．数据是工业互联网的关键驱动

工业互联网包括数据采集交换、集成处理、建模分析、决策优化和反馈控制等功能模块，表现为通过海量工业数据的采集交换、异构数据的集成处理、机器数据的边缘计算、经验模型的固化迭代、基于云的大数据计算分析，实现对生产现场状况、协作企业信息、市场用户需求的精确计算和复杂分析，从而形成企业运营的管理决策以及机器运转的控制指令，驱动从机器设备、运营管理到商业活动的智能和优化[①]。

4．安全是工业互联网的保障

工业安全包括设备安全、网络安全、控制安全、数据安全、应用安全和综合安全管理等。通过监测预警、应急响应、检测评估和功能测试等手段，识别和抵御工业应用中网络、软件、数据受到的内部和外部安全威胁，降低企业数据被未经授权访问的风险，确保数据传输与储存的安全性，实现对工业生产系统和商业系统的全方位保护[②]。

三、工业互联网技术体系及其应用

工业互联网技术体系是工业互联网体系架构顺利实施的关键。以 5G、云计算和边缘计算、人工智能、数字孪生、区块链等为代表的关键技术，在基础连接、数据传输、数

① 余晓晖，等:《工业互联网体系架构 2.0》，《计算机集成制造系统》，2019 年第 12 期。
② 余晓晖，等:《工业互联网体系架构 2.0》，《计算机集成制造系统》，2019 年第 12 期。

据存储、设备安全、模型构建及迭代、网络架构等方面不断创新，拓展工业互联网的能力内涵和作用边界，为产业数字化转型和经济高质量发展提供关键支撑。

1．5G 技术

5G 技术是第五代移动通信技术，是目前全球最先进的移动通信技术之一。相比于之前的 4G 技术，5G 技术具有更高速度、更低延迟、更大容量、更稳定连接、更低功耗和更高精准定位等优势，支持更多的设备连接和更复杂的应用场景，实现随时、随地、万物互联，既为人们的生活带来更多的便利和舒适，也可以推动城市和工业的全面数字化、网络化、智能化转变。

5G 技术与工业互联网的融合发展，已经拓展到能源、矿业、港口航空、医疗、汽车、交通、电子等诸多领域，在工业机器人、无人机、超高清视频、AR/VR、远程控制、远程医疗、无人物流等方面得到实际应用①。通过 5G 技术，工厂内的设备、机器人、传感器等可以对企业各个环节实时数据信息进行采集、精准对接，全面实现数字化和智能化转型。同时，5G 技术对企业内和园区设备的实时监测和控制，可以提高生产的安全性和可持续发展能力。

2．云计算和边缘计算技术

随着数字经济快速发展，海量数据不断涌现，传统数据存储和处理方式已经无法满足社会需求，云计算应运而生。云计算是一种基于互联网的新型计算方式，通过将计算资源、存储资源和应用程序等服务集中在云端服务器上，为用户提供可随时随地访问的应用和数据服务，也可实现数据的共享和协作，提高企业创新效率和决策能力。在工业领域，应用场景中设备之间的通信标准不统一，数据需要实时高效传输，这就要求计算资源必须部署在应用现场，边缘计算满足此种需求。边缘计算是基于高性能计算芯片、实时操作系统、边缘分析算法等技术支撑，计算、存储、网络资源和应用核心能力融合在网络边缘的一种新型计算模式。将计算任务下放到边缘设备上，满足行业数字在敏捷连接、实时业务、数据优化、应用智能、安全与隐私保护等方面的关键需求②，弥补云计算服务数据传输延迟、较高带宽占用、数据信息泄露及安全漏洞的不足，提高服务的实时性和可靠性。云计算和边缘计算相辅相成，共同构成了一个庞大的计算生态系统，将为数字化转型和智能化发展带来更多发展机遇。

以亚马孙 AWS 为例，AWS 是目前全球最大的公有云服务商之一，提供各种云计算服务，包括计算、存储、数据库、网络、安全等。AWS IoT Greengrass 是亚马孙 AWS 的边缘计算服务之一，它可以将 AWS Lambda 函数、机器学习模型、消息代理等云端服务下沉到设备上，实现更加快速和高效的数据处理，提高工作效率和安全性。

---

① 张云勇：《5G 将全面使能工业互联网》，《电信科学》，2019 年第 1 期。

② 范灵俊：《新基建背景下发展工业互联网的关键与挑战》，《中国信息安全》，2020 年第 6 期。

3．人工智能

工业互联网的发展得益于对海量数据的全面感知、实时分析、深度挖掘和智能决策，而以深度学习、迁移学习、强化学习为代表的人工智能算法，可以更加快速、准确和高效地处理、分析、挖掘数据，解决了以往传统统计方法的困境，成为工业互联网平台解决各领域分析诊断、模拟预测与优化方案的重要工具。

工业互联网为人工智能技术的应用提供需求和应用场景，人工智能技术应用于工业互联网全体系及各个领域。借助对数据的全面感知、建立数据分析模型、智能决策规则等，人工智能为工业互联网的发展提供基础技术支撑。主要表现在以下几个方面：一是人工智能技术通过对工业互联网中海量数据深入分析和预测，为企业提供更加精准和实时的数据支持，帮助企业优化生产流程、提高产品质量和降低成本。二是分析和监测设备数据，预测设备故障，实现生产设备的智能控制等功能，以提高生产效率、降低能耗和减少设备故障率。三是人工智能技术应用于生产和服务的各个环节，实现工业生产、服务和管理的自动化和智能化。四是对客户需求数据进行深度分析和预测，为客户提供个性化和定制化的产品和服务。

4．数字孪生

数字孪生（Digital Twin）的概念在 2002 年由美国国家航空航天局（NASA）的 Michael Grieves 教授首次提出，全球权威 IT 研究机构 Gartner 在近年来的重要战略科技趋势报告中，多次提到数字孪生技术及其应用场景①，中国电子技术标准化研究院牵头发布的《数字孪生应用白皮书（2020 版）》对当前数字孪生技术热点、应用领域、产业情况和标准化现状进行了梳理和分析。GE Digital、西门子、达索系统等供应商对数字孪生也进行了解释②③。

数字孪生是将工业产品、制造系统、城市等复杂物理系统的结构、状态、行为、功能和性能映射到数字化的虚拟世界，通过实时传感、连接映射、精确分析和沉浸交互来刻画、预测和控制物理系统，实现复杂系统虚实融合，使系统全要素、全过程、全价值链达到最大限度的闭环优化④。数字孪生包含两方面内容，一是物理对象的数据。通过传感器、监测设备等方式对物理对象的各种参数、性能和状态等数据进行实时监测和采集，并上传至云平台或本地服务器进行存储和分析，实现数据的实时共享、协同分析和挖掘

① Gartner：Blockchain, quantum computing, augmented analytics and artificial intelligence will drive disruption and new business models，https://www.gartner.com/smarterwithgartner/gartner-top-10-strategic-technology-trends-for-2019.

② GE：What is a digital twin?，https://www.ge.com/digital/applications/digital-twin。

③ Siemens：Digital Twin，https://www.plm.automation.siemens.com/global/en/our-story/glossary/digital-twin/24465。

④ 中国电子技术标准化研究院：《数字孪生应用白皮书 2020》，http://www.cesi.cn/。

处理，发现潜在的规律和趋势，为企业提供更加精准和实时的决策支持。二是数字模型的仿真。根据物理对象的数据和行为模型，建立相应的数字模型，并通过计算机仿真技术对其进行模拟和分析，对物理对象进行实时仿真、虚拟监测，实现对物理对象的智能化远程监测、控制、管理和维护，从而降低生产成本，提高企业的生产效率，为企业的数字化转型和升级提供重要支持。

5．区块链

区块链（Blockchain）技术最初是为比特币的交易而设计的，但随着技术的不断发展，已经被广泛应用于金融、物流、医疗、能源等领域。区块链是一种去中心化的分布式账本技术，对交易数据进行安全记录、存储和共享。其实现方式是将交易数据按照一定的规则打包成区块，每个区块包含前一个区块的哈希值[①]，形成了一个由多个区块组成的链式结构。每个节点都可以通过共识算法来验证交易的合法性，并将其记录在自己的账本中。这样，即使某个节点出现了问题，整个区块链系统仍然可以正常运行。

基于去中心化、公开透明、不可篡改和权限隐私等核心特点和优势，区块链技术在工业互联网中进行了广泛渗透和融合创新。依托其去中介化的加密算法和共识机制，对供应链、企业制造、能源和物流管理的信息数据进行安全、可靠和高效管理，有效解决工业互联网各个环节的价值互信问题，为企业提供更加精准、高效和智能的生产和服务支持。区块链技术还可以为多个参与主体创造一个协作共享平台，建立信任机制，安全记录和共享信息、数据，通过智能合约的编写和执行，自动化管理合同，实现对资产的安全记录和管理，提高产业生态的稳定性和可持续性。

四、工业互联网的应用场景

随着工业互联网的飞速发展，其应用领域正从单个生产设备、单个生产工艺、单个企业拓展到全要素、全产业链、产品全生命周期，应用场景丰富多样，下面从生产、管理和服务三个应用过程呈现 8 大典型应用场景。

1．生产过程

（1）智能制造。智能制造是工业互联网应用中最为重要的场景之一。通过工业互联网技术可以将生产设备、产品和供应链等各个环节进行数据连接和信息共享，实现生产过程全面数字化、自动化和智能化。例如，在生产线上使用工业机器人进行物料搬运和装配，提高生产效率和品质；使用自动化设备对生产过程进行监控和调度，实现生产过程的自适应性和柔性化；增强现实和虚拟现实技术能够对生产设备进行虚拟操作和演示，帮助企业工人快速掌握操作技能和规范流程；区块链技术可以实现生产过程的信息安全

① 张健：《区块链：定义未来金融与经济新格局》，北京：机械工业出版社，2016 年版，第 38 页。

和可追溯性，降低企业生产和经营风险。

（2）智能维修。设备的维修是保障设备正常运转和安全的关键。工业互联网技术的运用可以对生产设备进行实时监测、远程控制和预测性维修，提高设备维修效率和准确性。例如，在生产过程嵌入传感器和数据采集设备，实时了解生产设备的状态和运行情况，并使用机器学习技术对故障进行预测和分析，帮助企业实现智能化维护和保养；在维修过程中使用增强现实技术和虚拟现实技术，将操作手册和图纸、专家的视线投射到现场，也可通过虚拟现实技术进行虚拟操作和演示，有助于工人快速掌握操作技能和规范流程、熟悉设备结构和维修流程，降低维修失败风险。

（3）智能质检。质检可以保证产品质量、提高客户满意度和树立品牌形象，在生产环节中具有至关重要的作用。通过工业互联网，实时全面掌握生产过程中的数据信息，及时了解产品的生产情况和质量状况，帮助企业提高产品质量和生产效率。例如，在质检过程中，使用自动化设备对产品进行检测和筛选，提高质检效率和准确性；利用区块链技术监控和记录产品的生产过程，并记录和管理质检数据，从而确保产品的质量和安全，也可防止数据篡改和信息泄露，提高客户信任度。

2. 管理过程

（1）智能调度。调度是管理中较为复杂的工作。工业互联网可以通过信息化技术智能算法对生产流程进行优化和调度，实现生产自动化、智能化和柔性化管理。主要应用于工业制造、物流配送、供应链管理、公共交通等领域。比如，在制造车间，使用智慧调度系统对生产流程进行优化和调度，根据设备状态、物料库存等因素，制定最优的生产方案；在物流配送中心，根据货物数量、交通状况等因素，对货物进行优化调度和路线规划；在公共交通中，根据公交车位置、速度、客流量、交通状况等因素，使用智慧调度系统进行预测和分析，帮助调度中心制定最优公交方案，提高公交服务的效率和准确性。

（2）智慧物流。物流是生产过程中不可或缺的一部分。通过工业互联网，可以实现物流过程的全面数字化和智能化。比如，利用物联网技术和传感器，实时了解货车的位置、速度、运行状态等信息，对物流车辆进行监测和控制，可以提高物流的效率和安全性，通过智能调度系统，可以实现生产、物流过程的自动化和优化，提高系统的灵活性和可靠性。

（3）智慧仓储。在生产过程中，仓储是一个非常重要的环节。工业互联网平台对仓储过程进行实时监测和控制，通过数据分析和预测，实现智能化调度和管理，提高仓储效率，降低成本，为客户提供更加高效和便捷的仓储服务。比如，在仓储中可以安装传感器和数据采集设备，实时了解货物的位置、温度、湿度等信息，以及仓库的温度、湿度等信息，当指标超出预定范围，会自动报警，同时，还可以使用压力传感器实时了解货物的重量和数量，以及使用空气质量传感器实时监测仓库的空气质量，及时发现问题并采取应对措施，提高仓储效率和准确性。

3．服务过程

（1）智慧售后。工业互联网具有远程连接机器与人的能力，更加适合对数字化设备的售后服务。利用工业互联网技术，实时远程监控设备状态和运行数据，及时上报数据和故障，进行故障诊断和预测性维修，减少售后服务的时间和成本，已经成功应用于工程机器、电梯、医疗设备、航天设备、发电设备等领域。比如，中国鲁邦通医疗设备物联售后服务云平台的智能运维管理系统通过手机智能 App 或小程序，实现设备运维工单实时、在线、透明化管理，方便查询和追溯；耗材管理系统实时监测设备在线工作时间等众多参数，预测耗材剩余寿命，为生产计划提供预测数据，提升企业管理效率。

（2）智能客服。作为人工智能的一种应用，智能客服日益备受青睐。它是通过自然语言处理、机器学习和知识图谱等技术手段，实现对客户问题的自动化解答和互动，并且可以根据客户历史数据和行为模式，提供个性化的服务和推荐的一种客户服务方式。智能客服已经应用于多个领域，例如电商、金融、医疗、教育等，帮助企业提高客户满意度，是企业数字化转型的必备工具。比如，在客户服务过程中，使用机器学习技术对客户问题进行分类和预测，然后使用知识图谱技术对客户问题进行智能化解答和推荐，提高客户满意度。

第三节 我国物联网与工业互联网的发展历程

一、我国物联网的发展历程

作为新一代信息技术高度集成的典范，物联网技术与经济社会深度融合，通过设备与物品的互联互通，实现物理世界与虚拟世界的信息交互，深刻改变人类生产生活方式、社会管理模式、产业发展生态。世界各国高度重视物联网带来的发展机遇，在顶层战略设计、政策发展环境、产业生态构建等方面大力推进。我国也积极推进物联网创新和应用，从整个发展过程来看，我国物联网建设与发展主要经历三个阶段。

1．传感发展与应用阶段（2008 年前）

在物联网中国被提升到国家战略之前，中国科学院于 1999 年就启动了传感网研究，于 2001 年成立了“传感网与无线通信实验室”，在无线智能传感器网络技术、微型传感器、传感器终端机、路由算法、安全机制等方面取得了重大突破，与其他发达国家相比，具有同发优势[①]。我国不但拥有原材料、技术、元器件、系统架构和网络比较完整的产业链，而且与美国、德国、韩国等发达国家一起，成为国际传感网领域标准制定的主导国之一。国家出台各项规划为物联网的发展提供了政策和技术支持。其中《国家中长期科学和技术发展规划纲要》（2006—2020 年）首次将物联网作为国家战略性新兴产业之一，提出要加强物联网核心技术研究和应用开发，推进物联网标准化和产业化发展。但此时国内物联网相关企业较少，传感器、芯片、中间件应用开发及系统集成等关键环节多为国外主导，市场规模不大。物联网的产业应用聚集在政府、军方等领域，范围较小，还未形成成熟的商业模式和消费市场[②]。

2．生态意识形成阶段（2009—2015 年）

2009 年“感知中国”战略的提出拉开了物联网从技术研发到产业应用的发展大幕。作为“感知中国”战略的先行者和实践者，无锡市率先建立了“感知中国”研究中心，吸引众多的科研机构和高校，建立物联网研究院、物联网工厂学院等，加速了物联网的创新和发展。2010 年，物联网被首次写入了中国政府工作报告，物联网被正式列为国家五大新兴战略性产业之一，在全社会得到了极大的关注。随后国家和地方政府制定发展规划，有意识地培育和支持物联网产业的发展。科研院所、企业、中介机构、创新平台等积极参与物联网的创新和应用，突破核心技术，整合创新资源，初步建立了较为完备的物联网产业标准体系。

物联网相关芯片设计制造、设备制造、软件、系统集成和应用服务等多领域的规模得以迅速扩张，商业模式初步形成[③]。主要应用在城市管理、交通、市政服务、环保、电网、物流、农业、医疗等公共管理与服务和相关行业。涌现了大批具有较强实力的物联网领军企业，海康威视、中兴通讯、华为、云从科技等国内龙头企业逐步掌握具有自主知识产权的高端产品。初步建成共性技术研发、标识解析、成果转化、信息服务等公共服务平台。加快建立了物联网标准体系，国际标准制定的话语权明显得到提升。但是此时的物联网产业发展仍然面临诸多瓶颈和深层次问题，比如，诸多细分产业链中关键技术仍被卡脖子、产业链资源要素优化配置能力和产业链主体协同发展能力较弱、网络与信息安全问题严重、本土企业承接能力还需要进一步提升等。

3．生态系统逐步完善阶段（2015 年以后）

2015 年之后，在国家战略引领、产业政策驱动和企业创新主体等共同努力下，我国物联网技术与产业逐渐成熟，物联网应用领域日益广泛，业务种类更加丰富，市场空间

---

① 孙玉：《我国物联网发展趋势》，《物联网学报》，2017 年第 12 期。

② 邱善勤：《物联网产业发展阶段分析》，《中国科技投资》，2010 年第 10 期。

③ 中华人民共和国工业和信息化部：《物联网发展规划 2016－2020》https://wap.miit.gov.cn/jgsj/ghs/gzdt/art。

更为广阔。在此阶段，5G、人工智能等新兴信息技术与物联网技术融合创新，并应用于各行各业，逐步形成跨行业、跨领域、跨区域融合发展的生态系统，改变整个社会生产和生活方式。物联网发展进入规模化发展、集成创新和跨界融合的新阶段。

（1）产业体系已经形成。中国物联网产业体系已经初步形成，涵盖了物联网芯片和模组制造商、物联网设备制造商、物联网平台服务商、物联网应用开发商、物联网运营商、物联网解决方案提供商和物联网安全服务商等多个环节，每个环节都趋于成熟，产业规模达到十万亿级。2023 年国家工业和信息化部新闻发布会的数据显示，截至 2022 年底，中国物联网市场规模已经达到了 1.2 万亿元，同比增长了 24.2%，移动物联网终端用户数达 18.45 亿户，比 2021 年底净增 4.47 亿户，占全球总数的 70%，其中，在公共服务、车联网、智慧零售、智慧家居等领域的应用规模不断扩大，分别达到 4.96 亿、3.75 亿、2.5 亿和 1.92 亿户[①]，成为物联网市场规模的主要增长点。华为、中兴、海尔、格力、云从科技、睿江科技等一大批领军企业积极布局智慧城市、智能家居、智能交通等领域，为多个行业提供了物联网技术支持和解决方案。

（2）技术创新不断推进。随着无线技术、集成技术和云平台技术的不断创新与推广，物联网技术迎来质的飞跃。无线技术的升级和创新为物联网技术的应用场景和发展空间提供了更加广泛、高效、可靠的解决方案。随着 5G 技术的商用化，物联网设备将能够实现更高速、更低时延的数据传输，NB-IoT 技术应用于有低速率传输需求的智慧城市、农业领域、工业制造、物流运输和公共安全等领域。集成技术使物联网在芯片、传感器和模块化设计等方面不断创新和推广，为物联网技术的发展提供了更加丰富、高效、灵活的基础设施支持。腾讯云、阿里云等云平台的建立，让物联网的应用成本更低、领域更加广泛、便捷。

（3）产业集聚效应明显。我国已经形成华北地区、长三角地区和珠三角地区等区域产业集聚发展格局，无锡、杭州、成都、重庆、南京、宁波、青岛等物联网示范基地成效初现。其中，珠三角地区以智能制造和智慧城市为重点，长三角地区以智能交通和智能家居为主要发展方向，华北地区以智能安防和智慧医疗为主要应用领域。同时，各地区围绕物联网产业建设了一批产业园区和孵化基地，形成了一定的产业集群效应。例如，上海张江高科技园区、深圳前海自贸片区等，产业集聚效应不断加强。

（4）行业应用不断拓展。我国物联网应用领域非常丰富，已经拓展到智能家居、智能交通、智能制造、智能医疗、智能城市等多个领域[②]。例如，智能家居应用于家庭照明、电器控制、环境监测、安全防护等多个方面，让人们更加便捷地控制家庭设备和环境，

① 中华人民共和国国务院新闻办公室：《2022 年工业和信息化发展情况新闻发布会》（2023-01-18），http://www.scio.gov.vn/xwfbh/xwbfbh/wqfbh/49421/49502/index.htm.

② 吴价宝：《物联网产业发展的国际经验及启示》，《江海学刊》，2011 年第 6 期。

提高家庭生活的舒适度和安全性；智能交通应用于智能交通管理系统、智能交通运输系统、智能车辆等，提高交通管理和运输效率，减少交通拥堵和事故，降低对环境的影响；智能制造应用于智能工厂、智能机器人、智能传感器等方面，提高生产效率和质量，降低生产成本；智能医疗应用于智能医疗设备、智能医疗系统、智能健康管理等方面，降低医疗成本，提高医疗效率和质量，为人们的健康保驾护航；智能城市应用于智能城市管理系统、智能城市基础设施、智能城市公共服务等方面，提高城市管理效率和居民生活质量，推动城市高质量发展。

受益于政府利好政策、良好的外部环境和市场前景以及 5G、大数据、人工智能、区块链、物联网等技术的不断进步和应用的不断拓展，我国物联网产业在未来将继续保持快速增长，核心技术持续发展、标准体系不断完善、应用推广开放化规模化广泛化、安保能力不断增强，从而形成更加完备的物联网生态发展体系。

二、我国工业互联网的发展历程

虽然中国工业互联网的理论研究和实践应用起步较晚，但受到国际工业互联网发展的影响和我国政府政策及工业互联网应用市场需求的推动，近年来工业互联网建设及推广取得了显著成就，成为我国两化深度融合的重要驱动。根据我国工业互联网发展特征，我国工业互联网大致经历了三个阶段：起步探索阶段、实践推进阶段和创新发展阶段。

1．起步探索阶段（2012—2014 年）

制造业是国民经济的主体、科技创新的主战场，更是立国之本、兴国之器、强国之基。自从 2008 年国际金融危机以来，我国制造业发展速度大幅放缓，高耗能高污染的形势日益严峻，低生产成本优势逐渐丧失，粗放式经济发展方式已经难以为继，亟须产业转型升级。发达国家实施工业化战略试图通过智能制造促使制造业回归重新获得竞争优势，推动产业优化升级，也加速了第四次工业革命进程。作为新一代信息技术与工业深度融合的产物，工业互联网是工业转变集约式增长方式和实现网络化、数字化、智能化和高质量发展的重要途径。

工业互联网是美国通用电气公司于 2012 年首次提出的，随后，世界各国掀起了工业互联网的发展浪潮。虽然在这个阶段我国还未在规划中明确提出“工业互联网”，但早在 2007 年提出的“两化融合”战略，重点发展互联网等新一代信息技术产业及其应用，为工业互联网的发展奠定了良好的数字化、信息化、网络化基础。我国政府出台了以促进产业转型升级、加快信息化进程、提高数字化水平、加强网络安全等方面为重点的大量政策，以支持两化融合的发展，取得了显著成效。主要表现在以下几个方面：一是网络基础设施不断完善。在此阶段我国电信业务体系迅速发展，移动宽带用户和移动智能终端数量大幅增长，移动数据及互联网业务收入对收入增长的贡献率突破 100%[①]，全国宽带接入能力不断提升，网络带宽不断扩大，网络传输速度越来越快，网络连接性和通信质量不断提高。二是传统产业通过信息化手段与现代信息技术深度融合，通过技术进步、产品优化和市场创新等提高了自身的竞争力，产业结构不断升级。三是智能制造、工业互联网、移动支付、智慧城市、数字农业、智慧医疗等领域，不断涌现了各种新的应用场景和模式，这些应用的拓展极大地促进了两化融合的发展。

2．实践推进阶段（2015—2020 年）

2015 年 5 月国务院印发《中国制造 2025》，部署全面推进实施制造强国战略，正式拉开我国工业物联网发展的序幕。同年 7 月《国务院关于积极推进“互联网+”行动的指导意见》中第一次提出“研究工业互联网网络架构体系”[②]，推动了我国互联网应用从消费领域转向生产领域，加速提升产业发展水平，增强各行业创新能力。但这一时期工业互联网多以“互联网+”“两化融合”的形态出现。2016 年我国成立了工业互联网产业联盟（AII），重新定义了“工业互联网”含义及构成体系。2017 年 11 月《关于深化“互联网+先进制造业”发展工业互联网的指导意见》确立了工业互联网的战略发展地位，明确了工业互联网发展的主要任务和路径，标志着发展工业互联网正式上升为国家战略。2018 年工信部颁布实施《工业互联网发展行动计划（2018—2020）》，并成立工业互联网专项工作组，统筹协调工业互联网发展的全局工作。《工业互联网体系架构（版本 2.0）》为政府、企业、科研机构、投资者等主体共建工业互联网产业生态提供指引和参考。2018 年国家将工业互联网制定为国家重点发展的“新基建”七大重要领域之一。随后，国家各部门、各地政府相继出台行动计划。工业互联网与实体经济融合程度不断深化、范围不断拓展，推动数字经济成为经济高质量发展的新引擎、新模式、新空间。

在此时期，我国建成了全球规模最大的信息通信网络，4G 基站占全球一半以上，5G 基站建设速率翻倍提升，网络能力显著增强；各类移动 App 应用快速普及，电子商务、移动快捷支付、互联网+教育医疗养老等基本服务领域也不断创新，促进了政府公共服务的系统化和高效化[③]；智能制造示范应用进程加快，制造业重点领域企业数字化程度大幅度提升，数字经济实现了跨越式发展，促进产业结构优化升级；在信息通信、轨道交通、新能源汽车等领域涌现出一批创新能力强、具有国际竞争力的领军企业[④]；工业互联网融合应用覆盖 30 多个国民经济重点行业，智能化制造、网络化协同、个性化定制、服务化

① 中华人民共和国工业和信息化部：《2014 年我国通信业经济运行状况分析报告》，http://www.cac.gov.cn/2015-01/21/c_1114073456.htm?from=groupmessage。

② 国务院：《国务院关于积极推进“互联网+”行动的指导意见》（国发〔2015〕40 号），https://www.gov.cn/zhengce/zhengceku/2015-07/04/content_10002.htm。

③ 王政：《“十三五”期间 制造强国和网络强国建设步履坚实》，《人民日报》，2020 年 10 月 24 日。

④ 曹雅丽：《制造强国和网络强国建设迈出坚实步伐》，《中国工业报》，2020 年 10 月 26 日。

延伸、数字化管理等新业态新模式快速成长壮大[①]，多方协同联动的产业生态进一步扩大，相关技术、标准、研发、应用等方面的产业合作不断增强，对制造业数字化转型和实体经济高质量发展的支撑作用日益显现。

3. 创新发展阶段（2021 年以后）

2021 年是"十四五"规划的开局之年，工业互联网进入了高速创新发展阶段，为了支持我国工业互联网的创新发展，国家和地方政府出台了一系列规划文件和支持政策：《"十四五"规划和 2035 年远景目标纲要》《"十四五"信息化和工业化深度融合发展规划》《"十四五"软件和信息技术服务业发展规划》《工业互联网创新发展行动计划（2021—2023 年）》等。经过多年的建设和发展，我国工业互联网在网络基础、平台建设、产业融合应用、标准规范体系等方面成效显著，为数字化转型和经济高质量发展提供新动能。

（1）网络基础设施规模和服务能力快速增长。截至 2022 年底，高质量外网建设基本覆盖全国 300 余地市，5G 等新型网络技术推动企业内网改造提速，累计建成开通 5G 基站 231.2 万个，5G 用户达 5.61 亿户，全球占比均超过 60%。"双千兆"网络深度覆盖进程加速，网络基础设施覆盖区域持续下沉。移动物联网终端用户数成为全球主要经济体中首个实现"物超人"的国家。IPv6 规模部署应用深入推进，活跃用户数超 7 亿，移动网络 IPv6 流量占比近 50%[②]。

（2）工业互联网平台建设逐步完善。工业互联网平台作为支撑工业化、信息化深度融合发展的重要基础，在促进制造业数字化转型和高质量发展上发挥重要作用。截至 2022 年，全国工业互联网平台发展指数达到 251，同比增长 17.23%，连续四年保持超过 15% 的增幅；全国 35 家重点工业互联网平台连接工业设备超过 8500 万台（套），服务工业企业超过 936 万家；重点平台工业 App 数量增长到 29.11 万个，同比增长 54.16%，平台服务企业数量达到 765.96 万家次，同比增长 87.82%，全国企业关键工序数控化率和数字化研发设备工具普及率分别达到 58.6%和 77.0%[③]，说明我国产业数字化转型明显提速。

（3）融合应用领域更加广泛。工业互联网融合应用领域已覆盖 45 个国民经济大类和 85%以上的工业大类，涵盖研发设计、生产制造、营销服务等各个环节，应用场景涉及智能制造、智慧物流、智慧能源等多个领域，形成了平台化设计、智能化制造、网络化协同、个性化定制、服务化延伸、数字化管理六大新模式，逐渐成为工业经济高质量发展的重要力量。根据中国工业互联网研究院的研究报告，2022 年我国工业互联网产业增加

---

① 邓聪：《"十三五"工业和信息化系统主要目标任务》，《人民邮电》，2020 年 10 月 26 日。

② 国家互联网信息办公室：《数字中国发展报告（2022 年）》，http://www.cac.gov.cn/2023-05/22/c_1686402318492248.htm。

③ 国家工业信息安全发展研究中心：《2022 工业互联网平台发展指数报告》，http://www.cics-cert.org.cn/web_root/webpage/articlecontent_101002_1643902108816117761.html。

值规模达到 4.45 万亿元，同比增加 8.5%，占 GDP 比重从 2021 年的 3.58%上升至 3.64%，带动各行业的增加值规模稳中有升，第一产业、第二产业、第三产业的增加值规模将分别达到 0.062 万亿元、2.19 万亿元、2.20 万亿元[①]。

（4）标准规范建设体系持续推进。2022 年 1 月 5 日国家标准化委员会下达 2021 年第四批推荐性国家标准制修订项目计划，《工业互联网平台监测分析指南》《工业互联网平台服务商评价方法》《工业互联网平台解决方案分类与编码》等 3 项国家标准正式获批立项。从近几年先后颁布的政府规范性文件到如今已正式立项的国家标准，标志着我国工业互联网产业进一步实现规范化与标准化。我国积极参与国际标准化组织（ISO）、国际电信联盟（ITU）等国际标准组织标准研制，深入推进中外标准互认、兼容，对推进产业生态建设、营造良好的发展环境具有极其重要的作用。

与此同时，我国工业互联网发展也存在关键核心技术缺乏、跨行业构建平台能力不足、标准化体系不完善、制造支撑产业薄弱、工业数据采集和分析能力不足、开源社区和工业 App 开发队伍建设滞后、信息安全领域薄弱环节较多等劣势和短板，这些也将是我国工业互联网未来发展的重点任务。

① 中国工业互联网研究院：《中国工业互联网产业经济发展白皮书（2022）》，https://www.china-aii.com。

第五章 数字基础设施

随着新一轮科技革命和产业变革的持续推进，数字基础设施作为数字公共品，不仅承担着提升经济运行效率的任务，更是推动数字经济发展的底层支撑。因此，明确数字基础设施的基础性作用，超前布局一批重大数字基础设施对破解我国实现数字化转型的难题，探索我国实现数字化转型的具体路径具有重要意义。本章着重介绍数字基础设施的理论内涵、分类、典型特征、重要作用以及加快数字基础设施建设的路径选择。

第一节 数字基础设施的理论内涵与基本类型

一、数字基础设施的理论内涵

基础设施（Infrastructure）是为直接生产部门和人民生活提供基础条件和公共服务的设施，是一个国家经济运行与社会发展的重要载体。1965 年，汉森将基础设施划分为经济基础设施与社会基础设施两类[①]。其中，经济基础设施是主要服务于经济生产与一般性经济活动的基础行业部门，具体包括公共设施、公共工程和交通运输；社会基础设施则主要是指服务于人民生活的社会性公共服务部门，具体包括文化、教育、医疗和社会福利保障等。随着数字经济的快速发展，作为经济发展底层支撑的基础设施可以进一步被划分为支撑经济生产的物理基础设施、支撑社会生活的服务基础设施以及支撑生产与生活数字化转型的数字基础设施。具体内容如下：

（1）物理基础设施。物理基础设施是指主要服务于经济生产部门的各种机构和设施，具体包括供水、供电和交通设施，仓储设备、邮电通信设施，灾害预警、污染治理、绿化等环境保护设施。

（2）服务基础设施。服务基础设施是指主要服务于社会发展和居民生活的各种机构和设施，如金融和商业基础设施，公共交通、运输和通信基础设施，文化、体育和教育

① Hansen N M. Unbalanced Growth and Regional Development, Western Economic Inquiry, Vol.4, No.1: 3—14, 1965.

基础设施等，主要涉及行政管理、文化教育、医疗卫生、商业服务、金融保险、社会福利等方面。

（3）数字基础设施。数字基础设施是以数据、信息等新型生产要素为载体，以网络通信、高速运算能力和新技术为具体呈现，服务于经济数字化转型的基础设施体系，主要包括 5G 基站、工业互联网等信息基础设施，大数据中心、云计算等算力基础设施以及人工智能、区块链等新技术基础设施。

委内瑞拉著名演化经济学家卡洛塔·佩雷斯（Carlota Perez）的《技术革命与金融资本》中提到："每次技术革命都提供一种由通用技术、基础设施和经济组织原则所构成的新的技术经济范式。"[①]在工业经济时期，"稳需求、促增长"是经济发展的主要目标，铁路、公路、机场、水电等物理基础设施为工业生产、要素流通提供一般且共同的基础条件。20 世纪 50—80 年代，随着商用电子数字计算机、光纤通信和集成电路等信息基础设施开始应用于经济活动，以索罗为代表的学者们开始重点关注信息基础设施投资建设、信息通信技术发展演进及其对经济社会发展的影响。1993 年，美国推行"国家信息基础设施"（National Information Infrastructure）工程计划，该计划通俗地被称为"信息高速公路"战略。受惠于这一战略，美国经济在 20 世纪 90 年代中后期享受了历史上罕见的发展红利。随着新一轮科技革命和产业变革加速演进，传统基础设施建设已经难以满足我国经济数字化转型的发展目标，以数据创新为驱动、通信网络为基础、数据算力设施为核心的数字基础设施成为推动物质、信息等要素系统安全高效流动的公共服务支撑。

作为新型基础设施的关键组成部分，数字基础设施的内涵可进一步概括为由 5G、人工智能、云计算等新一代信息技术演化、融合以及叠加迭代所形成的数字基础设施体系[②③]。从这一定义可以看出，新一代信息技术是数字基础设施建设发展的重要支撑，而数字基础设施则是信息获取、信息传递及信息分析处理的重要载体。其中，智能传感器、智能监测系统等负责抓取信息；5G 基站、工业互联网、物联网等通信网络基础设施负责传递信息；大数据中心、云计算、边缘计算等算力基础设施负责储存、分析和处理信息；区块链、人工智能等新技术基础设施等负责确保信息传输的安全性以及最终决策的准确性。数字基础设施通过这一动态流程服务于数字产业发展和传统产业数字化转型。除了上述数字化、智能化的基础设施以外，广义上的数字基础设施还包括基础设施的数字化改造，如智能农机装备、智能微电网、智慧交通、智慧医疗等。

---

① 朱雪田，等:《新基建: 5G 引领数字经济》，北京: 中国工信出版社，2021 年版，第 1 页。

② 任泽平:《新基建: 全球大变局下的中国经济新引擎》，北京: 中信出版社，2020 年版，第 112—116 页。

③ 钞小静，薛志欣，孙艺鸣:《新型数字基础设施如何影响对外贸易升级: 来自中国地级及以上城市的经验证据》，《经济科学》，2020 年第 3 期。

二、数字基础设施的基本分类

从基础设施的发展历程来看，传统基础设施演进为数字基础设施是遵循经济形态发展演化规律的必然选择。作为数字经济发展的坚实底座，数字基础设施已经和水电、交通、仓储、环卫等传统基础设施一样，成为人类社会发展的必备要素，其为战略性新兴产业发展、培育新的经济增长点以及增强我国的国际竞争力提供了重要保障。根据狭义的数字基础设施理论内涵，首先将数字基础设施划分为包括 5G 基站、国家产业互联网等信息基础设施，全国一体化大数据中心体系、云计算等算力基础设施以及人工智能、区块链等新技术基础设施。

一是信息基础设施。信息基础设施具有高速泛在、天地一体、集成互联、安全高效的典型特征，可以增强数据感知、传输、存储和运算能力，是支撑数字中国和网络强国建设发展的基础性设施。随着新一代信息技术和网络通信的加速发展演进，移动网络、数据传输、移动支付、信息搜索等业务全面拓展。网络通信由固定通信为主转为移动通信业务为主，网络通信基础设施由 3G、4G 转为 5G、智能宽带无线网络等。例如，5G 通信设施是实现人机物全面互联的网络基础设施，可以在一定程度上满足移动数据流量大幅上升的需求，其三大应用场景分别为增强移动宽带、超高可靠低时延通信和海量机器类通信。产业互联网是以生产者为主要用户，通过生产、交易、融资和流通等各环节的网络渗透来达到节能提效的优化功能，通过互联网与传统企业的融合探寻全新的经营管理模式，从而创造出更高价值的产业形态。相较于传统网络基础设施，现阶段的 5G 基站、国家产业互联网等信息基础设施增强了固移融合、宽窄结合的物联接入能力，提升了网络传输频率，强化了信息获取、信息存储、信息处理及信息共享的能力，最终推动基础传输网络的数字化、智能化及超宽带发展。

二是算力基础设施。在数字经济发展阶段，市场对数据的“质”和“量”的要求不断攀升。与传统基础设施相比，全国一体化的大数据中心体系可以通过聚集优势创新资源来服务于内部业务的研发创新，进而产生规模经济效应，并在交通、能源等传统部门和生物医药、新材料等新兴部门中融合应用。云计算则是以互联网为基础，只需少量管理和与服务提供商的交互就能够便捷、按需地访问共享资源的计算模式，其具有按需自助服务、广泛网络接入、计算资源集中、快速动态配置、按使用量计费等主要特点。云计算等算力基础设施一方面可以在数据传输效率、服务方式等方面充分发挥优越性，持续提升数据存储与计算能力；另一方面依托云平台，通过网络互联效应形成数据反馈，强化数据存储和联动能力，优化资源配置速度及规模。

三是新技术基础设施。随着新一轮科技革命和产业变革的加速演进，以人工智能、云计算、区块链为代表的新技术在数字基础设施建设中的作用愈加突出，有利于促进形成全过程、全领域的数字化发展。一方面，人工智能、区块链等数字基础设施具有更强的技术性，通过机器学习、深度学习来模拟人类的思维过程，进而颠覆传统的生产运营方式和劳动方式；另一方面，这类新兴技术的集成迭代全方位、宽领域、深层次地渗透融入了多元应用场景，推动数字经济与实体经济的深度融合，实现传统产业的数字化转型升级[①]。例如，人工智能技术所具有的自学习、自适应和环境感知特征能够以智能芯片和计算机为载体，通过海量数据分析和精密计算高效率、低成本地获取显性和隐性知识[②]，从而广泛服务于科技研发、生产制造、市场销售等多个环节。区块链技术是利用块链式数据结构来验证与存储数据、利用分布式节点共识算法来生成和更新数据、利用密码学的方式保证数据传输和访问的安全、利用由自动化脚本代码组成的智能合约来编程和操作数据的一种全新的分布式基础架构与计算方式。一般而言，区块链系统由数据层、网络层、共识层、激励层、合约层和应用层组成。

进一步地，将狭义的数字基础设施拓展到广义范围，其分类如表 5-1 所示。

表 5-1　广义数字基础设施的分类

类型	基本内容
智慧交通基础设施	扩展数字化物流基础设施，加强邮政设施智能化建设，优化枢纽场站布局，推进城市群都市圈交通一体化，构建多层级、一体式、现代化综合交通运输体系
智慧医疗、教育、文旅等基础设施	加强生命科学研究的精确与可视化发展，推动人文艺术、社会科学与数字科技融合，实现线上线下相结合的教学方式
现代能源资源基础设施	加快智能微电网建设与电网基础设施智能化改造，持续推进新型储能技术规模化应用，构建现代能源体系
生态农业和智能制造基础设施	推进数字化赋能农业生产，将智能农机装备如智能机器人应用于播种、灌溉，利用智能传感器实时监测生态环境状况，预防自然灾害，进而支撑智慧农业发展；加速新材料与新技术的数字化、绿色化、智能化发展进程，利用智能绿色装备实现清洁高效循环生产，促进我国传统制造业转型升级
国家治理现代化基础设施	以数字化转型驱动治理方式变革，将数字基础设施广泛应用于政府管理服务，推动政府治理流程再造和模式优化，不断提高决策科学性和服务效率。加强政务信息化建设快速迭代，增强政务信息系统快速部署能力和弹性扩展能力

① 陈晓红，李杨扬，宋丽洁，等:《数字经济理论体系与研究展望》,《管理世界》，2022 年第 2 期。

② 钞小静，薛志欣，王宸威:《中国新经济的逻辑、综合测度及区域差异研究》,《数量经济技术经济研究》，2021 年第 10 期。

第二节 数字基础设施的典型特征

数字基础设施与传统基础设施均具有基础性、通用性、公共性的特征。基础性方面，5G和大数据中心是工业互联网、移动互联网、人工智能等新一代信息技术发展的基础条件。通用性方面，人工智能和物联网可广泛应用于智慧城市、智能教育、智能交通、智能医疗、智能农业等领域；工业互联网则促进了厂商、供应商、客户之间的互联互通，形成更高效的生产销售体系。公共性方面，传统基础设施主要由政府提供，构成其基本要素的劳动力、资金、技术等的组合具有集中性和排他性特征。在数字经济发展阶段，存在一部分基础设施由市场领先企业提供，而数据要素与传统生产要素组合构成的工业互联网、物联网、云计算等数字基础设施具有去中心化和分布式特征。除了数字基础设施和传统基础设施共有的基础性、通用性、公共性等特征，与传统基础设施相比，数字基础设施逐渐演化出了技术引领、网络互联、渗透融合等一些新特征，成为数字经济发展的基石和传统产业转型升级的重要支撑。

一、技术引领

美国学者巴萨拉在《技术发展简史》中提出了技术发展进化理论，即“任何一项技术的发明都是由许多综合因素引起的，而非突如其来的，并且这一发展过程是由简单到复杂、由单一化到多样化的过程”。这是一种渐进式的技术创新思想。1910年，奥地利经济学家熊彼特在此基础上着重关注了经济发展中“技术与组合”。1912年，熊彼特在《经济发展理论》一书中强调要建立一种新的生产函数，即要把一种从来没有的关于生产要素和生产条件的“新组合”引进生产体系中去。这是一种通过组合旧技术来创造新技术的创新性思想。[①]随着新一轮科技革命与产业变革融合汇聚、交叉创新，数字基础设施应运而生。与传统基础设施存在鲜明差别，数字基础设施带有很强的技术性和专业性。从数字基础设施迭代演进的方向来看，数字基础设施的强技术性具体表现在支撑智能化发展、实现数据融合利用与应用程序敏捷部署。从1G到5G，从有线网络到无线网络，通信技术的创新程度愈来愈高、覆盖范围愈来愈广，数字技术已经呈现出快速更新迭代的发展趋势。工业互联网、数据中心、人工智能等数字基础设施会加速新一代信息技术本身的创新迭代速度并改变研发模式[②]，创新过程脱离了从知识积累、研究到应用的线性规律，创新边界逐渐模糊，创新主体之间的知识分享

① 约瑟夫·熊彼特：《经济发展理论》，贾拥民，译，北京：中国人民大学出版社，2019年版，第179—181页。

② Goldfarb, A., Tucker C. Digital economics, Journal of Economics Literature, Vol.57, No.1: 3—43, 2019.

和合作更高效。产业链各环节的企业可以协同利用碎片化和非结构性特征的海量数据，加速实现隐性与显性知识的串联流通，从而提高研发效率。例如，人工智能具有随外部环境和目标任务变化而相应调节参数、优化算法模型的自适应特性。这一特性使得人工智能系统在目标约束下调整原有规则设定和算法模型，并通过对外部环境的优化识别而缓解信息不完全和信息不对称所引致的资源浪费问题，逐步实现关键技术累积，从而带动研发效率提升[①]。

在新一代信息技术快速迭代演化的过程中，数字基础设施建设逐步开始渗透赋能经济发展与社会生产生活各个领域，这极大提升了经济生产效率和人民生活质量。当前，5G、深度学习、数据可视化分析等技术层出不穷，在经济发展、劳动力就业、居民生活、社会治理、企业经营管理等领域扮演重要角色。数字基础设施建设逐渐发挥出前沿布局引领作用，提供具有前瞻性、迭代演化、多样性的技术能力，从而为提升经济运行效率、推动产业数字化转型升级、促进企业发展模式创新和服务管理赋能。新一代信息技术一般具有较高的技术门槛，新型数字基础设施建设可以帮助企业显著降低应用新兴技术的壁垒，大幅提升其获取完备信息的可能性，重塑企业与消费者之间的互动交易平台，从而提高匹配速度，为多方创造价值，实现商业生态的可持续再生。例如，数据中心可以通过网络和计算设备来存储、分发和访问大量数据，从而提高市场需求方的消费者黏性，实现产品由单一功能化向多元智能化的转变，实现企业产品与市场目标受众的精准、敏捷匹配，从而促使企业采用生态思维进行价值创造和价值获取，推动企业形成新的商业模式。

二、网络互联

工业经济时代，生产系统论强调生产链条的存在和产业关联互补，这种“链式”的生产与分工模式导致服务于生产环节的信息、知识和技术同样只能实现单向或双向的线性传递。马克思在提出两类分工理论时强调了分工与不确定性之间的逻辑关系，认为企业内部生产和分工环节的确定性会引致社会分工细化，从而导致企业面临的市场交易环节的复杂性和不确定性提高。在交易环境不确定性提高和信息不对称问题的影响下，企业外部的市场交易成本始终存在且难以消除，这致使商品所有者在市场交易过程中可能会面临“惊险一跃”的风险。

数字经济时代是网络连接的时代，以大数据中心、工业互联网、物联网等为代表的数字基础设施主要提供算法代码、数据、信息、软件系统等以数字形式存在的虚拟产品，是人、机、物实现全面互联的重要载体。其通过连接信息传感设备建立起数据传输、信

① 唐晓华，景文治，张英慧：《人工智能赋能下关键技术突破、产业链技术共生与经济“脱虚向实”》，《当代经济科学》，2021 年第 5 期。

息传递和知识共享的途径和渠道，加速数据信息在各主体之间的充分流动，进而推动经济社会发展。在这一时期，工业经济下的物质生产逐渐转化为信息生产，“链式分工”模式逐步演化为数字化、智能化的分工网络，单向或双向的信息与知识传播也拓展演变为垂直或水平等多方向的网络状信息传递[①]。数字基础设施的网络互联特性一方面克服了内部资源有限和同质性，增强产业链上下游企业之间的技术关联性与网络协同性，促进经济不可分性尤其是供给不可分性和需求不可分性进一步加强，并产生了基于梅特卡夫定律的几何倍增网络效应，进而冲破了传统经济学中的线性供求关系，进一步实现研发环节、生产环节和市场匹配环节的互联互通。另一方面，企业利用数据中心、人工智能和云计算等数字基础设施收集、分析、传递信息，并借助互联网平台实现去中介化，实现供应商、厂商、消费者多方互联，提高了市场交易过程的公开透明度，缓解了信息不对称问题，降低了企业外部交易成本，对传统的新经济地理理论、交易成本理论均形成挑战。

在实践层面，一方面，数字基础设施将生产设备连接至5G网络等数字基础设施，实现设备信息与生产信息超低延时的高效互通，为远程操作生产设备和实时监测生产过程提供可能，并且可以克服传统布线模式下产能调度面临的物理约束，凭借无线传输与无线控制形成灵活调整设备位置、灵活分配任务的柔性生产线，完成对数据信息的实时采集、存储、处理和深度挖掘工作，实现对生产环节的有效控制。另一方面，物联网、工业互联网结合云计算可以提供基于互联网的开放标准和解决方案，实现多方互联，不断催生出新的产业、新的业态与新的模式，形成跨设备、跨系统、跨行业、跨地区的全面互联互通。例如，工业互联网、云计算等可以进一步帮助人工智能将应用延伸到边缘，通过新兴产业发展和传统产业数字化改造形成跨产业倍增的正反馈效应[②]。

三、渗透融合

从20世纪90年代开始，信息与通信技术迅速向三次产业渗透。数字基础设施建设表现出的强渗透性特征已经深刻地影响到经济生产和社会生活[③]。具体而言，数字基础设施集感知、传输、存储、计算、处理于一体，其建设与应用将充分渗透到企业生产以及产业升级的整个发展过程，加速高技术产业与非高技术产业之间、物理空间与虚拟空间的相互交叉、相互渗透融合，从而促进分工与专业化程度的不断加深，为经济社会发展

---

① 杨虎涛，胡乐明:《不确定性、信息生产与数字经济发展》,《中国工业经济》，2023年第4期。

② 吕越，谷玮，包群:《人工智能与中国企业参与全球价值链分工》,《中国工业经济》，2020年第5期。

③ 蔡跃洲，陈楠:《新技术革命下人工智能与高质量增长、高质量就业》,《数量经济技术经济研究》，2019年第5期。

提供重要依托。

从企业发展层面来看，商业模式理论认为数字经济背景下企业需要根据组织内外部环境变化和战略目标对商业模式进行动态调整和创新。数字基础设施快速发展使得信息传递和信息获取成本大幅降低。人工智能、区块链等技术特有的智能合约和共识机制又进一步为企业间的交易去中心化，逐渐形成一种新的分布式商业模式。从工业经济时代的信息不对称交易到数字经济时代的中心化的平台经济，再到区块链去中心化的分布式交易，商业模式创新不断推进。从产业发展层面来看，数字基础设施建设在各产业的渗透融合主要表现为产业数字化。赫希曼的不平衡增长理论和罗斯托的主导产业扩散效应理论均主张集中有限的资金和其他资源投资具有战略意义的部门，并通过外部性使其他部门逐步得到发展。在数字经济时代，数字化的产业部门是主导部门，数字化产业发展可以通过前向关联反应、后向关联反应、旁侧关联反应协同带动其他部门发展。数字基础设施的高度渗透可以打破“信息孤岛”[①]，促进集成共享，使三次产业之间的界限逐渐模糊，促使从生产制造向更先进的服务业转型，实现产业上下游、跨产业领域的相互渗透。与此同时，数字基础设施的高度渗透加快了传统产业改造升级，不仅极大地提高了传统产业的生产效率与交易效率，甚至颠覆了传统产业发展模式。此外，通过对不同产业环节植入迥异化的传感器，不断进行实时的数据收集，依靠 5G 网络、云计算、边缘计算、人工智能等技术的融合应用有效收集、挖掘和处理研发设计所需的相关数据与知识，并延伸、扩展人的学习与创新能力[②]。从宏观经济增长层面来看，数字基础设施在各行业的渗透融合产生了显著的投资乘数效应。数字基础设施建设通过数字化网络将物理世界与虚拟空间融合集成、相互映射，形成突破传统物理空间的跳跃性扩散，并通过示范区建设带动关联性技术创新和产业升级，进而提升全要素生产率，促进我国经济实现持续性、乘数式增长。例如，5G 基站的投资建设可以带动全产业链的相关投资，进而带动人工智能等数字产业发展。

第三节　数字基础设施为数字经济提供底层支撑

数字经济是继农业经济、工业经济之后，以信息通信技术为核心驱动力、以数字化知识和信息为关键生产要素，以现代信息网络为重要载体，通过数字技术的渗透和融合，增进经济活动智能化、网络化、数字化水平，重塑经济发展与治理模式的新型经济形态。

---

① 戚聿东，肖旭：《数字经济时代的企业管理变革》，《管理世界》，2020 年第 6 期。

② Porte M E, Heppelmann J E. How smart, connected products are transforming competition. Harvard Business Review , Vol.92, No.11: 64－88, 2014.

根据“技术—经济”分析范式，技术变迁并不是连续的，数字经济发展也不是一蹴而就的，迈向数字化需要经历一个“创造性破坏”式的转型升级过程。每次技术革命均产生于一组协同作用、相互依赖的产业，以及一个或更多的基础设施的网络，每一次产业和技术革命大概持续 50 年到 60 年的时间，前 30 年是基础设施的安装期，后 30 年是基础设施的拓展期（表 5-2）。与此同时，根据大推进理论，经济活动本身具有不可分性，在数字经济时代，由于网络连接效应的存在，这种不可分性被进一步强化。因此推动数字经济发展需要打通信息“大动脉”，发挥数字基础设施的底层支撑作用，为数字经济“起飞”提供先行条件。

表 5-2　历次产业技术革命的基础设施

产业技术革命	标志性事件	基础设施
第一次产业技术革命	1771 年英国阿克莱特在克隆福德设立工厂	运河与水道、收费公路、水力（经过重大改良的水力涡轮）
第二次产业技术革命	1829 年蒸汽动力机车火箭号在英国试验成功	铁路（蒸汽动力）、普遍的邮政服务、电报（主要在一国铁路沿线）、大型港口和航行世界的轮船、城市煤气
第三次产业技术革命	1875 年的卡内基酸性转炉钢厂在匹兹堡开工，人们进入钢铁、电力、重工业时代	钢制的高速蒸汽轮船在世界范围内的航运、世界范围的铁路、大型桥梁与隧道，世界范围的电报、电话（一国范围）、电力网络（照明与工业）
第四次产业技术革命	以 1908 年福特产出 T 型车为标志	公路、港口、高速公路和机场组成的交通网络，石油管道网络，普遍的电力供应，世界范围内的远程通信等组成更新的基础设施
第五次产业技术革命	以 1971 年英特尔微处理器发明为标志，人们迈向信息和远程通信时代	数字远程通信、互联网服务、多种能源、高速物流运输系统

一、强化技术扩散

技术扩散是指不同主体之间通过互动、交流、交换而产生的超越目标边界的无意识的传播过程，这一过程如图 5-1 所示。[①]根据经济增长理论模型，技术的主要来源是研发，研发成功则能形成接近技术前沿的设备，在专利期结束后实现传播，可以显著提高全社会的全要素生产率。但是现实中数字技术的扩散却面临“索洛悖论”的困境，即“除了生产率统计数据，计算机无处不在”。

① 郑江淮，张睿，陈英武：《中国经济发展的数字化转型：新阶段、新理念、新格局》，《学术月刊》，2021 年第 7 期。

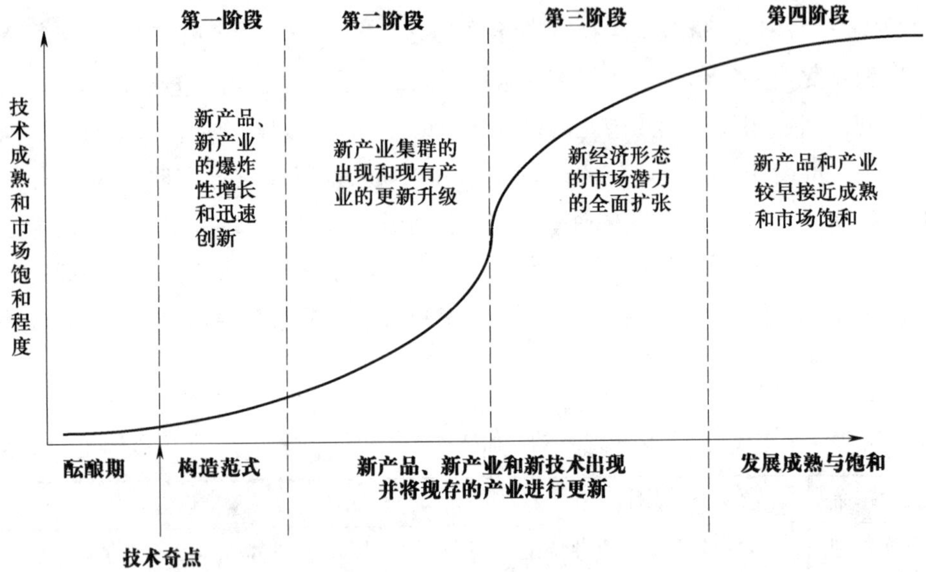

图 5-1 技术扩散曲线

吸收新兴技术扩散对于微观市场主体而言是一个投资时间长、不确定性大而且失败率高的高风险活动，存在“市场失灵”的问题。一方面，技术性知识和信息的收益无法被私人单独完全占有，表现出很强的正外部性；[①]另一方面，技术创新与应用本身具有不确定性，跨界式融合重组很难被准确预期并且更新迭代速度更快，刺激了更高的创新性破坏率，在数字经济时代，这种“创造性破坏”的速率将进一步加快。因此在技术引进阶段，需要有先驱企业进行尝试，然而对于先驱企业，成功的收益和失败的成本具有不对称性，后进企业可以利用先驱企业的市场经验溢出降低生产风险从而获益，因此市场主体不会主动吸收新兴技术扩散，存在激励不足的问题。那么需要政府对先驱企业的信息外部性进行补偿，提供相应的数字“公共品”弥补这一外部性。数字基础设施作为底层通用技术（GPT），具有公共品的属性，可以有效降低技术扩散的成本投资和不确定性，弥补存在的外部性问题，从而为技术扩散提供底层支撑。

根据 Geroski 的概括，技术扩散路径存在三类不同的模型，分别包括流行病模型（The epidemic model）、概率模型（The probit model）以及密度依赖模型（The density dependence model），[②]接下来我们结合以上理论框架分析数字基础设施强化技术扩散的具体机制。

首先，根据流行病模型（The epidemic model），新技术的传播和采用往往需要一些隐

① Arrow, K. J. The Economic implication of Learning by Doing, Review of Economic Studies, Vol.29, No.3: 155－173, 1962.

② Geroski, P. A., Models of technology diffusion, Research policy, Vol.29, No.45, 603－625, 2000.

藏信息和知识，其传播速度往往取决于信息在行业内、区域内的速度。数字基础设施能够实现信息在云服务器中超低延时的高效互通，极大降低交易主体之间信息搜寻成本，为交易主体获取知识和信息提供了便利。[①]在数字基础设施构建的信息“高速公路”中，知识信息的复制、储存以及传输的边际成本接近于零，[②]人们可以突破时间与空间的限制，通过即时通信、视频会议等方式互相交流，经济参与者可以接触到更加多元化的信息，这极大地加快了知识传播的速度，降低了知识获取的成本。其次根据概率模型（The probit model），为了采用某项技术，企业往往需要某些特殊技能，每个企业的技能禀赋和学习成本的差异，决定了企业采取新技术的门槛。数字基础设施架构的技术扩散具有可编辑性、可重新编程以及功能延迟性等特征，形成的数字化模块可以使复杂技术相对标准化，降低了整合技能和资本密集型价值链中所需的研发、边做边学以及所需的互补技能的数量，降低技术门槛，加快了显性或隐性知识技术的生产，交流与溢出。[③]最后，根据密度依赖模型，一项新技术需要经历合法化过程（legitimation），即被接受的过程，而这一过程主要取决于市场上已经接受新技术的企业数量。因此数字基础设施降低了市场主体整体使用新兴技术的门槛，并且在网络连接中形成带动作用，可以更加有利于市场个体获取市场信息，追随市场潮流进行技术应用。

相比于传统物质基础设施带来的技术扩散，数字基础设施强化技术扩散的独特之处在于：从过去的“线性”趋势转向“网络”式扩散，增加了技术扩散的范围，强化了创新主体间联系的紧密性，构建了技术创新网络体系。随着数字基础设施供给规模的增大，区域创新系统中产业间的互联互动变得更加频繁，研发生产部门能有效获取来自应用部门反馈的信息，提升了技术开发的成功率和决策效率，应用部门同样能及时获取研发生产部门推广的技术和服务，有效应用于创新活动并诞生出新的需求，刺激彼此的技术创新和扩散活力。在互动中，不同部门都能从互联网中获取更多的收益，形成“正反馈”机制，区域创新系统中的所有参与者都能从中获取更多的创新价值，联动的边际成本持续降低，创新参与者从中获取的创新溢出同样呈几何式增加。[④]如此反复持续反馈和累积循环，促使网络效应的出现以及“边际效应”递增的梅特卡夫法则成立，技术扩散的方向从过去的“线性”趋势转向“网络”式。

---

① Varian H.R., Artificial Intelligence, Economics and Industrial Organization, NBER Working Paper, No.24839, 2018.

② Goldfarb, A., Tucker C., Digital Economics, Journal of Economic Literature, Vol.57, No.1, 3—43, 2019.

③ 沈坤荣，林剑威，傅元海：《网络基础设施建设、信息可得性与企业创新边界》，《中国工业经济》，2023 年第 1 期。

④ 韩先锋，宋文飞，李勃昕：《互联网能成为中国区域创新效率提升的新动能吗》，《中国工业经济》，2019 年第 7 期。

二、促进数据要素生成、储存、流通以及融合

进入数字经济时代，数据要素成为关键生产性要素，作为生产要素的数据与传统生产要素相互配合，渗透到实体经济生产流通的全过程，产生实体经济所需要的信息和知识，对资源产生优化和重组，“数据+算法+算力”与实体经济生产活动深度融合，形成数字生产力。[①]广义的 “数据”原本是指基于测度或统计产生的可用于计算、讨论和决策的事实或信息；而数字经济时代，作为新生产要素的狭义“数据”则专指被编码为二进制“0、1”字符串，以比特形式被计算机设备进行存储和处理的信息。

数据要素具有劳动、资本、土地等传统有形要素所不具备的易复制性、非排他性、非竞争性等典型特征，具体而言：

（1）易复制性。以比特形式存在的数据，在收集完成之后传播所需的成本极小，这使得数据要素收集与生产的边际成本基本为零，由此形成了数据要素低成本易复制的特点。

（2）非排他性。由于数据要素在生成过程中涉及多个主体，如产品的供需双方、网络运营商、中间平台等，极大增加了数据要素的扩散与传播范围，形成了数据要素在使用中的非排他性。

（3）非竞争性。数据要素不仅可以同时被不同的主体所使用，更可以在使用过程中保持其自身价值不被削减甚至升值，并在使用过程中产生新的数据，数据要素的这一特性使其具有明显的非竞争性。

以上数据要素的特性既是数字生产力高效率的依托，也是其转化为数字生产力的阻碍，其在生成、储存、流通以及融合的全过程都需要外在条件的依托。

在数据要素生成和储存环节，传统生产要素的数量会受到物质资源的“硬”约束，增长过程遵循线性趋势，但是数据要素的增值过程是呈规模报酬递增趋势，且数据要素的采集和获取是全空域、全流程持续、全社会场景，总量增长遵循摩尔定律，呈指数式爆炸式趋势。[②]现实中的原始数据往往是杂乱的、碎片化的，且具有不同的格式，需要大量的清洗、标注、整理才能形成及时、完整、准确、一致和适用的高质量数据。数据的价值潜力需要通过转换为信息、知识才能实现和释放。如何把庞大的数据进行处理且储存，是数据要素转化为数字生产力的第一道“难题”。因此对于数据要素的生成和储存具有较高的固定成本，存在一个最小规模，构建超级算力等数字基础设施作为支撑。例如，算力基础设施利用大数据等技术处理大规模数据，包括数据采集、数据清洗、数据分析

① 洪银兴，任保平：《数字经济与实体经济深度融合的内涵和途径》，《中国工业经济》，2023 年第 2 期。
② 王超贤，张伟东，颜蒙：《数据越多越好吗：对数据要素报酬性质的跨学科分析》，《中国工业经济》，2022 年第 7 期。

和数据挖掘等，可以从中发现数据中潜藏的价值；利用人工智能技术进行数据分析和挖掘中的自动化处理，可以快速处理大规模的数据，同时还能发现数据中的规律和关联性；利用云计算平台可以存储大量数据和处理数据，在云计算平台上实现数据的高效处理和共享。

同时，在流通和融合环节，数据要素的快速流动周转，进而带动其他要素的快速流转，由此提高企业运转的效率。但是，数字设备的运用对于数据要素流通的速度要求更高，强调瞬时性，需要在线实时提供，如车联网场景中自动驾驶汽车与周围车辆、路侧单元和信号灯等设施实时互动，智慧工厂场景中对传感器、AR/VR 设备、射频扫码识别器等联网设备采集到的数据实时处理反馈等，这对算力的泛在供给和数据及时传输提出更高要求。因此利用超传输的信息网络基础设施可以实现数据的迅速地共享和流通，让不同领域、不同地区的数据得以共享并利用，促进各行各业的发展。同时在不完全契约的环境下，数据要素流动以及使用边界划定得不清晰，引起了数据要素资源流动的安全性和垄断等问题，因此企业主体促进数据要素流动和交换的积极性并不高，数据交易活跃度较低，海量的公共数据资源依然滞留于各部门、各地方的信息孤岛中。因此有必要适度超前布局数据交易基础设施，从国家和区域层面加强共建共享统筹规划，支撑数据、算法、算力等核心资源的一体化流通，减少数据产权在不同平台上的混淆和争议，从而将数据交易所及其参与主体有机地连接起来，为场内集中交易和场外分散交易提供低成本、高效率、可信赖的流通环境[①]。

三、降低数字化转型壁垒

数字经济发展主要包括两个部分：一个部分是数字技术发展带动形成的数字产业或数字相关产业，另一个部分是数字技术对传统产业（企业）进行改造即数字化改造（或转型）的产业，后一部分产业具有更大的规模和比例。依据产业结构变迁理论，我国产业数字化改造的动力分为两类，一是社会动因，二是创新动因，其中社会动因倒逼产业数字化改造，创新驱动因为数字化改造带来增值，具体可能包括消费需求、市场环境、技术进步、政府政策等几个方面。但是从数字化转型的制约因素来看，基础技术能力不足、投入成本过高以及收益不确定等因素致使企业“不会转型”“不能转型”以及“不敢转型”，尤其是对于中小企业，形成数字化转型的“门槛”。

数字经济的发展可以在马克思关于企业内分工和社会分工（即两类分工理论）的理论基础上得到解释。数字化转型的过程，是规模化、智能化地采集、生产和使用信息，信息的主要功能就是消除不确定性，企业建立信息生产体系的主要目的之一，就在于克

① 龚强，班铭媛，刘冲：《数据交易之悖论与突破：不完全契约视角》，《经济研究》，2022 年第 7 期。

服经济活动中的不确定性，这种不确定性既来自生产过程，也来自市场交易过程。[①]伴随着社会分工的深化，企业在数字化转型过程中无论是生产过程还是市场交易过程都很难消除不确定性，需要一定的技术供给和市场连接进行弥补。

在生产过程中，企业进行数字化转型的过程也是“机器换人”的过程，实现生产环节的集成化、模块化、程序化。事实上，伴随着分工体系的不断细化，工业体系类目众多造成了数字化应用场景碎片化现象十分严重且连接成本差异极大，因此产生额外的不确定性成本。同时数字化成效发挥与场景规模大小紧密相关，场景规模越大，数字化建设成效越容易显现，而大多数中小企业场景规模有限，当很多中小企业看不到数字化规模效益时，推进动力和积极性明显不足。面对应用场景的碎片化和多元化以及连接的不确定性，需要以互联网、云计算和人工智能等为核心的数字基础设施基础架构作为关键的连接和转换平台，基于数字基础设施架构的创新模式具有可编辑性、可重新编程以及功能延迟性等特征，建立“识别分析—窗口期捕捉—资源统筹—集中突破—场景应用”的数字化转型新范式。

在市场交易过程中，数字化转型是一个投资时间长、不确定性大而且失败率高的高风险活动，数字技术快速迭代升级会再次放大其中的不确定性，企业进行数字化改造的成本较高，弱化转型的增值效应，从而使得企业面临转型的成本－收益不对称问题，市场激励不足。事实上，这种市场激励不足的问题在于市场中信息不对称，对新兴事物需要一定接纳时间。数字基础设施的连接属性在于规模化、智能化地采集、生产和使用信息，而信息的主要功能就是消除不确定性，企业建立信息生产体系的主要目的之一，就在于克服经济活动中的不确定性。除了在供给端进行技术补偿外，还需要在需求端连接合适的市场需求，形成“需求引致创新效应”。通过构建数字基础设施，一方面可以有效连接企业生产和市场需求，另一方面可以促进上下游企业的协同合作。事实上，在一些数字平台和工具的支持下，越来越多同一领域的中小企业自发在线上集聚，形成了一些以特定产业为主题、企业灵活建联的线上产业集群。这些线上产业集群，为中小企业提供了一种低成本获得合作方、客户和订单的机会，整合与协同产业链上下游降低持续合作成本，促进了企业的数字化转型。

第四节 加快数字基础设施建设的路径选择

目前我国正处于数字化转型的关键阶段，同世界数字经济大国、强国相比，我国数

① 杨虎涛，胡乐明：《不确定性、信息生产与数字经济发展》，《中国工业经济》，2023 年第 4 期。

字基础设施的底层支撑作用仍待进一步发挥，主要体现在：很多关键核心技术都缺乏自主可控，无论是在底层架构标准上，还是在上层生态构建上都缺乏足够的话语权；基础设施布局不平衡不充分问题依然存在，不同行业、不同区域、不同群体间数字鸿沟尚未有效弥合；不同设施建设之间的协调较差，与产业应用生态场景的结合仍较弱；投融资机制不畅，市场有效参与受限。发挥我国集中力量办大事的制度优势，超前布局数字基础设施，是破解我国目前数字化转型“难题”的必要举措。加快数字基础设施建设有如下路径选择。

一、推动数字基础设施不断迭代升级

与传统基础设施不同，数字技术迭代更新速度快，建设数字基础设施必须更加注重把握前瞻性、坚持需求牵引、突出适度超前。首先，要突破数字基础设施的核心底层通用技术，通过数字基础设施的技术升级带动整体的数字经济发展。加强数字科技的技术预见研究，面向先进计算、人工智能、隐私计算、数字孪生、人机交互、量子计算等重点领域，前瞻布局一批数字科技基础研究项目，提高芯片、传感器、编译器、数据中心、工业软件、操作系统等关键数字软硬件供给能力。其次，数字基础设施建设要面向国家重大发展战略和市场需求展开布局。针对重点新兴领域行业的发展，要率先提供相应的数字基础设施的供给支持。例如，针对智慧城市、智能制造、自动驾驶、语言智能等重点新兴领域，要打造智能算力、通用算法和开发平台一体化的新型智能基础设施，提供体系化的人工智能服务。结合应用、产业等发展需求，在重点地区布局全国一体化算力网络国家枢纽节点，建设数据中心集群。同时还要关注市场企业需求的变化，及时调整数字基础设施体系的结构，保障数字基础设施的质量与效果，适应数字化时代的快速发展。最后，值得注意的是，数字经济的发展也具有一定的不确定性，在追赶前沿和超前布局的同时也要注意数字经济风险所在，推动相关规制标准的建设。因此要维护数字基础设施的安全和稳定，加强对数字基础设施的安全监控和防护，建立数字基础设施紧急应对机制和危机公关机制。同时强化数字基础设施建设的标准化，推进数字基础设施基础标准的制定、修订和实施，提高数字基础设施的标准统一性和规范化。

二、增进数字基础设施的普惠性与可及性

数字技术发展和扩散的不平衡，使得不同群体之间无法均等地享受数字技术进步所带来的红利，形成“数字鸿沟”问题，这既削弱了数字经济的效率增进效应，也形成新的“数字不平等”。因此，强化技术扩散，国家应该增进数字基础设施体系空间布局的均衡性、可及性，加快对欠发达地区数字基础设施的布局以及升级，缩小一级数字鸿沟。但是增进数字基础设施的普惠性不意味着各地区数字基础设施建设水平“均等化”，依然

要综合考虑国家、区域、城市层面的功能定位、人口规模、消费结构，合理确定新型基础规划建设布局重点、次序和规模。与此同时，数字基础设施主要通过知识溢出效应，为欠发达地区输入现代化、数字化生产要素，培育相关数字经济新业态，推动当地经济发展，对于数字基础设施的充分利用，是强化技术扩散的充分条件。除了完善基础设施布局，破除一级数字鸿沟外，还要破解由于人力资本等因素带来的二级数字鸿沟，政府应不断强化互联网教育，对知识水平低、认知能力差、数字素养低的群体进行专业培训，应注重高阶互联网技能的培训，积极吸引高素质的外出人口回流，推动我国居民跨越二级和三级数字鸿沟。在数字基础设施构建的“虚拟网络”大市场下，各地区在发展当地数字经济新业态时，要避免陷入同质化竞争，应根据自身资源禀赋，发挥比较优势，构建符合地方特色的数字产业集群，培育特色的数字经济新业态。

三、促进数字基础设施在实体经济中的深度融合渗透

数字基础设施一端连着巨大的投资需求与丰富的产业链，可带动大范围、大规模的智能工厂、数字供应链、共享制造等数字化生产供给，另一端牵着不断升级的强大消费市场，可全面渗透到广大人民群众的吃、穿、住、行、游、娱、购等各个方面，加快消费升级，促进产业链供应链高效联动、整体升级，产生“一业带百业”的巨大乘数效应。促进实体经济数字化转型，要全面发展工业互联网等数字基础设施在实体经济中的融合渗透，将硬件、虚拟化技术与管理软件融合统一，提供一步到位的产品服务和支持。融合基础设施主要包括四方面内容：一是以工业互联网网络、节点和平台建设为核心，推进工业互联网与制造业深度融合创新，培育人、机、物全面互联的新兴业态。二是围绕电子信息、汽车、智能装备等重点领域，构建智能化、网络化的现代交通体系，建设道路、港口、机场、口岸等交通设施及运载工具智能化。三是更为注重智慧能源基础设施建设，以推动能源与信息基础设施深度融合，营造安全可靠、互联互通、开放共享的智慧能源生态体系。四是建设数字化智能电网，推动智能电网与分布式能源、储能等技术深度融合。完善工业互联等融合基础设施体系，夯实数字化转型基础主要从以下几个方面着手：

第一，充分利用我国制造场景丰富的优势，开发智能场景，建设智能车间、智能工厂、智慧供应链和智慧生态，建设具有泛在连接、数据实时采集、智能分析和控制的，具有国际竞争力的工业互联网平台。

第二，以工业互联网平台拓展“智能+”，引领工业互联网在先进制造企业研发设计、生产制造、经营管理、市场服务等全流程环节的转型升级赋能。引导中小企业开放专业知识、设计创意、制造能力，依托工业互联网平台开展供需对接、集成供应链、产业电商、众包众筹等创新型应用。

第三，政府提供相应的配套资金支持，以专项资金、金融扶持形式鼓励平台服务商为中小企业提供“云量贷”，缓解融资约束，并以零成本或较低成本获取云计算、大数据、人工智能等技术支持。

四、创新数字基础设施投资模式

数字基础设施作为我国未来基础设施的投资重点，要根据新基建的特性优化投资结构，创新投资模式，充分撬动政府和市场的双重资源，发挥双重优势。与传统基建投资相比，新基建投资有以下几方面不同，并从此实现“政府+市场”组合发力：第一，新基建投资往往不需要政府兜底，而是要充分发挥各类新基建的灵活性，由市场主体根据政策引导自主投资，自负盈亏，多样化的投资主体能够充分体现新基建的创新性，并提高投资效率。第二，从投资回收期看，老基建投资大、回收慢，回收周期长；新基建投资规模大小不一，但由于是市场主导，投资主体对投资效率要求较高，因此总的来说回报期会相对较短。第三，从投资的经济社会效益看，数字基建投资不仅本身形成了规模庞大的数字经济产业，还将颠覆传统产业，使之走向数字化，从而产生不可估量的投资叠加效应、乘数效应。

在项目建设前期的基础设施投资时间较长、投入较多、不确定性较大，需要政府给予较多的扶持，但是在融资层面要分类施策丰富资金投入渠道，根据投资规模、建设周期、营利性、技术创新性等特点，灵活选择政府直接投资、引导性资金、社会资本等多种资金投入方式。当技术系统已相对成熟，应用场景相对明确，未来技术变现收益不确定性减小时，要充分发挥各类新基建的灵活性，由市场主体根据政策引导自主投资，自负盈亏，可以逐渐放宽特定产业新型数字基础设施投资限制，适时吸引和集聚各地龙头产业通过孵化、投资等方式从事新型数字基础设施相关活动，促使其开展诸如债权计划、信托计划等投资标的，同时成立国家级产业基金提供低息贷款，对相关企业给予大力支持。

第六章 数字产业化

以数字产业发展为标志的数字产业化是数字经济的主要内容，是数字经济发展的主阵地，也是推进数字化转型的主要路径之一。数字产业化是在数字技术进步的基础上，将知识和信息持续转化为数据形式的各类生产要素，不断演化出新的数字产品、数字产业、新的经营业态和新的商业模式，最终形成数字产业链、价值链和数字产业集群。数字产业化的逻辑是数字技术创新作用于市场需求、技术创新环境以及高效运作的组织三种因素，驱动新数字产业成长的过程。本章主要研究数字产业化的内涵、逻辑及其进一步推进的路径。

第一节 数字产业化的内涵、范围及特征

数字产业化是通过现代数字技术的市场化应用，推动数字产业形成和发展。数字产业化的目的正是将数字化的知识和信息转化为生产要素，通过信息技术创新和管理创新、商业模式创新融合，不断催生新产业新业态新模式，最终形成数字产业链和产业集群。

一、数字产业化的内涵

数字产业化的内涵可以从内容归纳和机制解析两个视角进行分析。前者以数字经济核心产业的发展和集群化指代数字产业化。如有关文献以软件业、互联网服务业、云计算、大数据等典型的新型信息通信产业及电子信息制造业等的发展指代数字产业化[①]。后者则在相关界定中加入了“数字+产业化”的经济学概念。认为数字产业化主要指向数据要素的产业化、商业化和市场化[②]。两个视角均认同数字产业是数字经济的核心产业，其主要特征是以数字技术为基础，提供数字化产品、服务、基础设施和解决方案，以及完全依赖于数字技术、数据要素进行经济活动的产业部门。综合上述意见，数字产业化是

① 王俊豪、周晟佳：《中国数字产业发展的现状、特征及其溢出效应》，《数量经济技术经济研究》，2021年第3期。

② 石建勋：《加快推动数字产业化和产业数字化》，《人民日报》，2021年10月15日 第9版。

数字技术在产业层面发展的形态，是指在数字技术进步和市场化应用的推动下，数字经济核心产业的规模、质量和产业组织方式不断优化提升的过程。数字产业化有利于数字技术的迭代演进与创新扩散，是数字经济发展的动力来源。

二、数字产业化的范围

数字产业化的范围由数字产业相关生产经营活动所达到的边界，尤其是数字核心产业涉及的领域所决定。经济合作与发展组织（OECD）将数字产业与其他产业进行区分，定义包含数字驱动行业、数字中介平台等在内的六类核心数字产业。美国商务部经济分析局（BEA）将数字产业分为三类，即数字化赋能基础设施、电子商务和数字媒体。中国国家统计局发布《数字经济及其核心产业统计分类（2021）》（以下简称“统计局分类”）是当前对数字产业范围进行分类界定的权威文件。该“统计局分类”基于同质性原则，对《国民经济行业分类（2017）》中符合数字经济产业特征的和以提供数字产品（货物或服务）为目的的产业进行再分类。这些产业涉及《国民经济行业分类》中的26个大类、68个中类、126个小类。“统计局分类”采用线分类法和分层次编码方法，将数字经济活动划分为三层。第一层为数字产业大类，用2位数字表示。第二层为中类，用4位数字表示。第三层为小类，用6位数字表示。

该分类共编制01—05共5个大类，0101—0509共32个中类，010101—050908共156个小类。具体类别的确定，相关行业确定为：01数字产品制造业、02数字产品服务业、03数字技术应用业、04数字要素驱动业、05数字化效率提升业5个大类。其中，01—04大类是数字产业化部分，适用于“为产业数字化发展提供数字技术、产品、服务、基础设施和解决方案，以及完全依赖于数字技术、数据要素的各类经济活动”的界定原则，是数字经济核心产业。第05大类为产业数字化部分，指应用数字技术和数据资源为传统产业带来的产出增加和效率提升，是数字技术与实体经济的融合。因此，按照上述“统计局分类”，当前数字产业化的范围限定为01—04大类中的156个细分行业。

在“统计局分类”中，属于“数字产业化”部分，包括计算机制造、通信及雷达设备制造、数字媒体设备制造、智能设备制造、电子元器件及设备制造和其他数字产品制造业。智能设备制造是指利用数字孪生、人工智能、5G、区块链、VR/AR、边缘计算、试验验证、仿真技术等新一代信息技术与先进制造技术深入融合，旨在提高制造业质量和核心竞争力的先进生产方式，属于“产业数字化”部分。主要包括数字化通用专用设备制造、数字化运输设备制造、数字化电气机械器材和仪器仪表制造、其他智能制造。其他数字产品制造业和智能设备制造是按照《国民经济行业分类》划分的制造业中数字经济具体表现形态的两个方面，互不交叉，共同构成了制造业中数字经济的全部范围。

三、数字产业化的特征

数字产业化是指为产业数字化发展提供数字技术、产品、服务、基础设施和解决方案的各类经济活动。这些经济活动按照产业分为四大类，即数字产品制造业、数字产品服务业、数字技术应用业以及数字要素驱动业。具体包括电子信息制造业、电信业、软件和信息技术服务业、互联网行业等。数字产业具有以下主要特征。

1．数字产业是高技术密集产业

数字产业不同于传统产业以劳动力或资本为主要要素，其核心是数字技术，不仅有电子信息制造业、软件和信息技术服务业等较为成熟技术，也有云计算、大数据、物联网、工业互联网、区块链、人工智能等新技术。其中云计算是实现数据交互和融合应用的主要渠道，各用户通过与公共云连接，可同时实现与产业链、各行业，以及所有用户之间的联通，有利于实现软件、硬件一体化。大数据通过其低成本的复制和使用成本，具有较强的外部性，可以通过数字流动和融合激发新的生产力，并呈现边际生产力递增的态势。人工智能技术是收集、处理、分析大数据，发现新价值的重要技术支撑。这些具有较强“正外部性”的通用目的技术，不仅能够提升产业链、价值链、供应链的协同水平，提升经济增长效率，还可以不断发展形成新经济、新产业、新生产模式，实现经济增长的持续动力。

2．数字产业化以数据为关键要素

不同于资本、劳动力等传统的生产要素，数据要素具有一定的公共品属性，数据的生产具有很强的“非排他性”，不同的收集者可以对同一数据源进行数据采集、分析、使用，互不干扰，互不影响，数据的使用也具有一定的“非竞争性”，即一个人使用了某一数据，并不影响其他人对它的使用。同时，数据具有很强的规模效应和范围效应。随着数据规模的扩大、维度的增加，可能从数据中挖掘出的价值将呈指数级增加。此外，数据还具有较强的可再生性和可替代性，不随使用而消失，甚至可能在使用中不断增加。数据要素不仅能优化企业生产决策，提高传统要素配置效率，还能优化生产组织方式，节约交易费用，是扩大要素有效供给，变革生产与销售方式的关键。

3．数字产业是高渗透性产业

由于大数据、物联网、移动互联网、云计算等新一代信息技术具有渗透性和倍增性的特征，造成数字产业呈现出由数字技术从消费端向生产端延伸，从线上活动向线下活动发展的渗透性特征，并催生出平台经济、共享经济等新模式、新业态。数字产业作为数字经济的基础产业，不仅为数字经济的发展提供技术、产品和服务等，还因这种高渗透性的特征使其在新一轮技术革命中具有先导性和战略性。数字产业是围绕数据归集、传输、存储、应用、展现等数据链各环节，形成的技术、产品和服务等有关的产业。为产业数字化发展提供数字技术、产品、服务、基础设施和解决方案，具有很强的先导基础作用。数字产业通过数字平台增强不同经济主体与经济活动的联系，将数字要素渗透在更广领域，通过技术溢出与产业融合，支撑对其他产业的数字化转型发展。但也正是由于这种先导性和战略性，使数字产业化面临的不确定性和风险也相对较高。

第二节　数字产业化的形成逻辑

数字产业化是通过现代信息技术的市场化应用，推动数字产业形成和发展。数字产业化的目的正是将数字化的知识和信息转化为生产要素，通过信息技术创新和管理创新、商业模式创新融合，不断催生新产业新业态新模式，最终形成数字产业链和产业集群。数字产业化形成的逻辑具体体现如下：

一、数字技术驱动数字产业化的技术-经济范式

数字产业化是指以市场需求和技术创新作为前提条件、以成长潜力大和知识技术密集作为主要特征，并且具备高效运作的组织原则来满足新产品与新服务生产的产业。数字产业化的成长需要市场需求、技术创新以及满足新生产模式高效运作的组织原则三种驱动因素。以数字技术为代表的技术革命引发了新一次的技术-经济范式变迁。技术-经济范式是一个最佳惯行模式，它由一套通用的、同类型的技术和组织原则所构成。在数字经济时代的技术-经济范式中，数字技术符合广泛运用、可持续改进、可在应用领域实现创新等特征，因此具备作为通用技术的条件。在新通用技术得到广泛运用以解决问题时，旧组织原则所具有的惰性力量便会对新技术的应用形成阻碍，因此随之产生的是一套新的组织原则，保证新技术的高效运转，新的技术-经济范式也就此形成。由此而论，数字技术创新驱动数字产业化的逻辑是作为通用技术的数字技术带来的技术-经济范式变迁对产业产生影响，具体来说就是数字技术的广泛应用拓展了数字产业化的市场需求、改变了数字产业化的技术创新环境，与数字技术匹配的网络化组织原则满足了定制化生产模式的高效运行，进而驱动了数字产业化。

二、数字技术创新驱动数字产业化的技术创新逻辑

数字产业化的问题归根结底是技术问题，技术创新是数字产业化诞生与成长的前提条件。因此，数字产业化的技术创新引起了学界的广泛关注。数字技术创新驱动数字产业化的技术创新逻辑可以从两个层次梳理。

一是通用技术创新逻辑，即数字技术创新本身带来部分数字产业化的出现与成长。

由数字技术的产业化直接形成的数字产业，为其他数字产业化技术创新提供基础支撑。该类产业以数字技术作为核心产品与服务，该过程也可以称之为数字产业化。通用技术指应用广泛而且能够推动其他部门技术进步的重大技术。新的通用技术的出现与广泛扩散是技术-经济范式转变的重要标志。通用技术的特点是辐射面几乎遍及所有产业，与其他技术的创新之间存在互补性，在经济增长中起核心作用。并且，由于通用技术和应用领域之间存在正向反馈，因此通用技术可以在一段时间内持续激发技术创新。现有经验研究也表明数字技术对企业创新绩效有显著的正向影响，所以，数字产业在数字产业化的成长中起着基础作用，其不仅是数字产业化的重要组成部分，还为各个产业提供创新要素。

二是专有技术创新逻辑，即由数字技术赋能非数字新技术创新。这是通用技术革新带来的技术创新环境变革，数字技术作为通用技术，可以直接刺激其他技术创新，提高技术创新效率。举例来说，人工智能作为数字技术的结晶在生物制药产业中发挥了巨大的作用。人工智能可以在短时间内“阅读”成千上万篇论文，提取分子结构、基因组序列和图像等信息，并通过自主学习，建立关联，形成假设。而传统的科研人员想要取得同样成果，可能需要穷尽毕生之力。可见，数字技术从根本上改变了技术创新的条件，通过对现实世界中海量信息的数字化，建立普遍的信息链接，并对海量信息进行存储与计算，极大提高了各种技术的创新效率。虽然该过程人力也可做到，但效率却有天壤之别，可视作从基于个体经验的“干中学”进化到基于全体经验的“干中学”。

三、数字技术创新驱动数字产业化的市场拓展逻辑

新的市场需求产生，使得新的产品或服务转化为可能的商业机会，从而形成数字产业化。市场需求标志着产业是否具有强大的发展前景与巨大的发展潜力。数字技术创新对市场需求的拓展不仅是简单的总量扩张，具体可以从两个方面分析。

一是市场需求深化逻辑，主要指消费者多样化需求的不断释放对产品或服务创新的拉动作用。消费者天生具有对产品多样化的偏爱，但在传统经济条件下，消费者的信息能力有限，多样化需求的能量无法释放。而数字技术的创新与应用则激发了消费者的需求能量，驱动生产者实现产品或服务的创新。一方面，数字技术创新提高了消费者的信息能力。信息能力指消费者对产品的知情程度，当消费者对于某些产品的信息能力提升到一定水平后，商家必须通过创新找到新蓝海，而这客观上推动了产品的多样性增加。另一方面，作为数字技术创新产物的数字化平台改善了产品的供需匹配，使消费者的多样化诉求得到更好的回应，生产者的回应过程就是新产品创造过程。该微观过程的宏观表现就是数字技术创新拓展了数字产业化的市场需求结构，进而驱动数字产业化。

二是市场需求广化逻辑，即需求范围的拓展。亚当·斯密在《国富论》中开篇就讲

到劳动生产力的增进是分工的结果，并明确分工受到市场范围的限制。阿林·杨格在斯密论述的基础上进一步指出，分工所得到的回报来源于迂回生产，并且市场的范围与劳动分工相互决定。由此形成了著名的“斯密-杨格定理”，市场需求范围的拓展是产业分工深化的必要条件，产业分工深化的过程就相当于数字产业化的过程。但是，随着市场需求范围的不断扩大，市场的交易成本不断上升，所以市场需求范围的扩张是受到限制的。交易成本很大部分来源于信息成本，而数字技术创新的广泛应用大幅降低了信息成本，带来了信息层面的市场范围扩大。因此，数字技术创新能够拓展数字产业化的市场需求范围，进而驱动数字产业化。

四、数字技术创新驱动数字产业化的组织变革逻辑

组织原则解决的是新生产模式高效运作问题，新的组织原则适配新的通用技术而生，是技术革命得以运用的最有效方式。数字技术带来的以消费者为中心的生产模式在“福特主义”的组织原则下难以实现高效运作，而伴随数字技术诞生的网络化组织原则更加适应新型的生产模式，该组织原则主要体现在以下两个方面。

一是企业内组织结构转型。这是指“金字塔”式的层级结构转变为网络化的扁平结构。只有新产品或新服务的产出达到一定规模时，才能称之为数字产业化。但在福特模式下，随着企业生产规模的扩大，企业内管理层级将不断细化。机构的分散、层级间的交流，以及由此带来的申报、审批等诸多难题，极大限制了生产规模的扩大与生产效率的提升，传统组织结构出现了头重脚轻现象。而在数字技术创新的加持下，员工可以迅速且轻易地接触到信息，一些管理层级不再必要，逐渐形成网络化组织结构。这显著提升了管理和决策效率，对危险与机遇可以迅速做出反应。通过分散化的灵活网络结构，实现以工厂为中心的标准化生产向以客户为中心的定制化生产模式转变，聚焦到工业时代忽视的“长尾市场”。在规模经济与长尾效应的共同作用下，创造支持产业成长的新利润空间。

二是企业间产业业态更新。一方面是产业组织的网络化，数字经济时代企业通过生产网络跨边界互联已成为普遍的现象。根据科斯的交易成本理论，当企业的中间投入品在市场上的交易成本小于其内部的生产成本时，企业将放弃垂直一体化生产。随着数字技术创新的广泛应用，市场交易成本大幅降低。因此，企业将内部纵向链条上的生产过程分离出去，借助网络化实行外包，促进了分工与专业化，显著提高生产效率。垂直专业化分工加网络化合作，形成了数字时代的新型产业组织形态。另一方面是平台企业成为网络结构枢纽，平台是数字时代里的信息与资源交流中心，其他企业以开放化平台为核心进行网络化合作，形成网络化的生产分工协作生态，实现信息与资源的汇聚整合与高效利用。因此，网络化的产业组织形态满足了数字产业化高效运转的条件，保障了数字产业化的成长。

第三节 我国数字产业化的进程

十八大以来，我国数字产业化快速发展。2012—2021 年，我国数字经济年均增长率达到 15.9%，2022 年，数字产业化规模达 9.2 万亿元，占 GDP 的比重为 7.3%[①]，已成为宏观经济的重要支柱和新增长点。当前，我国已经拥有全球最大规模的高质量数字基础设施体系，最便捷的电子商务、支付系统，以及最多的数字终端用户，是名副其实的数字经济世界强国。在数字产业化快速发展的过程中，通信业、电子信息制造业、互联网和相关服务、软件和信息技术服务业以及共享经济五大行业发展迅速。从电子信息制造业来看，我国电子信息制造业的增加值、出口交货值以及利润收入均基本保持不断上涨态势。近十年来，我国计算机、通信和其他电子设备制造业的企业数持续增多，生产规模不断扩大，供给能力不断增强，企业利润也持续上涨，但稳定性较弱，增速波动较大。从以互联网和相关服务业、软件和信息技术服务业为代表来看，随着电子信息技术的发展以及互联网的普及，互联网和相关服务业以及软件和信息技术服务业逐渐成为数字要素驱动业与数字技术应用业的主要产业。尽管我国软件和信息技术服务业增长趋势良好，规模和结构不断优化，云服务、大数据服务等数字技术的应用的占比也大幅提升，但针对工业领域的产业融合和协同发展的机制有待进一步扩大。从通信业来看，我国通信业的发展规模、效率和结构均不断优化，服务质量与基础能力的显著增强，有效助力了产业协同发展，促进产业链供应链的现代化。发展普及指数的提升也表明电信业的发展成果有效地惠及各个领域，有力地刺激了消费，扩大了内需，满足了人民多样性需求。但是我国数字产业化要着力解决如下问题：

一、数字产业的竞争力需要提升

数字产业化水平是数字基础设施和数字内容产品、服务渗透率的综合反映。我国主流研究报告主要从数字基础设施、数据资源系统、产业规模、数字业务扩散与渗透等几个方面对数字产业化水平进行评价[②]。截至 2022 年底，我国数字经济规模达 50.2 万亿元，占 GDP 比重提升至 41.5%，数字经济成为稳增长促转型的重要引擎。我国 5G 基站、5G 用户数的全球占比均超过 60%。移动物联网终端用户数达 18.45 亿户，成为全球主要经济体中首个实现“物超人”的国家[③]。2022 年全国数据生成量达 8.1 ZB，同比增长 22.7%，全球占比达 10.5%。同年，我国电子政务服务外网实现地市县的全覆盖，农村乡镇覆盖率

① 中国信息通信研究院：《中国数字经济发展报告（2023 年）》，2023 年 7 月，第 2 页。
② 国家互联网信息办公室：《数字中国发展报告（2022）》，2023 年 4 月 26 日，第 2—4 页。
③ 国家互联网信息办公室：《数字中国发展报告（2022）》，2023 年 4 月 26 日，第 1 页。

达 96.1%。合计超过 10 亿人接受电子政务的高效率服务。虽然技术优势与关键领域的创新能力是数字产业竞争力的核心指标，但是我国数字产业化过程过于偏重消费领域的发展，对生产领域的数字技术应用不足。数字产业集群建设水平不高，创新能力弱。集群规模效益不显著，没有形成良好的产业集群协同效应。这表明在数字经济与国民经济各产业、各类消费及贸易活动的融合渗透方面，我国数字产业化的规模、深度都需要加强，数字产业的竞争力需要提升。

二、技术创新有待加强

近年来我国数字技术应用不断加快，技术能力不断提升，但由于技术发展尚处于初期，产业基础薄弱，数字核心技术储备不足，原始创新和协同创新能力有限，制约了数字技术应用。首先，核心技术储备和自主创新能力的不足，是影响我国数字经济与实体经济深度融合的关键瓶颈，也是数字时代我国发展模式从要素驱动转向创新驱动的主要制约因素。其次，我国数字技术创新主体活力不足，企业科技创新平台建设不足，创新服务能力相对欠缺。部分孵化基地、协同创新中心仍停留在基础空间服务阶段。高层次科技人才匮乏，难以形成科技创新的“团队效应”。再次，数字应用的基础技术在集成电路产业，但我国目前的集成电路生产制造技术落后于国际领先水平，在传感器、芯片、控制器等核心元器件领域还存在较大差距。最后，在数字技术赋能实体经济的软件层面，国产基础软件的核心技术储备相对不足，在工业设计开发、仿真测试、制造执行系统等工业软件的核心技术实力还有待提升，在工业互联网、工业云、工业大数据等领域的自主创新还需要加强。

三、产业融合水平有待提升

从我国数字产业化的产业融合来看，数字要素驱动业的规模持续扩大，但从其行业结构与增速来看，我国数字要素驱动业的驱动效应有限，与其他各领域融合应用的广度和深度仍有待进一步深化。现阶段我国数字要素驱动业发展规模较小，难以充分发挥数字要素驱动作用，产业融合水平有待进一步提升。一方面互联网和相关服务领域仍以信息服务为主，支持数据收集、处理和应用的互联网数据服务占比不足，造成数据要素供给不足，同时对产业间协同发展有着关键支撑的互联网接入服务的规模也相对较小，难以充分发挥其驱动效应。另一方面，软件和信息服务业中工业软件、云服务、大数据服务等的占比也有限，对其他产业发展的技术支持和产业融合水平较低。因此，综合来看，现阶段我国数字要素对其他产业变革生产方式，优化组织管理的驱动作用有限，未能充分支持要素组合效率与产业协作水平的提升。

四、数字产品制造业需要向价值链中高端升级

近年来我国数字产品制造业虽保持增长态势，但其发展所需的技术要素支撑，以及所处的全球价值链地位和面对的市场环境均面临新的挑战，制约了该产业的增长动力，以及发展的稳定性。主要表现在以下三个方面：一是随着我国人口结构的变化以及产业结构的调整，劳动力等传统要素红利不断衰减，依靠廉价要素实现的规模优势也日益减弱，产业发展初期依靠后发优势实现技术进步的空间也不断减小，更重要的是，全球贸易保护主义的兴起，通过技术垄断与市场限制，制约了我国数字经济制造业的发展，同时新兴经济体的迅速发展也通过更低的劳动力成本与税收优惠政策吸引了外商投资，加速了产业转移，造成我国制造业在全球价值链中面临双重压力。二是我国技术要素技术支持不足，我国数字产品制造业仍处于全球价值链的中低端，在核心技术、元器件环节较为薄弱，有限的自主创新能力难以支撑电子信息制造业持续升级与价值链不断攀升，在全球产业分工中面临低端锁定的风险。三是市场环境与贸易格局发生变化，随着消费结构升级以及数字经济的发展，尽管手机、计算机和家电等传统行业仍具有规模优势，但智能制造的新产业、新产品的供给能力有限。

五、数字产业集群化水平需要提高

数字产业的集聚是数字经济和数字产业化的新现象，传统产业集聚理论的外部性理论对数字产业集聚仍具有基础性的指导意义。依据《数字中国建设整体布局规划》我国数字产业集群化发展存在两种方向。一是数实融合集群。将数字技术注入传统产业的技术研发、产品设计、应用模拟以及生产组织等全生产流程中，形成数字产业的集聚。二是数字产业之间聚链成群。但由于我国数字技术发展尚处于初期，数据、平台等关键要素和条件有待进一步提升，数字产业正处于成长期，一方面制约了数字孪生产品的供给规模，未能通过虚拟产品与实体产品相分离，扩大产品和服务的供给，制约了数字产品服务业需求的扩张。另一方面，对于平台经济与共享经济规范监管的不足，限制了消费者需求增长，这也进一步制约了对数字产品服务业的需求，进一步制约了数字产业集群化水平。

第四节　我国数字产业化的推进路径

《数字中国建设整体布局规划》确定了推进数字产业化发展的基本方向——培育壮大数字经济核心产业，打造具有国际竞争力的数字产业集群。基于对我国数字产业发展现

状特征与存在问题的分析，针对高质量发展阶段数字经济发展以及产业体系现代化建设的要求，未来中国数字产业化的发展需要聚焦以下路径。

一、加强数字核心技术研发创新

数字核心技术指数字产业中对当前及未来数字产品生产服务中的竞争力具有决定性影响的技术。按目前发展阶段看，这些技术主要包括：5G/6G、算力网络、元宇宙、多方安全计算、区块链技术、人工智能、算法合规、智能芯片、核心电子元器件、基础软件、核心工业软件、集成电路、人工智能、高性能计算、电子设计自动化（EDA）、数据库、操作系统和关键软件、量子信息、高端芯片、类脑智能①、IPv6、物联网、云计算、数据要素综合应用②。上述技术涵盖了数字产业核心业务的主要领域。虽然我国拥有全球第二的数字经济规模，数字产业发展也取得了巨大进步，但数字产业核心技术，尤其前沿关键技术创新需要加强，推动数字核心技术研发创新：第一，要提升自主创新能力，突破关键核心技术问题。重点围绕制约数字产业化的重大科学问题和关键核心技术问题，加快推动数字产业链优化重构和价值链提升，聚焦大数据、人工智能、软件、物联网等新兴科技，着力突破数字产业化核心关键共性技术，打造重点实验室、科技创新中心、工程研究中心等高水平创新平台。第二，加快数字产业化创新主体培育。加快扶持壮大数字龙头企业，努力打造头部企业、“链主”企业和科技领军型企业，构建龙头发展梯队。围绕特色优势行业，引导经济规模大、市场竞争力强的大型企业采取兼并重组、股份合作、资产转让等方式，组建大型企业集团，培育头部企业，在引领全球技术产品方向、支持中小企业在创新发展中发挥关键作用。引导龙头企业统筹优势资源，紧跟国际前沿，加大研发投入，加快突破数字产业化中共性技术瓶颈。第三，加强解决数字产业化中实际问题的理论和技术创新研究。扩大人工智能技术、区块链、大数据和云计算在数字产业化中的应用场景，形成“数据+算法+算力”的集成创新能力，提高数字产业化的基础能力，发挥市场机制作用，实现数字产业化水平的提升。

二、以产业融合推动数字产业链升级

数字产业化中产业链的升级不仅要依靠不断提升的自主创新能力推动产业链、价值链向中高端延伸，还需要通过连接产业链的不同环节，实现上下游企业的协同发展，以及产业生态系统的优化完善，以形成系统化、开放化、互动化的产业链创新体系。一是应通过完善平台化设计，促进网络化协同，为数字产业化提供关键支撑。平台化设计是

---

① 国家互联网信息办公室：《数字中国发展报告（2022 年）》。2023 年 4 月，第 27 页。

② 中国信息通信研究院：《数字经济概论：理论、实践与战略》，北京：人民邮电出版社，2022 年版，第 36—37 页。

依托工业互联网平台，汇聚人员，算法、模型等设计资源，变革传统设计方式，有效提升研发质量和效率。网络化协同则是指通过跨部门、跨层级、跨企业的数据互通和业务互联，推动工业链上的企业和合作伙伴共享各类信息资源、实现网络化的协同设计、协同生产、协同服务，促进资源共享、能力交易以及业态优化配置。二是以向服务化延伸为创造新价值的主要方向。企业从原有制造业务向价值链两端高附加值环节延伸时，不仅要考虑个性化消费需求，还需兼顾规模生产的成本优势。因此，数字产业化应以消费者需求的多维数据为支撑，跨层次整合多维数据，实现提升用户价值的目标。数字产业化利用互联网平台以及大数据等技术更充分详细地了解消费者需求，实现由单一的产品向“产品+服务”的方向的升级，提供满足消费者多样化需求的全面解决方案；以智能制造推动制造业变革，以柔性化生产高效满足消费者个性化需求；基于智能产品构建数字产业化全生命周期的服务体系，通过监测、整理和分析产品使用中的数据提高企业服务附加值。打通数字产业化中产业链上下游企业数据通道，促进全渠道、全链路供需调配和精准对接，以数据产业链引领供应链和物资链，促进产业链协同，支撑数字产业化中产业基础高级化和产业链现代化。

三、扩大数字产品服务业规模

数字产业化的目的除了提高产出效率，促进产业升级外，更重要的是有效刺激需求释放，满足人们多样化需求。因此，应积极发挥数字要素驱动以及数字技术应用作用，变革产业业态和商业模式，引领消费升级，培育高品质数字生活，打造数字生活消费新场景，丰富线上生活服务新供给，满足线下生活服务新需求，有效扩大数字产品服务业规模。一是随着移动支付功能的成熟完善以及居民收入消费结构的升级，移动支付作为移动互联网时代商业的基础设施已渗透到消费者的日常工作生活的各个层面。这种渗透不仅会重组很多传统行业的价值，更会催生新市场、新零售、新制造。应通过数字技术重塑客户价值，逐渐完备的移动互联基础设施有助于传统行业客户价值的重组。二是数字技术重构了数字产业化业务结构，打破了渠道的空间属性，企业可以借助互联网平台或自建线上销售，直接跨越原本多层的分销渠道体系，直联客户达成交易，以此减少交易的中间环节，降低企业的成本，高效获取客户反馈，并通过个性化定制以及“产业+服务”模式，维护客户关系，提高收入频率，还可以通过信息共享、利益共享，增强产业链上下游的分工合作，实现更加合理高效的库存、物流、仓储，全面提升供应链管理水平。三是推进商产融合，带动数字产业化中生产制造智能化发展。鼓励电子商务平台与工业互联网平台互联互通，协同创新，推动传统制造业企业“上云用数赋智”，培育以电子商务为牵引的新型智能制造模式。

四、支持数字产业创新发展

在数字产业化中以数字技术创新驱动数字产业成长就需要培育壮大数字产业，推动数字产业集群化发展，打造世界级数字产业集群，提升关键领域数字技术创新能力。一方面聚焦云计算、大数据、人工智能等重点领域，强化数字技术原始创新能力，提升产业链关键环节竞争力。另一方面充分激发市场活力，支持数字技术创新成果转化。推进技术产业化发展，既使技术创新活动得到利润激励，又使技术创新迅速推行到应用层面。具体措施是：

第一，发挥新型举国体制作用，提升数字产业化关键领域数字技术原始创新能力。当前，我国深入实施创新驱动发展战略，若干领域的前沿数字技术创新已经处于世界先进水平。接下来国家间的产业与技术竞争就要逐渐依靠原创技术支撑，并且在国际形势日趋严峻的条件下，“卡脖子”问题也衬托出原始创新能力的重要性。举国体制是中国特色社会主义“举全国之力办大事”的特色体制，20 世纪诸多关系国计民生的重大技术攻关充分彰显了举国体制的优越性①。因此在数字经济时代里，原始创新能力的提升以及关键核心技术的攻关要发挥新型举国体制的优势。要不断加强数字产业化基础研究投入，协调短期利益与长期利益，只有在基础研究领域的突破才能够从根本上破除“卡脖子”困境，获得长远收益。此外，要注重市场在数字产业化资源配置方面发挥的决定性作用，同时更好地发挥政府作用，实现有效市场与有为政府的有机结合，以新型举国体制提升数字产业化关键领域数字技术原始创新能力。

第二，推动数字技术产业化发展，增强数字产业化技术创新成果转化能力。一是要构建“政产学研”合作共赢的创新体系。数字产业化依赖于多方创新主体的高效协同，政府在尊重市场机制对要素资源配置功能的基础上，通过保护知识产权、营造有利商业环境、提高企业创新主体地位等手段，进一步为数字产业化技术创新成果的应用转化搭建支撑体系，切实增强创新成果转化能力。二是构建数字产业化集聚生态。围绕数字产业线上性、虚拟性的新特征，打造线上线下相结合的产业集群平台。一方面依托物理基础设施，遵循传统产业集聚形式建设数字产业园区。另一方面，加强线上虚拟平台开发，实现区域数字产业生态与发达城市产业生态对接，享受先发地区的知识溢出与技术扩散，实现落后地区数字产业的跨越式发展，打造具有国际竞争力的数字产业体系。

五、构建支持数字产业化的创新体系

数字产业化的进一步发展需要供需高效匹配的产品创新、企业为主体的技术创新、

① 黄欣荣、陈仕伟：《关键核心技术攻关的新型举国体制：目标、机制与模式》，《新疆师范大学学报（哲学社会科学版）》，2023 年第 1 期。

“产学研”有机结合的知识创新、激励自主创新的制度创新。为此需要构建支持数字产业化的创新体系。

第一，构建供需高效匹配的数字产品创新体系。产业数字化需要优化数字产品的供给结构，改善数字产品的供给质量。亟须建设供需高效匹配的数字产品创新体系，需要深入挖掘用户需求，形成企业、用户、产品多方互动的产品适应性创新机制，建立以产品适应性创新为驱动的供需高效匹配的数字产品创新体系，实现用户需求的快速匹配。数字经济企业要以数据驱动的产品适应性创新为链接，协同平台上多主体构建起一种低成本高信任基础上的新型商业伙伴关系，通过数字产品持续不间断地“学习”来调整产品适应环境变化的“活性”，实现数字产品的适应性创新，进而催生出新兴的适应性创新产业，以数字产品的创新发展带动数字产业化的深入发展。

第二，构建以企业为主体的数字产业化技术创新体系。新发展格局下，需要提升数字产业化的技术创新能力，建设有活力的以企业为主体的数字技术创新体系，从提升数字资源投入能力、数字创新管理能力、数字经济创新倾向、数字研发能力、数字制造能力与数字营销能力六个维度为数字产业化提供关键技术支撑。一是要着力提升数字经济企业系统性命题到科学问题的转化能力。通过将系统性命题拆解成一个个科学问题，并逐个攻关解决。二要突破核心源头数字技术。要在源头上对科学问题的原理、方法有关键性的突破，引领数字产业化未来发展方向，为真正的数字技术系统性创新提供支撑。三是要提高创新链条上各个关键数字技术融合力度，将现有的分散和独立的数字技术组合起来形成性能更加完备、技术更优越的新产品或新的数字技术系统。四是要增加数字技术的适用性，维护数字技术的先进性。在数字产业化过程中，充分记录和利用过程大数据，实现系统的自我完善和持续改进。

第三，“产学研”有机结合的数字产业化的知识创新体系。知识创新是技术创新的基础，具体是指通过科学研究，包括基础研究和应用研究，获得新的基础科学和技术科学知识的过程。在数字产业化进程中，我国长期以来在数学、物理等基础科学领域研究短板突出、重大原创性成果不足等问题日益暴露。亟须加强基础科学研究，提高数字经济的知识创新能力，构建数字产业化的知识创新体系。建设数字知识创新体系，需要从教育抓起，改革教育体系，对数学、物理等重点基础学科给予更多倾斜，建立完备的知识体系，加强基础前沿科学研究，强化重大科学问题的战略部署，健全国家对数字经济基础研究支持体系，强化产权意识，加强专利成果的保护，促进创新成果的转化，激发知识创新的动力与活力。亟须出台完善的基础研究顶层设计和政策扶持，深化科研项目和经费管理改革，完善奖酬激励机制，激发科研人员的积极性。数字知识不断创新，为数字产业化创造更好的基础保障。

第四，激励自主创新的数字产业化的制度创新体系。制度创新是数字产业化自主创新的保证，是促进自主创新和经济发展的一个非常重要的动力。在新发展格局构建的背景下，建立数字经济制度创新体系，首先，需要支持数字产业化的企业制度激励，明确界定数字产业化企业的产权，企业制度要能保证最大限度地发掘数字经济企业资源，调动员工积极性，在发挥产权关系所产生的巨大激励能量的同时，又能使数字经济企业具有强大的创新能力。其次，需要完善数字产业化创新的市场制度激励，完善推动数字产业化技术创新成果交易的市场制度，建立和完善促进数字产业化创新产品市场交易的制度规定，建立健全规范数字技术创新交易秩序的一系列制度，培育有效激励数字产业化经济创新的市场激励制度。最后，需要支持数字产业化的政府制度激励，政府对数字产业化创新激励制度安排需要加快数字化创新成果从潜在生产力到现实生产力的转化，完善财政刺激政策、金融支持政策、专利保护政策、公共采购政策、中小企业政策。

第七章　产业数字化

数字化革命向产业领域加速渗透，产业数字化转型正在成为数字经济增量发展的核心力量。产业数字化是数字经济的产业实践应用，是数字化的结果和成效体现。随着数字技术的不断深化发展，传统行业也逐渐拥抱技术创新，探索利用数字技术改善业务模式、服务模式、运营模式、商业模式的各种实践路径，使得传统行业的产品产出增加和服务效率提升。在对传统行业进行改造升级时，充分结合数据资源优势，利用丰富而可靠的大数据分析处理能力，从数据中挖掘出科学、前沿、标准化的行业知识。产业数字化转型借助新一代信息技术助力传统产业提质增效、提升产业链现代化的整体水平，进一步推进实体经济与数字经济深度融合，全面激活高质量发展的新动能。

第一节　产业数字化的形成逻辑机理

产业数字化推动传统产业的数字化转型，在提高生产效率方面具有乘数效应，有助于传统产业的转型升级。

一、产业数字化的内涵与特征

1．产业数字化的内涵

中国信通院将产业数字化理解成传统一、二、三产业由于应用数字技术所带来的生产数量和生产效率提升，其新增产出构成数字经济的重要组成部分。包括但不限于工业互联网、两化融合、智能制造、车联网、平台经济等融合型新产业新模式新业态。

国家信息中心信息化产业发展部、京东数科研究院认为产业数字化是指在新一代数字科技支撑和引领下，以数据为关键要素，以价值释放为核心，以数据赋能为主线，对产业链上下游的全要素数字化升级、转型和再造的过程。产业数字化发展对于企业、行业以及宏观经济都具有极其重要的意义。从微观看，产业数字化再造企业质量效率新优势；从中观看，产业数字化重塑产业分工协作新格局；从宏观看，产业数字化加速新旧动能转换新引擎。

肖旭、戚聿东认为产业数字化是传统产业利用数字技术，构建数据流动闭环，促进供给侧提质增效，创造新产业、新业态、新商业模式，不断满足需求侧改善体验的新需求的一种数字化转型活动[①]。不同于早期ICT技术渗透带来的产业信息化，产业数字化不仅仅是传统产业与信息产业的渗透融合，而是以数据作为新生产要素，借助人工智能、大数据、云计算等新一代数字技术范式对产业链全面重塑，并带来跨界融合和创新倍增的巨大效应。产业数字化指传统产业应用数字技术所带来的生产数量和效率提升，其新增产出构成数字经济的重要组成部分，是数字经济发展的主阵地。

对应《国民经济行业分类》中的26个大类、68个中类、126个小类，第5大类产业数字化部分，是指应用数字技术和数据资源为传统产业带来的产出增加和效率提升，是数字技术与实体经济的融合，这是数字经济发展的基础。该部分涵盖智慧农业、智能制造、智能交通、智慧物流、数字金融、数字商贸、数字社会、数字政府等数字化应用场景。

我们认为产业数字化是数字经济的延伸部分，产业数字化的客体是数字技术和数据资源，主体多是需要提升生产数量与效率的传统产业，主体利用客体对其业务进行全链条升级改造的过程即为产业数字化。

2．产业数字化的特征

产业数字化的着力点在于数据要素驱动、科技平台支撑、品牌价值赋能、生态融合共生、深度化场景应用。产业数字化可分为三种形态：企业数字化、产业链数字化、产业生态数字化。产业数字化的特征有：

一是产业数字化是提高全要素生产率的表现。数字技术促进生产力、提升要素配置效率，是数字经济覆盖面与影响力的有力指标。产业数字化解决创新、效率和信用问题，重构生产力和生产关系。利用现代信息技术对传统产业进行全方位、全角度、全链条的改造，以增量带动存量，通过推动互联网、大数据、人工智能和实体经济深度融合，提高全要素生产率。

二是数字化赋能经营是产业数字化中企业竞争的核心因素。运用数字化思维，以数字技术为基础，以数据要素为核心，对企业的业务模式、运营流程、管理体系等进行数字化重构和创新，提升企业自身竞争力。

三是数据、算法与算力是产业数字化发展的驱动要素。数据、算法和算力是产业数字化发展的三个关键要素，数据是产业数字化发展的基础，算法是产业数字化发展的核心，算力则是实现产业数字化发展的基础。

四是万物互联互通与智能化是产业数字化的终极目标。产业数字化的基础是网络技

---

① 肖旭、戚聿东：《产业数字化转型的价值维度与理论逻辑》，《改革》，2019年第8期。

术，它将传统产业联网，使企业、政府、研究机构和消费者之间能够相互连接和互动。产业数字化支持人工智能和智能制造技术的应用，可以提高生产效率和产品质量。

五是战略、机制与人才是产业数字化的持续保障。产业数字化促进了企业、政府和研究机构之间的协同合作，共同推动产业的发展。数字科技服务商是产业数字化的重要助力，产业数字化的方向是普惠、绿色发展。

二、产业数字化的形成逻辑

产业数字化涉及技术创新、产业融合和产业链，因此我们从技术范式、产业融合及产业链现代化三个角度探讨产业数字化的逻辑。

1. 技术-经济范式视角的产业数字化逻辑

技术创新是促进产业变革的基本动力，而技术-经济范式体现了技术演进的本质特征。人类历史上的四次技术革命基于不同技术-经济范式，一方面形成了不同的新兴产业，同时基于核心通用技术对传统产业进行升级改造，进而引发企业、产业乃至宏观经济领域的一系列变化。产业数字化是数字经济-技术范式对于传统产业的全面变革，这决定了产业数字化是以数字经济的内在发展规律为主线，以数字技术的渗透扩散为主导的转型过程。其内涵是以数字技术为支撑，以数据为关键要素，以价值释放为核心，以数据赋能为主线，对产业链上下游全要素的数字化升级、转型和再造。

产业数字化转型的起源最早可追溯至 20 世纪 70 年代第三次工业革命带来的产业信息化变革。作为产业数字化的基础，产业信息化是基于信息技术-经济范式，以信息化改造为核心，借助互联网及通信网络带动产业各要素的关联，从而降低产业成本，提升产业效率的转型过程[①]。不同于产业信息化，数字经济时代的产业数字化具有三方面新特征：一是以数据作为关键生产要素。数据作为信息的载体，是产业数字化的核心，也是商业模式创新、业务流程优化、商业决策制定的底层依据。不同于信息与知识的抽象性，数据更易编码且通用，因此更容易实现大规模的传输、收集和集成，从而形成巨大的数据资产，成为价值创造、业务创新、供需联动及产业升级的重要源泉。二是以产业互联网为基础的产业生态。产业数字化的结构并非简单的网络式结构，而是以产业互联网为核心内容，包含不同消费者、生产者及政策监管者的数字生态系统。工业互联网将智能化重构传统产业价值链、产业链，渐进式实现传统行业生产流程数字一体化。同时通过产业关联效应实现跨行业数字效率的整体提升。三是产业链的全面重塑。产业数字化并非简单通过信息化提升产业基础能力，促进产业链整体效率的提升，而是通过研发、生产、流通、消费等流程的数字化和智能化重构企业生产流程和组织架构，从而再造全产业链

① 国家信息中心信息化和产业发展部、京东数字科技研究院:《中国产业数字化报告 2020》。

流程。同时，产业数字化也将重塑产业间的协同合作。如将移动办公、电子商务、数字金融等多领域连接整合，促进产业链上下游行业的有效协同，形成良好产业生态。表 7-1 是产业信息化与产业数字化的区别与联系。

表 7-1　产业信息化与产业数字化的区别与联系

区别与联系		产业信息化	产业数字化
区别	技术-经济范式	信息技术-经济范式	数字技术-经济范式
	技术基础	互联网、无线网络	数字孪生、分布式数据库、知识工程、机器学习、混合云、边缘计算
	产业基础	计算机、通信设备及软件等传统 ICT 产业	人工智能、大数据、物联网、云计算等新一代数字科技产业
	平台基础	宽带网络：内网+外网	产业生态：产业互联网
	核心特征	关键要素：信息与知识 改造程度：提升产业链	关键要素：数据 改造程度：重塑产业链
联系	① 产业信息化是产业数字化的基础 ② 二者都能通过降低交易成本、提升产业效率来帮助传统产业提质增效		

2．产业融合视角的产业数字化逻辑

数字经济从网络空间向实体空间扩展边界，出现了以产业融合为主要特征的演化范式。一方面是以技术创新为特征的数字技术、信息通信产业等数字基础产业交互融合，形成了数字经济的基础新兴产业部分——数字产业化；另一方面，数字产业作为创新扩散的来源，推进了传统产业部门跨产业、跨部门的交互融合，广泛拓展到生产、消费、商业等多个领域，最终形成了数字化服务业、数字化制造业、数字化农业，实现了产业数字化转型。在这一过程中，产业数字化的融合机制具体表现为两个方面：

一是数字产业与传统产业渗透融合。数字产业快速发展带来了数字技术的快速突破，人工智能、云平台、大数据等新兴技术的广泛应用加快了对传统产业发展模式的全面改造。一方面，传统产业借助数字技术的平台性与共享性能够降低信息不对称，减少交易成本，从而提升产业自身效率。例如纺织服装、美妆日化等传统产业，产业链相对完整成熟，属于劳动密集型行业，这类行业创新程度相对低，且极易掣肘于地理限制及产业规模。而借助电商平台及企业上云等新数字基础设施，能够打破地理空间限制，促进信息交流及数据沉淀，从工艺设计到销售推广供需对接，拓宽产业发展空间。另一方面，传统产业能够借助数字技术实现智能生产、决策与管理。例如数据科技与农业相结合，能够促进农业生产精准化、管理数据化、经营网络化、服务在线化，加快农业现代化步伐。

二是数字产业与传统产业交叉融合。具体体现为数字产业对传统产业的功能进行互补和延伸，从而使传统产业的产业链加长，实现了产业融合。一方面，数字技术拓展了传统产业的业务范围，融合产生出新的产业模式和新业态。这种融合多产生于智能化技术与传统产品的结合，例如，无人驾驶汽车作为传统汽车行业与数字技术的紧密结合下的新产品，借助车联网、数字孪生等新技术，成为传统汽车行业在智能驾驶方面的新延伸。同时，数字技术能够弥补传统产业的发展短板，融合激发产业发展的新动能。例如，受制于产品复杂程度，制造业的服务化转型长期迟缓。数字技术通过云平台对接用户需求，促进了制造业基于“标准化批量生产”向“个性化柔性生产”的服务化转型。

3．产业链现代化视角的产业数字化逻辑

产业链现代化的过程是支撑高质量发展的必要条件，对于突破中等收入陷阱实现国家现代化具有长远和重要的战略意义[①]。产业数字化，能够催生产业新模式，创新产业新业态，打造新产业，深度创新与变革产业链，推动产业链的基础能力和现代化水平提升，补齐供应链产业链短板，维护产业链供应链安全。当前中国面临百年未有之大变局，面对“双循环”新发展格局，加快产业数字化转型无疑成为构建产业基础能力，提升产业链现代化程度与韧性能力的必然选择。因此，基于产业链现代化目标，产业数字化的发展格局将包含以下方面：

一是企业链全面数字化。这是产业数字化的微观基础，产业是由生产相关产品的企业构成的经济系统。整个产业的数字化转型也是以企业全面数字化转型为微观基础，进而实现从微观到中观的涌现过程。企业链的数字化首先是提升企业的数字化水平，通过数字化布局，利用数字“赋值、链接、模拟、反馈”的优势，将企业的业务数字化，提升企业的现代化能力。同时，企业的数字化不仅是采取数字技术增强与用户的交流互动，也不仅是帮助企业拓展业务，而是通过数字技术整体改变现有的商业模式，利用数据资产释放企业价值。其次，企业链的数字化意味着企业借助数字化转型，实现产业链上的深度分工与高度协同。

二是创新链全面数字化。从研发和技术能力来看，产业数字化不仅是实现生产流程及商业模式的数字化，数字化价值的源泉也应当来自数字化的创新能力。这意味着，一方面，数据成为创新的基本要素，数字技术促进创新产出的智能化，包括专利产出的智能化管理、创新主体的智能化协同，等等。另一方面，数字平台赋能创新要素的网络化和平台化，能够打通内外互联的创新平台，促进创新资源的有效流动与合理分配。

三是供需链全面数字化。供需链是产业投入产出动态流的基本桥梁，供需链的数字化能够极大帮助产业提升供应链效率、增强供需端的动态匹配，降低产业的成本与损耗。

① 刘志彪：《产业链现代化的产业经济学分析》，《经济学家》，2019 年第 12 期。

供需链的数字化需要高效的数字平台作为支撑，消费互联网与产业互联网，作为实现万物互联的新一代数字基础设施，能够实现生产者与消费者的直接联系，连接和打通供应链，从而提升产业链的现代化水平，增强经济发展的集约程度。

四是数字化促进价值链提升。产业数字化能够从本质上提升产业链的现代化程度，这是中国迈向全球价值链中高端的必由之路。一方面，产业数字化能够提升产业层级。一个国家产业在全球价值链的位置决定了其承担的分工任务，也决定了其对相关产业的控制力。数字技术的创新性及带动性能够打通上下游产业链，增强产业基础能力，提升产业核心竞争力。另一方面，产业数字化能够提升产业价值的可行边界，促进头部企业对于价值链的治理能力，占据微笑曲线的两端，实现高价值分工。

第二节 中国产业数字化的现状与任务

从实践层面来看，2017 年“数字经济”这一概念首次进入中国政府工作报告，从这一时期开始，中国数字经济开始快速发展，产业数字化进程也加快推进。在产业数字化的测度上，依据理论分析，主要采取数字产业对传统产业的渗透来体现，具体表现为传统产业使用数字技术带来的新增产出。

一、中国产业数字化的现状

1．产业融合规模提升，数据要素加速赋能

从总量上来看，中国产业数字化经过近年来的快速发展，已经拥有了一定的产业规模。产业数字化转型加速融合，数字要素加速释放价值，传统产业利用数字技术进行全方位、多角度、全链条的改造提升，数据集成、平台赋能成为推动产业数字化发展的关键。但是中国产业数字化规模尚有提升的空间，数字产业对传统产业的融合、渗透与提升作用尚未充分发挥。

2．数字化生态从消费互联网向产业互联网转型

在产业数字化发展的数字生态上，互联网正由消费向产业发展，虚拟经济开始向实体经济渗透。不仅改变了传统企业的运作逻辑，还以技术内生化实现生产要素数字化，更高质量提升行业协同效率和产业发展效能。一方面，中国的传统互联网在消费互联网的发展已经硕果累累。消费互联网将用户与商品虚拟相连。大量的电商平台及娱乐媒体促使人们的生活体验在阅读、出行、娱乐等诸多方面得到了有效改善，使其变得更加方便快捷。但随着消费互联网的成熟，人口红利、流量红利逐渐消失。另一方面，互联网增长从“人人相联”向“万物互联”迈进，物联网助推互联网应用从消费领域向生产领

域扩展。产业互联网主要以生产者为主要用户，通过在生产、交易、融资和流通等各个环节的网络渗透达到提升效率节约能源等作用。

3．数字化转型成为传统企业的必选项

在产业数字化发展过程中，企业作为微观主体，数字化转型成为必选项，而不是可选项。原因在于数字化能力成为数字经济时代的第一竞争力，能否从海量的数据中发掘价值，基于数字技术改造实现生产流程与商业模式的全面创新，决定了企业在数字时代竞争中能否生存、转型并实现自身价值。企业需要布局智能化生产、借助数字科技新兴平台使数字化转型进入快车道。

4．行业结构的非均衡发展

从行业结构上来看，中国产业数字化整体呈现非均衡特征。其中，数字经济对于服务业的渗透率最高，对于农业的渗透率最低，制造业的数字经济渗透率居中。这表明当前数字经济对于服务业的改造提升最大，原因可能在于消费互联网的发展，促进了服务业的数字化转型。服务业的主体是劳动及知识密集型的轻型产业，以轻量化、流动性及多元性为主的教育、餐饮、娱乐等产品，更容易与数字经济结合，借助数字技术渗透实现快速发展。数字经济对于农业的渗透率最低，原因可能在于农业发展相对基础较差，而数字技术的渗透结合依赖于大量数字基础设施，需要资金及技术基础支撑数字化转型的实施，这从侧面反映出当前农业现代化推进进程中的巨大瓶颈。此外，数字技术对于制造业的渗透率也远低于服务业，原因可能在于制造业多为资本密集型、技术密集型的重型工业，产品的复杂度阻碍了数字技术与制造业的相互融合，同时缺乏有效且统一的数字化转型路径。

5．区域结构的极化发展

从区域结构上来看，中国产业数字化整体在空间上呈现“多点并发”的极化发展模式。在产业数字化规模方面，排名前列的分别是广东、江苏、山东和浙江，这四个省份在区域上相对分散成为区域产业数字化的增长极。

二、中国产业数字化的任务

当前，中国产业数字化正从产业化发展期步入产业化稳定期，我国进一步推进产业数字化发展制约因素具体体现在以下方面。

1．数据要素价值需要充分释放

数据要素是数字经济变革所产生的新型生产要素，也成为农业经济、工业经济和信息经济以来，继土地、劳动力、资本和技术之后的第五大生产要素。数据作为数字经济发展的核心引擎，必须与企业和产业充分结合，才能释放数据本身所蕴含的巨大增量价值。因此，在产业数字化过程中，必须将数据与产业链全面结合，促进数据要素有效流动，实现发展模式的根本转型和发展思路的重新格式化，来完成产业的全面数字化改造。当前，在中国产业数字化进程中，并未充分发掘数据要素的有效力量，主要体现在两个方面：一方面，传统企业及产业的数字化程度不充分。具体体现为大部分产业及企业仅停留在使用数字技术的阶段，打破地理限制或是开拓新的细分市场，尚未转变为以数据要素辅助决策，促进流程创新、组织创新及商业模式创新的数字赋能阶段。例如，在线教育行业仅仅是借助数字技术，实现学生与教师在虚拟空间的连接；《经济观察报》等纸质媒体在原有售卖渠道上，增加了数字出版渠道。部分领军企业，如海尔推出了用户全流程参与体验的 COSMOPlat 平台，让用户全链条参与企业研发与生产，借助需求大数据驱动企业创新，实现了数据赋能。另一方面，数据要素流动受限。数据要素作为新型生产要素，在数字确权、数据安全、隐私保护、流通管控、共享开放等方面存在诸多问题，当前我国尚未形成完全充分的数据要素市场，缺乏相应的制度保障及激励机制。这导致了大量“数据孤岛”的形成，激化了数据资源的激烈竞争，使得大批量数据流动受限，并未投入企业运营和产业生产中。

2．产业数字化的供需对接需要统筹

产业数字化的内在机制决定了数字产业与传统产业的融合过程将面临统筹协调困境。产业数字化的形成，来自数字产业对于传统产业的渗透与改造，核心驱动力是数字技术-经济范式对于产业链的全面重塑。在这一过程中，数字产业作为产业数字化的供给端，能够提供云计算、大数据、人工智能等数字技术支撑，以及产业云等高质量数字平台支撑。这是数据生产要素生产、投入并赋能的基础。同时，传统产业作为产业数字化的需求端，针对各自不同的产业数字化转型提出差异化的需求方案。在这里，数字产业与传统产业的供需有效匹配，成为推进产业数字化转型的关键。但实际上，由于数字经济发展尚处于新兴阶段，中国产业数字化的供需对接尚存在统筹困难，严重制约了传统产业的转型升级步伐。具体表现为数字产业供给端的碎片化与传统产业需求端的差异化。一方面，在供给端，数字技术的演进沿着由点到线的路径，由于信息不对称，在空间上碎片化分布，加大了传统产业应用数字技术的收集成本。另一方面，在需求端，传统产业由于业务多元性和产品的复杂性，很难适用统一的数字化方案实现转型。需求的差异化导致了数字产业渗透融合并非标准化方案，在同一产业链的上下游行业数字化转型的具体布局都是非常具体的问题。因此，要推进产业数字化，必须解决数字技术的集约分布与分行业分情况数字化方案的具体化实践问题。

3．工业数字生态发展需要加强

在数字经济时代，企业间的竞争与合作并存是常态。数字转型更不可能是一家企业的单打独斗，甚至确切地说，这是一个行业、一个生态的整体转型。因此，产业的数字生态的构建很大程度上决定了产业全面数字化转型的质量和速度。基于中国产业数字化的典型事实，服务业的产业数字化大幅领先于制造业。很大程度原因来自制造业数字生态建设的相对落后，具体表现为工业互联网平台面临的发展瓶颈。首先，设备联网难，工业数据采集能力薄弱。数据采集是工业互联网平台的基础，工业互联网平台首先要解决的问题是连接工业中的人、机器设备和业务系统。而联网难具体体现为，企业上云比例尚不充分。当前企业上云比例平均在44%左右，其中，相比大中型企业，中小企业上云比例更低于40%。这意味着大部分产业中的企业用户并未通过云平台实现万物互联，这极大影响了工业互联网平台的外溢效率，成为工业互联网建设的最大限制。其次，数据分析难，工业大数据建模分析能力薄弱。工业互联网平台的本质就是对机器设备和业务系统产生的数据进行建模分析，将数据转化为指导设备和业务进行优化的应用服务。当前，受限于数据采集瓶颈和工业大数据自身的专业性、关联性、流程性、时序性和解析性等特点，工业大数据建模分析需要平台企业兼具工业基因和大数据基因，导致现有工业互联网平台工业大数据建模分析能力较为薄弱。最后，平台融资难，投入回报周期长。工业互联网在我国的发展尚属于新兴产业，早期需要大量的资金及人才投入来加强平台建设，但实际上工业互联网平台不是一项孤立的技术，而是一套综合技术体系，构建工业互联网并非一蹴而就，而是需要以点带面地长期培育。这就要求在建设中考虑短期投入与长期市场回报之间取得较好平衡，以支撑平台的可持续发展。

4．企业数字化转型需要整合

从数据采集到数据应用，企业数字化作为产业数字化的微观变革，是企业利用新一代数字技术，将整个生产环节及业务流程的物理信息连接起来，形成有价值的数据资产，通过计算反馈有效信息，最终赋能企业商业价值的过程。这决定了：首先，数字化不仅是技术更新，而且是经营理念、战略、组织、运营等全方位的变革，需要全局谋划。目前战略目标与实践路径，更多还集中在生产端如何引入先进信息系统。因此，必须从企业发展战略的高度谋划，在企业内部尤其是高层管理者之间达成共识。而目前，中国企业数字化在意识领域拥有极高共识，但并未形成有效的“方法论”，这导致了企业实际操作中多点开发，但实际效率不高，造成了资金及人员的重复浪费，反而阻碍了企业真正数字化转型的有效建设。其次，数字化转型是一项长期艰巨的任务，面临着技术、业务能力建设、人才培养等方方面面的挑战，需要企业全局的有效协同。目前，多数企业没有强有力的制度设计和组织重塑，部门之间数字化转型的职责和权利不清晰，缺乏有效的配套考核和制度激励。多数企业仍以原有IT部门推动数字化转型，没有成立专门的数字化转型组织，协调业务和技术部门，系统解决数字化转型落地问题，阻碍了相关业务的价值发挥。最后，数字化转型强调企业对于数字新技术的驾驭和整合。数字化转型不仅要求企业能够迅速学习和掌握新技术，还需要将新技术融会贯通形成组合优势，并且在业务变革上找准结合点，使之运用于和改变现有业务，这对企业驾驭新技术提出了极大挑战。

第三节　中国产业数字化的未来路径

中国产业数字化将是中国式现代化新阶段国家数字经济的增量主体，同时也是提升产业链现代化的整体水平的必然选择，更将进一步推进实体经济与数字经济深度融合，全面激活高质量发展的新动能。中国产业数字化的未来路径在于：

一、以实体经济为着力点推进产业数字化

推进实施“数字技术+高端智能制造”战略，提升我国数字经济的自主研发创新水平，将数字技术落实到实体经济生产制造的过程中去，推动我国实体经济实现从价值链“低端制造”向“高端智造”转变。坚持以实体经济为着力点，在推进产业基础高级化与产业链供应链现代化基础上推动产业数字化。

一是坚持以实体经济为着力点推动制造业数字化转型。积极推动制造业数字化转型实现高质量发展，确保制造业比重基本稳定，着力提升制造业在高端材料、重大技术装备、智能制造与机器人技术、农业机械装备、新能源汽车和智能汽车等多方面的核心竞争力，深入推进智能制造、绿色制造以及服务型制造。

二是注重数字经济战略性新兴产业的发展壮大。推动数字经济战略性新兴产业的集群化、融合化、生态化。加快新能源、新材料以及新技术的创新应用，积极培育数字先导性产业和支柱性产业以及数字产业发展的新动能。加快产业链供应链现代化，锻造长板，补齐短板，优化其整体的区域布局。

三是推进产业链供应链的现代化。立足于我国产业发展已有的优势基础，利用数字技术推动传统产业链高端化转型，并积极锻造新型产业链。推进产业基础再造工程的有序实施，增加创新投入，加快攻克重要产品和核心技术。引进现有的先进技术，促进协同发展，促进产业链供应链向强创新、高附加值以及智能化的方向转型升级。

四是实施工业化的延伸战略和深化战略。我国经典工业化没有完成，又遇到了数字经济时代工业化的挑战，数字经济与实体经济时代的经典工业化任务双重叠加。在数字经济背景下，要防止过早结束工业化和去工业化的错误认识的误导，以工业化的逻辑推动数字经济的发展，实现数字经济与实体经济的融合发展。

二、以均衡模式推进产业数字化协同发展

产业数字化关注数字技术与传统产业的渗透融合和数据在传统产业中应用的价值创造，其主要是以市场化的方式推动产业数字化发展，提高产业数字化质量，提升数字产业效率，最终实现传统产业数字化转型在空间分布和全产业链上的均衡。因此，需要以均衡模式推动产业数字化协同发展。

一是发挥企业数字化转型的矩阵效应。数字化转型和升级成功与否，不仅关乎制造企业本身的生存和发展，也决定了未来整个产业能否全面实现高质量发展。要发挥企业主体作用，引导企业深化对数字化转型的认识，稳步提升数字技术应用、数据管理等能力，不断加大以龙头企业为主力军，“专精特新”中小企业为生力军的链式数字化转型力度。发挥企业数字化转型的矩阵效应，摆脱企业单兵作战，转向百花齐放，以协作共赢推进产业全面数字化转型。以聚焦核心业务的场景化解决方案为杠杆，撬动千行百业的数字化转型，汇聚产业上下游各方智慧和力量共同推进。

二是深化重点产业数字化转型的灯塔效应。产业数字化的发展离不开传统行业龙头企业及互联网科技领军企业，发挥自身优势成为产业数字化转型领头羊，在行业发展中有着较强引领示范作用。以行业内的龙头企业及领军企业为核心，加快培育一批“专精特新”中小企业和单项冠军企业，发挥产业数字化示范效应。以数字技术为基础，以数据要素为核心，以数字化组织和企业文化为保障，对企业的业务模式、运营流程、管理体系等进行数字化重构和创新，提升企业的数字化能力。

三是补制造业及农业的产业数字化发展短板。立足制造业及农业不同产业特点和差异化需求，推动全方位、全链条数字化转型，提高全要素生产率。提升农业数字化水平，推进“三农”综合信息服务，创新发展智慧农业，提升农业生产、加工、销售、物流等各环节数字化水平。深入实施智能制造工程，大力推动装备数字化，纵深推进工业数字化转型，加快推动研发设计、生产制造、经营管理、市场服务等全生命周期数字化转型。

三、以融合方式促进产业数字化充分发展

产业数字化是用数字化手段改造传统产业、培育新兴产业，进而推动产业效率、质量和动力变革，实现经济价值的再创造。产业数字化既强调平衡发展，更强调充分发展。前者一般指产业间横向比较，后者一般指纵向比较和国家间横向比较，后者更强调发展潜力、发展动力是否有效释放，更注重数字化对产业赋能的彻底性、全面性和深刻性。因此，产业数字化的关键是实现产业的充分数字化。当前，数字经济已从侧重数字产业化转向侧重产业数字化，但转型远未完成，这关乎未来国家数字经济的核心竞争力。因此，需要以融合方式促进产业数字化充分发展。

一是推动数据资源与传统产业深度融合。一方面，打通企业原料采购、物流配送、生产加工、批发零售等业务流程数据通道，通过数据助力企业改善业务流程，提升资源配置效率；另一方面，加快产业链数字化进程，利用数据驱动全产业链、全供应链的互联互通，进而推动跨产业、跨区域的产业协同，促进行业资源整合和产业结构升级。

二是推动数字技术与实体经济深度融合。数字技术运用到实体经济，能够提升实体经济的创新力和竞争力。宏观层面，要积极推动数字技术在制造业研发设计、生产制造、营销管理等领域的深度应用和渗透融合，推动数字技术催生新型生产流程、新型业务模式、新型工业产品，推动实体经济效率提升和组织变革；微观层面，支持产业链龙头企业搭建数字化协同创新平台，带动上下游配套企业加快数字化转型。

三是推动数字经济与实体经济企业层面的融合。企业层面的融合主要是构建产业数字化的微观机制，使互联网平台与实体经济传统的企业组织进行融合。在融合中互联网和区块链网重塑了实体经济的企业组织，互联网发挥了企业组织的网络化效应，构建起了企业组织平台。区块链技术通过链接方式将网络组织以共用技术方式程序化，使平台兼具企业与市场的二重性职能，将供给与需求匹配起来。因此，数字经济与实体经济在企业层面的融合是对实体经济企业的战略、组织、业务和基础设施进行全面变革，运用数字技术对实体经济企业的管理模式、业务模式、商业模式进行重塑，借助计算机平台，通过新一代数字技术和智能技术的深度运用，构建产业数字化的微观机制。新发展阶段数字经济与实体经济企业层面深度融合的目标是消除企业之间数字鸿沟，使企业成为无边界的创新平台。融合的基本逻辑是通过数字经济与实体经济实现企业流程从串联走向并联。

四是推动数字经济与服务业的融合。大数据和互联网的发展，拓展了原有服务业的运营方式与空间，同时也为服务业发展带来新方向和发展空间。要积极运用数字技术推动生产性服务业的数字化改造，加快科学研究和数字技术服务等新产业发展的同时，积极发展数字化的现代物流和金融房地产服务。加快大数据、互联网、人工智能的渗透，推动生活性服务业的智能化发展，推进旅游、养老、健康、教育等产业的智慧化发展。

五是推动数字经济与农业的融合。推动农业数字化转型。积极建设农业数字化发展的实验基地，由小及大地推行数字化农业技术，逐步在农田、牧场实现智能检测和养殖。广泛应用现有的电商平台，打破传统的农业销售渠道，利用网络销售缩短农户到消费者的销售距离，扩大农户的盈利空间。

四、以数字生态建设培育产业数字化良性环境

数字生态系统是企业生产经营活动的生态化组织体系与数字技术融合产生的新形态，其内涵为：数字生态系统是在数字技术和信息社会环境深刻影响下，各类主体构成

的线上线下结合的生态化组织体系。构建数字生态系统有助于实现多主体协同，进而解决传统产业数字化转型过程中的协调困境。

一是以产业园区和产业集群数字化转型为主体推进数字生态。产业园区是产业发展的重要载体，为引导产业集聚、促进体制改革、改善投资环境发挥了重要作用。传统产业园区普遍面临管理效率低下、配套服务薄弱、运营模式落后等问题，难以有效服务产业发展，形成产业集聚效应。推进园区数字化建设，建立以园区管理、运营平台为基础，产业服务平台为核心、大数据运营平台为支撑的智慧园区不仅可以全方位有效服务传统企业，还可以推动相关的新动能培育，打造良性循环的数字化生态。一方面提升园区数字化基础设施建设，在园区的规划、设计、建设、管理等方面使用数字化手段进行管理，整合信息技术和各类资源。另一方面，围绕企业的发展要求和人才的精神需要，着力推动产业集群、产业园区、小微企业园、特色小镇等数字化转型，提升与推广应用工业园区数字化服务平台，加快探索形成一批推动产业升级的大数据解决方案。

二是培育数字化转型支撑的服务生态。建立市场化服务与公共服务双轮驱动，技术、资本、人才、数据等多要素支撑的数字化转型服务生态，解决企业“不会转”“不能转”“不敢转”的难题。首先，是培育发展数字化解决方案的供应商，面向中小企业转型要求，引导开发轻量化、易维护、低成本、一站式的解决方案。提升供应商的数字化转型服务能力及国际竞争力。其次，是建设数字转型中心，建立公共化数字转型中心，开展数字化服务资源的有效衔接；依托领军企业及产业联盟建立产业专业化数字转型中心，面对产业链上下游统筹咨询与规划。最后，建立创新转型支撑的服务机制。包括因地制宜创新区域产业数字化转型，兼顾产业差异化特征制定数字化转型方案等。

五、促进数字产业化与产业数字化良性互动

数字产业化是数字技术在产业层面发展的形态，产业数字化则是数字技术扩散运用的外延表现[①]。这就要进一步促进数字产业化与产业数字化的良性互动。

一是提高产业数字化水平。要发掘数字产业的供给潜能，放大数字技术变革的扩散效应，不断提升对产业数字化的辐射能力。要针对产业数字化薄弱环节及时调整并予以政策倾斜，全面促进传统产业与数字类资源高效整合，防范数字经济发展带来新的“产业孤岛”问题。注意数字产业化与产业数字化发展过程中存在的结构性矛盾，解决潜在的数字供给约束，防止造成对产业数字化供给不足，避免数字经济结构失衡。

二是推进数字产业技术创新。数字产业中的主导部门是实现中国数字经济变革的重要源泉，通过关联以及赋能传统产业，为产业数字化发展提供动力支撑。需要强化数字

① 李腾，孙国强，崔格格：《数字产业化与产业数字化：双向联动关系、产业网络特征与数字经济》，《产业经济研究》，2021 年第 5 期。

基础能力支撑，加快5G、数据中心规模化部署，强化人工智能、数字孪生等关键技术攻关，推动工业芯片、工业软件研发突破和迭代应用。围绕产业数字化调整方向，不断推进数字产业化发展，提高关键技术的研发供给能力，加强数字技术成果的有效转化，激发释放产业数字化需求潜力，不断推进国家数字创新体系建设，带动我国全要素生产率提升。

三是做好数字产业化的规划。发展数字经济，需要做好数字产业规划，统筹数字产业发展。制定数字产业上位规划，需要充分考虑经济区位特点，避免浪费资源与同质竞争，通过特色数字产业集群，实现数字产业的差异化发展，引导传统产业集群开展数字化转型并给予政策支持。鼓励进行开放式探索，给下位规划留出弹性调整空间，使其能够加速数字产业与传统产业融合，从而优化数字经济结构，实现产业数字化升级。

第八章 金融领域的数字化

金融业的数字化转型是当前数字经济背景下提高金融服务实体经济能力的重要途径，更是深化金融业供给侧结构性改革的迫切需要，还是金融强国的新要求。本章将基于数字金融发展的一般机制探讨中国银行、保险、证券业的数字化转型，并在此基础上分析数字金融的监管。

第一节 数字金融发展的机制

数字金融通常被定义为传统金融机构或互联网科技企业利用数字技术实现融资、支付、投资及其他新型金融业务模式。数字金融可促进金融普惠化、改善风险防控，但无序的数字金融创新也会增加监管难度、产生系统性风险。中国数字金融的发展以互联网平台零售端获客为主要模式，未来将转向传统金融机构与互联网平台共建互惠数字产业金融生态的模式。

一、数字金融发展的一般机制

1. 促进普惠金融

数字金融首先可降低金融服务成本。传统金融模式较依赖实体网点，而数字金融摆脱了对金融实体网点的依赖，降低了物理成本，同时减少服务人员数量，降低人工成本。McQuinn 等.（2016）研究发现，专用 IT 基础设施的建设成本与维护成本分别占传统银行成本的 60%～80%和 30%～59%，所需人数只是传统银行的 10%～15%。[①]其次，数字金融的成本投入集中在数字基础设施，客户服务边际成本趋近于零，导致数字金融平台可以发挥规模效应，以极低的边际成本为巨量客户服务。最后，数字金融可降低个性化服务成本，实现对“长尾客户”的有效服务。通过数字技术获取客户信息，并利用大数据建模对客户进行数字画像，数字金融能有效细分客户需求，降低个性化金融服务成本。

① McQuinn A，Guo W，Castro D. Policy principles for fintech. Working Paper, 2016.

2．提升风险防控水平

风险防控是金融业安全发展的基石。传统金融往往通过第三方担保、外部审计、资产抵押等高成本措施降低风险。众多中小微企业和零售用户往往缺乏可抵押资产，传统金融模式难以有效甄别风险，但数字金融则能利用成熟的个人用户数据收集技术（例如Cookies）以及大用户存量下的用户数字画像技术，实现对大样本小客户统计意义上的有效风控。

3．业务创新与监管突破

不同于传统金融模式，数字金融的供给主体通常是互联网平台企业。虽然互联网平台的参与能增加金融服务竞争性供给，但互联网平台的数字金融服务涉及较多突破现有监管模式的创新，具体包括：① 以信用中介模式摆脱传统金融机构介入，直接匹配金融供需，例如阿里的“相互宝”互助保险业务以及曾广泛流行的P2P借贷；② 以数字技术实现与传统金融机构合作，直接提供金融服务，例如影子银行业务往往在多个市场、多种金融机构之间交叉运行，使得金融风险在不同市场和机构之间的传染性大大增加。高风险影子银行业务一旦失控，可能引发系统性风险。而数字技术本身会放大风险爆发的速度，例如2023年3月，由于信息的即时传播，美国硅谷银行遭遇超纪录的线上挤兑导致破产。

二、中国数字金融的发展过程

中国数字金融经历了波澜壮阔的发展，这一过程中互联网平台成为推进数字金融发展的主体，传统金融机构加速后端数字化转型，数字金融监管框架逐步形成。

1．互联网平台成为推进数字金融发展的主体

2003年和2004年淘宝网和支付宝相继出现，淘宝为了解决电子商务中支付形式单一、买卖双方不信任的问题，推出支付宝“担保交易”。2011年央行向27家第三方支付公司发放支付牌照，正式标志着互联网与金融结合的开始。

在2010年代移动互联网爆发之前，阿里、腾讯等互联网平台已经是拥有数亿用户的巨头。两大互联网平台通过已有用户基础与平台优势推广新兴的移动支付业务，在数字金融发展方面夺得先机。同时，互联网巨头的线上支付基础设施也为P2P网络借贷（2011年9月陆金所成立）、互联网理财（2013年6月支付宝推出余额宝）、线上保险（2013年9月众安保险成立）等新兴数字金融业务提供了用户认证、账户开立、线上支付等方面的发展条件。

通过数字技术，互联网平台能够摆脱对金融实体网点的依赖，以较低的成本连接广大消费用户，特别是中西部地区“长尾”、低收入用户，从而推进了金融普惠化。现有研究普遍证实了数字金融的普惠化效应。王瑶佩、郭峰（2019）利用上财“百县千村”调查数据和北大数字普惠金融指数，分析发现区域数字金融的覆盖广度对农户参与数字金

融有显著的正向影响。[①]尹志超等（2022）发现，50.3% 的家庭利用过计算机、手机之类的电子设备进行数字金融交易，数字金融服务能够极大提高正规金融服务的渗透性和效率性。[②]周利等（2021）发现数字普惠金融能够显著降低居民贫困发生的可能性。[③]

然而，以互联网平台为主推动的数字金融发展也可能造成额外的金融风险。这体现在：① 互联网平台推广数字金融业务，造成业务的过度集中，形成传统金融机构之外且脱离监管的巨型“影子银行”业务，其流动性匹配不足可能引发系统性风险，例如，阿里的余额宝曾占中国货币市场基金份额的 35.3%；② 犯罪分子以互联网金融业务创新为幌子，开展金融诈骗，例如 2015 年爆发的 P2P 暴雷风波以及 2022 年的乡镇银行互联网存款事件；③ 大型互联网平台依托其获客以及数据要素优势，在与传统金融机构联合开展数字金融业务时攫取过多利益，引发市场公平竞争风险。

2．传统金融机构跟进数字金融发展

2005 年之前，互联网金融主要体现在为金融机构提供网络技术服务。如早在 1997 年招商银行便开通网站提供“一网通”电子金融服务，1998 年“一网通”推出“网上企业银行”。之后十余年，银行、保险、证券等传统金融机构相继开展线上转账、线上开设证券账户、互联网保险等互联网金融业务。但传统金融机构不具备互联网平台的海量互联网用户基础，且“船大难调头”转型缓慢，[④]长期未能推出用户友好且操作便利终端入口，导致互联网平台获得了消费金融的垄断入口。为此，传统金融机构从以下途径发展数字金融：一是借鉴互联网平台做法，开发易用的零售用户端口。二是与互联网平台合作，发挥各自优势形成开放合作生态，例如与蚂蚁金服合作开展联合贷款业务。三是优先推进后台数字化转型，构建稳定的数字金融信息技术基础设施从而降本增效，例如招商银行在 2022 年年报中披露，该行已圆满完成上云工程，初步构建了“一朵云+两个中台（数据中台和技术中台）”的金融科技新基建。四是发挥独特优势，发力对公业务，推进产业数字金融发展。国有商业银行普遍应用数字技术推进 “发票贷”“税金贷”等小微贷款模式；民营蓝海银行以票据业务为突破口，依托“票据+互联网”的服务模式，推出了全线上智能化银票秒贴产品“银贴宝”，致力于让票据贴现像转账支付一样方便快捷。

3．数字金融监管框架初步形成

由于中国数字金融发展具有“互联网平台主导、消费零售金融为主”的特点，以传

① 王瑶佩，郭峰：《区域数字金融发展与农户数字金融参与:渠道机制与异质性》，《金融经济学研究》，2019 年第 2 期。

② 尹志超，田文涛，王晓全：《移动支付对家庭商业保险参与的影响：基于中国家庭金融调查数据的实证分析》，《财经问题研究》，2022 年第 11 期。

③ 周利，廖婧琳，张浩：《数字普惠金融、信贷可得性与居民贫困减缓：来自中国家庭调查的微观证据》，《经济科学》，2021 年第 1 期。

④ 郭品，沈悦：《互联网金融、存款竞争与银行风险承担》，《金融研究》，2019 年第 8 期。

统金融机构和金融模式为主要监管对象的金融监管体制难以及时应对数字金融时代层出不穷的业务创新。因此，过去十年中国数字金融监管长期存在跟进式、“打补丁式”监管的现象。例如，为应对 2015 年出现的互联网理财爆雷事件，2015 年 7 月 18 日，央行等十个有关部委联合印发了《关于促进互联网金融健康发展的指导意见》，正式将互联网金融纳入监管框架。12 月 28 日，银监会联合工业和信息化部、公安部、国家互联网信息办公室等部门研究起草了《网络借贷信息中介机构业务活动管理暂行办法（征求意见稿）》，明确网贷监管体制机制及各相关主体责任，提出 12 项禁止行为。2016 年 10 月 13 日，国务院办公厅印发《互联网金融风险专项整治工作实施方案》，对网贷、股权众筹、互联网保险、第三方支付、互联网资产管理及跨界从事金融业务等领域进行大范围排查。同日，《P2P 网络借贷风险专项整治工作实施方案》《通过互联网开展资产管理及跨界从事金融业务风险专项整治工作实施方案》印发，监管政策全面推进。同样，为应对 2020 年蚂蚁金服上市风波，各有关部门推进蚂蚁金服整改；2021 年，为应对互联网存款乱象，国家出台《关于规范商业银行通过互联网开展个人存款业务有关事项的通知》。

监管部门对数字金融长期以来的跟进式、“打补丁式”监管，首先与数字金融本身带来的监管挑战有关。互联网平台和公司“无照驾驶”或利用监管空白开展金融业务，例如常见互联网公司在一个省拿到小额贷款公司牌照，然后通过互联网全国展业，金融监管机构难以跟踪甄别；其次是金融监管部门缺乏数字科技人才，难以有效审查互联网平台或者第三方科技服务商的算法安全性，因此难以识别流动性匹配或系统性风险；而中国互联网平台的“长尾获客”，虽然为广大消费者群体提供了普惠金融服务，但也导致许多缺乏金融与科技常识的消费者被动卷入数字金融业务，引发金融诈骗等风险。

三、中国数字金融的未来转型框架

随着大数据、人工智能、区块链等新一代数字技术的发展，中国数字金融在市场主体、服务对象以及监管框架等方面都将实现进一步转型升级。

1．打造合作共享的数字金融生态

过去十多年，中国数字金融的发展主体是互联网平台而非传统金融机构，这主要源于互联网平台抓住移动互联网发展的时机，迅速推广接入端口（App）并大量获客，利用双边网络效应进一步丰富数字金融供需两端资源，尤其是获取消费端的大量客户数据打造数据要素先发优势，从而成为数字金融无法忽略的大平台。传统金融机构在面向消费者的数字化转型方面步伐落后，从而在数字金融业务方面形成对互联网平台客户入口以及数据要素的依赖，进而加剧了金融风险。为此，监管部门出台相关管理措施，例如 2022

年1月1日开始实施的《征信业务管理办法》，明确此前在互联网贷款业务中向银行等金融机构提供数据服务的互联网平台和大数据公司，将不能继续开展此类业务，需要断开与金融机构的直接连接。

然而，由于获客渠道与数据要素方面的短板，传统金融机构在与互联网平台“断直连”之后，缺乏大数据“自主风控”能力。据报道，在被要求“断直连”之后，一些中小银行个人贷款不良率明显提升。长远来看，为合理平衡数据隐私保护和数据价值挖掘，充分实现数据要素的价值，需要政府部门牵头发力，联合构建互联网平台与传统金融机构合作共享的数字金融生态圈。使互联网平台与传统金融机构能联合推动产业数字化进而反哺金融数据要素的挖掘与更新，同时实现不同平台或金融机构之间共享数据要素的生态圈。这首先要求建立一套更合理有效的激励约束机制和基础设施，实现互联网平台与传统金融机构在数据收集、加工处理、共享使用的数据产业链上的社会化分工合作；其次需要通过算法审计、隐私计算、数据匿名化处理等技术措施，确保数据共享中的隐私安全保障；最后是强化金融消费者/投资者的数据隐私安全保护立法，并建立数字金融反垄断框架，特别要研究制定大型科技公司强制开放数据的原则。

2. 推动数字产业金融跨越式发展

可以将产业金融发展分为三个阶段，即以银行对公业务为代表的产业金融1.0阶段；以供应链金融为代表的产业金融2.0阶段；以产业数字金融为代表的全新的产业金融3.0阶段。由于传统金融服务面临严重的信息不对称，在没有新一代数字技术赋能下，金融机构难以掌握产业链情况，特别对于中小微企业资产背景和潜在风险难以穿透。信息不对称是产业链上中小微企业融资难、融资贵问题的根本成因。

随着物联网、区块链、人工智能和大数据等新一代数字技术的发展，数字产业金融有望实现产业链上下游原始数据的一手采集和保真流通，从而穿透中小微企业的资产状况，实时监控潜在风险。特别是如能实现税务等政府部门、银行等金融机构以及产业链上下游企业的数据互联互通，将能有效实现单一来源数据的交叉验证，从而帮助金融机构看清资产、降低风险，未来有望帮助众多中小微企业获得普惠金融服务，从而破解中小微企业融资难、融资贵难题。为实现这一目标，需要政府部门牵头推动政府、企业、互联网平台、金融机构联合推进产业链数字化转型，扩大全链条覆盖的动态实时数据源，实现不同市场主体在业务交互和数据共享方面的有效鉴权和互信互认；并对产业金融业务主体资格认定、共享数据技术标准、凭证与票据的合规监管等方面出台明确统一的标准规范，为供应链金融、贸易金融等参与主体多、验证成本高、交易流程长的金融场景提供底层基础支撑。

3. 完善数字金融监管框架

中国数字金融创新不断深化，不同金融机构之间乃至互联网平台与传统金融机构之间的产品和服务范围界限逐渐淡化。传统的金融机构监管和分业监管体制滋生监管空白、监管效率降低，特别是对数字金融发展过程中的金融模式创新和产品创新缺乏有效监管。过去十年中一系列 P2P、网络信贷、互联网存款等监管事件都体现了这一点。

2023 年 3 月公布的《党和国家机构改革方案》，提出组建中央金融委员会及中央金融工作委员会，在中国银行保险监督管理委员会基础上组建国家金融监督管理总局，并相应调整中国证券监督管理委员会职责及地方金融监管体制。更符合现代金融监管要求的“二委一行一局一会”+“各地局”的监管框架更加清晰。新组建的金管总局将金融控股公司等金融集团的日常监管以及金融消费者保护纳入职能，体现了监管模式从机构监管向功能监管和行为监管过渡，便于对互联网平台等非传统金融机构的金融业务实现穿透监管和持续监管。未来，除了根据《党和国家机构改革方案》精神落实监管机构改革，完善功能监管和行为监管；还需要根据数字金融发展的趋势，研究利用最新的数字科技于监管实践，并完善对于金融数据要素的权属规定与流转保护。

第二节 银行业数字化转型

中国金融体系以间接金融为主，商业银行作为金融体系的核心，其数字化转型是商业银行融入国家数字经济发展大局的重要依托。央行《金融科技发展规划（2022—2025）》，提出银行要将金融科技作为重大战略之一，促进技术助力业务提质增效。[①]银保监会《关于银行业保险业数字化转型的指导意见》指出，要加快数字经济建设，全面推进银行业保险业数字化转型，推动金融高质量发展[②]。商业银行的数字化转型不仅有助于为经济发展提供强大的动能，也有助于商业银行提升自身核心竞争力。

一、银行业数字化转型的内涵与特征

银行业数字化转型是指用数字技术重构银行的全部业务和组织，通过深度应用大数据、人工智能、物联网、云计算、区块链等新兴数字技术对银行的渠道、营销、产品、风控、数据应用、运营管理等方面进行全方位重塑，实现银行业务线上化、数据化、智能化、开放化，从而全面提升银行服务水平与运营效率。[③]

相比于传统银行，数字化转型的银行具有以下特征：一是营销与渠道线上化。银行加大移动端的投入与建设，不断升级迭代手机银行 App，将更多产品与服务从线下转到

---

① 《金融科技发展规划（2022—2025）》，中国人民银行，2021 年 12 月 29 日。

② 《关于银行业保险业数字化转型的指导意见》，中国银保监会，2022 年 1 月 26 日。

③ 张伟：《银行业金融机构数字化转型：内涵、路径与挑战》，《国际金融》，2023 年第 5 期。

线上，通过移动互联网向客户提供更多金融产品与服务。线上平台已成为银行拓展业务、精准营销的重要渠道。二是产品与服务数据要素化。商业银行数字化转型后更加重视产品或服务提供过程中产生的海量数据，包括社会层面的税务、工商、法院、水电气等大量外部数据；交易方面有个人、企业资金转移和支付数据；财富管理方面的信贷、资产以及大量金融产品记录；通过全盘梳理、分析现有的海量数据，银行可实时有效地评价经营业绩、评估业务风险，进行风险防控。[①]三是运营管理智能化。商业银行加大对智能设备的投入，以智能设备代替人力资源，减少对简单重复性劳动力的需求，智能投顾、智能语音等服务也给用户带来了便捷、实时、无摩擦的用户体验。同时银行以智能决策改造传统业务流程，将数字化转型贯穿于运营服务的全过程，在组织、人员、文化、流程、技术和绩效考核等各个方面全面转型，打造智能化的管理体系。四是生态构建开放化。商业银行对标准化业务，如账户管理、支付结算、贷款融资等进行标准化封装，实现开放输出能力。将自身的技术、数据、算法、风控、流程和其他业务功能开放给包括第三方开发者、金融科技公司、平台企业在内的生态系统。银行与生态圈伙伴，融合各方优势资源，进行产品和服务快速创新，形成金融+教育、金融+医疗、金融+制造业、金融+社交等各种跨界金融服务，满足企业和个人的各类金融需求。

二、银行业数字化转型实践

银行数字化转型已成为所有银行面临的必选项，但不同银行采用的转型模式有所区别。

1．全方位航母式转型

国有大型银行多采取全方位转型，打造数字金融航母。国有大行及部分全国性大型股份制商业银行具有雄厚的资金基础和科技基础，可投入大量的资源财力进行全方位数字化改造。[②]此类数字化转型实践具体有以下特征。

（1）营销数字化。营销数字化通常是银行数字化的第一步[③]。营销数字化是将整个营销流程全面围绕用户展开，以单个用户的实际需求为核心，针对用户生命周期不同阶段的特点，结合大数据、云计算、人工智能等技术，精准刻画用户画像，通过手机银行进行精准推送，根据用户不同需求提供差异化金融服务。同时削减银行物理网点，线上渠道对线下渠道逐步替代，降低银行获客成本。例如，中国建设银行推出个人手机银行，为不同需求客群、不同年龄客群、不同区域客群提供精准服务。招商银行的“摩羯智投”

① 黄毅，王一鸣：《金融科技研究与评估 2018：全球系统重要性银行金融科技指数》，北京：中国发展出版社，2018 年版，第 44—45 页。
② 肖宇，史楠：《商业银行数字化转型的主要模式与路径研究》，《全球化》，2022 年第 6 期。
③ 艾瑞咨询：《2023 年中国银行业数字化转型研究报告》，2023 年 4 月。

运用机器学习算法并结合财富管理经验为客户提供智能基金组合配置服务。现有研究表明，银行营销数字化促使实体网点退出，降低了银行成本。[①]

（2）运营管理数字化。银行运营管理业务包括资源管理、业务监控、人机交互、运营分析、任务管理等，机器人流程自动化（Robotic Process Automation，RPA）可将繁琐复杂的重复性工序进行自动化操作，降低人力成本及人工导致的误差，从而提升业务效率[②]，在银行数字化运营中发挥着重要作用。中国建设银行基于运营管理各方面业务匹配了相应的 RPA 运营管理岗位，比如机器人使用岗、机器人审批岗、机器人技术运维申请岗及审批岗、机器人业务运维申请岗及审批岗、机器人监控调度岗等，赋予 RPA 机器人虚拟员工身份，通过机器人处理大量重复性、具备规则性的工作流程任务，大大提升运营管理效率。

（3）风险防控数字化。银行数字化风控的核心是通过将大数据、人工智能、云计算等前沿技术与风控业务进行融合，对客户实时数据进行采集、整理和分析，有效降低信息不对称带来的风险，并迅速挖掘出数据背后隐藏的风险信用因素，帮助银行在客户资格审核及贷款批复、资产管理及投资组合构建等方面降低风险水平，提高风险控制效率。如中国农业银行搭建覆盖法人、个人客户以及组合风险的一体化监控平台；招商银行搭建智能风控平台“天秤”提升交易风险管控能力，以数字科技守护客户资产安全。商业银行数字化转型通过影响其市场势力和资产负债端结构进而作用于银行风险承担，对风险承担的影响呈现先升后降的倒“U”形关系，且数字化转型有助于降低银行体系内的系统性风险传播。[③]

（4）场景构建生态化。大型商业银行成立金融科技子公司加强对外合作。银行强化与政府端、企业端的对外合作，搭建金融与消费互联网、产业互联网、政务互联网等新场景。例如，中国建设银行向中小金融机构提供“慧系列”风险工具，输出智能化和数字化风控技术，推动风险共治；搭建智慧政务、智慧工商联、“建行生活”等诸多非金融平台，形成各类生态场景。

2．差异化特质性转型

众多中小型银行受限于资源禀赋能力约束，以及数字金融应用场景不足，多结合自身发展战略，采取差异化特质性转型。中小银行与第三方科技服务商合作，引进头部金融科技公司提供的技术方案，同时利用自己独特的行业、区位等优势，采取集中资源建设局部模块，与同业形成差异化竞争。例如，吉林亿联银行将服务农村金融作为发展重

---

① 何小钢，罗欣，郭晓斌：《金融科技、资源配置与银行业结构》，《当代财经》，2023 年第 6 期。

② 艾瑞咨询：《2023 年中国银行业数字化转型研究报告》，2023 年 4 月。

③ 吴文洋，蒋海，唐绅峰：《数字化转型、网络关联性与银行系统性风险》，《中国管理科学》，2023 年第 6 期。

点，在数字化转型和能力建设方面，利用长期积淀的农业农村数据，设计全线上的农贷产品“亿农贷”。在服务层面，实现全流程线上化和智能获客，打通农村金融服务“最后一公里”；在风控层面，应用风险数据驱动策略和评分完成业务各阶段的审批决策，及时评估策略的实际运行效果，适时介入管控手段，提升风险管控效率。

三、银行业数字化转型的路径

银行业数字化转型主要涉及宏观和微观两类路径。

1. 国家完善监管及市场准入规则

当前，银行业数字化转型如火如荼，但也暴露一些风险隐患，如商业银行通过第三方网络平台开展存款业务，引发重大风险事件。监管机构要密切关注银行业的数字化转型实践，实行严格的持牌准入和业务监管要求，及时出台相关规定规避转型过程中出现的各种业务风险，维护金融市场稳定。

2. 银行强化整体数字化转型

（1）战略转型方面，银行要持续深化数字化转型的重要地位，明确数字化转型的目标，根据自身规模、定位和差异化发展方向制定数字化转型战略，并将其融入整体经营战略中。银行董事会及高级管理层要具备全局谋划意识，统筹协调各项资源，制定“由上到下”的数字化流程机制，细化权责，并建立相应的考核机制，以确保数字化转型完整落地。

（2）架构转型方面，银行需要重新审视其组织架构和人才团队，建立科技与业务相融合的敏捷小组或跨部门的数字化转型工作组，实现从业务到 IT 的快速适应。

（3）技术转型方面，银行要坚持关键技术自主可控原则，对业务经营发展有重大影响的关键平台、关键组件以及关键信息基础设施要形成自主研发能力[①]。通过成立金融科技子公司或金融科技部门，对 IT 基础设施进行全面的升级变革，构建新一代的企业级技术平台，支持银行的数字化营销、数字化风控、数字化运营等各类创新应用快速交付上线，加速推进数字化转型。

（4）业务转型方面，银行应积极拓展生态布局，打造数字化的产业金融服务平台，围绕重大项目、重点企业和重要产业链，加强场景聚合、生态对接，推进企业客户业务线上化。尤其是要强化和中小微企业的合作，发挥技术的“雷达作用”，捕捉小微企业更深层次的融资需求，综合利用企业经营、政务、金融等各类数据全面评估小微企业状况，提供与企业生产经营场景相适配的精细化、定制化的数字信贷产品[②]。

---

① 《关于银行业保险业数字化转型的指导意见》，中国银保监会，2022 年 1 月 26 日。
② 刘春红：《商业银行数字化转型的可行路径》，《中国金融》，2022 年第 12 期。

四、我国银行业数字化转型的挑战和应对

银行业在进行数字化转型时也面临着许多挑战和困难。首先，银行数字化转型并没有统一的解决方案和路径，需要银行通过探索实践寻找适合自身的数字化转型方案。其次，多数银行的底层技术能力和数字化基础设施尚薄弱。技术支撑能力不能满足数字化敏捷创新和迭代需求。再次，银行缺少既懂技术又懂业务的复合型数字金融人才。最后，银行处理数据管理和信息安全的技术与经验存在不足。

为应对这些挑战，银行应采取以下措施。首先，技术方面，通过研发创新或引进先进的数字化技术来提升其业务处理能力和风险管理能力，通过云化、服务化和平台化等解决方案，提升技术研发效率，建立更强大的处理能力、更加灵活的底层技术平台，以实现对银行业务数量和复杂程度的提升。其次，组织架构方面，跨越业务、运营、中后台等不同条线开展数字化转型顶层设计，建立支持数字化变革的组织架构，在公司层面设立金融科技发展委员会，构建主导金融科技发展及应用的部门或团队，形成项目主导的敏捷组织。再次，人才方面，打造复合型人才队伍，包括引进具有数字化技能的人才，以及对现有员工进行培训，以提升其数字化技能，激发人才创新活力。最后，数据管理方面，建立健全数据治理制度和流程，以提高数据管理的效率和质量；建立严格的数据访问控制制度；定期进行数据安全审计和风险评估，以及时发现并修复安全漏洞。

第三节　保险业数字化转型

我国保险业是金融体系的重要组成部分。当前，我国保险业正处于从高速增长向高质量发展转变的重要阶段。保险公司通过推进数字化转型，加大对数据要素的投入，积极运用新一代信息技术，提升产品创新效率，满足用户需求，增强服务能力。然而在数字化转型进程中，保险公司也面临着监管错位、信息安全和人员短缺的挑战。本节在把握保险业数字化转型的内涵和特征的前提下，对保险公司数字化转型的相关实践进行剖析，进而从宏观和微观两个层面提出保险业转型升级的发展路径，最后阐述保险业在数字化转型进程中面临的挑战和应对措施。

一、保险业数字化转型的内涵和特征

保险业数字化转型是指保险公司运用大数据、区块链、云计算、人工智能以及其他相关数字技术，对产品服务、获客渠道、业务数据和风险管理等方面进行全方位重塑，

实现传统保险业务和数字技术的深度融合，打造契合客户需求的产品和服务，打破行业内外部的数据壁垒，变革原有的风险管理模式，形成完全不同于现有保险行业的新业态。国际主流研究表明，大数据、人工智能、云计算这三大数字技术对保险业降低成本、提升效率效果显著。[①]在数字经济时代，保险业数字化转型的内在特征主要表现为以下几个方面：

1．产品服务的创新升级

数字化转型将促进保险业全面重构产品和升级服务，具体包括三方面：一是产品性能创新，保险公司利用大数据技术全方位收集客户信息，探索市场现存的需求缺口，进而开发出高需求的创新型产品；二是服务模式创新，以用户为中心构建全新的服务体系，开发客户服务 App，增加客户黏性的同时简化服务流程，优化客户体验；三是商业理念创新，从追求商业价值和用户数量转变为重视市场潜力，追求可持续发展。保险公司通过应用数字化技术挖掘个性化需求和长尾市场，积极提高保险渗透率及服务效能。

2．获客渠道的场景化精准化

传统的保险销售模式普遍依赖经纪人挖掘新客户，获客成本较高且客户往往为被动消费。数字时代下客户更倾向于在信息透明的环境下自主选择，保险需求更多地取决于客户的自发体验和消费偏好。因此，保险行业的获客模式正在从“要客户买”转变为“客户要买”。保险公司需要将保险服务融入客户的实际生活场景中，以及时的风险提醒来激发客户的投保意愿，把保险消费的主导权归还给消费者[②]。为此，保险公司采用“互联网+大数据”等技术定位目标市场，吸引潜在客户，及时调整和优化获客策略，实现获客渠道的精准性。

3．业务数据的互联互通

数字化转型可以帮助保险机构实现数据在企业内外部之间的无缝连接，以支持运营和决策。在企业内部，保险业数字化转型提供了更高效的数据管理和处理能力，各个部门的数据可以通过大数据技术和云计算进行集成和分析，从而消除信息孤岛，实现部门之间数据的共享与互通。在企业外部，保险机构能够在与代理商、再保险公司、第三方平台的协同工作中实现与合作伙伴之间的数据互通，提升合作效率和质量，拓展企业的业务范围，实现互利共赢。

4．风险管理的全面化系统化

风险的存在和发展是保险产生的前提，道德风险和逆向选择是保险行业所面临的重

① Eckert, C.,and Osterrieder, K. How digitalization affects insurance companies: overview and use cases of digital technologies. ZVersWiss 109, 333－360（2020）.

② 陈辉，鲁阳：《保险科技：框架与实践》，北京：中国经济出版社，2022 年版，第 30 页。

要挑战。随着数字技术在风险管理中的应用，风险识别和应对信息不对称的挑战将得以缓解。首先，数字技术在客户风险管理方面具有显著的优势，数字技术赋能下，保险机构可事先识别客户潜在信用风险，提高风险管理的效率和准确性；其次，数字技术助力市场风险管理，数字技术提供了更强大的模型和算法，能够更精确地预测市场风险，并采取相应的风险对冲措施，以保护保险公司的利益；最后，数字技术在业务风险管理方面发挥着重要作用，数字技术可以实现业务流程的实时监控，及时识别业务操作异常情况，更快地发现和处理风险事件。

二、保险业数字化转型的实践

保险业数字化转型涉及科技赋能、营销渠道、数据共享和风险控制四个方面，我们从上述四个方面展示中国保险业数字化转型的实践，展示保险公司在数字经济浪潮下的应对之道。

1．科技赋能方面

保险公司在不同业务链条上广泛应用多种数字技术，对传统保险价值链进行优化和延伸，实现产品和用户服务的创新。以中国人保为例，在产品创新方面，大力发展新能源车保险，开展“智能网联”汽车保险业务，首创“智能网联”客运承运人责任险；在客户服务方面，中国人保推出了针对客户的统一 App，满足广大用户一致性和一站式的体验需求。

2．营销渠道方面

各市场主体主动推广互联网保险业务，依托互联网平台以及互联网生态或场景，打造多元化和平台化的营销渠道。数字化转型下保险行业的渠道创新体现为几大模式：一是传统保险公司打通线上和线下销售优势互补，借助移动互联平台和社交媒体的便捷性和易传播性，推动传统销售模式变革[①]；二是各家保险公司借助不同的场景，将产品销售融入互联网生态，利用第三方合作渠道实现批量获客。例如，保险公司通过与互联网旅游平台合作，如去哪儿、携程、飞猪等，在平台销售机票及旅游产品时进行保险营销。三是，例如众安保险之类的专业互联网保险企业，采用线上销售和售后一体化的模式，不设任何机构分支。

3．数据共享方面

通过应用数字技术如云计算、人工智能和区块链等，保险公司能够更安全、更高效地与合作伙伴和第三方平台共享数据，促进信息流动和合作，提升风险评估能力和客户体验。例如，中国保险行业协会在 2018 年建立“保险万事通”公益性移动服务平台。通

① 朱进元，刘勇，魏丽：《保险科技》，北京：中信出版集团，2018 年版。

过这一平台，用户可集中查询比较保单，而不同保险公司能够在确保客户的个人隐私得到妥善保护的基础上，共享客户的基本信息、历史理赔记录等数据，避免了重复收集和处理数据的工作，提高了保险业务的效率。

4．风险控制方面

通过应用数字技术实现智能风控，完善风险预警、智能防范和数字化风险分析，有效控制风险和应对风险。例如，平安集团的大数据风险控制系统——鹰眼系统，以物理空间为依托，采用数值模拟和卫星遥感等创新技术对自然灾害进行预测预警。例如，中国人保的智能风控系统通过大数据分析，寻找现有风险数据规律，实现风险识别与精准防范，便利定期排查与整改风险。该系统现已整合车险、农险、理赔和普惠金融等九大重点领域 44 个风险点，推动风险防控常态化和规范化①。此外，数字技术也为强化保险消费者教育，减少产品错配风险提供了机遇。②

三、保险业数字化转型的发展路径

保险业的数字化转型同时受到外部环境和内部环境的影响，国家和企业可以从宏微观两个层面推动保险业数字化发展。

1．政府强化顶层设计，引导保险业数字化转型

2021 年 12 月，国务院印发《“十四五”数字经济发展规划》③，对金融业提出了加快数字化转型的发展要求。2022 年 1 月，银保监会出台《关于银行业保险业数字化转型的指导意见》（以下称《指导意见》）④，直接为保险公司落实数字化转型提出了具体指向。《指导意见》提出，保险业要在战略规划和组织流程建设、业务经营管理数字化、数据能力建设、科技能力建设、风险防范、组织保障以及监督管理等方向继续努力。目标是在 2025 年前保险业数字化转型取得实效，数字化经营管理体系初步建立，数据治理日臻完善，科技能力显著增强，网络安全、数据安全、风险管理等整体水平得到提高。

2．保险机构充分发挥数据要素作用，推进数字化转型

首先，通过不断完善普惠型保险产品开发，保险企业可实现与政府部门之间的数据整合和共享。如美国凯撒数字健康平台实现保险公司、用户与医疗机构直接对接与数据共享，使医疗健康服务流程标准化、系统化；用户健康管理严密化。⑤中国保险公司与政

---

① 清华大学五道口金融学院中国保险与养老金研究中心：《金融科技发展视角：构建保险科技创新新生态（2020 年）》，北京：中国财政经济出版社，2020 年版第 117 页。

② 朱晶晶：《保险数字化中的消费者风险及其治理》，《经济研究参考》，2022 年第 10 期。

③ 《“十四五”数字经济发展规划》，国务院，2022 年 1 月 12 日。

④ 《关于银行业保险业数字化转型的指导意见》，中国银保监会，2022 年 1 月 26 日。

⑤ 李韬，冯贺霞，刘頔：《美国数字健康平台典型模式分析》，《医学信息学杂志》，2023 年第 4 期。

府合作推广惠民保，获取相关医疗保险数据，帮助保险企业更好地了解和分析居民的医疗需求和风险特征，为保险企业提供了更准确的风险评估和产品定价依据，丰富了企业的数据要素。其次，保险公司通过与其他第三方主体合作，获取不同领域的数据，如医疗、天气、交通等，开发出与之相匹配的创新保险产品。并且通过共享客户的消费行为数据和交易记录，保险公司能够完善定价策略，厘定合理公平的费率。最后，保险公司利用新兴数字技术充分发挥数据要素作用，例如分析出隐藏在数据中的消费习惯和行业趋势，精确化用户画像，从而制定个性化的保险方案。

四、我国保险业数字化转型的挑战与应对

保险业在数字化转型过程中不可避免地会面临挑战，需要从法律监管、信息安全、人才建设三个方面进行应对。

1．监管治理的缺位风险及应对

尽管中国银保监会出台了要求保险机构贯彻落实数字化转型的相关指导意见[①]，并且《保险法》中也涉及了相关要求，但关于保险业数字化转型的法律法规仍无法匹配保险业数字化转型的发展现状。此外，保险业数字化转型跨地区、跨领域的发展特点使得传统的监管框架难以覆盖保险业务全范围[②]。因此，需要完善保险业数字化转型的相关法规，构建多层次智能监管体系对保险业数字化的每一环节进行有力监管，推动监管部门和保险行业的良性互动，共同保障保险业的健康发展。

2．数据利用的信息安全问题及应对

保险业数字化也面临着信息安全方面的挑战，高风险漏洞、网络攻击和其他网络安全问题层出不穷。企业需要加强对数据的保护，提升数字技术能力，重视从业人员的行为规范，保护客户的信息安全。此外，政府必须加强网络安全监管，加大对数据泄露、侵犯隐私等行为的惩罚力度，为数字化转型创造安全的网络环境。

3．保险科技发展的人力资源匹配不足及应对

保险业数字化人员培养难以跟上技术革新的速度，复合型人才严重不足导致核心数字化业务依赖外部资源。[③]因此，保险公司要继续加大人才引入，增强员工在职培训；保险学科体系也应与其他相关学科进行整合，融入更多的技术学习和数据分析等相关内容，培养更多复合型人才。

---

① 《关于银行业保险业数字化转型的指导意见》，中国银保监会，2022 年 1 月 26 日。

② 任保平，张陈璇：《中国数字经济发展的安全风险预警与防范机制构建》，《贵州财经大学学报》，2022 年第 2 期。

③ 唐金成，刘钰聪：《我国保险业数字化经营转型发展：机遇、挑战与应对》，《南方金融》，2022 年第 9 期。

第四节　证券业的数字化转型

中国证券业发挥着提升直接融资比重，连接资本市场和实体经济的功能。随着证券市场改革向纵深推进，证券业将持续推进数字化转型，应用数字科技做大客户市场规模，提升服务客户的能力，降低运营成本，打造数字化行业生态，强化服务实体经济的功能。

一、证券业数字化转型的内涵与特征

证券业数字化转型是指通过数字技术提升证券公司主营业务的运营效率，扩宽获客的边界，增强固客的能力，为客户提供创新性、多样化、差异化的金融产品及服务，完善合规管理和风险控制，实现证券业的平台化、智能化和数字化，使证券投资行业更好地服务实体经济发展。

证券业数字化转型有其内在的特征，即平台化、智能化和数据的要素化。一是区别于信息化的平台化。早期证券投资业务刚进入电子无纸化和网络化阶段，此时信息呈现繁多散乱、彼此分割的特征，但数字技术尤其是云计算赋予企业打造自身或行业云平台的能力，使业务、系统和数据集约化、条理化、互联互通化，并以数字平台为载体，构建客户、同业和跨业的数字生态。二是不同于自动化的智能化。20 世纪 90 年代随着机器制造和自动化技术的发展，证券企业在线下营业部投放机器设备，自动执行账户申请表的录入、复核和审批，提高开户效率，降低错误率，而智能化不仅要求自动执行任务，还要求具备灵敏准确的感知功能、正确的思维与判断功能、自适应的学习功能，以及行之有效的执行功能，因此可以实现智能客服、智能投顾、智能投研等。三是数据的要素化。数字化要求以数字技术和数据要素为核心驱动创新，创造新价值和增加新收益，优化其他生产要素配置，重塑产品、服务、运营、管理的协同模式，实现产品数字化、数字产品化、服务数字化、数字治理。

二、证券业数字化转型实践

1．业务数字化转型

证券公司的业务一般可以分为财富管理、机构服务、投资交易、FICC（Fixed Income，Currencies，Commodities，固定收益业务）、投行业务、资产管理业务。证券业数字化转型需要强化获客、服务、投顾等几大核心关键能力。[①]目前，面向零售端的财富管理业务

① 殷振兴，姚子骏：《证券机构数字化转型的发展模式研究》，《金融纵横》，2020 年第 10 期。

数字化水平较高，可以通过数字技术提供并优化远程开户、在线交易、账户分析、咨询服务、智能客服、营销投放等服务。[①]在机构业务方面，根据我国机构投资者多元化的特点，多数证券公司针对不同类型的机构投资者建立了相应的算法交易平台、融券交易平台、机构客户服务平台，实现了机构业务的信息化、流程化、规范化和自动化，如海通证券的“e 海方舟”机构智能交易平台，“e 海通券”券源管理系统，“e 海通达”的统一机构客户服务平台。[②]

各项业务流程的数字化转型主要可以分为前台和中后台。前台侧重于优化客户线上线下一体化体验，使一线人员服务的客户价值进一步深化，如使用线上交易系统以提升交易的快捷和便利，通过大数据分析挖掘客户数据形成客户画像以实现个性化服务，利用智能客服围绕产品的生命周期持续追踪客户解决投资问题，等等。中后台强调加快基础设施建设，从底层架构、服务流程、产品体系等维度赋能投顾、客服、投研、营销、运营、风控等业务模块，如构建数据集市和数据中心以整合、管理和挖掘数据，搭建平台实现全业务品种、项目全生命周期的流程线上化管理，建设智能风险画像与预警系统等。[③]

2．数字化运营

围绕业务的数字化转型，企业内部的运营也要做适配性调整，包括业务流程的智能化管控、合规管理的风险监管和赋能员工的数字化建设。例如，在业务流程的管控方面，民生证券的超自动化平台可以将业务流程可视化，进行线上线下编排联动，以及在全流程上进行启动、暂停、重启、终止、转移等管理。在合规运营方面，东吴证券打造全面风险合规管理体系，从数据主线上，构建风险数据集市，形成统一的风险管理标准，提供对风险的计量和分析；在应用主线上，打造风险引擎支撑信用风险、市场风险管理，全面监控日常业务的风险状态，自动发现、核准、预警、追踪、干预异常状态，加强各项业务的风险控制、满足监管要求。在赋能员工方面，打造数字协同办公平台，实现员工与机器人的协同办公，将人力资源从繁重的工作中释放出来，使员工投入到更具创造性和更高价值的工作中去。如国泰君安利用 OCR、RPA 等一系列数字化技术，实现办公全流程数字化管理，形成高效协同的数字职场，提升员工办公效率。

3．行业数字化生态构建

证券公司正在不断与科技公司达成战略合作，如通过共建联合创新实验室和金融科技子公司、战略投资并孵化金融科技公司、资源共享和平台互通等方式，实现跨行业的

① 刘艳丽，田延杰，张洁玉，等：《数字化赋能证券行业财富管理转型探讨》，《金融纵横》，2021 年第 10 期。

② 中国证券业协会.《证券公司数字化转型实践报告及案例汇编》，2022 年。

③ 付晶：《证券公司为何需要构建数字化审计平台？》，《中国商界》，2023 年第 5 期。

相互赋能。也通过开展企业、科研院所和高等学校之间的合作，实现产学研一体化和产教深度融合，打造金融科技人才和技术创新生态。目前，一些互联网平台已经可以为券商提供开户导流服务，支付宝“股票”模块已上线“券商直达”功能、腾讯自选股 App 上线“交易”板块、京东金融 App 也可为券商提供开户导流服务。[①]

4．数据治理

数据治理是证券数字化转型的核心环节。[②]目前，华泰证券信息技术部和数字化运营部正在不断探索数据治理的发展模式及主要路径，致力于围绕企业数字化转型打造数据能力中心，以数据资产为核心，从组织、制度和平台等方面，打造集数据标准、数据质量、元数据、数据模型规范、数据安全、数据价值于一体的数据资产管理体系，以运营思维推进数据治理，短期解决企业经营管理中的数据痛点问题，中期为企业数字化转型和运营夯实数据基础，逐步实现从数据生产到消费的全生命周期管理，长期让数据要素融入企业核心价值链，为数字化生态建设做好准备。[③]

三、证券业数字化转型的发展路径

1．提出差异化的数字化战略

证券公司的数字化战略需要考虑到行业的发展前景，以及企业的定位和优势，结合自身业务基础和资源状况，制定符合自身业务发展需求的数字化蓝图，避免人云亦云和空洞无物，将数字规划真正聚焦在企业关键业务上，形成差异化的战略高点和优势突破，避免资源的盲目投入和同质化建设。而这一愿景的设定不仅仅是首席信息官（CIO）的工作，还需要由公司核心管理层共同制定、为其背书并共同推动。

2．改革组织架构

为了数字化战略的决策、推进、实施，需要配套变革传统的组织管理体系。在组织设计上，可以采用三种模式，一是专门设立新的数字化转型团队；二是将数字化转型的职能赋予现有的组织；三是采用跨职能、扁平化的部落制组织。最终实现：决策层负责整体数字化转型方案、工作体制等的设计，并且领导和监督各部门落实工作和考核绩效成果；推进层执行数字化转型战略和工作，协调各业务和管理部门共同推进项目开展；执行层完成各部分的具体工作，走完业务的“最后一公里”。大型券商与中小券商应根据现有组织结构的不同，采取不同的转型组织架构。[④]

---

① 麦肯锡公司：《知易行难：探索券商数字化转型成功之路》，2021 年。
② 王玲：《证券公司数据治理模式和路径研究》，《清华金融评论》，2021 年第 3 期。
③ 华泰证券课题组：《证券公司数字化财富管理发展模式与路径研究》，《证券市场导报》，2020 年第 4 期。
④ 上海证券有限责任公司金融科技总部：《中小券商数字化转型突围之道》，《金融电子化》，2022 年第 4 期。

3．发挥数字技术引领作用

数字技术首先要支持现有业务的运转，提高工作效率；其次要赋能于业务，逐渐规模化地应用在所有核心业务，达到降本创收的效果，使数字技术成为其核心竞争力；最后，当技术能力达到一定高度后，可以通过对外输出技术及综合解决方案等，服务其他金融或非金融机构，实现技术变现，形成新的业务模式。[①]

4．完善数字化人才队伍发展机制

在选才上，对单一独立的人事管理模式进行改革，适应现代多元化的招聘，以挑选更加高端和复合型的人才；在育才上，针对已有团队制定合理的培养计划，使其能力不断适应转型发展的要求；在用才上，提高对人员能力的识别，因人而异地分配工作岗位和任务，充分发挥其价值；在留才上，建立合理的薪酬和考核激励机制，营造良好的团队文化和给予足够的人文关怀。

四、我国证券业数字化转型的挑战与应对

尽管超七成的证券公司制定了数字化转型战略，但转型之路还面临着诸多挑战。

1．数字化转型挑战

（1）核心技术投入不足

虽然证券业信息技术投入金额呈现稳步增长的态势，但相较于保险、银行等其他金融机构和国际投行，数量上表现为力度不足，结构上呈现出聚焦于已有技术的运转和维护，而用于自主核心技术创新的投入捉襟见肘。

（2）数字化应用水平低

证券公司的数字化应用在深度和广度方面均有待提升。在深度方面，数据质量参差不齐、共享水平较低，从而导致数据治理能力较弱，数据价值无法得到充分挖掘和发挥。如财富管理智能化服务目前多集中于账户分析、资讯服务等方面，在智能交易、资产配置、理财规划等方面没有发挥显著作用；在广度方面，目前数字化转型重点仍然以前台的客户端为重心，向中后台的延伸不足，如数据分析、合规监管、数字货币等领域未取得积极成效，又如区块链等的前沿技术已在境外证券发行、交易、结算清算、登记托管领域有所实践，但在我国证券业应用的场景十分有限。

（3）数字化人才支撑不足

数字化转型加速推进，对熟练掌握数字技术、善于创新、精益求精的数字化人才产生大量需求，但是数字化人才有效供给增长不匹配，不仅缺乏高技能人才，还有复合型人才需求更加紧迫，信息技术部门依然被定位为后台技术支持部门或成本中心，没能实

---

① 陈宛：《数字要素时代证券公司的金融科技转型探索与实践》，《人工智能》，2023 年第 2 期。

现有效的配套转型。

（4）数据安全隐患大

证券投资在产生高价值的海量数据的同时，也面临着数据被泄露、窃取、篡改、滥用等风险。IBM《2021 年数据泄露成本报告》就指出每次数据泄露事件平均为公司带来424 万美元的损失。数据风险还会抑制行业数据合理开放共享的意愿和积极性，增加了运用数字技术的成本，阻碍数字技术与业务融合的深度和创新活力。①

2．推进数字化转型的措施

一是加大科技投入，促进自主创新。企业在核心技术上增强自主掌控能力，主动深入前沿技术研究，全面升级技术架构，促进信息技术与证券投资核心业务深度融合。不同类型的证券公司可以通过独立研发、合作开发、与第三方科研机构或科技公司协议开发等多种模式，提升自身和行业数字化适应水平和自主可控能力。政府也应加快建设数字基础设施建设，助力企业的数字化转型，减轻企业数字投资的负担。

二是大力推动科技赋能业务的发展。在继续推进业务线上化和机械自动化的基础上，打造更加智能化的前中后台，如智能投顾平台和智能投研平台，充分运用机器学习和人工智能等数字技术，整合各项资源，挖掘客户价值，拓展业务应用场景，形成产品和服务的创新。

三是夯实数字化人才基础。在人才培养方面，倡导高校与高校、企业和政府进行专业共建、人才定制等方面的深度合作，通过改革人才培养模式，整合多方资源，追逐产业热点，与权威机构联合开设大数据、区块链、人工智能、物联网、信息安全等一系列精品化、专业化、实践化的数字专业课程。在人才激励方面，可以借鉴互联网和新兴技术企业的股权激励和员工持股计划，对其有关程序和要求做出明确安排和具体制度规范。

四是健全网络安全体系。构建纵向立体的、全生命周期的防护体系，加强信息基础设施的保护，在信息架构的不同位置设防，通过异构、多元的传感节点，及时发现威胁进行有效拦截，提高安全事件处理的标准化和自动化水平，打造常态化的智能安全运营平台。

第五节 数字金融监管创新

数字金融的发展会引发金融系统的新风险。过去数年我国金融体系遭遇多起数字金融引发的风险事件，暴露出现有监管体系不足。伴随暴露风险的处置、金融监管体制的

① 王玲：《证券公司数据治理模式和路径研究》，《清华金融评论》，2021 年第 3 期。

改革，我国数字金融监管将继续创新监管理念和监管机制，在监管中充分应用最新数字科技，实现对数字金融的全生态有效监管。

一、数字金融发展的新型风险

数字金融的发展一方面提升了对实体经济的支持力度，另一方面也会带来新型风险：

1. 数字金融新型业务对传统监管模式的冲击

首先，在数字金融环境下，部分金融机构突破已有牌照范围限制，无差别地向所有客群提供服务。例如互联网小贷公司持一省牌照在全国提供线上贷款服务，又如部分地方性商业银行与互联网平台合作提供全国性互联网存款服务，通过结构化产品、靠档计息等方式变相提高存款利率，冲击了现有的金融体制。[①]其次，金融科技公司参与金融活动，监管主体不明确，权责关系难以厘清。互联网平台作为信息中介，为银行提供优质客户信息，并罗列不同银行的金融产品信息供平台用户进行查阅，进而推动交易。变相介入了客户账户开立、交易信息存储等活动。一旦出现恶性事件，很难在诸多的责任方中厘清责任。这些现象都形成了游离于监管之外的“影子银行”现象，业务层层嵌套，部分资金投向不明，容易引发系统性风险。国际上，对数字金融的监管涉及数字化银行、金融科技平台等，规制工具包括准入牌照、资产负债表限制等，规制的一致性与完备性都不够好。[②]

2. 数据要素引发的新型风险

数字金融的发展必然伴随海量的金融数据，这些数据的权属、交易方式以及隐私保护规范都尚未完善。此外，一些金融科技巨头垄断了交易数据、客户信息数据等巨量数据，此类数据具有一定的公共品特征，但巨头公司往往不愿意共享数据，容易产生数据垄断，导致“信息孤岛”、数字鸿沟等现象的出现，有碍金融业良性竞争。

同时，数据要素会产生一定的隐私负外部性。金融机构在收集、管理和使用金融数据的过程中也可能会泄露相关数据。同时金融机构可能非法收集和滥用金融数据，实行价格歧视或垄断，严重侵害消费者权益。[③]另外，金融数据的跨境流动也给数据监管带来了一定的挑战。

3. 算法引发的风险

新型金融科技使得风险传播更加迅速，容易产生复杂的网络效应。算法实现的自动化交易给金融市场带来不可预测的风险，例如 2010 年的美国道琼斯指数由于自动化交易

① 尹振涛：《中国金融监管的新动向与重要意义》，国家金融与发展实验室，2023 年 5 月 23 日。

② Johannes Ehrentraud, Denise Garcia Ocampo, Camila Quevedo Vega, Regulating fintech financing: digital banks and fintech platforms, FSI Insights on policy implementation No 27, 2020.8

③ 孙灵燕：《数字金融对传统金融业的变革性影响与转型路径》，《金融研究》，2013 年第 3 期。

的算法缺陷导致暴跌与反弹，使得美国股市蒸发 1 万亿美元。算法缺陷导致信贷、投资业务呈现出明显的顺周期性，出现市场稳定时更高频交易，市场萎缩时，更快撤离的潮涌现象。算法还可能引发一些治理和伦理风险，金融机构往往将自己的技术工程外包给其他科技公司，由科技公司全权负责算法和平台建设，这将导致金融机构内部难以消化平台算法，对算法所存在的隐患和风险无法知悉，在出现问题时无法及时解决。在防范算法漏洞和黑客攻击方面也没有足够的技术支持。

二、数字金融监管的创新实践

1．国际实践

欧盟、美、英、韩等发达经济体在数字金融监管方面建立了较为完备的法律法规保障。2017 年 4 月，英国出台《金融科技桥梁政策》和《监管科技政策》，为监管者制定数字金融监管措施提供借鉴。2018 年 12 月，韩国发布《金融创新支援特别法》，为测试创新金融服务提供法律依据。2019 年 1 月和 3 月，美国众议院分别通过《金融科技保护法案》和《金融科技法案 2019》，在创设新的监管议事机构、厘清监管协调机制的基础上，强化对金融科技的监管。2020 年 9 月 24 日，欧盟委员会发布全新的数字金融一揽子计划，主要包括数字金融战略、零售支付战略、加密资产立法建议和数字运营韧性相关立法建议。同年 12 月 15 日，欧盟发布两项新数字法案：《数字服务法案》和《数字市场法案》，进一步监管在线平台的经营行为。

世界主要国家（地区）在监管科技领域积极尝试和探索，为数字金融监管提供全新的监管工具和手段。英国是最早提出数字化监管的国家，为了实现监管数据的自动实时处理，英国金融行为监管局（FCA）于 2017 年 11 月启动“数字监管报告（DRR）”项目，目前该项目已进入第三阶段试点。美国证券交易委员会（SEC）引入市场信息数据分析系统（MIDAS），通过云计算对股票交易数据进行分析处理，并建立全国检察分析工具（NEAT），通过大数据和人工智能技术审查大量市场交易，监督违法违规的交易行为。FCA、美国商品期货交易委员会（CFTC）探索开发了智能机器人系统，用于监管机构与被监管金融机构沟通、自动调取和共享数据。

2．国内实践

（1）发布数字金融发展顶层规划。人民银行在发布实施《金融科技（FinTech）发展规划（2019—2021 年）》的基础上，于 2022 年 1 月出台新阶段金融科技发展规划。规划内容包括以下三个方面：一是明确加快金融服务智慧再造、激活数字化经营新动能、打造新型数字基础设施等八项重点任务。二是制定数字金融风险管控和业务规范监管规则。2020 年以来，监管机构在网贷公司、金融控股公司、互联网金融业务（如贷款、保险、基金销售）等方面出台数十项办法决定。三是完善金融行业标准。2019 年以来我国加紧推动金融行业标准制定，截至2021年底，大数据、云计算、人工智能、区块链等11项金融行业标准已经发布。

（2）积极推动金融科技创新监管试点。2019年12月，人民银行提出“金融科技创新监管工具”，正式启动中国版“监管沙盒”，在有效控制业务与技术风险、降低监管不确定性、保证消费者权益的前提下支持金融创新。

（3）拓宽金融监管范围。2021年蚂蚁金服整改的实例体现了中国金融科技监管环境发生了重大变化，开始将互联网平台统一纳入金融监管。具体整改内容包括：纠正支付业务不正当竞争行为；打破信息垄断，依法持牌经营个人征信业务；蚂蚁集团整体申设为金融控股公司，所有从事金融活动的机构全部纳入金融控股公司接受监管；严格落实审慎监管要求，完善公司治理，认真整改违规信贷、保险、理财等金融活动，控制高杠杆和风险传染；管控重要基金产品流动性风险，主动压降余额宝余额。蚂蚁金服的整改方案对于如何监管非金融机构从事金融活动、提供金融产品的现象提供了可行的思路。

三、数字金融监管的机制设计

1．监管沙盒的作用机理

监管沙盒，又称监管沙箱（Regulatory Sandbox），最早在2015年3月由英国政府首次提出。据英国金融行为监管局（FCA）的定义，监管沙盒是一个安全空间，在该空间中，监管规定有所放宽，在保护消费者或投资者权益、严防外溢的前提下，尽可能创造一个鼓励创新的规则环境。①

监管沙盒的作用机理为：监管机构先对金融科技机构是否适用“监管沙盒”进行测试。若适用，监管机构会公布测试申请流程和审核标准，金融科技公司若通过测试审核，则监管机构会进一步对金融创新产品的测试日期、方案以及运作规则进行科学设计。测试过程将全部处于监管机构的监控下。如果测试处于健康运作状态，再约定测试的结束日期，反之则及时结束测试。最后，申请企业把对金融创新产品进行测试的总结交给监管机构，若监管机构认定其符合“监管沙盒”标准，则申请企业便可制定进一步金融发展战略，反之结束测试。

2．中国式监管沙盒的运行机制

中国的金融科技监管沙盒相比较国际监管沙盒而言，严格要求必须有持牌的金融机构参与，试点的项目相对而言也风险较低。中国监管沙盒的运行流程是：市场企业在选择好创新项目后，监管者若是选择使用监管沙盒模式进行监管，创新项目将会接受公示和群众意见反馈，若通过公示，即可进入监管沙盒流程。若在公示期间项目收到公众的

① 龚强，马洁，班铭媛：《数字经济创新的金融支持与适应性监管》，《北京交通大学学报（社会科学版）》，2021年第3期。

举报，并且举报理由充分合理，该项目就无法进入监管沙盒流程中。在中期监管阶段，监管者根据项目的中期成果汇报决定是否继续让项目运营，通过审核即可推向市场。监管者的任务在于判断该企业的创新是否是实质性的创新，避免出现打着创新的旗号实现套利的欺诈项目。[①]金融市场普遍认为，与发达国家投资者参与监管相比，中国数字金融监管体制由政府主导，呈现强监管风格，这会促使市场主体相信政府，勇于创新，但同时也会加重政府负担，如何平衡发展与安全、政府与市场、创新与监督的问题是中国实施监管沙盒的一个关键性问题。

2019 年年底，中国人民银行宣布启动金融科技创新监管试点。截至 2020 年 11 月，共有 9 市 60 余家金融机构和 30 多家科技公司申请的 60 个创新项目被公示，部分已经进入正式服务阶段。从中国监管沙盒试点的申请机构数据来看，共涉及 37 家科技企业和 78 家金融机构，其中 31 个项目由纯金融机构参与，29 个项目由金融机构与科技企业联合开发和申报。银行是金融科技创新的重点行业，同时也带动了相关的支付企业和科技公司共同推进金融创新。入盒项目业务分布为数字化信贷、支付、创新银行、底层技术、证券、财富与资本市场和保险科技；技术要素分布为大数据、人工智能与机器学习、区块链、云计算、知识图谱、物联网、5G 和虚拟/增强现实（VR/AR）。结合入盒项目的特征，主要可能面对的风险有技术风险、信息安全风险、业务风险和操作风险。各个项目应依照风险指示在项目进程的不同阶段，配套相应的风险化解措施，保障监管流程的顺利运行，同时保护好消费者的权利，风险暴露后明确各方责任，对遭受损失的消费者进行补偿。[②]

四、面向未来的数字金融监管

推进我国的金融监管建设，应当不断完善监管顶层设计，创建新型监管工具。共治共享，打造全生态监管环境。

1．完善监管顶层设计

完善数字监管体系的关键在于金融监管体制的变革，传统的金融监管机制已经难以适应科技创新和数字经济发展所带来的金融业的发展。2023 年 3 月公布的《党和国家机构改革方案》使得更符合现代金融监管要求的“二委一行一局一会”+“各地局”的监管框架更加清晰。新组建的金管总局将金融控股公司等金融集团的日常监管以及金融消费者保护纳入职能，更便于在数字金融时代，对互联网平台等非传统金融机构的金融业务实现穿透监管和持续监管。

同时，数字金融监管也需要监管理念与模式的变革。传统监管模式更注重准入式监

① 沈艳，龚强：《中国金融科技监管沙盒机制设计研究》，《金融论坛》，2021 年第 1 期。
② 吴国强，陈少东，江立勤，等：《中国“监管沙盒”创新与实践报告》，2022 年。

管，数字金融的监管应更加注重事前、事中、事后监管力度的协调，适当放宽事前监管，鼓励创新，降低准入门槛，增加市场准入机会，避免把真正具有创新能力的企业挡在门外，加强事中和事后监管，确保准入以后的机构严格遵守监管要求，保护好投资者和消费者利益。增强监管的精准度，"精准拆弹"防范化解重大风险。监管理念应兼顾创新和安全。加强各部门、各区域、跨境部门间的协作监管，应鼓励数据共享，打破数据壁垒的同时，完善数据跨境流通的规则体系，防范数据引发的道德风险。

2．创建新型监管工具

发展监管科技，建设数字化、智能化的金融科技监管工具。通过复杂网络分析、金融知识图谱和数据挖掘等技术实现金融网络中的风险识别。金融因果挖掘以及金融市场情绪挖掘技术可以用来识别和干预风险感染路径。隐私计算和数据共享脱敏的应用，可在有效保护敏感数据的同时，实现数据价值的合法合规流通。利用大数据算法，数据清洗、挖掘获得穿透式信息集，确保交易信息的实时性和可追溯性[①]，可以有效降低区块链技术带来的去中心化和金融脱媒趋势所带来的风险。利用人工智能、机器学习技术识别交易双方风险等级，作为第三方交易平台，实时追踪交易流程，公开信息，降低双方信息的不对称。利用动态监测技术，实时预警金融交易中的风险状态，对信息进行合理范围内的披露，实现实时监控，严防洗钱、套利等违法行为。

3．实现全生态监管

数字金融发展导致业务嵌套和服务主体责任划分不清晰，削弱了现行监管政策的约束力。这些新模式已经超越了银证保混业监管的范畴，需要建设覆盖金融全领域全行业以及与科技公司交叉地带的全生态监管。全生态监管将监管范围拓展至包含传统金融机构、第三方科技公司和互联网平台，进一步体现了功能监管理念。除了对具有系统影响力的互联网平台进行监管外，对于中小型科技供应商也应施加不同程度的监管要求。建设全生态监管环境，有助于从全局角度考量风险，帮助金融领域和科技领域的有效衔接，防范各领域之间的风险"传染"，以系统环境疏散单个领域风险。

① 龚强：《监管科技助力互联网金融创新发展》，《清华金融评论》，2018 年第 3 期。

第九章 贸易领域的数字化

随着信息通信技术、互联网、人工智能、云计算和区块链等数字智能技术的不断演化，传统贸易交易模式、交易范围、交易主体等发生显著变化，全球贸易已进入数据要素驱动和数字技术驱动的数字贸易时代。数字贸易发展对传统贸易模式、区域经济格局、全球价值链等方面产生深远影响。2019 年 11 月，《中共中央国务院关于推进贸易高质量发展的指导意见》首次在中央层面正式提出“数字贸易”，明确提出加快培育贸易竞争新优势，推动数字贸易高质量发展。2022 年商务部发布的《全球数字贸易与中国发展报告（2021）》显示，中国数字贸易额已位居世界前列，其中跨境电子商务出口额位居世界第一。数字贸易已成为驱动经济增长新引擎。

第一节 数字贸易内涵和特征

一、数字贸易内涵

数字贸易源于数字经济发展和数字技术创新赋能，是跨境电子商务发展日渐成熟的产物，是传统贸易在数字经济时代的延伸。目前，学界和业界对数字贸易内涵并未形成共识，不同国家、国际组织结合自身特点和优势对数字贸易的内涵、外延进行界定，但存在显著差异。

随着数字技术的快速迭代，数字贸易发展日新月异，数字贸易内涵、外延的界定也在不断演变。2013 年 7 月，美国国际贸易委员会（USITC）在《美国和全球经济中的数字贸易 I》报告中首次提出数字贸易是指“通过互联网传输货物或服务的国内商业和国际贸易活动”[①]，主要包括数字内容、社交媒介、搜索引擎、其他产品和服务四大类。值得注意的是，这一版定义属于“狭义”的定义，将数字贸易标的物限制在数字产品和服务中，不包括通过互联网交易的实物商品贸易，比如数字平台订购的实物商品。2014 年 8 月，USITC 对“数字贸易”做出最新界定，数字贸易是指“互联网和互联网技术在订

① United States International Trade Commission: Digital trade in the U.S. and global economies, part 1,2013.

购、生产以及递送产品和服务中发挥关键作用的国内商业和国际贸易活动”[①]，包括使用数字技术订购、生产、递送的产品和服务。此外，2017 年，经济合作与发展组织（OECD）从贸易属性、交易对象、涉及的主体这三个维度定义了“广义”的数字贸易，根据交易方式的不同，可分为数字订购型、平台支持型、数字交付型[②]。具体来看，该定义与美式第二版数字贸易内涵基本相同。

随着跨境电商在我国的高速发展，学术界对数字贸易的研究逐渐形成了中国特色。学术界在借鉴发达国家数字贸易内涵界定基础上，结合我国数字技术和跨境电商的发展，提出了自己的定义。李俊等（2021）从理论层面对数字贸易作如下包容性理解：“数字贸易包括贸易数字化和数字化贸易两部分内容，它依托信息网络和数字技术，在跨境研发、生产、交易和消费活动中产生，以数字平台为重要载体，高度依赖数据跨境流动，广泛渗透到国际经贸各行业、各领域、各环节的新型贸易形态，是以数字订购和数字交付为主要实现方式的数字货物贸易、数字服务贸易和跨境数据要素贸易的总和。”[③]中国信息通信研究院（2022）[④]同样从贸易数字化和数字贸易化界定数字贸易，贸易数字化指的是信息通信技术与传统货物贸易手段的融合渗透；数字贸易化主要指数据、数字内容产品和信息技术服务。马述忠等（2022）认为“数字贸易是以数字化平台为载体，通过人工智能、大数据和云计算等数字技术的有效使用，统筹贸易数字化和数字化贸易进程，实现实体货物、数字产品与服务、数字化知识与信息的精准交换，进而推动消费互联网向产业互联网转型并最终实现制造业智能化的新型贸易活动，是传统贸易在数字经济时代的拓展、延伸和迭代”[⑤]。该定义不仅包括流通环节贸易数字化和数字化贸易内容，也包括由此引致的智能制造环节服务贸易活动，囊括范围较为广泛。

综上所述，从概念的演变来看，伴随着数字贸易实践不断丰富和完善，数字贸易概念的演化呈现多样化特点，不过都强调信息技术对于数字贸易的重要性，内涵和外延界定的区别主要体现在是否包含通过数字化平台实现的实物贸易以及是否超出流通环节。按照马克思主义政治经济学对于生产、交换、分配和消费各个环节划分，数字贸易应主要集中于数字要素对于流通环节的渗透和融合。我们认为数字贸易指的是以数字技术在贸易领域应用为基础和数字化平台为载体，实现传统贸易的数字化、数字化产品交易以及数字化服务贸易等方面跨境交易经济活动总和。随着数字技术在全球贸易领域的应用范围越来越广，数字贸易比重必将进一步上升。

---

① United States International Trade Commission: Digital trade in the U.S. and global economies, part 2,2014.

② OECD. “Measuring Digital Trade: Towards a Conceptual Framework, OECD Working Party on International Trade in Goods and Trade in Services Statistics”, STD/CSSP/WPTGD (2017) 3, 2017a.

③ 李俊，李西林，王拓：《数字贸易概念内涵、发展态势与应对建议》，《国际贸易》2021 年第 5 期。

④ 中国信息通信研究院：《数字经济概论：理论、实践与战略》，北京：人民邮电出版社，2022 年版，第 129—131 页。

⑤ 马述忠，濮方清，潘钢健，等：《数字贸易学》，北京：高等教育出版社，2022 年版，第 35 页。

二、数字贸易特征

相较于传统贸易，数字贸易并没有从根本上改变贸易的内在动因、行为本质以及贸易利得。数字贸易的内在动因是出口国在某种产品生产上具有比较优势，从而拥有贸易成本优势；数字贸易本质仍然是产品或服务在不同主体间转移以满足各自需求；贸易利得表现为生产的扩张、消费产品种类和数量的增加，最终表现为贸易国福利水平的提高。然而与传统贸易相比，数字贸易在组织形态、贸易模式、贸易中介、贸易对象、贸易主体、贸易构成及监管等方面均具有新的特征。

1．从国际分工的组织形态看

数字贸易可能会加速生产、服务、消费等环节的细分化、碎片化。信息通信技术、物联网、大数据等新型数字技术的应用降低了通信、物流成本，提高了各个环节的公开度，延长了价值链的广度，拓宽了价值链的宽度，进一步实现了国际贸易各个环节的分散性。

2．从贸易模式看

数字贸易实现了从依托传统代理商、批发商、零售商、贸易商实体向以数字化交易平台为中介的电子商务过渡，在短期内实现传统贸易和价值链贸易的级数增长，在长期，3D 打印等新型技术改变了货物运输和交付的形式，减少了中间生产步骤，简化了贸易流程，“数字传输、本地生产”成为数字贸易时代的新业态[①]。

3．从贸易中介看

线上互联网平台替代传统的贸易中间商成为新的中介。传统的贸易具有固定的场所，依靠经销商、批发商等第三方进行经贸往来，通过纸质单证获得许可权完成交易。然而，互联网的兴起产生一批数字平台企业，比如亚马孙、全球速卖通、拼多多等，它们连接供给端与需求端，为消费者和厂商提供快速匹配服务，提供仓储、物流、营销、支付和保险等中间服务并赚取佣金和管理费。数字平台的出现降低了买卖双方的信息不对称，同时削弱了地理距离对国际贸易的制约作用。

4．从贸易对象看

数字技术的发展使数字产品成为新的贸易对象。数字产品主要指的是通过互联网进行传输和交付的内容产品，包括：计算机程序、文本、录音、图像、视频和其他被数字化编码的产品和服务等。数字技术发展大幅降低了数字产品贸易成本，数字技术对成本的削减作用取决于贸易成本的结构和技术成本的比例，对于通信成本、运输成本和交易成本的影响最显著[②]。数字技术的零边际成本大大降低了数字化产品的复制、传播成本，推动了数字音乐、电子游戏和计算机程序等领域的蓬勃发展。

① 盛斌，高疆：《数字贸易：一个分析框架》，《国际贸易问题》，2021 年第 8 期。
② 盛斌，高疆：《超越传统贸易：数字贸易的内涵、特征与影响》，《国外社会科学》，2020 年第 4 期。

5．从贸易主体看

数字贸易主体逐渐从大型企业和政府组织过渡到中小企业和个人消费者。数字平台的兴起降低了贸易门槛，提高了交易的透明度和保护程度，消费者能及时、快速了解中小企业产品，中小企业和个人消费者也有机会参与到国际贸易中；相较于传统贸易，数字贸易大幅提升中小企业国际贸易参与率和存活率。此外，数字贸易削弱了地理距离的重要性，降低信息搜寻成本从而降低出口成本，使中小企业有能力参与到国际贸易中。与此同时，更低的信息搜寻成本、更多的贸易主体参与可以促进市场有序竞争，更好地发挥市场机制的作用。

6．从贸易构成看

服务贸易在数字贸易时代的重要性突显。据中国信息通信研究院《数字贸易发展白皮书（2020 年）》，2019 年全球数字服务贸易（出口）规模达 31 925.9 亿美元，增长 3.75%，增速超过同期服务贸易和货物贸易，占服务贸易比重上升至 52%，占全部贸易比重上升至 12.9%。数字技术的提升使商业服务、金融服务等“可数字化服务”获得巨大发展，将部分线下服务如金融、教育等发展成线上服务，拓宽了跨境服务的种类和范围。

7．从国际贸易的监管看

数字贸易涌现出的数字产品市场准入、个人隐私和知识产权保护、数据要素的跨境自由流动等新型贸易壁垒对贸易的制约程度不断凸显，这也是当前制定国际贸易规则的焦点性议题。

第二节　数字贸易对传统贸易的影响

一、数字贸易典型事实

1．数字贸易交易成本大幅下降

数字技术的运用能够有效降低贸易各环节交易成本。第一，对于数字化产品贸易，由于数字技术的可复制、可传播性特征，数字化产品生产具有极低的边际成本，电子交付真正实现零运输成本。数字化产品近乎为零的生产和运输成本正在改变国际贸易的交易模式和定价方式，乃至引起区位优势和生产格局的调整与重塑。第二，对于数字技术相关产品的贸易，企业在一系列互补或替代产品生产上具有技术优势，规模经济和范围经济发挥作用，不仅可以降低前期投入，增强抵御风险的能力，而且能够增加用户黏性节省营销成本①。第三，对于利用数字技术完成交易的贸易活动，可大幅降低搜索成本。企业借助网络搜索引擎快速获取各类信息，帮助精准市场定位和科学决策产量，节省信

① 张宇，蒋殿春：《数字经济下的国际贸易：理论反思与展望》，《天津社会科学》，2021 年第 3 期。

息成本。大数据、人工智能、云计算等数字技术基于潜在的交易行为数据，有效获得市场主体的行为特征，为消费者划定标签进行圈层归类，从而实现精准投放营销广告，降低搜寻成本提高匹配效率[①]。

2．数字贸易推动消费品供给多样化

传统贸易依靠规模化生产，大幅降低生产成本，赢得竞争优势。相反，数字贸易将推动消费品生产向定制化、多样化转变，提升消费者福利水平。数字贸易的发展使得生产者得以精准识别消费者需求，更好地满足消费者偏好，实现个性化产品设计和定制，从而推动国际贸易向定制化方向转变。数字贸易也使消费者在全球范围内获得商品的便捷度大大增加，消费者更加倾向于购买某个特定品牌的产品或服务。最终，相似而高度差异化的产品贸易增加，从而满足不同消费者的偏好，提升消费者福利[②]。

3．数字贸易降低信息不对称

传统的国际贸易通常存在交易双方信息不对称，贸易门槛过高等弊端，而数字贸易提供更加充分的市场信息，可以降低信息不对称。数字贸易平台是数字经济下迅速发展起来的一种新的市场组织形式。平台交易大幅降低了信息和信用壁垒，供需双方通过平台实现高效率的匹配，不仅减少交易过程的搜寻成本，而且借助平台信用交易风险大幅下降。在这种交易模式下，平台为双方提供采购、仓储、物流和营销等服务，一切信息自动记录、生成，实时更新，各个环节透明、可溯源。数字平台的透明性降低了信息不对称，提高了产品的可信赖度，商家无须自行鉴定，节省了认证成本，同时与传统贸易相比，利用基础电子数据系统可以大幅节约通关时间，物流、资金流转明细均可跟踪查询，提高了数字贸易标的跨境效率，降低了交易的不确定性。

二、数字贸易对传统贸易理论的挑战

国际贸易理论的发展先后经历了古典贸易理论、新古典贸易理论、新贸易理论和新新贸易理论四大阶段。随着数字贸易的日渐兴起，传统贸易理论前提假设的现实基础逐渐发生改变，也推动了理论变革。

1．数字贸易拓展了比较优势理论内涵

大卫·李嘉图的比较优势理论认为，一国参与国际贸易并出口某种产品的先决条件是该国在生产该种产品时具有相对较低的机会成本，即在生产率或密集使用的要素方面占据比较优势。数字贸易同样依赖于比较优势，但是比较优势来源的内涵发生了变化。一是随着数字经济的快速发展，在传统生产要素资本、劳动力和技术之外，数据成为新的基本生产要素，数据要素禀赋和数字化能力成为新的贸易比较优势来源。二是数字贸

① 马忠述，濮方清，等：《数字贸易学》，北京：高等教育出版社，2022 年版，第 220 页。
② 盛斌，高疆：《超越传统贸易：数字贸易的内涵、特征与影响》，《国外社会科学》，2020 年第 4 期。

易的平台化和生态化，相较于传统贸易理论要素比较优势的静态化，数字要素比较优势具有内生化和动态性特征。三是不同国家或地区数字基础设施建设、大数据和互联网发展水平差异，成为数字贸易比较优势发挥的重要影响因素。四是数字贸易个性化消费特征，使劳动生产率较低的中小企业产品也具有了新的比较优势。

2．数字贸易理论带来规模经济与范围经济的结合

克鲁格曼新贸易理论认为，在要素禀赋优势作为比较优势来源之外，垄断竞争市场格局下的报酬递增和规模经济因素，也能够产生新的比较优势[①]。在数字贸易时代，数字要素零边际成本使规模经济表现得更加明显的同时，也带来显著的范围经济。一是数字经济时代比较优势的内生性和通用性技术特征，使企业在某一领域的优势能够很快扩散到其他领域，导致企业在一系列相关产品和服务的市场中拥有比较优势，形成产业聚合体。当不同消费者使用同一平台等具有较强兼容性的数字基础设施时，厂商可以以较低的成本将前期生产消费等数据信息应用于替代或互补品的生产或消费领域，不仅为企业通过多元化生产奠定范围经济的基础，也能够为消费者带来更加优质、流畅的购物体验[②]。这种优势会使数字贸易呈现融合产业内贸易和产业间贸易特征，因此专注任一产业内或产业间的贸易理论都将难以解释。二是范围经济使同一企业旗下的不同产品之间从替代转变为互补关系，这可能会改变企业的生产、营销以及定价策略。数据要素的共享性特征，使一种产品积累的消费者偏好数据，能够很好地转换到其他领域。平台型企业具有规模优势、品牌竞争力，范围经济更容易发挥作用，因此更易形成寡头市场。数字贸易对政府监管提出更高的要求，政府要规范、支持中小企业，促进市场多元化、公平竞争。

3．数字贸易理论假设的现实基础发生了改变

马克·梅利茨（Marc J. Melitz）在接受新贸易理论市场结构为垄断竞争和存在规模经济假定基础上，构建动态产业模型分析企业微观层面生产率异质性对进出口的影响，认为生产率高的企业更容易从事出口活动[③]。数字贸易时代，上述理论的现实基础发生改变。一是数字贸易时代，企业能够通过互联网平台直接面对海外消费者，进入国际市场的门槛大幅降低，生产率低的企业也能够从事出口贸易。借助大数据分析，低生产率企业通过“学习效应”“自我选择效应”“再分配效应”，获得了新的出口贸易驱动因素[④]。二是数字化能力差异成为企业异质性新的来源，生产率差异对出口的影响不显著。数字化水

① 保罗·克鲁格曼：《克鲁格曼国际贸易新理论》，黄胜强，译，北京：中国社会科学出版社，2001 年版，98—112。

② 任保平，师博，等：《数字经济学导论》，北京：科学出版社，2022 年版，第 225 页。

③ Melitz, M. J. “The Impact of Trade on Intra-industry Reallocations and Aggregate Industry Productivity”, Econometrica,Vo1.71, No.6, 2003.

④ 马述忠，房超，梁银锋：《数字贸易及其时代价值与研究展望》，《国际贸易问题》，2018 年第 10 期。

平越高的企业，出口优势越显著。三是在传统贸易理论中，跨国公司扮演关键角色，跨国公司仅通过垂直一体化或服务外包两种模式组织生产。数字贸易时代，数字贸易平台成为贸易生态系统核心，跨国公司供应链竞争已演变为生态圈之间的竞争，正改变着全球价值链中的商业模式和合作方式。

第三节 数字贸易态势和影响

一、数字贸易发展基本态势

1. 全球数字服务贸易蓬勃发展

全球数字服务贸易稳步增长，在服务贸易中的主导地位逐步凸显。一是数字服务贸易出口大幅增长。根据联合国贸易和发展会议（UNCTAD）数据，2021 年全球可数字化交付服务出口额为 3.81 万亿美元，同比增长 14.2%，在全球服务出口占比达到 62.8%。二是发达经济体与发展中经济体数字贸易发展水平存在较大差异。发达经济体在数字服务贸易方面的优势不断凸显，其支配地位已经超过了传统货物贸易和服务贸易。据联合国贸易和发展会议统计，2005—2019 年，发达经济体、发展中经济体数字服务出口规模分别扩张 24 和 4 倍。2021 年发达经济体可数字化交付服务出口 3 万亿美元，同比增长 13.4%，占全球市场份额的 77.9%。发展中经济体可数字化交付服务出口 8425.8 亿美元，同比增长 17.1%，占全球市场份额的 22.1%[①]。

2. 我国数字贸易持续快速增长

中国数字贸易发展迅速，规模持续扩大。一是跨境电商蓬勃发展。商务部服务贸易和商贸服务业司《中国数字贸易发展报告（2021）》显示，2016—2021 年间中国跨境电商进出口规模增长近 10 倍；2021 年，我国跨境电商货物贸易额达 1.92 万亿元，占贸易总额的 4.9%。二是数字服务贸易快速增长。2011 年我国可数字化交付的服务贸易额为 1 648.4 亿美元，2021 年已增至 3 596.9 亿美元，年均增长 8.1%。三是部分领域优势明显。在数字贸易部分领域我国优势明显，比如电子游戏、社交平台、电子商务和搜索引擎等领域位居世界前列，不过，在平台影响力和国际化等方面仍然处于劣势。

3. 数字平台居于主导地位

数字平台是数字贸易的主要载体。在跨境电商领域，随着消费者需求趋于多样化以

① 商务部服务贸易和商贸服务业司：《中国数字贸易发展报告（2021）》。

及数字技术的大规模应用，跨境电商交易量不断攀升，已成为全球贸易增长的主要因素之一。根据 Statista 的统计数据，2020 年全球跨境电商市场规模达到了 4.29 万亿美元，预计到 2025 年将增长到 6.54 万亿美元。随着跨境电商的蓬勃发展，云计算、智慧物流、搜索引擎、电子支付等技术都得到大幅提升，这些领域都呈现出数字平台企业占据主导地位和引领行业发展的基本态势。

二、我国数字贸易政策体系

为了推动我国数字贸易快速发展，相关部门出台诸多政策支持数字产业化和产业数字化，推动数字经济和实体经济深度融合，在技术层面支撑数字贸易发展；基于数字贸易发展过程中的难题，在政策层面保障数字贸易全面发展；通过划定跨境电商、数字贸易试验区，大力支持和培育新业态。

1．产业数字化支持政策

中国政府高度重视传统产业数字化转型，数字贸易离不开数字技术支持。2016 年中共中央国务院发布《国家信息化发展战略纲要》，提出 2020 年固定宽带家庭普及率达到中等发达国家水平，2025 年达到国际先进水平。2020 年 4 月国家发改委、中央网信办联合发布《关于推进“上云用数赋智”行动培育新经济发展实施方案》，旨在推动传统企业数字化转型，构建数字化产业链。2021 年 7 月工信部、网信办等 10 部门发布《5G 应用“扬帆”行动计划（2021—2023 年）》，重点在于提升我国 5G 应用发展水平，提出八大专项行动计划。2021 年 3 月十三届全国人大四次会议通过的《中华人民共和国国民经济和社会发展第十四个五年规划和 2035 年远景目标纲要》，为产业数字化、数字贸易健康快速发展勾画了蓝图。

2．保障数字贸易全面发展的政策

2019 年 11 月中共中央国务院发布《关于推进贸易高质量发展的指导意见》，该意见明确指出提升贸易数字化水平，具体包括：形成以数据驱动为核心、以平台为支撑、以商产融合为主线的数字化、网络化、智能化发展模式；推动企业提升贸易数字化和智能化管理能力；大力提升外贸综合服务数字化水平；积极参与全球数字经济和数字贸易规则制定，推动建立各方普遍接受的国际规则。2021 年 10 月商务部、中央网信办等 24 部门联合发布《“十四五”服务贸易发展规划》，该规划顺应服务贸易新趋势，指出进入新发展阶段，服务贸易网络化、数字化、智能化水平不断提升，提出加快服务贸易数字化进程，特别是首次将“数字贸易”列入服务贸易发展规划，明确提出数字产品、数字服务、数字技术和数据四种数字贸易类型，为未来一个时期我国数字贸易发展指明了方向和路径。

3．跨境电商和数字贸易政策试点

2015年国务院发布《关于促进跨境电子商务健康快速发展的指导意见》，开启设立我国跨境电商综合示范区，从2015至2022年初，我国跨境电商综合试验区数量已达132个，重点在业务流程、信息化建设和监管模式等方面展开先行先试，有力地促进了我国跨境电商快速发展。2020年8月商务部发布《全面深化服务贸易创新发展试点总体方案》，主要内容包括：完善数字贸易政策，优化包容审慎监管，探索管理和促进制度。2021年7月商务部发布《海南自由贸易港跨境服务贸易特别管理措施（负面清单）（2021年版）》，是我国在跨境服务贸易领域公布的第一张负面清单，标志着服务贸易管理模式的重大突破，是一项制度型开放安排，有助于我国跨境服务贸易的快速发展。

三、数字贸易发展的经济效应

1．消费端：增加可贸易品种类，增进消费者福利

（1）数字贸易增加可贸易品种类和服务。一是数字产品可贸易，数字贸易创造了新的贸易标的信息，数字产品和服务不断被引入国际贸易中，随着5G、人工智能、大数据等数字技术迅猛发展，未来有望进一步丰富数字贸易的品类；二是新型数字技术推动传统服务贸易转型升级，比如数字金融、数字医疗、数字音频等行业提供远程在线服务，数字交付，增强了传统服务可贸易性；三是数字贸易推动消费品供给由大规模生产向个性化、定制化转型，互联网技术的进步使得企业能够更好地满足消费者多样化产品需求，实现按需生产和精准营销，提升了消费者效用水平；四是数字贸易降低交易成本，使原本由于成本因素无法进行贸易的产品和服务变得可贸易，扩大了贸易范围。

（2）数字贸易增进消费者福利，对全球就业产生正向促进作用。消费者居于数字贸易的核心地位，是数字贸易的交易主体、生产要素的供给主体、数字内容的生产主体、数字营销的服务主体[①]。根据微观经济学理论，消费者偏好多样化的产品组合，国际贸易理论指出贸易通过增加可消费产品种类从而提升消费者福利。数字贸易增加可贸易品种类，满足消费者个性化、多样化需求，数字贸易平台缩短交易环节、增强网络外部性，从而增进消费者福利。此外，数字贸易对全球就业产生正向促进作用，数字经济时代，有形贸易与无形贸易的边界逐渐融合，贸易品价值链环节不断延长，国际分工更加精细化，“间接就业影响”将对各国就业产生显著放大作用[②]。

① 马忠述，濮方清，等：《数字贸易学》，北京：高等教育出版社，2022年版，第118页。

② Carl Benedikt Frey, Ebrahim Rahbari，“Technology at Work: How the Digital Revolution Is Reshaping the Global Workforce”，CEPR Working Paper, 2016.

2．生产端：提升生产效率，提供全球价值链发展新动力

（1）数字贸易降低交易成本，提升分工与协作效率[①]。数字技术的应用降低了搜寻成本、信息成本、合同成本、运输成本以及监管成本，带来兼具高效率与低成本的现代化管理体系、运输系统。交易成本的下降使过去不具备市场优势的中小企业开展“多频次、碎片化、小额化”国际贸易成为可能，丰富了市场主体，降低了市场准入门槛，促进了市场服务和产品竞争。数字互联网平台使中小企业甚至个体直接面对消费者，能够满足消费者精准需求，产业链上下游实现高效对接，提供多样化和定制化本地供给服务。

（2）数字贸易为全球价值链发展提供新动力。一是数字贸易推动重构全球价值链体系，数字技术使全球价值链的协调变得更加高效，国际分工进一步细化，价值链的深度和广度都将延伸，已有的价值链获得新的发展；二是推动形成新的价值链，数字贸易必将形成数字产品的价值链分工模式；三是推动全球价值链向高级形式转变，数字贸易使全球价值链分工的交易成本更低，吸引更多国家参与到国际分工，助推价值链转型升级[②]。

3．市场效率：降低信息不对称和贸易壁垒

传统的国际贸易通常存在交易双方信息不对称，贸易门槛过高等弊端，而数字贸易提供更加充分的市场信息，可以降低信息不对称和贸易壁垒。一是数字贸易的集约化、平台化发展降低供给端和需求端的信息不对称，消费者依据平台提供的产品信息、用户反馈信息进行决策，物流信息实时查询、平台的信用保证降低购买风险，商家利用社交媒体和交易平台提供的评价、偏好更精准地掌握消费者的需求信息，对整个交易流程进度、风险的掌握更加系统，提高了整个供应链的透明程度进而提高了市场生产效率。二是数字技术使信息获取接近零边际成本，打破了小微企业参与贸易的信息壁垒，数字平台的发展降低了贸易参与成本和门槛，第三方中介平台提供完整的人员培训、客户服务、数据分析等配套服务，降低自建平台的技术性壁垒和客源搜寻成本，使更多中小微企业广泛参与到国际贸易中，多元化主体生产差异化的产品，有助于保持市场竞争力。三是数字技术发展推动数字贸易研发、设计、销售和售后服务等环节数字化、智能化和云端化，提升了市场效率。四是数字贸易缓解发展中国家在传统贸易中的区位劣势，随着地理距离、物理基础设施、制度因素等传统比较优势来源在国际贸易中地位逐步下降，内陆或者偏远国家获得了参与国际贸易和分工的机遇。

---

① 江小涓，靳景：《数字技术提升经济效率：服务分工、产业协同和数字孪生》，《管理世界》，2022 年第 12 期。

② 刘洪愧：《数字贸易发展的经济效应与推进方略》，《改革》，2020 年第 3 期。

第四节　数字贸易壁垒与贸易规则

一、数字贸易壁垒类型特征

数字贸易壁垒是数字经济时代贸易壁垒新形式。各国为了保护本国数字产业发展、防止知识产权侵权行为、维护公民个人隐私权利等原因，倾向于构筑数字贸易壁垒。数字贸易壁垒以数据流动为关键因素，相对于传统贸易壁垒具有了新特征。数字贸易壁垒可分为关税数字贸易壁垒和非关税数字贸易壁垒。

1．关税壁垒

关税壁垒是指对数字产品和数字服务征收税款和建立贸易救济措施（反倾销税、反补贴税以及保障措施），其目的在于提升贸易成本，保护本国的数字经济产业。由于各国数字贸易平台发展水平存在巨大差异，部分国家倾向于通过征收数字税扭转不利局面。比如 2018 年欧盟委员会宣布欧盟成员国可对境内发生的互联网业务所产生的利润征收“数字服务税”，2019 年法国出台全球首部数字税法，2020 年法国开启征收数字服务税计划。

2．非关税壁垒

一是数据本地化限制。数字贸易时代，数据是关键支撑要素。基于保护本国企业、个人的隐私权益以及维护国家安全考虑，许多国家对于数据跨境流动采取较为严格限制。主要包括三种类型：一是禁止重要数据跨境流动并将数据存储于本国境内；二是政府部门和公共数据可以有条件跨国流动；三是不阻止跨国流动但是数据副本应存储于本国境内。

二是知识产权保护。知识产权保护是各国为限制数字贸易中知识产权侵权行为做出的法律规定，包括版权、商标、专利和商业秘密。欧盟积极运用知识产权保护条款，要求大型互联网企业应为使用本国信息内容支付费用。美国则利用自身知识产权领域优势，以侵犯知识产权为由，阻挠外国互联网企业进入本土市场。

数字贸易和服务形式的丰富使数字贸易壁垒呈现出多样化的趋势，各个国家对特定的数字产品和服务实行特定措施维护自身利益；各国对数字产品的迫切需求使数字关税壁垒呈现减弱的趋势，但是对知识产权的保护力度不断加强。对比不同经济体采取的数字贸易限制措施，不难发现数字贸易限制水平的高低与一国经济发展水平呈现负相关[①]，全球数字贸易限制指数（DTRI）表明，发展中国家、新兴经济体数字贸易限制水平较高。

---

① 赵瑾：《数字贸易壁垒与数字化转型的政策走势》，《国际商务》，2021 年第 2 期。

主要经济体对数字贸易的态度和立场对数字壁垒未来发展趋势具有指示作用[①]。美国主张数据跨境自由流动，加强知识产权保护，构建自由宽松的数字贸易环境，但是对部分 ICT 产品进出口方面会构筑数字贸易壁垒；欧盟则强调在个人隐私安全得以保护的前提下允许数据跨境自由流动，同时要求加强反垄断监管，维护公平竞争和公平税收；英国与欧盟类似，主张数字贸易自由化，注重个人权利和知识产权保护，但是它也存在歧视性税收和市场准入方面国别歧视；日本在数据、数字产品以及数字服务等方面都希望促进数字自由贸易；中国对数字贸易的态度是逐步稳健地推动数字贸易自由化，目前在数据监管、关税征收、市场准入方面仍然比较严格。

二、数字贸易规则的演进

为应对数字贸易带来的机遇和挑战，各国从自身数字经济发展基础、监管理念和国别利益出发制定数字贸易规则，从而形成了多边、区域、诸边与双边框架交织与共存的全球数字贸易治理体系[②]。随着数字贸易在国际贸易中的地位逐渐凸显，数字贸易规则也经历了从无到有、从片面到全面、由浅入深的发展过程，数字贸易规则演进可以划分为以下几个阶段。

1．萌芽期（1995—2014 年）

该阶段电子商务处于加速发展阶段，数字贸易主要以电子商务形式开展，相关规则逐渐扩展到电子商务专章，但是信息化程度依然很低，尚未形成数字贸易规则构架[③]。一是 WTO 框架下，多边贸易逐渐涉及数字贸易规则的相关条款，1996 年 WTO 首届部长级会议上，通过了《关于信息技术产品贸易的部长宣言》，将电子商务正式纳入 WTO 管理范畴；1998 年 WTO 第二届部长级会议通过《全球电子商务宣言》，WTO 成员方承诺对电子输送的交易采取零关税的政策；之后几届部长级会议没有达成关于电子商务的任何实质性内容。二是多边协议的缺失促使经济体在区域层面开拓发展，在双边自由贸易协定中，数字贸易规则以电子商务形式出现，取得一定进展，其中美国是领头羊。2001 年，美国约旦自由贸易协定中首次涵盖数字贸易规则，开始构建数字贸易规则“美式模板”，并不断升级；2004 年美国智利 FTA 签署，2007 年签订美国韩国 FTA，电子商务均以专章出现。该阶段美国签订的数字贸易规则，主要涉及电子传输免关税、数字产品非歧视等议题。

2．成长期（2015—2018 年）

该阶段，以《跨太平洋伙伴关系协定》（TPP）为里程碑，数字贸易的规则和框架形

---

① 马忠述，濮方清，等：《数字贸易学》，北京：高等教育出版社，2022 年版，第 351 页。
② 盛斌，陈丽雪：《多边贸易框架下的数字规则:进展、共识与分歧》，《国外社会科学》，2022 年第 4 期。
③ 白洁，张达，王悦：《数字贸易规则的演进与中国应对》，《亚太经济》，2021 年第 5 期。

成，并相继形成“美式模板”和“欧式模板”。[①]第一，TPP 中专门开辟第六章电子商务探讨电子商务的规则问题，主要包括减少数字贸易壁垒、保护消费者权益等内容。TPP 在电信领域、知识产权保护以及版权方面均做出了规定，由于其先进性和全面性，逐渐成为未来数字贸易协定制订的模板即“美式模板”。虽然因为美国退出导致 TPP 流产，但是《全面与进步跨太平洋伙伴关系协定》（CPTPP）几乎原封不动保留了 TPP 中数字贸易条款。第二，TPP 虽然反映美国意志，但是对欧盟也产生较大影响，欧盟签订的贸易协定中沿用了不少 TPP 的条款。2018 年生效的《通用数据保护条例》（GDPR）是欧盟数字贸易规则的基石，在此基础上欧盟也逐渐形成了具备自身特色的数字贸易规则模板，呈现出加强个人隐私保护和保护本土文化的特点。

3．成熟期（2019 年至今）

在这一阶段，数字贸易规则在各个层面均有所发展。首先数字贸易规则成为 WTO 的重要议题，2019 年 1 月，76 个 WTO 成员签署《关于电子商务的联合声明》，发起了电子商务领域的多边谈判，其中转型经济体近 50%的国家参与，而最不发达的经济体参与率仅为 6.4%。谈判各方利益诉求不同，关注重点各有不同，经过两年的博弈，在 2020 年 12 月取得阶段性成果，86 个 WTO 成员发布了《WTO 电子商务诸边谈判合并案文》。该案文在诸多条款上进行了不少的扩充和发展，是探索数字贸易多边规则的一次伟大尝试。当然，上述议题是否能够最终落地实施还有待观察。其次，《美墨加协定》（USMCA）将数字贸易向高标准推进，其以 TPP 为逻辑起点，深化拓展了数字贸易条款。《美日数字贸易协定》（UJDTA）在 USMCA 基础上再次提高了数字贸易规定，它继承了 USMCA 和 TPP 一部分条款，如跨境信息传输和源代码等，也在数字税规则、非歧视原则、知识产权保护等议题有更进一步的拓展。最后，小型经济体和转型经济体在数字贸易规则方面也有了长足的进步。新加坡、新西兰、智利在 2020 年 6 月签署《数字经济合作协议》（DEPA），较为全面地包含了数字贸易的多个议题，在商业和贸易便利化、新型趋势和技术等方面有一定的深化。由日本、中国、韩国、澳大利亚、新西兰和东盟十国历经八年签署的《区域全面伙伴关系协定》（RCEP）于 2022 年 1 月 1 日正式生效，标志着全球最大的自贸协定正式启动，RCEP 涵盖了贸易投资自由化和便利化的各个方面，也包括电子商务、知识产权等与数字贸易相关的内容，为各国经济复苏注入全新的动力。

总体来看，数字贸易规则的演进存在如下特征：第一，数字贸易正在重塑世界贸易格局，各国政府高度重视数字贸易规则制定，抢占制高点；第二，WTO 框架下数字贸易规则存在滞后性，尤其是在数据流动、市场准入和贸易便利化等方面存在滞后，美国、欧盟、中国等少数几个国家或地区主导数字贸易规则进程；第三，主要经济体数字贸易

---

① 徐德顺，程达军：《全球数字贸易发展和规则变革》，北京：科学技术文献出版社，2022 年版，第 195—228 页。

规则在数据跨境流动和数据隐私保护方面存在分歧，美国是数据跨境流动的坚定支持者，相反欧盟国家更为注重数据隐私保护和数据本地化。

第五节　数字贸易与全球价值链

一、数字贸易时代全球价值链演变趋势

第一，数字贸易对全球价值链的成本节约效应进一步延伸全球价值链分工的广度和深度。数字技术的应用降低了贸易环节运输成本、通信成本、信息搜寻成本、广告成本等，使得贸易主体之间的联系更加紧密，提高了商品与服务的标准化和信息化水平。具体而言，在生产环节，横向一体化或纵向一体化战略使得企业规模经济和范围经济得以发挥，依托信息化实现物力、人力、财力的高效配置，最终带来企业参与全球价值链各个环节成本节约效应[①]。数字贸易交易成本降低，从而使企业参与全球产业链、供应链、价值链的门槛降低，更多中小企业融入全球普惠贸易[②]。同时，阻碍传统贸易的因素如地理距离、语言文化等，在数字经济时代其影响力不断削弱，数字平台以及数字信息技术导致传统贸易成本大幅降低，增加了贸易种类，扩大了贸易规模。

第二，数字贸易时代全球价值链越来越知识密集化，对出口增加值产生放大效应。全球价值链数字化过程中，全球价值创造越来越呈现知识密集化，大部分价值凝结在数字化产品和服务中，并参与全球分工和价值分配，带动产品生产、交易过程进一步标准化和模块化[③]。同时，数据已成为数字贸易时代关键生产要素，参与生产过程和价值分配。数字贸易时代研发、设计、生产、营销等各个环节呈现出高度协同化，推动制造业生产智能化转型和产业价值链提升，改善了贸易效率，促进了出口价值链升级。

第三，数字贸易时代贸易对象数字化推动全球价值链收益格局重构。数字贸易发展改变了贸易对象和贸易方式，推动数字化产品成为一种中间产品，深度嵌入全球价值链，重构了全球价值链贸易收益格局。数字技术发展减少了贸易环节，提升了贸易效率，缩短了全球价值链长度，重塑了产业链、供应链，将加速全球价值链向发达国家转移。这一过程将带来不同国家的价值链重塑，使数字经济发展水平较高的国家在全球价值链处于更有利位置，进一步拉大发达国家与发展中国家全球价

① 阳镇，陈劲，李纪珍：《数字经济时代下的全球价值链：趋势、风险与应对》，《经济学家》，2022 年第 2 期。

② 杨继军，艾玮炜，范兆娟：《数字经济赋能全球产业链、供应链分工的场景、治理与应对》，《经济学家》，2022 年第 9 期。

③ 徐金海，夏杰长：《全球价值链视角的数字贸易发展：战略定位与中国路径》，《改革》，2020 年第 5 期。

值链收益分配差距。

二、数字贸易时代全球价值链的中国应对

数字贸易发展对全球价值链重构产生重大影响，也为我国迈向全球价值链中高端提供难得机遇。近年来，我国在数字贸易领域取得巨大成就，但仍然面临以下问题：数字技术的深度赋能效应带来全球价值链缩短和回流效应；数字经济关键核心技术“卡脖子”问题；全球价值链分工环节的失衡与数字鸿沟加剧世界经济不平等。以上问题都导致部分发展中国家包括中国面临一些风险挑战，思考如何应对数字贸易时代全球价值链的冲击很有必要。

第一，强化数据要素在全球价值链中的核心地位，全面优化数字贸易治理环境。从生产要素看，数据成为数字经济时代第四类生产要素。数据要素对于全球供应链的各个环节配置效率、增加值提升均有重大意义，但是目前依然存在数据流动壁垒、数据流动不充分、制度设计不完善等问题，成为我国数字贸易在全球价值链攀升中的重要障碍。因此，我国各级政府以及企业需要高度重视产业融合中数据要素发挥的重要作用①。具体来说，首先要打破数据流动壁垒，实行数据的分层、分类管理，推进制造业数据标准体系建设，提高数字贸易领域的自由化、行政审批与许可证通关的便利性②，为数据在企业间、产业间顺利流动制定统一有效的标准；其次要全面推进数字基础设施建设，加大对信息技术产业的投资力度，提高信息化水平；最后，加快建设面向数据要素的知识产权保护、个人信息保护、反垄断与反不正当竞争等体系，为数据要素在整个价值链和产业中安全流动提供坚实制度基础。

第二，依托数字贸易，全面深入推进产业数字化转型。数字贸易快速发展有助于推动产业数字化和智能化转型，运用大数据等数字技术实现产业链、供应链、创新链各环节效率提升和协同发展。目前我国数字产业中依然存在核心技术对外依存度高、自主创新不足等问题，对此应该加强本土企业创新能力建设。数字贸易平台应积极推动各环节的数字化转型，利用人工智能、大数据等新型技术提升研发设计、生产制造、销售等环节的智能化程度，形成一体化生态系统，发挥技术溢出效应，带动上下游中小企业实现数字化转型。数字平台企业充分发挥云计算、物联网功能，帮助制造业企业以低成本低风险完成数字化转型。

第三，突破数字领域关键核心技术，重视区域性价值链核心地位。一是政府应集中力量突破数字领域关键核心技术，为更高水平融入全球价值链提供技术支撑。互联网、大数据和人工智能等数字技术发展，有赖于关键核心技术的突破。加强数字核心技术领

① 陈劲，阳镇：《新发展格局下的产业技术格局政策》，《经济学家》，2021 年第 2 期。

② 李贞霏：《我国数字贸易治理现状、挑战与应对》，《理论探讨》，2022 年第 5 期。

域的攻关，推动产业链、价值链数字化转型，为数字贸易发展提供技术支撑，牢牢把握全球价值链控制权。二是多边贸易规则体系的弱化逐渐凸显了区域性自由贸易协定（FTA）的重要性。对此，中国要充分发挥巨大的国内市场和资源优势，积极引领区域价值链分工，推动区域贸易关系、贸易规章的建立和完善，努力将发展成果转化为价值链的领导力[①]。一方面要充分发挥《区域全面伙伴关系协定》（RCEP）的作用，加强与东亚和东南亚国家等方面的经贸联系，不断完善相关的贸易规则体系，在高端制造业上深化与日本、韩国、澳大利亚等国的合作；另一方面，积极推动中国主导的贸易体系建设，利用“一带一路”倡议主导区域价值链分工，贯彻“走出去”战略，不断吸收外国先进方法和资源，实现中国价值链地位的攀升。

① 李远东：《数字经济驱动中国制造全球价值链提升的路径与对策》，《中州学刊》，2022 年第 11 期。

第十章 数字经济的企业组织创新

企业作为社会经济的微观组织，其数字化转型对国家数字化战略实施具有举足轻重的影响。数字时代企业组织形态、治理结构、投资行为、竞争行为将随之发生重大改变，传统的组织结构形态逐渐瓦解，企业组织结构呈现扁平化、网络化。本章主要研究数字经济背景下企业组织的创新。

第一节 数字经济下企业组织结构变革的肇因

当前世界正值第五次技术革命浪潮的导入期，大数据、云计算、人工智能等新一代信息技术的应用和推广，将会带来生产组织方式的创新，创新组织形态的变革与管理的变革，甚至会催生出新的创新组织形态①②。数字技术与数字经济的发展极大地推动了企业组织形态的演变，数字时代的生产过程和分配格局由于数字技术的出现发生了巨大的变革，各企业为保持竞争优势，将积极进行内部组织优化革新，所以数字技术将推动企业组织形态向更共享、包容、开放的新组织形态转变。据此，首先要明晰数字经济下企业组织结构变革的肇因和初衷。

一、数字技术突破空间性要求企业组织变革

数字技术以现代互联网的发展为支撑，利用 5G、大数据、区块链等手段对数据进行实时分析交流，打破了传统意义上的时空间隔，具有明显的时空突破性③。数字技术的应用推广和信息基础设施的建设，在一定程度上消除了物理上的空间限制和组织的外部边界，它将不同形式的组织通过数据连接起来，打通并建立了虚拟实体之间的连接。换句话说，互联网移除了传统国家与地区的界限，将地球形成一个“村落”，将其中的各个主

① Don Tapscott. The Digital Economy: Promise and Peril in The Age of Networked Intelligence, McGraw-Hill, 1995.

② 江飞涛：《技术革命浪潮下创新组织演变的历史脉络与未来展望：数字经济时代下的新思考》，《学术月月刊》，2022 年第 4 期。

③ 陈晓红、李杨扬、宋丽洁，等：《数字经济理论体系与研究展望》，《管理世界》，2022 年第 2 期。

体变为一个“网结”，使世界各个主体构成一个“地球村”。[①]支撑数字技术的数据可以突破区域和时间限制，沿着网络在全球范围内快速转移和被上传下载，被不同的群体和个人使用，完全突破了任何传统生产要素的流动限制，信息交流过程更加开放包容。此外，现代网络技术突破了时间的约束，使得数字经济可以全时域运营，人们的信息传输、经济往来可以在更小的时间跨度上进行无限细分。

在数字技术的促进下，市场中的主导企业开始跨越边界与环境进行创新合作，经济主体企业的边界开始模糊化、企业规模开始两极化，微观企业的组织变革成为必然。与之前倾向于中央集权、自上而下呈垂直形态的传统组织模式不同，为加强组织间的信息交流、降低生产成本、提高整体组织运行效率，互联网时代下各企业组织主体之间逐渐形成互通互联、互助互融的新形态，企业组织开始呈现网络化、系统化的转变趋势，组织模式逐步转变为开放式扁平化结构。随着这一创新组织模式与创新系统在全球广泛地运用，不同规模企业之间的合作交互作用也逐渐增强。新模式的产生使企业各组织间衍生出开放、协同、共享的企业组织网络，这反过来又进一步促进了数字技术的时空传播。

二、网络化协同生产要求企业组织变革

卡斯特（2001）强调数字经济最基本的特征为信息化、全球化和网络化。[②]数字技术突破了传统意义上时间与空间的束缚，将企业与企业、企业与用户、用户与用户间联系成一个密不可分的网络，打破了世界各国的市场边界；同时，传统孤立、僵化、封闭的企业组织模式已无法满足数字经济时代的需要。随着网络化的融合发展，网络化协同生产模式成为企业组织生产的基本方式。网络化协同生产模式是一个集成工程、生产制造、供应链和企业管理的先进制造系统，该系统可以将分散在不同地区的生产设备资源、智力资源和各种核心能力通过平台的方式集聚，形成一种高质量、低成本的先进制造方式。在向网络协同化生产模式转变的过程中，企业需要构建异地协同制造、个体积极创新、架构快速迭代的新型组织模式。这要求企业组织间形成不同地域信息互联、资源互通、要素共享的协同生产模式，从而能使要素资源在全产业链甚至全球范围内更高效地汇聚、更便捷地开放、更有效地配置，并在极大程度上融合生产者与消费者之间的边界，推动创新创业主体向个人延伸，形成“平台+个人”的产业分工协作新架构。

网络化协同生产对企业组织结构的转变具有重要意义：网络化协同生产新模式促使企业形成多部门时空分离，但生产协同、供应协同的相互依赖的协同共享工作模式，完成对客户需求与资源动态变动的快速反应，提高生产服务效率；同时，网络化协同生产通过互联网创

① 杰里米·里夫金：《零边际成本社会：一个物联网、合作共赢的新经济时代》，赛迪研究院专家组译，北京：中信出版社，2014版。
② 曼纽尔·卡斯特：《网络社会的崛起》，夏铸九，译，北京：社会科学文献出版社，2001年版。

建供应链网络，供应商、制造商、分销商和客户可动态地共享客户需求、产品设计、工艺文件、供应链计划、库存等信息，可避免传统管理中的“牛鞭效应”，实现供需精准对接。所以网络化系统生产需要催生出生产网络化、产品服务个性化、市场响应及时化的新型组织模式。

三、成本节约的环境变化要求企业组织变革

Goldfarb 和 Tucker（2019）[①]认为数字技术会对经济活动产生五种成本的下降：更低的搜寻成本、更低的复制成本、更低的运输成本、更低的追踪成本和更低的验证成本。数字经济带来各种成本的下降，特别是信息收集活动的搜寻成本下降，会对市场竞争关系，价格形成机制以及买卖双方匹配效率带来深刻影响。数字经济带来外部环境的根本性变革，由于企业内部系统与外界环境互塑共生，企业组织变革的根本原因在于更好地适应外部环境变化，根本目的是改善和提高组织效能。环境的输入直接塑造企业组织，对企业组织而言，环境对其资源的输入主要包括人力资源、资本和自然资源；环境对其压力的输入主要来自要素市场和商品（服务）市场上的竞争。

出于节约企业组织运行成本的理性，有效率的企业组织结构设计应能在极大程度上提升组织效能和人力资本效能，[②]为管理决策提供依据，帮助企业战略的实现，从而在外部成本节约方面表现出明显优势。在组织内部，节约型企业通过剔除[③]冗余部门、扩大职能管理范围、建立公用公共关系等方法减少管理层级、整合业务单位资源、确立新模式与管理层级，并通过提高人效、优化流程等手段消除不必要的检查和审核环节，提高工作效率；在组织外部，日益激烈的市场竞争环境要求企业在满足定制化需求的同时削减不必要的开支，企业将在这一背景的要求下建立能够协调统一调度供应链上下游的新型链条，使组织结构更加紧密有序，帮助企业在一定程度上使用价格竞争等策略扩大市场份额，这促使企业组织整合内外结构，形成数字经济时代管理高效、成本节约的组织模式。

四、价值链形态根本性变化要求企业组织管理模式变革

随着数字技术的应用推广，企业与企业之间突破了物理空间限制和时间成本约束，降低了协作创新的交易成本和边际成本，深化了企业间分工。所以一方面传统价值链被逆转，供给的传统优势让位给需求[④]。价值链从“链式”走向“网式”，传统价值链渐次链式展开的形态走向终结，价值链转变成价值网。[⑤]企业内部组织开始由集中控制向分散控制的组织模式

① Avi Goldfarb, Catherine Tucker. Digital Economics, Journal of Economic Literature，2019.

② 张任之:《企业数字化转型能否提升智力资本价值创造效率？》,《财经问题研究》，2023 年第 5 期。

③ 肖健:《数字化转型背景下企业组织结构创新研究》,《商场现代化》，2023 年第 3 期。

④ 简・梵・迪克:《网络社会》，蔡静，译，北京：清华大学出版社，2020 年版。

⑤ 亚德里安・斯莱沃斯基、大卫・莫里森、鲍勃・安德尔曼:《发现利润区》，吴春雷，译，北京：中信出版社，2014 年版。

转化，这种变化形式在企业内部价值创造的各个环节也不尽相同，企业价值链各个组成环节逐渐显现出“小前端+生态化+大平台”的组织管理模式。具体来讲：在营销及市场开拓环节，“小前端”模式成为强化客户获取能力的核心；在产品开发与设计环节，“生态化”是建立强大组织能力的关键；在生产制造环节，“大平台”将成为企业发展的强大保证。

在价值链形态发生根本性变革的数字化时代，一方面企业面对外部价值链的变化，只要融入为价值网的关键节点，依靠数字化作为其基本支撑，和其他企业形成新的价值交换体系；另一方面企业在内部要将价值链各个环节引入“小前端+生态化+大平台”的组织管理模式，才能使组织变得更加柔性、更加敏捷，更加适应数字经济时代的竞合新趋势。所以在数字经济时代，内外部价值链的根本性变革，需要企业组织适应这种变革，建立数智价值链，从而实现自身的价值增值的过程。

第二节 数字经济下企业组织之间竞合的形式和趋势

随着数字经济时代数字技术和数据要素的普遍使用，在万物互联、万物协同的数字智能时代，为满足日益深刻的市场变革、协同生产的现实需求，形成成本节约型组织架构模式，不同类型企业结合自身前期发展特点正逐步向新的发展态势与趋势过渡。企业间边界的打破与企业自身价值链形态的根本变化使得行业内具有相似特点的企业与行业竞争者之间形成不同形式的竞合关系，并由此演变出具有不同特点的企业组织模式。

一、企业“平台化”特征明显

企业组织平台化是推动互联网与实体经济深度融合的重要载体[①]，Nieborg 和 Poell（2018）[②]、Schwarz 和 Jonas（2017）[③]认为，这种集合生产、组织、管理与服务等经济活动的产业形态具有较低的交易成本，能够协调产业内部参与者之间的独立性与联系性，影响产业的竞争与发展。目前互联网、大数据技术应用对企业造成的影响，企业之间的竞争中心正经历着从技术竞争、产品竞争、供应链竞争到平台化竞争的生态体系，平台作为一种新型组织形式开始普及。一批用户基数庞大、技术积累丰富、资金实力雄厚的行业领军企业已率先启动这一进程，通过提供开源系统、营造开放环境、促进跨界融合、

① 陈慧、谷小科：《生产组织平台化提高了企业价值创造吗？：基于中国制造业上市企业的实证》，《企业经济》，2022 年第 7 期。

② Nieborg D B., Poell T.,The Platformization of Cultural Production: Theorizing the Contingent Cultural Commodity, New Media & Society, 2018.

③ Schwarz A.,Jonas, Platform Logic: An Interdisciplinary Approach to the Platform-Based Economy, Policy & Internet, 2017.

变革组织架构、重塑商业模式、孵化创新团队等多种方式，持续构建完善资源集聚、合作共赢的企业生态格局。

平台化为企业的转型提供了多样选择，从根本上改变了企业与企业、企业与用户、用户与用户之间的关系。平台对组织之间竞合的影响，符合数字经济下企业的发展趋势。第一，去中间化。[①]平台的存在让供需双方直接相连，去除了中介的存在，[②]降低信息沟通成本，有利于企业进行实时创新；第二，去中心化。平台为满足消费者愈发多元的需求，需对供应商进行赋能赋权，改进劣势供应商的发展局限，帮助其进行自我转换与自我迭代。同时，供应商质量的提升也反向促进了平台的成长与发展；第三，去边界化。为促使跨界行业的协同创造，平台对原有行业的价值与流程进行重构，将互补双方的边界打破，赋予了其新的创造力及同理心。

这样的互联网平台是由买方或第三方建立起来的网上制造业市场交易平台，在平台经济迅速崛起的背景下发展十分活跃，国内外的典型平台如美国通用电气（GE）的 Predix 平台、中国航天科工的航天云网、海尔 COSMOPlat 平台和阿里云生态系统等，都是目前互联网市场中的代表性平台。在国外，作为数字工业时代的领军型力量，Predix 平台曾经一度成为美国在新一轮产业革命中的代表性力量，具有资产建模、数据分析、数据安全服务等程序架构，拥有海量数据、信息云端收集端口等配置，利用开源架构，建立了先进的 PaaS 云平台，并积累了丰富的服务程序供开发者调用，在多个领域取得了显著成效[③]。国内的数字化平台化最早由阿里提出，从厚平台薄应用，到中台战略。[④]阿里的企业组织利用支撑化平台提升自身数字化管理的能力快速扩张，突破了以往对传统企业管理边界的认知，其借助一种互联网工具或者数字化工具，联合生态协同系统，能够极大地提升企业发展的速度。同时，飞速发展的新一代信息科技，高频广泛的在线社交，以及渐趋完善的信用评价体系，为大量未能得到完全有效配置的资源提供了成本趋近于零的共享平台和渠道，吸引了共享者数量的指数级集聚，在弱化生产生活资料“所有权”的同时转而强调“使用权”，并且这一趋势正逐步创造出新的供给和需求，促使平台经济快速兴起。

二、先锋企业“大而强”

数字经济时代给予了平台企业低成本赋能的可能性，平台企业通过将需求端和生产

① Rodon Thierry: The Development and Platform Resource Development: the Case of Canada's Peoples, Canadian Journal of Development Studies, 2018.

② 杨德明、刘泳文：《“互联网+”为什么加出了业绩》，《中国工业经济》，2018 年第 5 期。

③ 何江：《工业互联网架构实例分析：以 GE 公司 Predix 为例》，《信息通信》，2017 年第 11 期。

④ 管泽旭、张琳：《阿里巴巴的进化史与小资本主义的平台化：对本土语境平台化的考察》，《国际新闻界》，2020 年第 2 期。

端紧密结合，通过平台赋能，将其他众多生产型企业的产品以更低的成本提供给符合需求的消费者[①]。第一，数字时代的企业通过平台实时收集、分析和匹配消费者的动态需求变化，可及时调整生产策略，改变生产计划，创新产品和服务。这一数字化生产模式颠覆了传统企业以市场调研和业务联系获知下游需求的传统方式，极大地降低了企业的外部交易成本。第二，生产型企业借助云服务、物联网、人工智能等数字化技术能够节省专用资产支出，进而降低内部管理成本。但由于生产制造类企业前期有大量沉没成本，且短时间内对机床、生产线等核心生产设备进行改造升级，需要花费较多的人力、物力和财力，因此相较于内部管理成本而言，企业外部交易成本降低得更多。这些特点驱动了大型平台经济、大型科技制造公司等头部“先锋企业”成为当前最醒目的社会生产组织形态。

对于头部先锋企业来说，其基于数字化产生的成本赋能更加明显。头部先锋企业大多是已经转型成功的企业，企业本身已具备良好的数字化水平，不仅能够从数字化转型中获得足够的发展动力，还能带动整个行业和上下游企业的数字化转型进程，处于转型领军者的角色。此外，头部先锋平台企业开始通过在行业内兼并重组、整合业内资源以谋求垄断地位，其在网络化创新生态系统中逐渐具有核心主导优势。头部先锋企业的竞争力主要来源于其具有的海量黏性用户、海量数据等，而这些核心资源拓展应用到其他领域的边际成本比较低，对于以数据要素、数字技术等为核心的轻资产企业或者互联网平台，企业拓展业务可能仅仅是对原有数据资源的再次加工、深度分析等，这无疑为先锋互联网平台及科技生产企业在低成本前提下扩展平台业务规模提供了条件。

三、传统生产型企业“小而专”

数字化趋势除对企业成本产生影响外，其对企业市场边界的拓展作用更加突出。随着企业进入智能制造阶段，新技术的采用提高了企业的生产制造技术，控制了单位产品的生产成本，降低了市场信息获取的难易程度，使市场整体运作更加公开透明，加剧了不同企业之间的竞争。在此情况下，不同企业纷纷谋求新的生产路径与销售策略，不断提升自身的异质性与不可替代性，从而反向倒逼企业不断提升专业化水平。

此外，随着各大电商平台的蓬勃发展，消费者的选择域得到拓宽；智能化、网络化、数字化技术的加速突破和应用，大大降低了市场交易的信息不对称性，使企业与消费者之间的搜寻、匹配更加容易，企业能够更便捷地获知消费者的需求，消费者也更容易“货比三家”。在此情况下，产品的优势和不足更容易被发现，具有比较优势的产品会迅速占

① 许庆瑞、李杨、吴画斌:《全面创新如何驱动组织平台化转型：基于海尔集团三大平台的案例分析》，《浙江大学学报（人文社会科学版）》，2019 年第 6 期。

领市场，企业组织生产模式正经历着由“标准化”到“个性化”的转变。并且，物流业务的飞速发展也为消费者获取企业提供的商品和服务提供前提，生产线、电商平台与物流的完美结合不断促使企业提供更符合消费者预期的产品。

在此情况下，传统依赖流水线生产同质化产品即“大而广”的产品生产模式必然受到严重冲击，企业必须不断优化产品，集中有限资源从事优势环节的生产，打造专业品牌，增强其在市场中的比较优势，找到适合目前市场环境的生存模式。在此背景下，传统生产型企业为节约成本、增强市场竞争力，将集中专业化优势开展定制化服务满足客户需求，从而逐渐表现出“小而专”的发展特点。

四、“个人型”企业大量涌现

数字化平台的出现，一方面可以显示出更多消费者需求偏好，以满足其个性化需求，同时还能够催生更多元的商业模式，进一步增强“长尾效应”。上述个性化的需求，尤其是服务需求，具有业务量较小、非标准化等特点，更适合有特定技能的个人来提供。数字平台的构建打破了传统个人服务的模式，利用网络效应吸引新用户加入，并由此间接提升企业曝光度，借助互联网推送等方式使企业被大众广泛悉知[①]。对于这类“个人型”企业而言，由于各种“数字助理”协助企业服务，内部管理成本被大幅降低，使其总成本的构成几乎全部来自外部市场交易成本。

作为生产力发展的决定因素，个人劳动者借助新技术对知识和信息的把握更加精准，专业化能力得到进一步发挥，自主性也逐渐凸显。Cook（2008）[②]认为，资产专用性水平对企业的价值创造有显著影响，若企业资源配置方式得当，可将专业化生产与平台搭建联系起来促进个人能力充分发挥，使得个人价值最大化，实现更高的效益。在个人型企业中，员工不再是被动接受指令的执行者，而是主动为用户创造价值的创客或动态合伙人[③]。

此外，个人型企业具有经营灵活、行动相对自由的先天优势，若经营环境出现变化，例如出现类似业务兼营等现象时，企业可随时改变生产经营方向。但由于其拓展业务的内部边际成本高，尤其是在跨度大且缺乏联系的行业拓展业务的成本远大于收益，这类企业最优的策略是保持现状并在其细分市场中做精，随时根据市场需求的变化选择进入或退出。

---

① 冯华、陈亚琦：《平台商业模式创新研究：基于互联网环境下的时空契合分析》，《中国工业经济》，2016 年第 3 期。

② Cook S. The Contribution Revolution, Harvard Business Review, 2008.

③ 李洁、郭馨怿、官萍，等：《企业组织结构对创新行为的具体影响机制分析》，《时代金融》，2018 年第 21 期。

第三节 数字经济下企业自身组织演化的特征和趋势

数字经济时代，企业为顺应生产协作网络化、产品服务个性化、市场响应及时化等新变化，正致力于构建敏捷组织。企业在组织结构、运行方式、股权治理结构等方面逐渐显现出新的特点，不同企业组织利用互联网、大数据、人工智能等新一代信息技术重塑企业结构形态、管理机制、运行方式，通过增强个体的创造性、独立性、灵活性，提升个体竞争力，再塑企业活力。

一、企业组织结构趋于网络化、扁平化、虚拟化

数字时代，企业要快速反应、及时决策并抢占市场，必须冲破过去层级式权责分明的组织架构，将企业管理层的权力下放，缩短企业的治理链条，建立“分权治理、集权为辅”的治理结构，使传统垂直化链条较长的管理模式逐步向网络化、扁平化、虚拟化的模式转变①。其中，网络化要求企业促进信息无障碍流动，提高不同部门之间的协作，灵活组织任务实施团队，充分发挥各个部门的比较优势，以高质量性和高时效性完成既定任务，抢先占领市场。扁平化要求削弱企业治理中的管理层级，扩大管理控制宽度，缩减层级链条，给予管理人员更大的自主权，及时把握市场机遇②。虚拟化则要求数字化打破企业与企业间、企业内部部门间的边界，促使各种要素在企业内部进行更加自由的流通和配置，企业的功能更加节点化。同时，数字时代消费者和企业的界限变得模糊，消费者可在一定程度上参与企业价值创造过程。企业组织结构的网络化、扁平化和虚拟化主要表现如下：

第一，企业组织结构的网络化形态。随着万物互联和人机物共融为特征的数字时代的发展，数据获取的量级和频率持续提升，数据传输的渠道和方式不断丰富，数据存储空间、加工能力与使用能力不断提高。通过应用互联网等新技术，企业开始构建以协作关系为基础的组织模式，并催生出互联网平台这一典型形态，企业组织结构向跨领域多主体的协同创新网络组织模式转变③。企业要运用互联网平台，需将组织模式从单个企业跨向多主体协同，打通产业链各环节，实现研发、生产、 运输、售后各环节的网络化协同，形成“平台+企业”的组织模式，开放、有效地进行资源配置。

第二，企业组织结构的扁平化搭建。企业通过运用数字技术减少管理层级，增加管

① 戚聿东、肖旭：《数字经济时代的企业管理变革》，《管理世界》，2020 年第 6 期。
② 杨华：《基于网络化环境的企业管理创新分析》，《现代营销（下旬刊）》，2015 年第 12 期。
③ 陆玉凯、罗莎：《VUCA 背景下企业组织结构的网络化变革》，《管理观察》，2019 年第 32 期。

理幅度，精简管理流程，缩短企业内部的管理路径，减少企业决策的反应时间，通过增强各层次之间的沟通，降低企业的管理成本，能够及时应对内外部环境的变化，使企业管理组织更加扁平化。[①]在扁平化的前提下，无效信息的传递将减少，数据在固定的组织成员之间以及组织成员与外部组织成员间的传递将更为直接。组织内部以及组织之间各个不同环节的部门通过新一代信息技术联结在一起，各种各样的数据和信息将成为决定组织战略和组织管理的基础，并进一步将未来组织结构的发展推向网络化[②]。此外，平台组织通过增加已有资产的通用性，大幅减少交易成本，能够进一步提升企业的专业化水平[③]。

第三，企业组织结构趋于虚拟化。技术创新的系统化、创新组织的网络化和企业组织的虚拟化，共同加速推动了基于传统地理空间的企业集聚向各类虚拟集聚的演化与发展进程。同时，以跨界融合、协同联合、包容聚合为特征的数字化创新，驱动企业技术变革和组织变革，使企业边界模糊化、企业集群虚拟化成为新经济时代下企业组织的新趋势。

二、企业组织运行方式转向柔性化、模块化、敏捷化

企业组织运行柔性化是指企业为了实现某一目标，将不同领域的人才、技术、设备等资源迅速集中于一个以任务为导向的动态组合团体中，共同完成某项任务后解散的组织运行模式。伴随着数字化的推进，企业可以利用数字技术获取消费者信息，打造按需生产、产品定制的柔性工厂[④]。一方面，企业可以依托数字技术获取大量消费者的信息，精准估计消费者需求，进而按需生产，提供差异化或者定制产品，满足消费者的差异化需求。与依靠流水线生产只提供标准化的产品不同，企业完成数字化后可以既提供标准产品又提供定制产品。由于企业的定制产品更匹配消费者需求，企业可以对定制产品设定较高价格，获得更高利润。另一方面，借助数字技术，企业可以低成本地与消费者互动，鼓励消费者向企业表达自身的个性化需求，据此为消费者定制个性化产品。数字化助力用户深度参与企业生产过程，在保留原有客户群体的基础上，争取到更多的小众客户群体，拓宽产品目标市场，提高销售收入。可以发现，数字技术的发展可以有效整合需求端信息、有效调度生产线中的各个环节、提高供应链的反应能力，打造柔性生产线。随着企业由“刚性生产”向“柔性生产”转变，企业可以进行小规模、多样化产品生产，

---

① 王如玉、梁琦、李广乾：《虚拟集聚：新一代信息技术与实体经济深度融合的空间组织新形态》，《管理世界》，2018 年第 2 期。

② 凌大兵、鄢仁秀、许继潇：《数字经济背景下的企业组织结构创新模式研究》，《新型工业化》，2023 年第 Z1 期。

③ 寇宗来、赵文天：《分工视角下的数字化转型》，《北京交通大学学报（社会科学版）》，2021 年第 3 期。

④ 方振华：《数字技术助力柔性化生产成为企业“强核心”关键》，《信息化建设》，2023 年第 2 期。

提高生产适应外部环境变化的能力，增强企业竞争力。

此外，在数字技术的深度应用下，企业组织运行的模块化趋势日益明显。模块化水平度量了产品可解构和柔性化组织架构的特点，是用来分割、组织和打包企业组织内部各部门的一种方式。每个模块完成一个特定的子功能，所有的模块按某种方法组装起来，成为一个整体，完成整个系统所要求的功能。[①]数字技术促使企业组织通过模块化的方式分解与重组组织构成、降低模块内部依赖，解决组织结构冗余等问题。此外组织生产的模块化能够加强对产品生产线进行分割，将其中每个独立的模块进行设计、升级，促使任务的有效进行[②]。由于企业可以专注于单个模块的设计、研发，在该情况下更有利于获得规模经济。在产业链逐渐模块化之后，数字技术能够使信息在产业链中有效穿透，进一步打破行业边界，瓦解传统的线性价值链。随着价值链的细化切分，传统线性价值链也逐渐变得网络化，企业的竞争优势不再依靠传统的行业整合能力，而是将自身能力颗粒化，以更为灵活的方式实现差异化的竞争优势。

企业组织运行的敏捷化是指企业组织对于突发事件进行快速决策反应的能力。数字技术时代下发展出的“云”平台使得企业具有敏捷性和可扩展性。企业利用云技术加速信息的获取，以跟随市场发展的速度，并将其作为一个可扩展的业务平台，与上下游供应链进行实时交流。此外，借助数字技术 AI/ML 等，组织可以设置阈值来标记何时需要人员，其余时间则可以通过自动化完成，企业可通过对相关工具的访问加强客户管理，提升产品创新能力。数字技术通过其具有的强大的功能和灵活性，能够快速扩展以支持研发工作。通过数据分析和人工智能，团队可以加强发现、建模和预测能力，从而在降低风险的同时加快原型设计和测试。企业能够更大程度上实现跨供应链、网络和生态系统的研发，以及产品的创新和实验。同时，企业可以将其扩展到商业生态系统中的整个价值链，利用共享知识和数据洞察来推动绩效和创新。

三、企业组织主体与股权治理架构多元化

随着数字网络的发展，信息传播变得更为便捷有效，股东、企业、外部消费者与社会公众参与企业治理的意愿不断得到增强，并逐渐渗透到企业治理的各个节点。在传统企业组织模式中，企业中的少数大股东及董事会高层往往拥有企业的绝对控制权，掌握公司的发展命脉，决定企业的发展方向，并在企业的各项议题中发挥决定性作用，在一定程度上垄断企业的内部信息。不同于以往的传统模式，数字经济时代信息化的高速发

① 索楠楠、余长春：《服务业服务模块化水平对企业创新能力的影响：基于中国工商银行的案例研究》，《技术与市场》，2023 第 4 期。

② 王海军、郑帅、陈劲：《管理领域的模块化理论演进与实证研究综述》，《科学学与科学技术管理》，2020 年第 6 期。

展为企业内外部更多利益相关方提供了便利，中小股东的治理能力、路径和权利通过各种信息化手段进一步得到强化，其可通过更加多元的方式参与到公司的决策及治理中，有效维护自身权益。此外，外部消费者和社会公众也可通过企业平台表达自身诉求，满足个性化需求，从而间接参与企业的内部治理。同时，企业通过利用外界各种社交平台上消费者偏好信息、社会公众的舆论等信息，可以形成强有力的外部监督机制，反作用于内部治理，此过程将市场中碎片化的信息转变为企业治理过程中的“大数据”，能够使企业治理更为有效。由此看来，企业治理主体已从大股东主导模式逐渐转变为多主体协同治理模式。

从一般意义上来说，股权结构与企业治理中的内部监控机制直接发生作用，并通过内部监控机制对整个企业的治理效率发生作用①。传统企业治理中的股权设计，如“同股同权”和“一股一票”等机制被视为企业内控集权的代表。随着信息产业的蓬勃发展与市场化进程加速，国务院国资委开始大力推进集团层面股权多元化，重点推进国有企业的改革发展。自此，在数字技术的发展大势与中央层面的双重推动下，股权治理的集权方式被逐渐打破，越来越多的高科技企业选择发行具有不平等投票权的 AB 双重股权结构股票，且数字化程度越高或组织结构更符合新经济行业发展特点的企业，企业双重股权架构的接受度越高②。“同股不同权”的治理模式，一定程度上也是数字经济尤其是高科技企业发展的内在要求，它缓解了投融资双方信息不对称的问题，并对企业创始人有效控制企业运作进行监督，使其在面临外部环境激烈变化时专注于企业的长远利益，有利于提升企业潜在价值。

第四节　数字经济下企业组织创新的适应性策略

一、企业组织创新三维框架的协同统一

物联网、大数据、云计算等数字技术的发展和应用，企业数字化转型已经成为企业顺应当下数字经济发展潮流所必须采取的战略选择③，数字技术的应用使企业传统组织形态架构发生改变④。面对万物互联的数字化时代，企业需要有适应数字经济的信息情境、决策主体、理念假设、方法流程等为核心内容的企业组织变革。鉴于此，企业在数字经

① 陈慧、谷小科：《生产组织平台化提高了企业价值创造吗?：基于中国制造业上市企业的实证》，《企业经济》，2022 年第 7 期

② 巴曙松、巴晴：《双重股权架构的香港实践》，《中国金融》，2018 年第 11 期。

③ 中国信息通信研究院：《中国大数据与实体经济融合发展白皮书（2019 年）》，2019 年 5 月。

④ 刘洋、董久钰、魏江：《数字创新管理：理论框架与未来研究》，《管理世界》，2020 年第 7 期。

济情境下，选择适宜的组织创新的适应性策略，关键在于促进组织行为创新、组织管理创新与组织制度创新三个维度的转型和调整。

组织行为创新关注的是企业内部的员工行为和工作方式的创新，包括鼓励员工创造性思维和创新能力的培养，以及激励员工参与到创新过程中。组织行为创新强调团队合作、沟通和知识共享，以培养创新文化和积极的工作氛围。数字技术提供了新的工具和平台，改变了企业内部的沟通方式、协作模式[①]和知识共享[②]。通过数字技术，员工可以实时协作、远程办公，并通过社交媒体和在线平台分享和获取知识。这种便捷和高效的沟通和协作方式促进了创新的产生和传播。

组织管理创新关注的是企业的管理模式和方法的创新。首先是探索新的管理理念和实践，如扁平化组织结构、跨部门协作、敏捷项目管理等[③]。其次，组织管理创新还包括引入新的管理工具和技术，如人力资源信息系统、绩效管理系统和员工培训和发展计划等[④]，以提高组织效率和灵活性。数字技术加强员工参与和协作的机会，推动了扁平化组织结构和跨部门协作的实践，提供了远程办公、实时沟通和协作的能力，使得员工可以跨时区和地域进行合作。最后，数字技术提供了许多工具和平台，这些工具可以自动化和集成组织的核心管理流程，加快信息传递和处理的速度，降低人工错误和冗余工作，从而提高管理效率。

组织制度创新关注的是企业内部的制度、规章和政策的创新。不仅是设计组织结构和工作流程，以适应数字经济的变化和挑战[⑤]，同时组织制度创新还包括推动创新激励机制，如奖励制度、知识共享机制和创新项目的评估和认可，以激励员工的创新行为。数字技术推动了企业内部制度和规章的创新，首先，数字技术提供了工具和平台，使得组织能够设计和实施更灵活、适应性更强的组织结构和工作流程。其次，数字技术为创新激励机制提供了更多的工具和手段。通过数据分析和智能算法，组织可以更准确地评估和认可创新项目的价值和贡献[⑥]，建立科学、公正的创新评估体系。数字化的奖励制度可以更加灵活地设计和执行，根据员工的贡献和创新成果给予奖励。

综上所述，数字技术促进企业组织创新的原因在于它们提供了新的工具、平台和数

① 余宏光：《基于创新导向，推进组织行为与人力资源管理》，《人力资源》，2021 年第 8 期。
② 刘晓琴、龙嘉：《创新型领导对员工职场创新行为的影响：基于创新自我效能和组织创新氛围中介作用》，《人才资源开发》，2022 年第 9 期。
③ 王晓玲、陈艳、杨波：《互联网时代组织结构的选择：扁平化与分权化：基于动态能力的分析视角》，《中国软科学》，2020 年第 S01 期。
④ 张志朋、李思琦、朱丽：《人力资源服务企业数字化转型中的组织协同管理与创新：资源编排视角的单案例纵向研究》，《科学学与科学技术管理》，2023 年第 2 期。
⑤ 张军扩：《数字化转型重在制度创新和环境优化》，《理论导报》，2023 年第 1 期。
⑥ 黄丽华、朱海林、刘伟华等：《企业数字化转型和管理：研究框架与展望》，《管理科学学报》，2021 年第 8 期。

据支持，改变了组织内部的行为、管理和制度，使得组织能够更好地应对变化和推动创新。数字技术的应用可以提高组织的灵活性、效率和创新能力，从而促进实现组织的战略目标和持续竞争优势。在企业数字化转型过程中，组织行为创新提供了创新的动力和文化；组织管理创新提供了有效的管理和协调机制；组织制度创新提供了适应性和规范性的框架。通过这三个维度的创新，企业能够建立创新驱动的组织，提高创新能力和竞争力，适应快速变化的数字经济环境。

二、企业数字化转型与企业组织行为创新的双向互馈

企业数字化转型和企业组织行为创新之间存在着双向的互馈关系。它们相互促进和影响，共同推动组织的发展和变革。

首先，企业数字化转型可以通过强化沟通和协作能力以及改善员工参与和参与度促进企业组织行为创新。数字化技术改变了沟通和协作的方式，通过数字化工具和平台实现了跨时区、跨地域的实时沟通和协作，打破了时间和空间的限制。这为组织内部不同部门和团队之间的协作和协同提供了便利，促进了信息的流动和问题的解决。通过数字化工具和平台，企业能够实现信息的实时共享和协同，提高沟通效率和协作能力，创造更加开放和合作的组织环境，促进跨部门协作、跨层级交流和知识共享。其次，企业数字化转型为员工参与和参与度的提升创造了机会。企业通过数字化工具和平台提供了更多员工参与和表达意见的渠道，[①]例如内部社交媒体、在线调查和反馈系统等。这促进了员工参与组织决策、问题解决和创新活动的能力[②]，推动了组织管理中的民主化和扁平化倾向。因此数字化转型对组织行为方式的创新产生积极影响。

反过来，企业组织行为创新也推动着企业的数字化转型。组织行为创新强调员工的参与、创新和学习，以及组织的灵活性和适应能力[③]。这要求企业转变传统的组织结构和管理方式，引入数字化技术来支持和促进创新活动。企业组织行为创新鼓励员工之间的知识共享和协作，数字化技术提供了相应的工具和平台，使得这种协作更加便捷和高效。组织行为创新的推动还需要数字化技术提供的数据和分析能力，帮助企业更好地了解员工需求、行为和绩效，从而优化激励机制和人力资源管理。通过组织行为创新，企业逐渐转型为一个具备数字化能力和灵活性的组织，推动数字化转型的深入发展。

---

① Lu JG, Hafenbrack AC, Eastwick PW, et al. “Going Out” of the Box: Close Intercultural Friendships and Romantic Relationships Spark Creativity, Workplace Innovation, and Entrepreneurship. Journal of Applied Psychology, Vol 102, No.7:1091-1108, 2017.

② 王海花、杜梅：《数字技术、员工参与与企业创新绩效》，《研究与发展管理》，2021 年第 1 期。

③ 许慧、郭丕斌、暴丽艳：《组织创新支持对科研人员创新行为的影响：基于创新自我效能感、知识共享的链式中介效应》，《科技管理研究》，2021 年第 8 期。

因此，企业数字化转型和企业组织行为创新是相互促进和互馈的。数字化转型为组织行为创新提供了技术和平台支持，促进了创新、协作和学习的发展；而组织行为创新则推动企业适应数字化转型的需求，引入数字化技术来提升组织的效率、灵活性和创新能力。这种双向互馈的关系可以加速企业的发展和变革，提高其在数字经济时代的竞争力和适应能力。

三、企业数字化转型与企业组织管理创新的协调融合

企业数字化对组织管理创新产生了深远的影响，其中企业数字化转型与企业组织管理创新的协调融合是实现全面变革和提升组织绩效的关键，推动了组织管理方式的创新。

数字经济的快速发展带来了业务模式和工作方式的变革，探索新的管理理念和实践已然成为企业无法回避的重要问题。企业数字化转型带来的新的灵活的管理理念可以促进信息流通和决策的快速响应[①]，支持快速创新和适应市场需求的变化，提高工作效率和协同效果，减少重复劳动和冗余步骤[②]。扁平化组织结构通过减少层级和促进信息流动，提高决策效率和组织灵活性，而数字技术能够推动企业内部管理模式更趋于网络化、扁平化结构[③]。同时，企业数字化转型增强了跨部门之间的合作和协调，引入的协同工具和项目管理平台降低了部门间的沟通壁垒，以共同解决复杂问题，加速了项目和产品开发，推动了组织管理方式的创新。

组织管理创新还包括引入新的管理工具和技术[④]，以提高管理效率和决策质量。数字化转型使得企业能够更加方便地获取和管理大量的信息和数据[⑤]。这为组织管理创新提供了基础和支持。通过数字化工具和平台，企业可以实时获取、分析和共享关键业务数据和绩效指标，帮助管理层做出更加准确和有据可依的决策。同时，信息的透明度和共享性也促进了跨部门协作和知识共享，激发了组织内部的创新和学习。同时，通过引入智能化和自动化工具，改变组织管理中繁琐和重复的工作流程。例如，人力资源系统可以自动化员工数据管理和绩效评估，提高组织管理的效率和准确性；绩效管理系统帮助建立明确的目标和绩效评估机制，激励员工的工作表现和发展；人工智能技术可以应用于招聘和人才管理，优化人才匹配和发展规划。这些智能化和自动化工具减少了人力资源

① 甄杰、谢宗晓、董坤祥：《企业数字化转型中吸收能力影响组织敏捷性机理探究：IT 创新和流程创新的链式中介作用》，《中央财经大学学报》，2023 年第 1 期。

② 郭薇：《“互联网+”环境下企业信息管理创新模式研究》，《情报科学》，2019 年第 1 期。

③ 戚聿东、肖旭：《数字经济时代的企业管理变革》，《管理世界》，2020 年第 6 期。

④ Benbya H, Nan N, Tanriverdi H, et al. Complexity and Information Systems Research in the Emerging Digital World. MIS Quarterly, Vol.44, No.1: 1-17, 2020.

⑤ 许宪春、王洋：《大数据在企业生产经营中的应用》，《改革》，2021 年第 1 期。

管理的负担，使管理层能够更加专注于战略规划和人才培养①，从而推动了组织管理方式的创新②。因此数字化技术的应用使得企业能够更加灵活、高效地组织和管理各项业务活动。

通过以上方式，企业数字化推动了组织管理创新的发展，提高了管理效率、协作能力，推动了组织向着更加灵活、高效和创新的方向发展。数字化转型提供了技术和平台支持，促进组织管理创新的实施和落地；而组织管理创新则推动企业在数字化转型过程中实现组织结构、流程、技术和文化等方面的协同发展。这种协调融合能够提高企业的竞争力、创新能力和适应能力，推动组织向着更加灵活、高效和创新的方向发展。

四、企业数字化转型与企业组织制度创新的有效支撑

在数字经济背景下，企业的组织环境由技术、人、流程等组成，具有动态交互、多样性和可变性的特点③，这使得企业数字化转型既是一项技术挑战，也是一项社会挑战。因此，在数字化转型过程中同时伴随着相应的制度创新、制度优化及制度激励④，支撑着企业数字化转型过程中输入的技术要素、数据要素及文化氛围要素⑤，从而促进数字化转型的实施。

首先，企业数字化转型以技术为驱动力⑥，通过引入新的数字技术和工具改变组织的业务流程和运营模式。而企业组织制度创新则关注企业内部的制度、规章和政策的创新，以适应数字化经济的变化和挑战。数字化转型的技术驱动需要组织制度创新支撑，通过制度创新可以更好地引导和规范数字化转型的实施，确保其顺利进行并得到有效的支持和推动。其次，数字化转型依赖于数据的收集、分析和利用⑦，通过数据驱动的决策和行动来推动业务的发展。而组织制度创新可以优化数据的流动和利用，建立相应的数据管理和决策机制。如建立数据治理制度和数据安全政策，确保数据的质量和合规性；设计灵活的数据共享和协作机制，促进不同部门间的数据流通和协同工作。数据驱动和制度优化相互支撑，共同推动数字化转型的数据驱动能力和组织的高效运作。最后，数字化

---

① 安家骥、狄鹤、刘国亮：《组织变革视角下制造业企业数字化转型的典型模式及路径》，《经济纵横》，2022 年第 2 期。

② 陈春花，朱丽，钟皓，等：《中国企业数字化生存管理实践视角的创新研究》.《管理科学学报》，2019,22(10):1-8.

③ Soliman M, Saurin TA, Anzanello MJ. The Impacts of Lean Production on the Complexity of Socio-technical Systems. International Journal of Production Economics,Vol.197:342-357, 2018.

④ 应瑛、张晓杭、孔小磊，等：《制度视角下的制造业企业数字化转型过程：一个纵向案例研究》，《研究与发展管理》，2022 年第 1 期。

⑤ 吴江、陈婷、龚艺巍，等：《企业数字化转型理论框架和研究展望》，《管理学报》，2021 年第 12 期。

⑥ 汪旭晖：《新时代的“新零售”：数字经济浪潮下的电商转型升级趋势》，《北京工商大学学报（社会科学版）》，2020 年第 5 期。

⑦ 姚小涛、亓晖、刘琳琳，等：《企业数字化转型：再认识与再出发》，《西安交通大学学报（社会科学版）》，2022 年第 3 期。

转型需要支持创新和变革的组织文化[①]。数字化转型需要培养创新思维和敏捷反应能力，而组织制度创新可以激励员工参与创新和改进，培养企业“数字创新文化”。组织制度创新可以促进创新文化的形成，为数字化转型提供良好的企业氛围，落实和加强创新文化，通过激励制度、知识共享机制等推动企业制度创新进而促进数字化转型。

综上，企业在数字经济时代，需要通过全面、适时的数字化转型来促进自身组织行为、组织管理和组织制度的多维变革，这既是确保企业数字化转型顺利实施的必要条件，也是企业面对数字时代新挑战和新竞争以及塑造新优势的必由之路。

① Saarikko T, Westergren UH, Blomquist T. Digital Transformation: Five Recommendations for the Digitally Conscious Firm. Business Horizons, Vol.63, No.6:825-839, 2020.

第十一章 政府治理和社会管理的数字化

政府治理和社会管理的数字化是指通过数字技术改变公共服务方式，增强治理效能，形成现代化治理模式和提高治理质量的过程，这一过程的本质是治理形态从传统治理向数字治理的转型。数字治理的实践在数字政府的建设、数字社会的发展和数字经济的创新中均有涉及。其中数字经济的治理主要涉及的是对新的经济形态本身的治理，包括对新经济形态下的平台垄断以及不正当竞争的治理。而数字政府和数字社会的治理，主要涉及以数字技术赋能政府提升治理效率和公共服务质量，实现政府与公众之间数字化互动，解决传统治理模式下难以解决的科学决策与精准服务问题。

第一节 政府治理和社会管理数字化的理论逻辑

一、治理概念的内涵与治理形态的转变

20 世纪 80 年代起始，“治理”概念开始在各种政策报告和学术研究中广泛使用。1992 年世界银行发布报告《治理与发展》，将“治理”定义为通过行使合法化权力以利用资源促进一国发展的过程。1996 年起，世界银行推出了全球治理指数（The Worldwide Governance Indicators，WGI）项目，从话语权与问责制、政治稳定和无暴力、政府的有效性、监管质量、法治以及腐败控制 6 个维度，对全球 200 多个国家和地区的综合治理进行了评价。2000 年发布的欧盟委员会治理白皮书把“治理”界定为“影响权力运行方式的规则、过程和行为”，并将其视为各种制度之间相互关联所构成的整体[①]。

从治理的内涵来看，按照概念由小及大、含义由表及里的原则，可以从行为、制度和系统三个层面进行理解：一是行为层，即对公共事务实施治理的活动；二是制度层，即实施治理活动所依据的规则与制度；三是系统层，即由治理主体、制度、机制等所构

① Boekholt，P. and Arnold，E.，The Governance of Research and Innovation: An International Comparative Study. Synthesis Report，Technopolis Group Ltd. 2002.

成的系统及其动态运行过程。[①]

从治理的形态来看，在长期人类发展的历史过程中，历经了“农业文明时代—工业文明时代—数字文明时代”，而与此相适应，在不同的时代也具有极具时代特征的治理形态。在不同的时代，治理的主要形态也历经了“统治型治理—科层治理—数字治理”的转型。

1．农业文明时代的统治型治理

统治型治理是指在农业文明时代，政府和统治者通过强制手段来实现社会管控和治理的方式。这种治理方式的理论特征体现在如下方面：一是高度集中化的权力体系，统治型治理注重集中权力，政府和统治者具有强大的掌控力，能够通过法规和强制性手段来管理社会。二是等级分明的组织结构，统治型治理的组织结构体系严密，各级机构层级分明，并表现出支配与被支配的关系。三是因人而治、因人而异，统治型治理的一个基本特征就是极端的人格化特征，这种人格化特征使得治理绩效与统治者个体行为具有极强相关性。四是缺乏审慎和公众参与，统治型治理对于公众的参与和意见倾听较为缺乏，政府对民间行为控制力强，缺少有效的人民代表制度和知情权保障机制，政府工作重点集中在治理和管理上，而非将公共需求放在关键位置进行考虑。

2．工业文明时代的科层治理

科层治理是指在工业化时代，政府和其他组织通过层层授权的组织架构体系来实现社会管控和治理的方式。这种治理方式的理论特征可以归纳为以下几点：一是部门职能分明，科层治理在组织结构上注重部门的职能分工，各部门之间协调合作，并以专业化方式实现管理和服务。二是强调效率和专业化，科层治理有明确的治理权限和规则，注重治理的效率和效力，相较于传统的治理方式而言，能够有效提高政府部门和组织的服务质量和效率，以满足公众需求和社会发展要求。三是理性官僚制，随着工业化大生产带来的社会分工细化，作为工业时代现代科层制政府组织基础的理性官僚制，能够有效提高政府治理的规范化和标准化程度。但科层制存在的问题是，国家本身的官僚化使得国家治理结构非常复杂，层级过多最终会导致国家行政过程中的成本增加，信息传递效率与决策效率的降低以及部门有效协调不足所带来的“合成谬误”与集体非理性决策。

3．数字文明时代的数字治理

数字技术的快速发展，为治理带来了新的挑战和机遇，在新的时代需要通过数字化、智能化手段对政府治理和社会管理赋能，以提升治理水平，促使政府治理和社会管理更加科学和高效，在这个过程中产生了数字治理的概念。数字治理是指政府和其他组织，利用大数据、云计算、物联网等技术，对社会各个领域进行全面、快速、准确的数据收

---

① 蔡跃洲：《中国共产党领导的科技创新治理及其数字化转型：数据驱动的新型举国体制构建完善视角》，《管理世界》，2021 年第 8 期，30—46 页。

集、处理分析和决策制定，实现智能化的治理和服务模式。这种治理方式的特征主要体现为以下几点：一是政府治理和社会管理的非人格化特征，数字治理下的决策依据大数据和人工智能，一定程度来说是“数治”和“智治”对“人治”的部分替代。二是改变政府和公共机构的管理方式，数字治理推动管理方式的变革，从单一部门治理转化为跨部门协作、全流程管理。三是政府职能转型，数字治理要求政府部门由传统的行政管理向更加开放、包容、协作、公众参与的数字服务中心转型。四是治理主体的多元化与广泛参与，数字治理下需要建立公众参与机制和社会监督机制。

二、数字治理的内涵特征与发展阶段

1．数字治理的双重内涵

从数字治理的内涵来看，其本质实际上包含了两重含义。数字治理的第一重含义是“用数字化来治理”，沿着这一思路，Dunleavy 等（2006）提出“数字时代的治理（Digital Era Governance，DEG）”概念[①]，指数字技术驱动下政府在创新、管理制度简化、体察民情民意、解决社会问题等方面的角色转变与能力提升。Zamora 等（2016）将“数字治理”理解为国家政府普遍使用信息和通信技术来大幅改善政府服务，以促进公共管理的透明度和问责制度，从而提高国民生活质量的一种新型公共管理模式。[②]数字治理的第二重含义是“对数字化的治理”，如在 2021 年联合国发布的《我们的共同议程》中，提出了加强数字技术和网络合作，支持数字公域的有效治理，并倡导各方形成一个多利益攸关方数字技术部分的共识，商定全球数字契约，共同推进全球数字化未来的发展。在这个议程中还提出“变革五重奏”来发展数字治理能力，包括数据、分析和传播、创新与数字化转型等，以促进全系统敏捷性、一体化和聚合力。

（1）“用数字化来治理”的内涵。数字技术在其发展过程中展现出传统技术从未有过的强大储存能力与计算能力。储存能力的扩张意味着传统发展过程中浩如烟海的数据可以以“字节”这一形式被储存在虚拟空间之中，为数据库的出现与科学决策所要求的信息匹配提供了支撑条件。计算能力的扩张意味着在数字技术的支持下，人类可以对数据进行精细化的处理，将无意义的数值提炼为可以供生产活动使用的数据要素，以大大提升过往经济、社会活动的效率，以此为依据，治理的宽度和精度都将得到极大的提升。

（2）“对数字化的治理”的内涵。在数字技术的发展过程中，生产活动的数据化既能带来庞大的数据库作为治理基础，但也会产生数据安全、隐私泄露等问题，将数据提炼

① Dunleavy P, Margetts H, Bastow S, et al. Digital Era Governance: IT Corporations, the State, and E-Government. Oxford University Press Inc, 2006，pp.216-217.

② Zamora D, Barahona J C, Palaco I. Case: Digital Governance Office. Journal of Business Research, Vol.69, No.10, 2016.

为要素参与生产活动，既能提升活动效率，推进经济整体的发展，但是也会产生拥有庞大数据要素的企业独大，劳动要素获得份额下降，低技能劳动力失业，产生数字时代新型垄断等问题。对这些问题与风险进行的应对与政策即为对数字化的治理。"对数字化的治理"是政府治理与社会管理数字化转型中所必须纳入的内容。因此，必须通过政策沟通、合作协调、技术创新、规则制定等多方面的努力，加强全球数字治理的建设，为数字经济发展和社会进步注入稳定性和可持续性。

2．数字治理的发展阶段

随着数字技术嵌入深度的梯次演进，数字治理也会呈现出不同的阶段性特征。总体而言，数字治理的发展可以分为三个阶段：信息化、网络化和智能化的阶段，每个阶段都具有不同的特征。

（1）数字治理的第一个阶段是信息化阶段。信息化阶段是政府治理和社会管理数字化转型的起始阶段，其主要特征和目标是实现信息流的自动化和电子化，提高政府管理的工作效率，优化服务质量。政府机构建立了以计算机为核心的信息化系统，实现了内部信息的共享和管理，但外部与社会之间的信息交流仍然比较缓慢，还未能完全实现数字化转型。同时，在信息化阶段也暴露出信息安全、数据管理等问题。在这一阶段的数字治理主要还是利用数字技术来提高治理效率和效能，这一阶段的核心特征全部体现在"用数字化来治理"，其本质是政府治理流程的电子化。

（2）数字治理的第二个阶段是网络化阶段。网络化阶段是信息化阶段的升级版，随着数据要素对经济社会的嵌入逐渐深化，数字产品、数字化终端以及接入互联网用户的规模越来越大，梅特卡夫定律开始发挥作用，现代信息网络逐渐形成，传统经济中的时空限制被打破。在这一过程中，网络平台开始对经济社会发展起到越来越重要的作用。而这一阶段政府治理和社会管理的数字化，其主要特征是建立以数字技术为基础的平台，基于大数据的普及应用，解决信息化阶段所不能解决的海量信息汇总和识别问题，提高政府和公共机构决策的科学性和决策效率。在这个过程中，随着公共数字平台建设的不断推进，数字化服务和应用使社会管理各方面都进入数字时代，数字政府、数字城市等概念得到广泛应用。但伴随着现代信息网络的高度发达，数据管理、隐私保护等问题也成为这一阶段数字治理的难题，需要加强数字治理和监管。因此，这一阶段的数字治理的内涵，既包括"用数字化来治理"，也包括"对数字化的治理"。

（3）数字治理的第三个阶段是智能化阶段。智能化阶段是数字治理网络化阶段的升级版，主要特征是基于人工智能和大数据等高端技术，实现数字治理的智能化。智能化阶段的目标是实现智慧型政府和全面融合，使政府公共结构能够识别社会需求、预测社会发展趋势、科学应对公共问题，并采取相应措施，逐步实现政府决策智能化、服务智能化、管理智能化。政府机构通过建设智能化的数字平台，深入挖掘数据价值，实现对社会运行状况的全方位感知和快速响应，从而推动数字化转型向着更高端技术和更深层次的智能化升级。但智能化阶段也会带来新的问题，如政府与社会的互信度和人工智能的安全等挑战。因此，这一阶段的数字治理同样兼具“用数字化来治理”和“对数字化的治理”双重内涵，但数字治理的深度相对于第二阶段也会更大。

总之，政府治理和社会管理的数字化转型将经过信息化、网络化和智能化三个阶段，每个阶段都具有不同的特征。在数字化转型的推进中，政府需要针对阶段性特点和问题，积极采取合适的政策措施和技术手段，加强数字治理和监管，提升社会创新能力和可持续发展水平，共同推动政府治理和社会管理体系的数字化改革和转型。

三、数字化转型赋能政府治理和社会管理的理论逻辑

政府治理和社会管理数字化转型的本质是实现数字治理。相对于统治型治理而言，数字治理能从本质上解决治理的人格化问题，从而形成科学决策所需要的认知性知识。相对于科层治理而言，数字治理一定程度上能够融合技术与组织之间的整合矛盾，消除传统官僚制与网络系统扁平化之间平衡所产生的张力。[①]总体来说，政府治理和社会管理数字化的关键，是将社会事实数据化后纳入数字治理体系，生产出标准化的认知性知识，对社会状况及其问题进行精准画像，有利于做出更加科学的决策。

（1）数字技术的跨时空特征赋能政府与公共机构克服“分散信息”与“决策时滞”带来的低效决策问题，实现更加高效的治理。从决策行为到决策结果具有时空方面的集约化要求。从空间方面来说，决策者面对的是海量的分散信息，这些分散信息具有很强的碎片化、局部化和个性化特征，决策者需要去除掉这些个体化碎片化特征，基于普遍性、典型性和全局性的特征进行决策设计，而数字技术可以实现对个性特征的抽象，将碎片化数据整合为模块化知识体系，提炼出决策所需的整体性知识，提升政府治理和社会管理的信息数量和质量，也能够解决一些个别的信息缺失和数据误差等问题。从时间方面来说，从决策行为到预期结果之间存在时滞，但很多的决策需要在有效时间连贯完成，才能保证治理的有效性，传统的科层治理在层级过多的情况下，往往决策时滞也更加明显，而在数字技术的加持下可以有效解决这一问题，极大地提升政府治理和社会管理的效率。

（2）数字技术的非人格化特征赋能政府与公共机构识别社会事实，形成有助于科学决策的认知性知识，实现更加理性的治理。科学决策必须建立在对社会事实的深度认识基础上。社会事实是指社会实践中被认知为必然发生或者正在发生的现象，政府治理的有效实施依赖于社会事实的客观性。但仅有社会事实的客观性并不意味着有效治理，社

① Jane E. Fountain，Building the Virtual State：Information Technology and Institutional Change，Washington，D. C.：Brookings Insttution Press，2001，p：16.

会事实必须经过符号化处理以后，才能转变为有效的认知性知识，这是科学决策得以实现的基本条件。[①]而要实现科学决策，就要去除人格化的关于好恶的主观判断，使决策从以主观意志为中心转向以客观知识为中心，以高度标准化的认知性知识来确定治理行为的优先级，走向决策的非人格化。而数字技术相较于具体的人而言，具有非人格化特征，本质上而言，政府治理和社会管理的数字化，就是通过全样本大数据和人工智能，将模糊化、碎片化、感性化的现象性知识，转变成为精确化、整体化、理性化的认知性知识，从而为政府治理过程中的科学决策赋能。

（3）数字技术的虚实映射特征可以通过数字孪生来实现对社会变化的实时监测，基于动态信息及时调整治理策略，实现更加精准的治理。社会治理所面临的一个难题就是信息的动态变化，科学决策依赖于信息的全面性，但现代社会信息不仅是海量的，也是实时运动变化的，作为治理和决策的主体面对动态变化的复杂信息，需要有现代化的治理手段。例如在乡村治理过程中，留守儿童数量、社区养老服务需求、劳动力流动等信息均是不断变化的，对这些信息的精准把握是作出科学决策的支撑条件。而数字技术对政府治理和社会管理进行赋能，可以通过两项机制实现动态监测，一是数字技术具备虚实映射特征，可以通过数字孪生技术实现数据的实时监控与治理，二是基于大数据分析与人工智能技术的数字技术，可以获取决策所需的全样本数据并进行智能化的关联分析，从而对数据变化做出尽可能精准的预测。而基于这类动态信息的供给，决策者就可以在政府治理和社会管理过程中实现针对性精准服务和有效治理。

第二节　数字政府治理和数字社会管理的实践发展

在全球范围内，数字技术已经成为推动各个领域变革和创新的重要力量。许多国家和地区都积极探索数字化转型之路，加速数字技术在政府治理和社会、经济管理中的应用。2022 年 6 月，国务院印发了《关于加强数字政府建设的指导意见》，标志着我国数字政府建设进入到全新阶段。2023 年 2 月，中共中央、国务院又印发《数字中国建设整体布局规划》，统筹推进数字中国战略。数字政府、数字社会都是数字中国战略的关键组成部分，是推进国家治理体系和治理能力现代化的关键举措。

一、“数字中国”战略与数字治理转型

近年来，中国的数字经济发展已经取得举世瞩目的成就，在数字化基础设施建设、

① 颜昌武、马敏：《知识生产与社会治理的数字化转型》，《浙江学刊》，2022 年第 3 期，4—13 页.

数字化新兴企业成长、数字化经济结构转变、数字化政务体系打造等方面均有所建树，展现了中国在数字时代所具备的强大发展活力。当今世界正经历百年未有之大变局，新一轮科技革命和产业变革深入发展，加快数字化发展成为新时代构筑国家竞争力的必然选择，“数字中国”战略也应运而生。“数字中国”战略旨在通过数字技术在经济发展方面、社会建设方面、政府治理方面以及体制构建等方面的深度融合，全面贯彻新发展理念，培育数字时代发展的新动能，完成中国整体向数字化时代的迈进与转型。其中，数字治理的转型有利于现代科层制的政府治理进行突破，跳脱出碎片化的条块治理藩篱，消解理性官僚制的固有弊端，塑造政民良性互动的全新模式，[①]是政府转变管理模式与治理理念、构建更加和谐政民关系的必由之路。

根据 2023 年 2 月中共中央和国务院印发的《数字中国建设整体布局规划》，建设数字中国是数字时代推进中国式现代化的重要引擎，是构筑国家竞争新优势的有力支撑。[②]从数字中国建设的总体框架来看，其结构是按照“2522”来进行布局。其中第一个“2”即“两大基础”，指夯实数字基础设施和数据资源体系；第二个“5”指“五位一体”，指推进数字技术与经济、政治、文化、社会、生态文明建设五个方面的深度融合；第三个“2”指“两大能力”，指的是强化数字技术创新体系和数字安全屏障；第四个“2”指“两个环境”，指的是优化数字化发展的国内和国际环境。在“数字中国”的“五位一体”布局中，与公共领域治理最为相关的就是数字政府与数字社会的建设和发展。

1.“数字中国”战略与政府治理的数字化转型

在“数字中国”战略中，发展高效协同的数字政务是推进国家治理体系和治理能力现代化的重要目标。这其中主要包括三项内容：一是加快制度规则创新，完善与数字政务建设相适应的规章制度；二是强化数字化能力建设，促进信息系统网络互联互通、数据按需共享、业务高效协同；三是提升数字化服务水平，推进线上线下融合，加强和规范政务移动互联网应用程序管理。

在政府治理数字化转型的制度建设进展方面，国务院于 2022 年印发了《关于加强数字政府建设的指导意见》和《关于加快推进政务服务标准化规范化便利化的指导意见》等文件，提出积极推进数字技术在政府管理服务中的广泛深入应用，加快政府数字化、智能化转型，以及推进政务服务运行标准化、服务供给规范化等工作。各地也积极推进数字技术应用与政府职能转变协调配套，探索打造“线上+线下”协调管理模式。

在政府治理数字化转型的能力建设和服务水平方面，2023 年 2 月中央党校（国家行

① 江文路、张小劲：《以数字政府突围科层制政府：比较视野下的数字政府建设与演化图景》，《经济社会体制比较》，2021 年第 6 期：102—112 页。

② 中共中央国务院印发《数字中国建设整体布局规划》，《人民日报》，2023 年 2 月 28 日. http://paper.people.com.cn/rmrb/html/2023-02/28/nw.D110000renmrb_20230228_3-01.html.

政学院）电子政务研究中心与联合国经社部共同发布了《2022 联合国电子政务调查报告：数字政府的未来》，公布了 193 个联合国会员国的电子政务排名情况以及这些国家的电子政务发展指数（EDGI）。[①]根据该报告，2022 年全球 EDGI 平均值为 0.610 2，而我国的 EDGI 值为 0.811 9，属于“非常高水平”。从 2012 年到 2022 年，我国电子政务发展指数国际排名从 78 位上升到 43 位，是上升最快的国家之一。全国一体化政务服务平台实名注册用户超过 10 亿人，国家政务服务平台总使用量超过 850 亿人次，已初步实现地方部门 500 万余项政策服务事项和 1 万多项高频应用的标准化服务，大批高频政务服务事项实现“一网通办”“跨省通办”。国家电子政务外网覆盖范围持续扩大，各省市政府通过网站平台拓宽重大文件发布征求意见的渠道，公众也借助数字平台积极参与公共治理，政民交流互动能力持续增强，政府治理数字化转型不断推向深入。

2．“数字中国”战略与社会管理的数字化转型

在“数字中国”战略中，构建兼具普惠性、便捷性和精准性的数字社会，也是推进社会管理数字化转型的重要方面。这其中主要包括两个方面，一是推进数字公共服务的普惠化，包括数字教育、数字健康和数字社保等；二是推进数字社会治理的精准化，包括以数字化赋能城市管理和乡村振兴等。

在数字化赋能公共服务的普惠化方面，建设数字社会已经成为有效保障和改善民生、促进共同富裕的重要途径。在数字教育领域，国家教育数字化战略行动已经全面实施，国家智慧教育公共服务平台正式开通，形成了世界最大规模的以“慕课”等精品在线开放课为主体内容的教育教学资源库，优质数字化教育资源开放共享格局初步形成。在数字健康领域，数字化已经向医疗健康全领域加速渗透，远程医疗服务平台已经覆盖全国 31 个省份，互联网医疗得以快速发展，全国统一的医保信息平台全面建成，有效覆盖了全体参保人。数字技术在辅助诊断、康复、配送转运、医疗机器人等新应用中加快普及，为数字健康的发展提供了新的发展方向。在数字社保领域，也实现了全国的规模化覆盖，全国人社政务服务平台、电子社保卡等全国人社线上服务渠道不断完善，数字化公共服务的普惠性和便捷性不断提升。

在数字化赋能社会治理的精准化方面，主要表现为数字城市的建设和数字乡村的发展。在数字城市建设方面，数字孪生已成为城市治理数字化转型的重要动力，通过数字孪生，城市可以实现全域时空数据融合，以及对城市各方面的监控和预测，从而提升城市的管理和治理水平。在数字乡村方面，以“互联网+政务服务”和“互联网+基层社会治理”为特征的服务型政府运行体系已经深入推进，农村地区的政务服务和数字化治理水平正在不断提高。

---

① 中央党校（国家行政学院）电子政务研究中心：《2022 联合国电子政务调查报告：数字政府的未来》，2023 年 2 月. http://www.egovernment.gov.cn/art/2022/12/26/art_476_6605.html。

二、数字政府治理和数字社会管理的实践场景与模式

1．数字城市的建设与治理

数字城市的建设与治理是数字治理转型的最主要内容，是落实“数字中国”战略的先行实践，也是连接数字政府与智能社会的重要纽带。截至2022年底，我国常住人口城镇化率已经达到65.22%，城镇人口由1978年的1.7亿人上升至9.2亿人，且这一比例仍在不断上升，因此完成数字城市建设的任务显得尤为重要。同时，城市相比乡村汇聚了更多的高质量人力资本与数字化设备，其数字化水平往往更高，更容易实现数据的收集与利用。2012年中国首次启动了较大规模的数字城市试点建设，“十四五”以来，数字孪生在城市治理中发挥了越来越重要的作用，不断推动城市实现可持续发展。

当前数字孪生已经广泛应用于城市建设、管理和治理流程中，在智能交通、文体旅游、应急安全、环境治理等多个领域，数字孪生与城市信息模型（CIM）支撑下的城市规划、建设、管理和治理取得了显著进展，智能化市政基础设施加速建设，数字城市建设正在由单项应用向集成融合转变。在这期间，《城市信息模型基础平台技术标准》《城市大脑标准体系建设指南（2022版）》《新型智慧城市评价指标》《体育场馆智慧化标准体系建设指南》等一批智慧城市标准规范相继出台。《北京市关于加快建设全球数字经济标杆城市的实施方案》《上海市全面推进城市数字化转型“十四五”规划》等政策的相继出台，为数字城市的建设与治理指明了方向。

数字城市治理的一个典型案例是“南京市城市信息模型（CIM）基础平台”[①]。这是由南京市规划与自然资源局牵头组织，住建委、发改委、大数据局等多部门协同于2021年3月1日正式上线启动的CIM基础平台。这一平台作为智慧城市基础性平台，以BIM和CIM技术融合应用为抓手，以工程建设项目规划设计方案技术审查为突破口，构建了覆盖全市地上、地表、地下和历史现状、未来融为一体的全域全时空“城市空间数字底板”和一个全域全空间、三维可视化、虚实融合互动的CIM平台，通过多源时空信息的融合，为“智慧南京”构建了空间底板，实现了城市的一体展现、多维管控，为智慧城市奠定了物理空间的数字化基础。其能够实现多重功能，一是汇聚了南京市地理信息、规划管控、地质、管线等近200个数据图层，实现了多源、异构海量数据和服务的统一管理和跨平台调用，二是探索了建筑物能耗、城市防涝、历史文化名城保护、不动产BIM等一批CIM+智慧化应用。

2．数字乡村的建设与治理

数字乡村的建设与治理是数字治理的重要场域，更是全面推进乡村振兴的方向和建

① 中国信息通信研究院：《数字孪生城市技术应用典型实践案例汇编（2022）》，2023年2月。

设数字中国的重要部分。2019 年 5 月中共中央办公厅、国务院办公厅印发了《数字乡村发展战略纲要》，对推进数字乡村建设做出系统安排。2022 年 1 月中央网信办、农业农村部等 10 部门印发《数字乡村发展行动计划（2022—2025 年）》，其中明确提出开展“数字治理能力提升行动”，从开展乡村治理数字化建设、“智慧法援”建设、推进农村公共安全视频图像信息系统建设和智能化示范应用、构建农村地区智慧化气象灾害预警体系等 5 大方面提出构建乡村数字治理体系。

当前乡村数字治理体系逐渐得以发展与完善，根据农业农村部信息中心 2023 年 3 月发布的《中国数字乡村发展报告（2022 年）》[①]，截至 2022 年底全国已建立 355 个县级政务服务平台，国家电子政务外网覆盖了 100%的县级行政区域和 96.1%的乡镇，政务服务实现了“一网通办”，农民群众的满意度和获得感不断提升。各行政村（社区）和网格将基层社会治理所采用的数据资源集合成库并开放共享，实现了一次采集、多方利用的数据共享机制，以数据驱动公共服务和社会治理水平不断提高；总体来看，乡村治理的数字化建设已经颇有成效。此外，数字乡村体系的完善以及“智慧法援”的建设，提升了各乡普法用法的效率，扩大了法律监管的范围，确保了依法治乡方针的实施。在公共安全方面，对智能化设备的示范应用也形成了示范效应与技术外溢效应，各地使用新型公共安全数字设备的意愿和能力得到提升，农民群众的安全感明显增强。在乡村智慧应急能力方面，各地不断加强农业重大自然灾害和动植物疫病防控能力建设，监测预警水平持续提升。

数字乡村治理的一个典型案例是“浙江乡村大脑”。浙江省近年来积极推进数字乡村的建设和数字化综合治理，通过数字技术对乡村治理体制机制进行系统性重塑，推进乡村治理体系和治理能力现代化。目前已经形成了“浙江乡村大脑+浙农系列应用”体系，已经迭代形成了“浙江乡村大脑 2.0”，在“11153”核心构架（1 仓、1 图、1 码、5 库、3 能力）的支撑下，包含 9 个智能模块，按照“一表一图 N 清单”的方法进行开发建设。聚焦大脑监测分析评价、预测预警、战略目标管理等能力升级目标，以数智赋能农业智能、乡村智治、农民智富三大领域。这些智能模块可以帮助实现生猪稳产保供、渔船防碰撞、低收入农户帮扶等核心业务的智能化，并形成了平台支撑大脑、大脑支撑应用、应用丰富大脑的良性互动。此外，还通过对用电、用水数据的智能感知，形成闲置农房精准画像，以数字化应用助力农房盘活利用。

3．重大公共事件中的数字化治理

重大公共事件可分为“黑天鹅”事件以及“灰犀牛”事件，其中“灰犀牛”事件是指发生概率较大的重大事件，“黑天鹅”事件是指发生概率较小但是影响力却较大的事件。

---

① 农业农村部信息中心:《中国数字乡村发展报告（2022 年）》，2023 年 2 月。

2020 年以来的新冠感染疫情便属于典型的“黑天鹅”事件，相比于 2003 年的“非典”疫情，数字化治理在抗击新型冠状病毒疫情公共事件中发挥了更加重要的作用。

可以归纳出数字化治理在重大公共事件中发挥作用的主要机制：首先，数字化治理具备高效的传达机制，上级政府的政策可以即时传达给基层实施人员，在上传的瞬间实现下达，增加了政府内部的沟通效率；其次，数字化治理具备实时更新的机制，如身份证和核酸码本质都是某一特定身份的证明，但作为实物的身份证无法承载最新信息，而健康码、核酸码等数字化的产品却可以为每一个单独个体的某一特定信息进行实时证明，减少了可能存在的道德风险；最后，数字化治理具备“信息喇叭”的机制，不论是政府发布的最新信息、感染病毒的最新人数、社交媒体上的用户发言等，都会在第一时间传达至全国，庞大的信息量将会改变用户的预期，推动其做出最理性的决定；基于上述三种机制，数字化的治理可以在突发公共事件维持政府的有效性、减少个体的道德风险，推动个体做出最理性的决定，由此维持社会整体的稳定。

第三节　数字政府治理和数字社会管理的趋势与挑战

尽管在数字时代下我国政府治理和社会管理已经得到了快速发展，但仍然存在一些新的挑战。数字治理相对于统治型治理和科层治理来说，在治理方式、治理主体和治理问题上出现了显著的新趋势。这也导致在治理数字化转型的过程中，形成了多重风险与挑战。

一、数字治理的发展趋势

1．数字治理方式的多样化

这主要体现在从单一的行政命令治理向基于数据、协同共治、智能治理等多种形式的数字治理转变。首先，数字治理是基于数据的治理，在数字时代，数据已经成为数字治理的核心要素，政府和公共机构需要充分利用数据，基于大数据分析和人工智能等手段，实现信息共享、决策优化等目标，并最大限度地保障数字治理的公正与透明。其次，数字治理基于协同共治，数字治理需要形成政府、企业和公众之间的协同互动机制，政府应加强对企业和公众的引导，引导他们积极参与数字治理，共同维护数字治理的健康发展。最后，数字治理基于智能技术，智能技术可以赋能决策支持能力、风险控制能力与监管能力的提升，改进治理效率和质量。政府和公共机构应加强对智能技术的研发和应用，进一步提升对数字社会发展的把握能力、对数字经济发展的驾驭能力、对网络舆情的引导能力、对网络安全的保障能力，更好地用数字化手段畅通沟通渠道、辅助科学决策、推动数字治理的创新和升级。

2．数字治理问题的复杂化

在数字治理的过程中，面临的问题和挑战也在不断增加，从而使得数字治理问题的复杂化与日俱增。基辛格在《世界秩序》中曾指出，“网络空间的出现对历史经验造成巨大冲击，其中威胁难以界定且不易量化，尤其是被广泛应用于社会、金融、工业和军事等部门时，虽然带来很多优势，但也呈现出前所未有的弱点”。[①]数字治理复杂化体现在三个方面：首先，数字治理问题既包括如何利用数字技术解决传统治理过程中的信息问题和决策问题，也包括在数字时代中新出现的技术安全漏洞、数据隐私泄露、网络舆情等新问题。其次，在数字时代，数据权力和算法权力正在成为一种支配性、统治性甚至垄断性的权力，这催生了政治、经济、文化和社会等各领域权力关系的调整和重塑。最后，数字技术变革也带来了工作性质变化与新的技术性失业等社会治理难题，这对原有的社会治理模式也提出了更多的挑战。

3．数字治理主体的多元化

数字治理主体的多元化是数字治理的重要特征之一。数字治理主体不仅包括政府、企业、组织等正式机构，还包括个人、群体、社区等非正式机构。这就要求数字治理主体在治理过程中要形成协同共治的模式，以达到更有效的治理结果。首先，政府是数字治理的重要主体，政府需要积极引导和推动数字治理的多元化，建立多元治理机制，将非正式机构纳入到治理体系中。其次，企业是数字治理的重要组成部分，在数字经济时代，平台企业成为数字治理的重要主体，平台企业超越了传统营利机构的单一性，需要更好地服务于公共利益和社会需求。最后，公众也是数字治理的重要主体，在数字化时代，公众对公共治理的参与度显著提升，公众通过参与数字治理，参与公共决策，分享社会资源，维护自身权益。

二、数字政府治理与数字社会管理的风险挑战

数字治理相较于科层治理具有更高效、更便捷、更智能的特性，但带来各种优势与便捷的同时，这种新型治理体系也将不可避免地衍生出许多新的问题，而在“数字治理”模式仍处于起步阶段的中国，这些问题很有可能因为治理经验不足、应对方式不当等种种原因外溢成为风险，影响数字治理体系的发展完善与稳定运行。其中，数字政府治理所面临的两大风险挑战，一是数据安全带来的治理风险问题，二是数据标准体系不健全和“数据孤岛”带来的数据壁垒与低效协作问题；而数字社会管理也面临两大风险挑战，一是“数字鸿沟”带来的不平等，二是“信息茧房”所造成的群体极化效应。

① 亨利·基辛格：《世界秩序》，胡利平，译，北京：中信出版社，2015 年版，第 451 页.

1．数据安全与治理风险

数字治理体系的有效运行，关键在于对数据要素的有效使用，而数据要素又主要来源于居民、企业部门、政府机构等的各种活动之中，因此，数据安全直接关系到能否为政府、企业、居民提供一个安全的数字使用环境。当数据的安全无法得到保障时，不仅会影响居民的正常生活以及企业的正常经营，还会阻碍政府治理体系的正常运转。

数据安全风险的第一类来源是数据滥用。在数字时代，平台机构通过数字化手段形成庞大的信息网链，掌握着客户账户、支付等信息，将数据汇聚起来，可以对整个社会偏好、社会安全进行分析，在用户数据日益成为企业核心竞争力的条件下，具有市场支配力的平台企业在使用数据信息时，会更多关注经济利益，而忽视用户个人隐私与公共安全，因此需要加强对平台机构的监管。

数据安全风险的第二类来源是数据泄露。数据泄露主要包括三种方式，一是使用泄露，如操作失误、打印、外发文件、拍摄屏幕等方式，二是传输泄露，通过网络监听、拦截等方式对传输数据进行窃取，三是存储泄露，包括数据中心的数据被入侵造成泄露。近年来爆发的平台泄露用户数据事件加剧了人们对数据安全的担忧，泄密事件和数据攻击事件的频繁发生，造成了重大的数据安全风险，给数字治理转型带来了重大挑战。

2．数据壁垒与低效协作风险

在政府治理的数字化转型过程中，一个重大的阻碍就是数据壁垒。数据壁垒的形成主要源自两个原因，一是信息不对称与部门利益优先化导致的“数据孤岛”，二是数据标准体系建设滞后引发的低协同性。

数据壁垒形成的第一个原因是“数据孤岛”问题。从经济学理论的角度来看，数据孤岛问题实质上是信息不对称的一种表现形式，由于不同部门、不同机构之间数据共享和交流的限制，导致一部分市场参与者拥有更全面、准确的信息，而另一部分市场参与者却缺乏这些信息，这种信息的不平衡就会影响市场流通、资源配置效率等经济活动的正常运行。在现实中，政府各部门相互“紧拽数据”，产生以各自利益为中心的数据分割问题，往往引发大量数据孤岛现象。[①]目前广泛应用的垂直管理体制和条块分割的管理体制与数字时代的特征不适应，现有治理体系下各级政府、各部门之间合作不够，已不能满足数字经济发展的要求。[②]地方政府与中央政府间并没有组建专门的统一数据管理机构，因而就无法解决跨区域、跨层级的数据管理体系，最终造成数据孤岛现象频频发生。

数据壁垒形成的第二个原因是数据标准问题。数据标准化是全球共同面临的新问题。对于后发国家来说，数据标准是制约治理数字化转型的重要方面。例如，我国工业数据

---

① 任保平，等：《数字经济学导论》，北京：科学出版社，2022 年版。

② 任保平：《数字经济赋能高质量发展的现代化治理体系研究》，《学术界》，2022 年第 12 期，第 24—30 页。

标准化建设滞后的弱项就是制约我国建设制造强国的短板之一。[①]在政府治理与社会管理数字化转型的过程中，同样存在数据标准体系建设滞后的问题，各部门在数字化转型中仅考虑自身部门输出的个性化设置，而忽略了数据标准和业务标准的匹配、数据流和业务流的统一、数据系统和业务系统的同步等问题。由于数字政府治理的数据标准无法统一，进而导致提供的业务一致性弱化，使得各部门无法达成统一标准来发挥数据赋能的最大化价值。

3．数字鸿沟与不平等风险

随着数字技术与数字经济的不断发展，数字鸿沟问题愈发凸显。数字鸿沟现象存在于国与国、地区与地区、产业与产业、社会阶层与社会阶层之间。在社会管理数字化转型的过程中，数字鸿沟已是一个需要应对的重要挑战。数字鸿沟的概念最早来自 1990 年美国未来学家托夫勒出版的《权力的转移》一书中，他认为数字鸿沟是信息和电子技术方面的鸿沟，信息和电子技术造成了发达国家与欠发达国家之间的分化。1999 年美国国家远程通信和信息管理局（NTIA）在名为《在网络中落伍：定义数字鸿沟》的报告中对数字鸿沟进行了定义：数字鸿沟指的是在那些拥有信息时代的工具的人以及那些未曾拥有者之间存在的鸿沟。经济合作与发展组织对于数字鸿沟的定义是：由于贫穷、教育设施中缺乏现代化技术以及由于文盲而形成的贫穷国家与富裕发达国家之间、城乡之间以及年轻一代与老一代之间在获取信息和通信新技术方面的不平等。

数字鸿沟主要包括两类，第一类是接入鸿沟，主要体现在信息基础设施方面发达地区与不发达地区存在较大差距。第二类是素养鸿沟，主要体现在数字技术的应用方面。数字技术的应用通常需要使用者掌握一定技能和知识水平，因此个体之间数字素养的差异是造成数字鸿沟的重要方面。

数字鸿沟会导致收入分配极化风险。数字鸿沟中的数字贫困方因数字信息获取、应用不足会加剧收入贫困，与数字富有方贫富差距不断拉大，加大收入分配极化风险。数字贫困方因为负担不起信息基础设施、缺乏教育、知识水平有限等原因，在数字信息的获取与应用方面能力低于数字富有方。由于马太效应的存在，数字贫困使得不同地区、不同群体之间贫富差距不断扩大，发展程度较高的地区或群体会发展得越来越好，而原本贫困的地区或人群就会愈加贫困，数字经济的发展增加了收入分配极化风险。因此，社会管理数字化的一个重要内容，就是消除数字鸿沟，降低由于数字鸿沟造成的不平等。

4．“信息茧房”与群体极化风险

数字时代是信息爆炸的时代，数字技术提供了更自我的思想空间和更海量的信息，很多人只局限于社群内的沟通和交流，这就造成了“信息茧房”问题。信息茧房的概念

① 黄阳华：《基于多场景的数字经济微观理论及其应用》，《中国社会科学》，2023 年第 2 期，第 4—24 页。

来自 2006 年哈佛大学凯斯·桑斯坦的著作《信息乌托邦》。桑斯坦在该书中指出，公众在信息传播中所接触的信息有限，由于处理信息具有成本与风险，人们倾向于待在认知的舒适区，长时间后会将自身桎梏于像蚕茧一般的“茧房”中。桑斯坦提出，在互联网时代，用户在海量信息中选取符合自身兴趣和价值观的信息，而对其他信息则选择性地忽略，就会形成“信息茧房”。并且，在信息茧房当中会产生“回声室效应”的特征，“回声室效应”代表的是一种正反馈机制，即不断通过正反馈的方式强化个人所掌握的信息和观点，从而导致人们会将某一个狭小圈层和领域的信息和观点误当作全社会的信息和观点，最终导致个体认知、圈层认知和全社会认知之间的偏差。

数字时代的特征之一是算法经济，即商业平台通过采集和分析用户数据，结合大数据和算法给用户提供个性化的产品服务。算法经济天然导致信息茧房问题，即用户越感兴趣的信息越推荐。在海量信息环境中，大数据和算法会针对人们的个性化需求进行个性化推荐，而一旦开启算法推荐，就有可能会导致信息茧房效应的出现。尽管一些改进的算法正在努力通过兼容算法推荐和传统经济特点来削弱信息茧房的影响，但信息茧房与算法经济的天然联系并没有完全消除，并逐渐演化为数字时代下社会群体极化。

在信息茧房的作用下，社会群体之间具体表现出群内同质、群际异质的特性。群体成员的信息和观点是一致的，群体内沟通越多，群体内同质的特征越显著。长期生活在信息茧房之中，可能会增强个体的偏执性，无法接纳别的群体的信息和观点，这种情况容易演化为极端思想。这种极端思想集中体现在看待事物时的观念表达上，当其个人诉求无法得到满足，便会在个人生活中出现一种偏执的思维，做出一些极端的行为，不利于经济社会的稳定发展。当这种极端化从个体转向群体时，就出现了群体极化效应。大量的研究发现，群体决策比个体决策更容易走极端，即群体极化。群体极化效应是社会不稳定的一个重要因素，这也是信息茧房下可能出现的社会风险。

第四节 我国政府治理与社会管理数字化转型的实现路径

随着数字技术在政府治理与社会管理中的深度嵌入，“用数字化来治理”已经得到了快速的发展，但受限于数据壁垒等问题，仍然需要通过推动数据开放，实现高效的协作治理。而“对数字化的治理”成为未来数字治理的重要场域，其中加强对数据安全治理、数字鸿沟治理与“信息茧房”的治理是推动未来治理数字化转型的重要路径。

一、推动公共数据开放

为解决政府治理数字化转型中的数据孤岛问题，需要采取以下措施：一是实行数据共享和开放原则，加强相关法律法规和政策支持。在保护数据隐私的前提下，建立统一的数据共享平台，将各企业部门、政府机构和居民的数据整合起来，推动数据的互通共享。二是加强数据标准化和规范化管理，建立数据治理机制和数据安全保障体系。通过统一的数据标准和规范，降低数据异构性和不一致性，实现数据的互操作性和互通性，提高数据集成和挖掘的效果。三是发展数据技术能力，提高数据科技水平。通过采用人工智能、大数据分析等技术手段对数据进行分析，发掘数据中的价值和潜力，挖掘出以前未曾发现的信息，促进经济活动的创新和升级。解决数据孤岛问题需要政府、企业和社会各方协同努力。只有通过建立开放共享的数据治理体系和技术支撑体系，才能实现数据资源的最大化利用和价值创造，推动政府治理和社会管理的全面数字化转型。

二、健全数据安全治理

首先，坚持总体国家安全观，加快落实 2021 年通过的《中华人民共和国数据安全法》，建立健全数据安全治理体系，提高数据安全保障能力，建立集中统一、高效权威的数据安全风险评估、报告、信息共享、监测预警机制，从国家安全、国家战略资源的高度定位数据安全，强化数据战略统筹。其次，要加强个人信息保护，推动构建以政府引导、市场主导为主的多种个人数据共享模式。数据来源于个人行为，由企业或者政府收集加工，个人数据应由个人和企业共同所有。企业收集用户的数据应该公开透明，要明确得到用户的同意方可收集使用，并且做好用户信息保密工作，加强用户数据信息保护，防止用户信息泄露造成用户损失。再次，积极参与国际规则的制定，提升我国在数据保护领域的话语权，为我国开展数据安全保护营造良好的国际环境。最后是加强数据安全保护技术攻关，加强数据保护关键技术手段和数据安全监管支撑技术研究，提升针对敏感数据泄露、违法跨境数据流动等安全隐患的监测发现与处治能力。

三、积极弥合数字鸿沟

应对数字社会管理中的数字鸿沟问题，需要从接入鸿沟和素养鸿沟两个方面提出有针对性的解决方案。针对接入鸿沟，要加强新型基础设施建设，扩大网络覆盖范围，继续开展提速降费活动，降低用网成本，实现数字普惠，缩小不同地区、不同群体在互联网接入方面的差异。针对素养鸿沟，需要提高老年人等特殊群体对于数字技术的应用能力，数字技术的应用需要使用者具备一定的科学文化素质，需要提高国民数字素养。政府应向因数字贫困导致的困难群体提供帮助，在完善收入分配机制，缩小收入分配差距的同时，加强对数字贫困人群的教育培训。要突出教育的战略地位，加强信息化人才的培养和计算机和网络知识的普及。应积极培育先进的知识创新体制，提供优惠的政策和优良的发展环境以吸引国内外的相关人才。同时，加强发达地区和技术领先地区对落后地区的人才支持力度，尽最大可能弥合数字鸿沟，减少由数字鸿沟带来的区域差距和城乡差距。

四、推动多元信息聚合

应对数字社会管理中的“信息茧房”问题，需要联合监管部门、企业和用户等多方力量，完善数字环境建设。监管部门应当会同相关的行业组织，对主流的互联网内容平台的算法推送进行常态化的实时监管审核，并进行事后绩效评估，推动相关平台企业真正意义上做到履行法律、社会和技术伦理责任。平台企业要改进算法，在推送中不仅按用户个体需求进行简单的算法推荐，也要开展延伸推荐，让用户能够获得更高质量、更多类别的推送信息，走出“信息茧房”。在社会管理数字化背景下，也要推动个体提升自身的数字媒介素养，培养公共意识，使多元信息得到聚合，努力从“信息茧房”中解脱出来，推动政府治理和公共管理从“智治”走向“善治”。

第十二章　数字经济生态及其治理

数字经济生态是数字经济发展中所形成的经济生态系统，良好的数字经济生态可实现数字经济与实体经济深度融合，并带动数字经济健康发展。在数字经济成为全球科技与产业竞争重要领域的背景下，建设与治理数字经济生态是中国数字经济发展的重要议题，《中华人民共和国国民经济和社会发展第十四个五年规划和 2035 年远景目标纲要》明确提出，要“打造数字经济新优势，加快数字社会建设步伐，提高数字政府建设水平，营造良好的数字生态”。本章将探讨数字经济生态的内涵与理论基础，梳理数字经济生态的中国实践，分析数字经济生态发展的机制与路径，最后讨论数字经济生态治理的逻辑与机制。

第一节　数字经济生态的内涵与理论基础

数字经济生态是数字经济发展中呈现出的新现象，既与其他经济生态一样具有一般复杂网络系统的特性，同时也具备数字经济的独特性。因此，需要从复杂系统与数字经济两方面把握数字经济生态的内涵，梳理数字经济生态的理论基础。本节将系统分析数字经济生态的内涵、测度方法、理论基础。

一、数字经济生态的内涵

关于数字经济生态的定义，北京大学大数据分析与应用技术国家工程实验室在其发布的《数字生态指数（2020 年）》报告中提出：数字生态指在数字时代下的政府、企业和个人等社会经济主体，通过数字化、信息化和智能化等技术进行连接、沟通、互动与交易，形成了围绕数据的流动循环、相互作用的社会经济生态系统[①]。在数字经济生态的构建中，政府提供新型基础设施和政策支持；核心企业提供技术支持和平台；其他企业通过关联核心企业而加入生态网络，并通过分工协作等方式为市场提供数字化的商品和服务；个体作为消

① 北京大学大数据分析与应用技术国家工程实验室：《数字生态指数（2020 年）》，2020 年 10 月。

费者是数字化产品的购买者和数字化公共服务的受益者。参考学术界已有研究，我们对数字经济生态做出如下定义：数字经济生态是以数据基础设施、数据要素以及数字技术为基础，通过构建政府、企业和个人等各经济主体之间良性互动的紧密合作关系而形成边界开放的复杂网络系统。相较于传统经济生态，数字经济生态不仅具备传统经济生态所具有的共性特征，同时也存在着一系列不同于传统经济生态的新特征。

1．多主体数字化链接

生态是指一定的自然环境中生物与其生存环境形成的一种相互依存、相互制约的动态平衡关系，生态视角最显著的特征是对各种关联性的关注[①]。数字经济生态作为一种新的经济生态，其最显著的特征是数字视角下各经济主体之间的关联性。在数字经济生态中，数字技术是创造和交换价值的基础，而经济系统则是数字技术的应用场景和实现价值的主体，数字经济生态不仅包括数字技术的开发和应用，还包括数字经济相关的企业、政府、消费者和其他组织之间的相互作用和关系，数字经济生态的发展和繁荣需要数字技术、市场、政策和人才等多个因素的协同作用，是一个复杂而庞大的系统。

2．破时空联通

传统经济生态下的各经济主体之间的关联在很大程度上受到时空的限制，而数字技术的出现和发展打破了产业链上各环节之间的时空限制，极大拓展了经济运行边界[②]。例如零售领域，淘宝、京东和拼多多等电商平台通过数字技术将供需双方连接起来，解决了时空限制下的交易问题，拓展了零售和批发等传统业态的经济运行边界，同时电商平台也加快了传统企业的数字化转型步伐，实现了供应链、物流和支付等业务的数字化。

3．数据成为生态“血液”

数据作为数字经济生态中的关键要素，在生态系统中扮演着“血液”的角色。在数字经济生态系统中，数据的产生和流动对生态内各经济体及整个生态系统的繁荣和可持续发展起着至关重要的作用。首先，数据作为信息的载体，能够为经济主体提供准确的海量信息，减少主体间的信息不对称。通过数据的收集、分析和利用，企业和政府可以更好地了解市场需求、消费者行为、产业趋势等重要因素，从而优化资源配置、完善决策和战略制定等。其次，数据的开放与共享促进了协同创新。数字经济生态中的数据共享平台和开放接口为不同主体之间的协同创新提供了机会，能够极大促进跨界合作和资源整合，进而推动数字经济的发展和生态系统的壮大。

① 乔天宇，等：《数字治理格局研判的理论与方法探索》，《中国科学院院刊》，2020 年第 10 期。

② 韩亚品：《数字经济生态发展现状及趋势前瞻》，《国际商务财会》，2023 年第 1 期。

二、数字经济生态的测度方法

数字经济生态作为一种新的经济生态，需要从多维度构建指标体系以全面测算其具体情况。不同于数字经济规模的测算，数字经济生态的测算需要从更为宏观和广阔的数字生态视角进行评估①，数字经济生态指标体系应涵盖数字经济生态系统的各个方面，包括数字技术应用的广度和深度、数字经济产业的规模和增长速度、数字经济创新的程度和影响力、数字经济生态的可持续性和适应性等。通过综合考察上述指标，可以更准确地评估数字经济生态的发展水平和潜力，为各经济主体的相关决策提供科学依据和有效指导，进而促进数字经济和数字经济生态的健康成长与可持续发展。因此，构建多维度的指标体系是深入理解和推动数字经济生态发展的重要任务。

数字经济生态指标体系的构建需要考虑到政府、企业以及个人等多个经济主体，北京大学大数据分析与应用技术国家工程实验室（以下简称“实验室”）从四个维度对数字生态进行评估，有着重要的参考价值。从 2020 年起，实验室已连续三年发布《数字经济生态指数》，基于经济学生态视角下的“投入—转化—产出”逻辑从“数字基础—数字能力—数字应用—数字规制”四个维度构建了指标体系（见表 12-1）：数字基础反映投入环节，主要衡量数字经济生态的要素投入情况，包括新型基础设施、政策等底层支撑；数字能力反映转化环节，衡量数字生态对要素投入的转化和利用能力，包括人才和技术创新等层面；数字应用体现产出环节，衡量数字技术在政府和企业等经济主体中的应用；数字规制体现制度环节，包括数字安全及数字监管等层面。

表 12-1 数字经济生态指数指标体系

一级指标	二级指标	三级指标
数字基础	新型基础设施	能源
		硬件
	数据资源	数据规模
		数据开放
	政策环境	相关政策
数字能力	数字创新	数字专利
		数字开发者
	数字人才	人才状况

① 王娟，等：《中国数字生态指数的测算与分析》，《电子商务》，2022 年第 3 期。

续表

一级指标	二级指标	三级指标
数字应用	数字政府	在线服务指数
		电子参与指数
		开放政府数据
	数字经济	数字产业化
		产业数字化
		数字贸易
	数字社会	可接入性
		数字健康
		数字教育
数字规制	数据流通	公共数据开放法规
		私人数据开放法规
		数据跨境法规
	数据保障	个人信息保护法规
		网络安全法规
	数字商务	电子商务法规

三、数字经济生态的理论基础

数字经济生态是不断进化的复杂经济系统，具有动态复杂网络结构，并处于非稳态或非均衡状态。当前主流的新古典经济学是以第一、第二次技术革命与产业革命为背景，其实践基础建立在机器大工业之上，属于牛顿机械论范式，需要借助数学方程式进行刻画，难以解析数字经济生态的形成及其结构的动态变化。复杂经济学将经济视作不断创建与迭代更新的动态系统，强调经济的非均衡与复杂性，关注制度安排与技术创新对经济结构形成与变动的影响。复杂经济学属于达尔文进化论范式，基于复杂性视角，探究异质性经济主体的整体互动如何形成经济系统以及个体如何适应该系统。

数字经济生态由经济主体的交互而创造，同时又是经济主体不断适应与学习的复杂系统，运行规则复杂且多变。数字经济生态呈现复杂协同效应，会形成涌现秩序。数字经济系统中由于数量极多的主体相互作用、相互制约，产生非线性效应，涌现出子系统所不具有的性质。例如在消费互联网平台，无数商家与消费者通过数字技术连接互动，会形成单个市场主体无法把握的消费趋势。数字经济生态系统可能出现路径依赖与渗透效应。由于数字经济生态系统的报酬递增与正反馈效应，不同初始状态可能引致数字经济生态进入不同发展路径，产生路径依赖效应；同时，由于数字生态中经济主体高度互联，部分个体遭受外生冲击或内生变动时，新变化会在生态系统内扩散，当生态网络的互联程度超过特定阈值时，新变化将会渗透到整个网络，产生渗透效应。

数字经济生态的形成与演化规律可由算法规则刻画，该算法规则通常无法由解析方法提前确定，但可以在复杂经济学理论框架下通过计算方法进行探究。复杂经济学可通过对数字经济生态进行复杂系统建模，利用计算实验方法分析引起系统相变的生态调节强度或网络联系程度的参数阈值，进而根据技术发展态势以及经济社会制度的变化预测数字经济生态的发展趋势，并为数字经济生态的治理提供理论依据。

第二节　数字经济生态的中国实践

中国数字经济蓬勃发展，数字经济生态快速成型。依据复杂系统理论，数字经济生态可能形成多重均衡，在数字经济生态构建中应尽力寻求“好的均衡”。中国数字经济的发展将助力形成与全球其他国家不同的数字经济生态，而党中央“促进数字技术与实体经济深度融合”“不断做强做优做大我国数字经济”的要求，也为我国数字经济生态的发展方向提出了准确规划。本节将从中国数字经济生态的发展概况、典型模式、实践经验这三个方面入手，系统梳理数字经济生态的中国实践。

一、我国数字经济生态的发展概况

为打造良好的数字经济生态，国家顶层设计正逐步完善，数字经济生态系统的发展战略和实施步骤更加明确。关于数字经济，党的二十大报告提出，“加快建设制造强国、质量强国、航天强国、交通强国、网络强国、数字中国”；“加快发展数字经济，促进数字经济和实体经济深度融合，打造具有国际竞争力的数字产业集群”；[①]习近平总书记在中共中央政治局第三十六次集体学习时强调，要“充分发挥海量数据和丰富应用场景优势，促进数字技术与实体经济深度融合，赋能传统产业转型升级，催生新产业新业态新模式，不断做强做优做大我国数字经济”[②]。关于数字生态，国家发改委在《数字化转型伙伴行动倡议》中首次提出“数字化生态”概念，指出在实现企业数字化转型的同时，也要打造跨越物理边界的“虚拟产业园”和“虚拟产业集群”，促进产业链向更高层级跃升，也即向数字生态方向发展。当前中国数字经济生态的构建正处于快速上升阶段。

1．数字经济生态的基础设施构建方面

新兴技术如5G、工业互联网和云计算等起到了关键作用，其发展势头迅猛。新型基础设施提供了高速、可靠和灵活的通信及数据处理能力，为数字经济的发展和生态的构建提供了强有力的支持。5G技术的广泛应用使得移动通信更加快速和可靠，为大规模数据传输和实时互动提供了稳定的网络环境，工业互联网的兴起促进了生产过程的数字化和智能化，

① 习近平：《高举中国特色社会主义伟大旗帜，为全面建设社会主义现代化国家而团结奋斗》，《人民日报》，2022年10月26日。

② 习近平：《不断做强做优做大我国数字经济》，《求是》，2022年第1期。

实现了设备之间的互联和信息的实时交互，而云计算技术则提供了弹性和可扩展的计算和存储资源，为大规模数据处理和分析提供了高效的解决方案。据工信部发布的数据，截至2023年2月，中国5G基站总数达238.4万个，占移动基站总数的21.9%；据国家工业信息安全发展研究中心发布的《2022工业互联网平台发展指数报告》，截至2022年年底，国内具有一定行业和区域影响力的平台数量超过240家；据中国互联网协会发布的《中国互联网发展报告2022》，2021年，中国云计算市场规模达到3 229亿元，同比增速为54.4%。

2．数字经济生态系统的构建方面

国内数字经济生态处于关键成长期，新模式、新业态正不断涌现。生态系统的完整生命周期包括“初创期—成长期—成熟期—转型期”，而当前中国的数字经济生态系统正处于关键成长期。物联网方面，据中国经济信息社发布的《2021—2022年中国物联网发展年度报告》，2021年全国物联网市场规模约达到2.63万亿元；消费互联网方面，2021年，全国电子商务销售额达22.76万亿元，同比增长20.2%，有电子商务交易活动的企业数比重上升至11.2%；工业互联网方面，截至2022年12月，32家重点工业互联网平台工业设备连接总数为8 049.60万台，共服务企业765.96万家次。

3．数字经济生态环境的地区层面

数字经济生态环境的评估需要从多维度展开，当前我国数字生态水平整体呈现出东强西弱、南高北低的局面。基于“数字基础—数字能力—数字应用”三个维度，北京大学大数据分析与应用技术国家工程实验室测算了2019—2021年我国分省级的数字生态指数，反映了2022年我国分省级（前15）的数字生态指数情况，如图12-1所示。结果显示，北京、广东、上海、浙江、江苏等地区的数字生态水平位居全国前列，且我国的数字生态水平整体上呈现出东部好于西部、南部强于北部的局面。

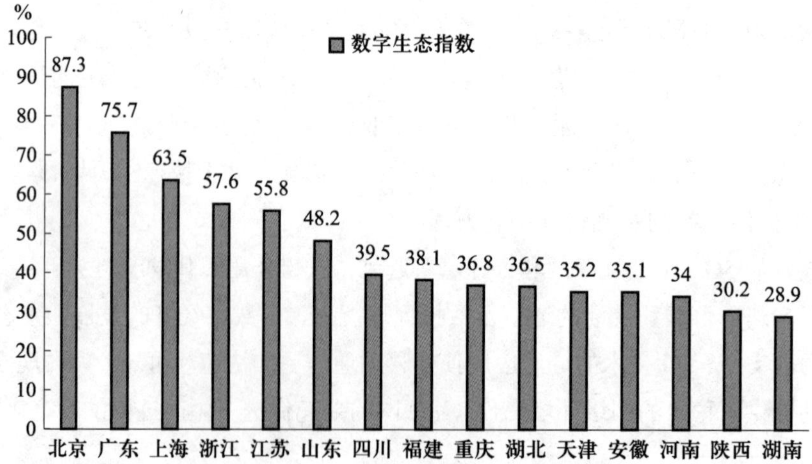

图12-1　中国省级数字生态指数

资料来源：《数字生态指数（2020年）》。

二、数字经济生态的典型模式

数字经济生态的理想模式为平台企业、行业龙头企业整合开放资源，形成以区域、行业、园区为整体，共建数字化技术及解决方案社区，构建产业互联网平台，进而打造“生产服务+商业模式+金融服务”跨界融合的数字化生态。而在当前阶段，数字经济生态正处于成长期，各经济主体围绕消费互联网生态、物联网生态，以及工业互联网生态形成的各类生态系统是当前我国数字经济生态系统的典型模式。

1. 消费互联网生态系统

消费互联网生态系统是一种以特定技术所搭建的平台为核心，平台发起者与参与者之间相互依赖的平台化的商业生态系统[①]。在生活消费互联网平台生态系统中，核心企业是平台搭建者，如淘宝、京东、拼多多、抖音和美团等平台企业，核心企业负责协调生态系统中的利益主体关系并处于有利生态位，其战略制定将影响到整个电商平台生态系统的发展，而消费者、其他服务及商品提供方是电商平台生态系统中的重要成员。

我国消费互联网生态系统已经进入成熟阶段，直播电商生态正异军突起，对传统消费互联网生态发起冲击。经过十余年的发展，中国消费互联网平台下的线上销售已经形成了一个庞大的市场。2021 年，我国电子商务销售额高达 22.76 万亿元，2013—2021 年复合增长率达到 19%。近年来，相较传统的电商平台，抖音、快手等直播电商平台快速发展，正从电商市场分走更多份额。网经社发布的数据显示，2021 年我国直播电商成交额达到 2.31 万亿元，同比增长 84%，占国内电商销售总额的 10%，而随着直播电商的快速发展，预计其市场份额将持续提升。

流量是直播电商生态与传统电商生态之间最显著的差异，并且在直播电商生态中扮演着最重要的角色，是其核心组成部分。如图 12-2 所示，在直播电商生态中，供应链端、流量端和服务支持方都是重要的生态成员。供应链端包括传统主流电商平台（淘宝、京东等）和上游供应链商，主要提供商品和物流支持，为直播电商提供丰富的产品资源；流量端包括直播平台、新兴电商平台、MCN 机构、主播和用户等，他们是直播电商的关键参与者，通过直播形式吸引用户关注并产生购买行为；服务支持方包括微信支付、支付宝等支付服务提供商，他们为直播电商提供支付和结算等关键服务支持，确保交易的安全和便捷性。这些生态成员之间相互依存、相互合作，构建了一个复杂的直播电商生态系统。

① 韩炜：《商业生态系统研究述评与展望》，《南开管理评论》，2020 年第 3 期。

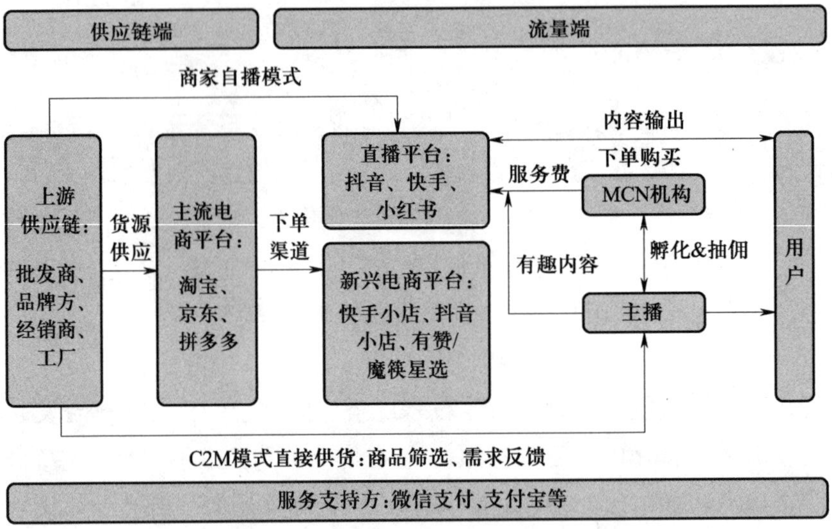

图 12-2　直播电商生态链

2．物联网生态系统

物联网是感知、传输、网络以及平台等技术的集成与应用，物联网产业主要包括感知层、网络层、平台层和应用层[①]。在物联网生态系统中，感知层和网络层通过互联网大公司提供了关键的底层基础，而在平台层则涌现出了众多互联网企业，这些企业致力于开发各类应用，并为最终的应用层的企业提供服务，在整个生态系统中扮演着关键的角色。通过平台层各类互联网企业开发的软件，应用层的各个厂商得以串联起来，促进了彼此间信息的传递和互动，加强了协同合作和相互连接，共同构建了一个完整而高效的物联网生态系统，如图 12-3 所示。

物联网技术的发展与应用为数字经济生态系统的构建提供了重要平台。以小米物联网生态链为例，2010 年，小米成立之初专注于手机业务，2013 年，其创始团队意识到物联网风口，重金投资孵化了紫米移动电源、万魔耳机、华米手环、智米空气净化器、青米插线板等 77 家生态链初创企业，最终成长为连接超过 1 亿台智能终端设备的全球最大消费类物联网平台[②]。解构小米物联网生态链，可发现其也遵循着“初创—成长—成熟—转型”的生命周期：初创阶段，小米以重金投资孵化出多家初创企业，逐步打造出搭建生态链所需的各个环节；成长阶段，在物联网平台的基础之上，小米通过平台将不同类型企业的产品串联起来，使得物联网生态系统雏形初现，并吸引了大量用户和海量的智能设备终端，最终孵化出了一个成熟的物联网生态链；目前，小米物联网生态链已进入成熟阶段，

① 李孟良，等：《我国物联网产业发展现状和建议》，《成组技术与生产现代化》，2021 年第 3 期。
② 谭智佳，等：《商业生态系统的构建与价值创造：小米智能硬件生态链案例分析》，《管理评论》，2019 年第 7 期。

有些环节逐渐面临瓶颈，需要在转型阶段进行调整以进一步提高其市场份额。

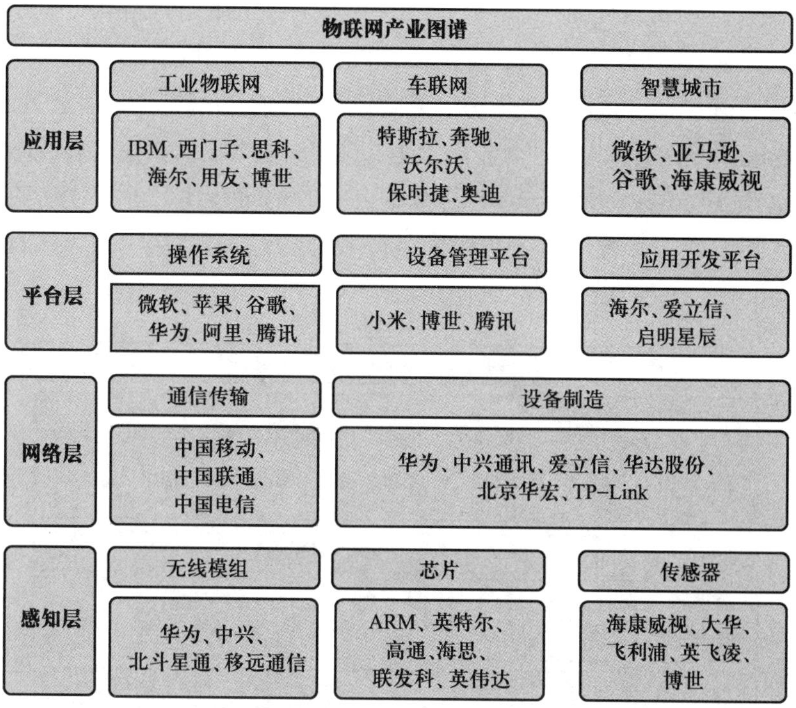

图 12-3　物联网生态系统

3．工业互联网生态系统

工业互联网的概念最初于 2012 年由美国通用电气公司（GE）提出，据工业互联网产业联盟的定义，工业互联网通过构建连接机器、物料、人、信息系统的基础网络，实现工业数据的全面感知、动态传输、实时分析，形成科学决策与智能控制，进而提高制造资源配置效率[①]。企业通过工业互联网平台“上云用数赋智”，实现数字化转型，提升自身效率，并利用平台开展产业链内部及跨产业间的协同，实现生态互补、价值共创，是当前我国数字经济生态的另一种典型模式。

工业互联网生态是数字经济服务实体经济的典型范例，目前海尔卡奥斯平台的市场份额稳居国内第一。下面以海尔的卡奥斯（COSMOPlat）工业互联网平台为例，如图 12-4 所示，探讨工业互联网平台如何助力制造业的数字化转型，进而催生数字经济生态系统。卡奥斯平台于 2017 年 4 月推出，旨在为全球不同行业和规模的企业提供面向场景的数字化转型解决方案，构建共创共享、高质量发展的工业新生态。该平台分为资源层、平台层、应用层和模式层四个层次：通过资源层和平台层的开发，海尔可以提供各类工业软

① 《工业互联网平台白皮书（2017）》，工业互联网产业联盟（AII），2017 年 11 月。

件并开放给应用层的企业使用；在模式层，政府、企业和个体等经济主体通过互联工厂应用服务实现模式创新和资源共享，进而构建完整的经济生态。卡奥斯平台已覆盖多个板块，包括工业互联网平台建设和运营、工业智能技术研究和应用、工业软件及工业 App 开发、智能工厂建设及软硬件集成服务、采供销数字化资源配置等。截至 2021 年，卡奥斯平台注册企业数达 50 多万家，交易涉及 4 万多家企业，涵盖家电家居、能源、医疗、服装、装备、电子、汽车等多个行业，已孕育出 15 个行业生态。根据 IDC 的测算，2021 年中国工业互联网平台区域平台及服务市场同比增长 28.6%，其中卡奥斯 COSMOPlat 的市场份额为 14.7%，稳居国内第一。

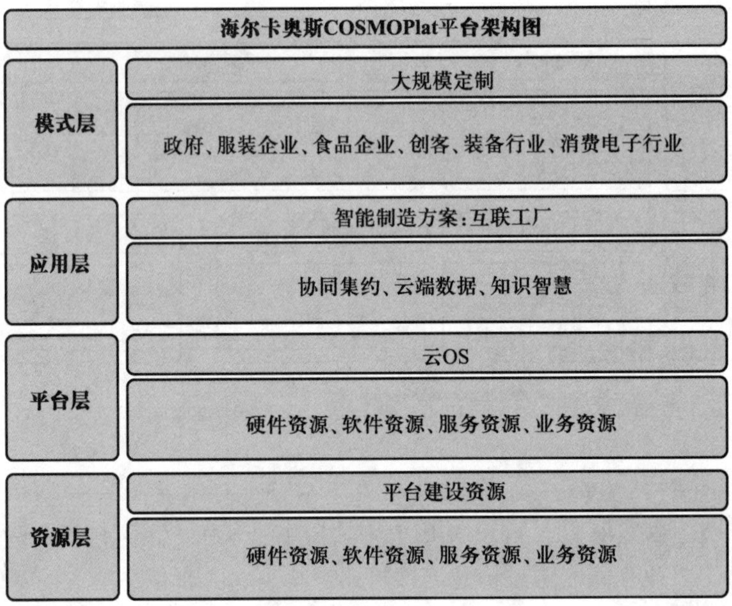

图 12-4　海尔 COSMOPlat 平台架构图

三、我国数字经济生态的实践经验

自 2020 年“数字化生态”这一概念在政策文件中首次被明确提出以来，数字经济生态的建设取得了很好的成效，同时也积累了丰富的实践经验。

1. 技术创新是推动中国数字经济生态建设的重要保障

中国的科技企业在数字技术的研究和开发方面已经具有很深厚的积累，并在人工智能、大数据、云计算等领域取得了很多成果，这些技术创新推动了数字经济生态的形成。例如，人工智能技术在金融、医疗、物流等领域的应用，大数据技术在市场营销、风险管理等领域的应用，云计算技术在企业信息化、数据存储与处理等方面的应用，助力不同市场主体积极进行数字化转型，参与数字经济生态的建设。

2．制度建设及创新为数字经济生态发展提供政策支撑

在数字经济生态系统的构建过程中，有效且灵活的制度安排对推动创新和促进生态发展至关重要。首先，健全的制度框架能够为数字经济提供稳定可靠的法律和政策环境，鼓励经济主体参与创新活动，保护知识产权和数据安全；其次，创新型制度的引入能够激励研发投入并建立开放的创新平台和生态系统，以适应数字经济时代的要求；最后，制度创新还需要关注公平竞争、市场监管和风险管理等方面，以确保数字经济生态系统的健康发展。近年国家为规范平台经济发展所出台的一系列法律法规和政策文件，例如《关于促进平台经济规范健康发展的指导意见》《关于加强互联网信息服务算法综合治理的指导意见》《关于维护新就业形态劳动者劳动保障权益的指导意见》《关于平台经济领域的反垄断指南》等，基本构建了我国平台经济监管的政策体系，确立了数字经济生态的政策保障。

3．核心平台企业在数字经济生态建设中发挥重要引领作用

中国有许多具有全球影响力的数字经济性质的企业，如阿里巴巴、腾讯、华为等，在数字经济生态建设方面起重要作用。例如，通过数字技术的应用，阿里巴巴实现了线上线下的融合，推动了中国电商行业的快速发展。同样，腾讯在社交媒体、游戏、金融等领域也发挥了数字经济生态建设引领者的作用。

第三节　我国数字经济生态的发展机制与路径

如同其他复杂经济生态系统一样，数字经济生态的发展呈现一定的自发涌现秩序。从中国数字经济生态的发展历程中，可以清晰辨析影响数字经济生态发展的因素，从而梳理出中国数字经济生态发展的机制。依据数字经济生态发展的路径依赖性，可探讨当前中国推动数字经济生态完善的最优路径。

一、数字经济生态发展的多元机制

数字经济生态发展的机制是指数字经济生态系统中各个主体如何相互作用从而实现数字经济生态系统稳定发展。由于数字经济生态是一个包含了多个组成部分的复杂系统，因此它的发展机制也是多元化的。

1．创新驱动发展机制

创新是驱动数字经济生态发展的核心动力，数字经济生态中的创新包括技术创新、模式创新、理论创新，等等，其对数字经济生态的驱动主要体现在：首先，创新能够促进产业链条上下游企业间的合作与协同。企业在技术或产品上进行创新升级，产业链上

下游的其他企业则需要与其增进联系与合作，从而进行配套升级，在上下游企业间的合作与协同中完成新技术、新产品在产业链条上真正落地，而企业之间的联系也更加紧密。其次，创新可以增强企业与客户之间的互动与联系。数字技术创新一方面可以让企业开发出更符合市场需求的产品或服务，吸引更多的客户，另一方面也能帮助企业更全面准确地获取客户反馈从而了解市场需求、进一步优化产品或服务，在这种良性循环中企业和客户形成一种相互选择的互生关系。最后，创新还促进了企业与研究机构之间的合作与交流。企业创新需要更好地获取前沿科技信息，吸纳人才资源，促进了其与高校等研究机构之间的合作与交流。

2．政策引导发展机制

政策引导发展机制是指政府通过制定政策来引导数字经济生态系统的发展，促进数字经济生态系统各方面的协同进步，推动数字经济的快速增长和良性循环。具体来说，政策引导发展机制包括以下几个方面：第一，政府部门可以制定支持数字经济发展的政策和规划。政府部门通过完善适应人工智能、大数据、云计算等新技术在实体经济中应用的制度规则[①]，建立与完善面向全产业、全链路集成的数字化交易平台，引导降低企业数字化转型融资成本等方式，引导各行业进一步深化数字化转型，为数字经济生态发展提供制度保障和政策支持。第二，政府部门可以加强数字基础设施建设促进数字经济生态的发展。数字基础设施以数据创新为驱动、以通信网络为基础、以算力设施为核心，能充分保障数据要素在各个应用场景下的价值迸发，政府可以加大对数字基础设施建设的投入，如网络通信设施、大数据中心等，为数字经济生态的形成和发展提供设备基础。第三，政府部门还能够在数字经济生态发展中扮演引导、规范等治理者角色，促进数据要素在数字经济生态内有序流通。政府部门通过创新发展新型监管模式，完善数据治理体制机制，建立健全数据资源产权制度、交易规则和管理规范，确保数据要素在数字经济生态内的有序流通，为数字经济生态系统注入发展活力。

3．产业协同发展机制

产业协同是指不同产业间基于融合性、互动性和协调性[②]进行合作、共享资源和信息、互补互利的合作机制。产业协同是数字经济生态发展的重要机制，通过加强企业之间、产业之间和部门之间的数字化链接，提升数字经济生态各个主体之间的协同互补效应，有助于构建和丰富生态网络各个节点之间的联系。首先，产业协同可以促进数字经济生态内各产业的融合发展，打破产业壁垒，加强产业协作。例如数字技术在不同行业应用中形成产业交叉，通过产业协同可以进行技术、信息、资源共享，从而实现降本增效增质。其次，产业协同可以推动数字经济生态内企业的创新升级。产业协同可以实现企业

① 洪银兴，任保平：《数字经济与实体经济深度融合的内涵和途径》，《中国工业经济》，2023 年第 2 期。
② 胡晓鹏：《产业共生：理论界定及其内在机理》，《中国工业经济》，2008 年第 9 期。

间的技术创新、管理创新和商业模式创新等方面的合作，加快新产品和新技术的研发和推广，推动企业实现数字化转型。最后，产业协同可以加强数字经济生态内企业与政府、科研机构等外部机构的合作。多方合作可以整合资源，共同推进数字经济生态发展，促进数字经济生态与社会经济的良性互动。

二、我国数字经济生态完善的路径

1. 布局新型基础设施，锻造数字经济生态底座

新型基础设施是以新发展理念为引领，以技术创新为驱动，以信息网络为基础，提供数字转型、智能升级、融合创新等方面基础性、公共性服务的物质工程设施[①]。新型基础设施建设要面向数字经济生态发展需要，其中信息基础设施和融合基础设施是“十四五”新型基础设施建设的两个重点方向。信息基础设施主要包括以 5G、物联网、工业互联网为代表的通信网络基础设施，以人工智能、云计算、区块链等为代表的新技术基础设施，以数据中心、智能计算中心为代表的算力基础设施等。融合基础设施是指传统基础设施应用新一代信息技术进行智能化改造后所形成的基础设施形态，包括以工业互联网、智慧交通物流设施、智慧能源系统为代表的新型生产性设施，和以智慧民生基础设施、智慧环境资源设施、智慧城市基础设施等为代表的新型社会性设施。以上两类新型基础设施的建设一方面有助于数字经济生态内的各个主体处理和传递数据要素与其他信息的效率，增强数字经济生态系统各节点的信息处理效率与节点之间的连通效率，另一方面还有助于孵化出更多创新应用，创造引领数字经济生态发展的新动力，催生引领未来产业发展的新支柱，对于弥补我国产业创新短板、推动战略性新兴产业发展具有重大意义。地方政府需要加快推进以上两类新型基础设施建设，统筹规划两者协同发展，为数字经济生态的发展提供良好环境。

2. 构建数据基础制度，激发数据要素价值创造潜能

数据要素是数字经济深化发展的核心引擎[②]，数据的获取、分析、应用都是数字经济的基础和关键。数据要素的非竞争性与可共享性是数字经济生态的重要成因，而对数字要素的权属规定和依规治理是互联网平台治理以及数字经济生态治理的核心环节。

当前数字经济生态内广泛存在的“数据孤岛”现象严重阻碍了数据要素在数字经济生态各主体之间的流通，给各个数字经济生态主体获取和应用数据要素带来了困难。一方面，“数据孤岛”阻碍了数字经济生态各主体所获取的数据在量上的积累，生态主体无法获得充分多的数据样本与观测值，使得其对数据的分析处理结果可靠性大大降低，更难以挖掘数据中蕴含的潜在关联、趋势与一般规律。另一方面，大量创造数据信息的节

---

① 发改委：《“十四五”新型基础设施建设解读稿之一：系统布局新型基础设施 夯实现代化强国先进物质基础》。

② 国务院：《“十四五”数字经济发展规划》。

点往往不一定是真正处理数据、分析数据、创造数据价值的节点，“数据孤岛”的存在就会导致蕴含着丰富信息的数据要素无法为最需要这些数据的生态主体所利用，从而影响数据价值的实现。因此，必须重视数据要素的潜能激发，构建完善的数据基础制度，打破数据孤岛。同时，也应警惕大型互联网平台侵犯隐私、过度占有数据要素形成数据垄断的倾向。

为加快实现数据互联互通，促进数据要素在数字经济生态系统内的健康流动，需要从数据的获取、使用、流通和监管各个方面着手。在数据获取方面，要结合数字经济生态各主体的网络区位优势，处于数字经济生态网络内不同位置的主体可以侧重不同类型的数据采集和处理，形成分工协作的数据要素产业链。同时，建立数据开放和共享机制，鼓励数据持有者主动开放数据，促进跨部门、跨领域的数据整合。此外，还可以探索应用数据众包模式，鼓励社会公众参与数据采集和贡献。在数据使用方面，要将数据要素与应用场景深度结合，在构建数据基础制度时，应充分了解各行业、各企业的实际数据需求，促进数字经济生态体系内各主体的密切配合，开展数据共享、交换和整合，以满足不同行业、不同应用场景下的数据需求。同时，也需要积极推动数据驱动的创新发展，鼓励各类创业者和创新者利用数据要素开展新的业务模式和应用方案，进一步激活数据的价值。在数据流通方面，应当建立数据流转平台，为数字经济生态内的企业提供数据交换和共享的便利渠道。通过开放的数据接口和标准化的数据格式，促进企业间的数据流通和协同。此外，还应当明确数据资产属性，完善数据产权制度，增强数据共享激励和交易效率，建立规范的数据交易市场，促进数据要素的充分利用和价值创造。在数据监管方面，为了保障数据安全，应当加快发展数据安全的核心技术，包括数据加密、身份验证、数据备份等方面。同时，建立健全数据安全管理和应急处理机制，确保数据的合规性和安全性。

3. 核心节点企业充分发挥局部影响力，辐射生态全局发展

在数字经济生态的发展过程中，核心节点企业扮演着关键角色。在网络拓扑结构上，核心节点是指那些与网络中其他节点直接连接的数量多、平均距离短，扮演桥梁、纽带角色的节点。而体现在数字经济生态中，核心节点企业通过技术研发合作、产业链上下游合作、构建平台等方式与生态内大量企业紧密联系，具有较大的局部影响力，往往充当着协调者和整合者的角色，促进了不同企业之间的合作与协同。核心节点企业的发展路径和创新能力直接影响着其所连接的数字经济生态内其他企业的发展，对整个数字经济生态系统的繁荣具有重要影响。

基于核心节点企业在数字经济生态中的特殊地位，这些企业可以从以下两方面促进数字经济生态发展。一方面，由于核心节点企业在生态系统中连接范围广、影响力强，核心节点企业的技术创新能够快速扩散到更多的企业，并推动整个生态系统的进步，因

此，对于核心节点企业而言，注重技术创新至关重要。特别是在产业基础技术和通用技术创新方面，核心节点企业应当加大投入，积极探索和引领新的技术趋势，为生态系统的可持续发展提供有力支撑。另一方面，核心节点企业通过连接大量的非核心节点企业，能够整合资源，将分散的企业和个体组织起来，形成协同合作的网络。核心节点企业应该充分发挥自身的优势，吸纳更多具有价值创造能力的小企业加入生态网络，通过建立开放的合作机制和共享平台，合法依规共享数据要素，核心节点企业可以促进资源的有效配置和流动，激发各方的创新活力，实现合作共赢的局面。

因此，完善数字经济生态的关键在于发挥核心节点企业的作用。这需要注重核心节点企业的技术创新能力，加强与其他企业的连接与合作，形成良好的合作生态，推动整个生态系统的发展和进步。

4. 非核心节点企业协同融入，实现生态终端应用价值

在数字经济的生态系统中，非核心节点企业扮演着重要角色。虽然它们在生态网络拓扑结构中不处于核心位置，但仍然具有巨大的潜力和机会，可以通过积极融入数字经济生态网络，实现生态终端应用价值。

首先，非核心节点企业应积极参与由核心节点企业牵头的各项合作，追求互助共赢。通过与其他企业的紧密合作，非核心节点企业能够借助数字经济生态的资源优势，学习其他企业成功经验，拓展自身的业务能力与价值创造能力，进一步提升自身的竞争力。

其次，非核心节点企业需要找准自身的生态位，深化网络分工，并贡献自身的价值。通过精确定位自身在生态系统中的角色，非核心节点企业可以更好地发挥自身的专长和特点。在深化网络分工的过程中，它们可以与其他企业形成互补关系，协同推动生态系统的发展。在实现技术应用落地过程中，非核心节点企业应当注重合理收集终端应用数据并积极向核心节点企业反馈共享，为整个数字经济生态系统的运作提供重要的终端数据支持，并共同创造更多的价值。

最后，非核心节点企业虽然受到自身研发团队规模、研发能力等限制，往往不是数字经济生态内的技术创新主力军，但这些企业应当不断提升技术运用水平，积极拥抱数字经济生态内出现的技术进步，并努力为这些新技术寻找、匹配乃至创造应用场景，促进数字经济生态终端应用价值的实现，为整个生态系统的发展贡献力量。

第四节　我国数字经济生态治理逻辑与机制

随着数字技术渗透的广泛和深入，数字化成为新一轮世界科技革命与产业变革的重要抓手，数字经济也成为国际竞争的重点领域。在此背景下，数字经济生态作为数字经

济发展的整体环境和重要支撑，如何对其进行治理一跃成为学界和政策界所关心的重要议题。本节将从数字经济生态治理的系统逻辑、复杂机制、体系及未来趋势这四个方面，就数字经济生态治理的逻辑与机制进行细致讨论。

一、数字经济生态治理系统逻辑

数字技术正凭借其快捷性、高渗透性、直接性等优势，以前所未有的方式使人类成为一个高度互联的整体的同时，加速驱动社会的进步和经济的发展。自十八大将发展数字经济上升至国家战略以来，我国数字经济发展取得了显著成就，但随着数字化发展的快速推进和数字经济生态的动态演变，其背后隐藏的诸多矛盾与问题也逐渐凸显，譬如，平台算法是否透明、是否存在垄断行为、是否存在“负和游戏”①，以及消费者隐私保护等具有争议性话题开始显现，这在一定程度上加剧了数字经济生态下可能存在的不平等现象。基于此，《中华人民共和国国民经济和社会发展第十四个五年规划和 2035 年远景目标纲要》中所提出的加快“构建数字规则体系，营造开放、健康、安全的数字生态”②，进而提升数字经济生态的稳定性与韧性，成为塑造我国在数字经济时代的全球竞争优势的重要途径，同时，也为我国数字经济生态治理提供了目标指引。

在明确了数字经济生态治理的核心目标后，为进一步厘清数字经济生态治理的经济逻辑，有必要就数字经济生态中各经济主体的分工与联系进行分析。依照上节中对数字经济生态内涵的阐释，政府、企业及个体以数字技术为平台，通过数据要素流通循环的实现，形成良性互动的紧密合作关系及边界开放的动态化复杂网络系统。基于我国语境，在数据要素生产、流通、互动及再生产这一流通循环的实现过程中，政府、企业及个体作为数字经济生态中的关键主体分别扮演了不同重要角色，追求着不同的价值原则，遵循着不同的运行逻辑③，但又相互协作，进而形成动态化“互作互用”的经济生态系统。具体而言，首先，政府作为数字经济的规划者、数字经济生态的监管者，在生态系统中更多扮演的是主导与引领的作用。政府在数字经济生态中以政策为导向，在传递信息的同时提供具有公共物品性质的数字基础建设支持，倡导数字资源共享。其次，企业作为数字经济的创新者与运营者，在数字生态中更多的是提供创新与科技支撑。企业借助于多样的算法，凭借强大算力，在对经济与社会数据进行收集、处理与分析的同时，促进其再次循环，从而实现数据资源的自循环。最后，个体在数字生态中更多扮演的是数字参与、社会反馈与公众监督的角色。一方面，正是由于众多个体的存在，数据的产生和

① 负和游戏，又可以称为负和博弈，为博弈论中的一个概念，具体指博弈多方或双方虽有一部分获胜，但付出了惨重的代价。

② 《中华人民共和国国民经济和社会发展第十四个五年规划和 2035 年远景目标纲要》。

③ 孟天广：《数字治理生态：数字政府的理论迭代与模型演化》，《政治学研究》，2022 年第 5 期。

汇聚才得以大面积铺开，个体也将从数字化与数字经济中获益；另一方面，海量数据的收集与处理难免会涉及个人隐私及数据安全，同时也将衍生出算法歧视等新生社会风险。

基于上述对数字经济生态治理的核心目标及数字经济生态中各关键主体所扮演角色及其相互关系的分析，我们不难归纳出数字经济生态治理的基本经济逻辑在于，通过规范化、透明化数据要素生产、交换、再生产、分配及再分配过程，充分发挥激励、约束和资源配置功能，构建一个开放、健康、安全的数字生态环境，从而促进数字经济发展与规范管理相统一，最终提升数字经济生态的稳定性和韧性。

二、数字经济生态治理机制

数字经济生态治理机制的复杂性取决于数字经济生态所具有的典型非线性复杂系统的突出特质。为便于分析，我们不妨将数字经济生态中数据要素的循环看作是底层结构，生态系统中各经济主体看作是网络节点，各经济主体间的互动看作是各节点间的链接，那么就可以将数字经济生态抽象为一个以数据要素循环为基底的动态化复杂网络。如若可以从复杂网络的视角就数字经济生态间各主体的“互作互用”进行分析，将有助于为生态系统的治理提供一定的理论借鉴。

首先，数字经济生态中所涉及的各项经济主体可以看作为网络中的各个节点，每个节点都是活性的，且围绕其所追求的不同价值原则而行为，在生态系统扮演着不同角色。其次，各节点间的链接以数据要素的循环为基底并体现出三种不同性质：垂直关联、水平关联或网络关联，各节点间的链接结构表现出多层次、多反馈的立体化特征。最后，数字经济生态所形成的复杂化网络具有动态演进的特征。各经济主体的进入或退出及其相互关系的变动，都将动态地体现在垂直关联、水平关联或是网络关联的变动上，这最终会使得数字经济生态复杂网络发生变化或更替，从而有可能对网络中各节点的行为方式产生影响。

基于上述对数字经济生态这一动态复杂网络的内涵、突出特征及各节点间联动关系的阐释，我们可以发现，如若从复杂网络视角来讨论数字经济生态治理，将同时存在协同机制、反馈机制及路径依赖。首先是协同机制，其着重体现在数字经济生态网络是由多个活性节点相互链接并相互作用而形成的。数字生态这一复杂系统由大量互相作用的微观节点组成，大量微观节点通过非线性效应得到了一个动态但又相对稳定的宏观整体。各微观节点以数据要素为传导基底，不受时间与空间限制形成长程关联，此时如对任一节点加以规范性约束，所取得的成效将借助网络外部性得以外溢并放大，治理效率也将有所提升。其次是反馈机制，反馈机制主要是指此刻数字经济生态治理行为对下一刻可能采取的治理行为产生的影响。在数字生态治理过程中，一项或多项治理机制的实施都将即刻作用于生态网络中任一或多个节点，并通过网络外部性传递给另一或多个节点，另一或多个节点在应对的同时又可以将所形成的新的信息或资源传递回去，进而形成一个自循环，而一个循环过后生态系统所表现出的结果状态也是对治理机制的反馈，治理机制也理应据此进行更新或调节。总体而言，新的制度安排会引致互补性组织的形成，而反过来互补性组织又会催生新的互补性制度的形成。最后是路径依赖，这里的路径依赖是指制度变迁同技术变迁一样具有报酬递增和自我强化的机制[①]。具体来说，不论是连续的、积累的正式规则，还是内生的、自组织形成的非正式规则，都将提供不断强化现存规则的刺激与惯性，使得制度的变迁延续原有的方向。由是，在制定任何一项治理决策时都需慎之又慎，不仅要考虑治理的短期效果，还需站在更长远的视角度量治理的效率，如若发生了路径偏差需尽快采取措施加以纠正，拉回正确的轨道上来，以避免出现无效率规则的路径依赖问题。

三、数字经济生态治理体系

数字经济时代的全球竞争是体系、标准、生态的角逐，其中数字经济生态治理不仅是数字化发展过程中所呈现的新的现象，也是一个十分具有挑战性的问题。站在数字经济生态治理这一崭新领域，数字经济治理体系便成为一国进行数字生态治理的主要依据，也有助于一国数字生态制度环境的构建[②]。基于上述对数字经济生态治理目标、系统逻辑及复杂机制的梳理，本小节将基于顶层结构、治理框架和安全环境三个视角进一步探讨我国数字经济治理体系的构建。

首先是数字经济生态治理体系顶层结构的搭建。数字经济生态治理顶层结构的搭建，将有助于明晰政府职能的边界，在更好地发挥政府作用的同时为数字经济生态治理政策提供纲领性引领。具体地，在搭建数字经济生态治理体系的顶层结构时需从两方面入手，一是需要设立一个较高规格的综合性数字经济生态治理机构，该高规格综合性治理机构需在牵头制定数字经济生态治理政策的同时，协调地方及各机构生态治理政策的执行，尤其是统筹各地及各机构出台新政策的时间，以消除政策空白并规避重复施政；二是需要完善数字经济相关的法律体系，尽快制定能够覆盖数字经济领域的纲领性“基本法”，借此解决数字经济领域现有相关法律法规间衔接不顺的问题，并以此为依据统领全国数字经济生态治理政策的制定与实践。

其次是数字经济生态治理框架的构建。数字经济生态治理框架的构建涉及三个关键领域。一是反垄断，反垄断有助于市场秩序及效率的快速恢复，特别是可以增强行业的“可竞争性”。反垄断的重点在于产权的明晰和定价规则的明确，这在极大程度上影响着数据要素的流动，同时也有助于营造更加公平的竞争环境，避免数字经济生态下两极分

① North D C . Understanding the Process of Economic Change.
② 李昊林，彭錞:《良好数字生态与数字规则体系构建》,《电子政务》, 2022 年第 3 期。

化情况的存在。二是经济监管，经济监管的目的在于维护市场的有效运行，保障公平竞争、保护消费者权益。具体地，对于数字经济企业的监管应在适当集中的基础上，采取"回应型"的监管方式，即监管机构与数字经济企业间应保持适时沟通，在发现问题、解决问题的同时，考虑到数字经济企业本身凸显的创新性特征，给予其申述阐明的机会。三是合规管理，合规管理是现代企业制度的重要组成部分，其目的在于确保企业的经营活动与法律、规则及行业准则相一致。在数字经济生态这一复杂网络下，生态系统的运转将涉及海量的数据和多种复杂算法，如若完全依赖于外界监管，不论是基于工作量还是工作难度上来衡量都将是一个不小的挑战，此时，合规管理的优势便得以显现。在合规管理手段下，企业积极与监管部门合作，主动向监管部门备案并为监管部门或第三方独立机构提供算法支持，更好地落实治理政策。

最后是数字经济生态安全环境的营造。数字经济生态安全环境的营造主要聚焦于数据安全和网络安全治理两个层面上。其中，数据安全主要包括个体信息安全和公共数据安全两个方面。对于个体信息，推动数据接收者按照个体授权采集、持有、托管和使用数据的一个重要前提是，不可以损害个体隐私和个体利益；对于公共数据，需要加强授权使用管理，在维护市场主体依法依规享有使用、获取收益的权益并进一步打破"数据孤岛"的同时，确保数据不会非法泄露，损害商业机密或公共利益。具体地，对以个体信息与公共数据为代表的数据安全进行保护时，需要在与数据产权制度相结合的基础上，在建立数据要素参与方合法权益保护制度的同时，建立健全数据分类分级保护、数据安全审查、数据跨境流动安全管理等数据安全治理基本制度，在充分保护数据产权、消费者权益的同时有效防范和化解数据安全风险。与此同时，网络安全治理的重点则在于从基础层面出发，在确保技术安全、人员安全和管理安全的基础上保障网络空间安全。一方面要加强网络信息系统安全治理，严格落实国家各项网络安全管理要求，增强安全保障技术支撑能力，确保技术安全与人员安全；另一方面要加强网络接入安全治理，通过建立网络接入安全测评和等级认证制度，确保联网环境的稳定性、安全性和保密性。

四、数字经济生态治理的未来趋势

1. 数字经济生态将动态演化，生态系统结构也将更加稳定且趋于成熟

随着数字基础设施建设得更加完备，数字经济结构布局覆盖得更加广泛，数字经济生态中各经济主体间数据及信息交换速度将呈现指数级增长，加之更加有效且多元的生态治理手段的实施，数据互通更加开放、健康且安全，数字鸿沟与数据孤岛也随之逐渐消弭。与此同时，随着新技术、新治理模式等的不断出现，数字经济生态中各经济主体及其相互联系时刻处于动态变化之中，经过"初创期—成长期—成熟期—跃迁期"这一生命周期演化过程，数字经济生态及其治理体系都将逐渐走向成熟。从复杂网络视角来

看，随着数字技术的不断迭代更新，数字经济生态中各经济主体将承受不间断的冲击，在数字经济生态格局随之更迭的背后，数字经济生态系统中各核心节点的自我调节和自修复能力也将跃升至更高水平，面对冲击也显得更有韧性，数字经济生态系统结构也将由之更为稳定。

2．数字经济生态治理体系将不断创新，政策引领作用也将更加凸显

伴随着不断动态演化的数字经济生态格局的是，数字经济生态治理目标的动态化调整和数字生态治理体系的不断创新，数字经济生态中各关键主体对自身在生态系统运行过程中所扮演的角色也将有更为清楚的认识。在生态治理层面基于治理目标的动态化发展，随着政府生态治理政策的创新和治理工具逐渐多元化，数字经济生态治理体系将不断创新。一方面，政府将基于数字经济生态快速发展背后所蕴藏的垄断、数据交易及跨境流动等方面不规范行为出台针对性政策，以推动数字经济生态规范化管理。另一方面，在提升治理效率的同时，政府也将会基于所处经济发展阶段所面临的重点经济工作任务，进行治理创新，以更好地发挥政策引领作用。

3．数字经济生态治理将由社会价值与商业价值共同驱动，兼顾社会公平与生产效率

兼顾社会公平与生产效率成为数字经济生态发展的着重努力的方向之一，再加之实现共同富裕是中国特色社会主义市场经济的基本准则之一，这也使得我国数字经济治理将受到社会价值与商业价值的共同驱动。未来数字经济生态治理体系不仅仅会聚焦于促进开放、健康、安全数字经济生态的构建，还将根据数字经济的特点完善相应的财税体系，在加大财税政策对数字经济覆盖面的同时加快税收治理转型，以助力于公平税负的实现和信息资源的有效配置。未来将会在充分利用数字技术的基础之上，通过不断完善数字经济收益在不同要素间的分配规则，规范收入分配秩序与财富积累秩序，尽可能地规避因数字技术发展而带来的差距扩大问题。

4．在推动我国数字经济生态实现高水平开放的同时，推动全球数字生态治理体系的构建

我国作为世界第二大经济体和数字经济大国，加快对数字经济生态治理标准及规则的规划与构建将具有超越国内治理的全球意义。就为实现数字经济生态治理的“国内大循环”来看，我国将尽快提出关于平台反垄断、数字税、知识产权、消费者隐私、数据跨境流动等方面的主张。就为实现数字经济生态治理的“国际循环”来看，考虑到跨国数字经济贸易的进行需要基于国内国际规则的衔接，我国将以更积极的姿态加入数字经济领域多边协定中去。一方面我国将尽可能地与数字技术较为发达的国家接轨，以避免被排除在新规则制定之外；另一方面，我国将进一步推进对“一带一路”合作伙伴数字建设的投资并提高与其数字贸易往来频率。在实践中完善规则，在规则的完善中参与到全球数字经济生态治理规则的制定当中去，以此积极参与数字经济生态的全球治理。

第十三章　数字经济的风险防范

在数字经济强势增长的同时，不可忽视的是数字经济发展过程中的安全风险。数字经济发展成为经济高质量发展的引擎，如何在推动数字经济发展的同时加强数字经济风险防范成为我国数字经济发展过程中面临的一大挑战。因此需要对数字经济发展中的安全风险进行分析判断，从而推进相关预警防范机制的构建，促进数字经济的平稳持续高质量发展。

第一节　数字经济的运行机制

在经济学一般均衡分析框架内纳入数字产品、数据要素、数字化部门等数字经济基本要素，揭示数字经济系统的内在运行机制，由此形成了数字经济风险防范机制构建的理论逻辑。伴随数字经济的快速发展，传统的国民经济循环体系发生了深刻变化，由此形成包括数字产品、数据要素、数字化部门等数字经济基本要素在内的新型国民经济循环体系。本节基于数字经济的内涵与基本范围，在详细考察数字经济时代各类经济部门供需关系的基础上，构建了一个纳入家庭、传统厂商、数字产业化企业、产业数字化企业等市场主体的四部门分析框架，从而揭示数字经济背景下的国民经济运行新机制，并以此作为中国数字经济发展监测预警体系构建的理论基础。

一、数字经济与数字产品

目前以大数据、人工智能、云计算等为代表的新一代数字信息技术正迅速融入生产、分配、交换、消费等各类经济活动，同时从供需两端重塑经济系统，其影响几乎遍及产品市场、要素市场、金融市场、流通市场等全部经济领域。作为上述过程的直接产物，数字经济已然成为我国经济系统中不可或缺的重要组成部分和国民经济增长的新引擎[①]。2021 年 3 月 11 日，十三届全国人大四次会议通过了《中华人民共和国国民经济和社会发展第十四个五年规划和 2035 年远景目标纲要》。其中，“加快数字化发展，建设数字中国”首次单独成篇，“打造数字经济新优势”“营造良好数字生态”被列为“十四五”时期的

---

① 陈晓红、李杨扬、宋丽洁，等:《数字经济理论体系与研究展望》,《管理世界》，2022 年第 2 期。

重要工作目标，这些信号标志着我国正逐渐进入数字经济主导的新时代。

受限于数字技术及其经济应用的快速发展，国内外学术界关于数字经济和数字产品的具体内涵尚未形成统一共识。目前，国内对数字经济的一个相对普遍的定义是“以数字化信息作为关键生产要素，以数字技术为核心驱动力，以现代信息网络为重要载体，通过数字技术与实体经济深度融合，不断提高数字化、网络化、智能化水平，加速重构经济发展与治理模式的新型经济形态”[①]。虽然不同国家和学者对于数字经济的具体内涵有着不同的理解，但以下几个方面已经得到广泛认同：一是新一代数字信息技术在数字经济中起到基础性的支撑作用；二是新一代数字信息技术的高渗透性特征推动数字经济深刻且广泛地影响到社会经济的全方位领域；三是数据资源在数字经济系统中处于关键要素地位[②]。

基于数字技术的高渗透性特征，数字经济具有较强的与各类传统经济形态和经济模式协同融合发展的潜质。在深度融合的过程中，数字经济与传统经济之间的界限逐渐模糊，因而难以完全界定数字经济所包含的全部经济活动[③]。从产业演化的视角看，依据国家统计局 2021 年 5 月出台的《数字经济及其核心产业统计分类（2021）》中的相关论述，数字经济的基本范围包括数字产业化和产业数字化两个方面（见表 13-1）。其中，数字产业化是数字经济发展的基础，在数字产业化过程中形成的数字经济核心产业高度依赖数字技术和数据要素，并为传统产业的数字化转型提供数字产品、数字服务、数字技术和数字基础设施支持；而产业数字化强调数字经济与传统经济的深度融合，旨在应用数字技术和数据资源为传统产业发展赋能提质，涵盖智能制造、智慧农业、智能交通、智慧物流、数字政府、数字金融等数字化应用场景。

表 13-1　数字经济的基本范围：数字产业化与产业数字化

基本范围	下属行业大类	下属行业中类
数字产业化	数字产品制造业	计算机制造、通信及雷达设备制造、数字媒体设备制造、智能设备制造、电子元器件及设备制造、其他数字产品制造业
	数字产品服务业	数字产品批发、数字产品零售、数字产品租赁、数字产品维修
	数字技术应用业	软件开发、电信广播电视和卫星传输服务、互联网相关服务、信息技术服务、其他数字技术应用业
	数字要素驱动业	互联网平台、互联网批发零售、互联网金融、数字内容与媒体、信息基础设施建设、数据资源与产权交易、其他数字要素驱动业
产业数字化	数字化效率提升业	智慧农业、智能制造、智能交通、智慧物流、数字金融、数字商贸、数字社会、数字政府、其他数字化效率提升业

资料来源：作者整理自国家统计局发布的《数字经济及其核心产业统计分类（2021）》。

① 经济学与管理学热点研究课题组：《2020 年中国经济学与管理学研究热点分析》，《经济学动态》，2021 年第 3 期。

② 蔡跃洲、牛新星：《中国数字经济增加值规模测算及结构分析》，《中国社会科学》，2021 年第 11 期。

③ 许宪春、张美慧：《中国数字经济规模测算研究：基于国际比较的视角》，《中国工业经济》，2020 年第 5 期。

数字产业化和产业数字化是数字经济中相互联系、交叉互补的两个方面。数字产业化是产业数字化的发展基础，同时传统产业的数字化转型也为数字经济核心产业提供了广阔的市场空间。例如，在制造业领域，数字产业化主要表现为数字产品制造业的兴起。这一新兴产业主导数字信息处理终端和数字化智能设备的研发与生产工作，为数字技术的行业应用提供重要的物质基础。与数字产品制造业相适应的是产业数字化范畴中的智能制造，其旨在通过人工智能、物联网、大数据等新一代数字信息技术与先进制造技术的深度融合变革传统生产方式，赋能制造业生产效率提升。智能制造要求制造业厂商在生产过程中广泛采用数字信息处理终端设备和数字化智能设备，从而为数字产品制造业创造出丰厚的市场需求。数字产业化下的数字产品制造业和产业数字化下的智能制造同为数字技术渗透制造业领域的具体表现，二者相互联系、交叉互补，共同推动着制造业的数字化转型进程。

关于数字产品的内涵和范围，美国著名经济学家 Carl Shapiro 和 Hal R. Varian 在 *Information Rules: A Strategic Guide to the Network Economy* 一书中认为，任何可以数字化的事物都是信息，而数字产品就是经过数字化后传播的信息产品，通常以可下载、可传输的数字文件的形式出现，包括虚拟商品、应用程序、在线广告、数字媒体等①。按照上述定义，数字产品应该是信息产品的一个子集，其突出强调了数字产品的数字化存在形式。然而，近年来新一代数字信息技术迅猛发展所引起的技术变革极大扩展了数字产品外延，市场上很多产品的物理属性与数字属性已深度融合，难以区分。鉴于此，本章将数字产品划分为完全数字产品和不完全数字产品，而完全数字产品又可以细分为完全数字设备和数字格式产品，如表 13-2 所示。其中，完全数字设备是指具有物理属性但核心功能完全以数字格式实现的数字化设备，例如智能手机、个人计算机和各类信息基础设施；数字格式产品是指完全基于数字格式进行交换、传输和存储的产品，它不包含任何非数字成分，例如维持智能手机正常运行的操作程序；而不完全数字产品是数字技术和传统产品充分融合的产物，其有且仅有部分核心功能以数字格式实现，例如安装智能系统后的智能汽车和智能家居。从中可见，完全数字产品是数字产业化的主要成果，而不完全数字产品是产业数字化的重要体现，同时完全数字产品是不完全数字产品生产过程中不可或缺的投入要素。

表 13-2　数字产品分类及其主要特征

数字产品分类		主要特征
完全数字产品（数字产业化活动）	完全数字设备	具有物理属性，但核心功能完全以数字格式实现
	数字格式产品	完全基于数字格式进行交换、传输和存储，不含任何非数字成分
不完全数字产品（产业数字化活动）		数字技术和传统产品充分融合，有且仅有部分核心功能以数字格式实现

① Carl Shapiro and Hal R. Varian, Information Rules: A Strategic Guide to the Network Economy, Boston: Harvard Business School Press, 1999, pp. 1-18.

二、纳入数字产品和数据要素的四部门一般均衡分析框架

数字产品分类及其相应的产业活动明确了数字经济的基本范围，但是还需要把数字产品和数据要素纳入国民经济循环分析框架中，构建包含数字经济系统的一般均衡分析框架。对于构建包含数字经济系统的一般均衡分析框架，数字产品和数据要素及其所衍生的供需关系是不可或缺的重要组成部分。假设在一个封闭的经济体内存在以下四类经济部门：数字产业化部门、产业数字化部门、传统厂商部门和家庭部门。其中，数字产业化部门从事完全数字产品的研发与生产工作，它一方面在市场上购买劳动、非数字资本等传统生产要素，并收集、处理和分析经济系统运行过程中所产生的海量数据信息，另一方面向其他部门提供完全数字产品。传统厂商部门和产业数字化部门同为传统产品和传统要素（即不含任何数字成分的产品和要素）的供给者以及传统要素的需求者。其中，传统厂商部门将数字产品仅作为非必需的生产要素纳入生产过程，并为其他部门提供不包含任何数字成分的传统产品和传统要素；而产业数字化部门则将完全数字产品视为不可或缺的生产要素，产出不完全数字产品、传统产品和传统要素供其他部门使用。家庭部门为其他部门提供劳动、非数字资本等传统生产要素，并通过消费数字产品和传统产品满足自身的效用需求。

在上述经济循环过程中，四大经济部门及其活动会产生大量数据信息，其中部分数据信息会被数字产业化部门收集，并作为关键生产要素进入完全数字产品的研发与生产过程。在技术能力和成本预算允许的范围内，数字产业化部门可以对所收集的各类数据资源进行处理分析，从中提取关于企业、消费者等各类市场主体行为以及经济系统运行状态的有用信息，并将其作为重要的生产要素反馈到生产过程，从而在一定程度上缓解传统经济环境中的信息不完全问题，推动企业定制化服务型生产能力的提高①。淘宝、天猫、京东等数字平台的运营模式为解释数据要素对数字产业化部门的重要程度提供了代表性示例。基于自身庞大的用户规模，这些数字平台几乎每天都能从客户的浏览与交易行为中收集到海量数据。在大数据、人工智能等新一代数字信息技术的辅助下，数字平台可以从这些数据中提取出关于用户偏好、市场需求等具有巨大经济价值和战略价值的信息，从而更为准确地捕捉和预测个体行为选择和市场趋势走向，使自身在市场博弈中处于信息优势地位②。

综上所述，数字产业化部门和产业数字化部门共同构成了数字经济系统，而传统厂商部门和家庭部门则同为数字经济系统的外部需求部门。这些经济部门及其间复杂的供需关系共同构成了数字经济背景下的新型国民经济循环，如图 13-1 所示。

---

① 王天夫：《数字时代的社会变迁与社会研究》，《中国社会科学》，2021 年第 12 期。

② 程啸：《论大数据时代的个人数据权利》，《中国社会科学》，2018 年第 3 期。

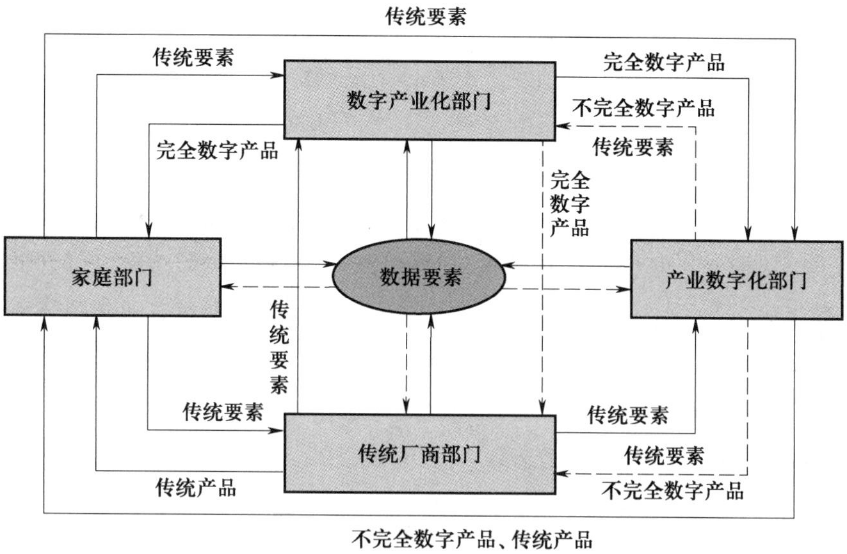

图 13-1　纳入数字产品和数据要素的四部门循环流量图

（注：图中的实线箭头表示必须发生的产品与要素流向，虚线箭头表示非必须发生的产品与要素流向。）

第二节　数字经济发展中的安全风险及其形成机制

一、数字经济发展中的安全风险

数字经济发展风险最早由“数字经济学之父”Don Tapscott 在其《数据时代的经济学：对网络智能时代机遇和风险的再思考》一书中提出，他从网络智能时代的消极面出发进行风险分析，认为数字经济时代可能会带来就业、个人隐私、财富两极分化、社会基本组织结构等方面的风险[①]。杰里米·里夫金在《第三次工业革命》一书中，从失业角度对数字经济发展过程的就业风险进行了分析[②]。在此基础上，近年来对数字经济风险的识别研究逐渐深入，数字经济风险可能存在技术、政策、经济等方面的风险，并且技术风险是数字经济发展中企业面临的最显著的风险[③]。而中国的数字经济在发展的过程中可能存在经济增速放缓、就业下行、劳动力市场两极分化加剧的风险[④]。

① 唐·泰普斯科特:《数据时代的经济学：对网络智能时代机遇和风险的再思考》，毕崇毅，译，北京：机械工业出版社，2016 年版，第 48—53 页.

② 杰里米·里夫金:《第三次工业革命：新经济模式如何改变世界》，张体伟，译，北京：中信出版社，2012 年版，第 274—279 页.

③ Chernyakov M, Chernyakova M. Technological risks of the digital economy. Корпоративные финансы, Vol12, No.4, 2018.

④ Zhang M L, Chen M S. China's digital economy: Opportunities and risks. International Monetary Fund, 2019.

数字经济不仅能够促进新旧动能转换，推动经济高质量发展，而且在发展过程中存在一定的安全风险。经济安全是指经济在整体上基础稳固、健康运行、稳健增长、持续发展，在面临各种因素冲击时仍能继续稳定运行、健康发展，保持经济利益不受重大损害的状态，金融安全、产业安全、信息安全都是经济安全的重要组成部分。作为一种新的经济形态，数字经济是以数字化的知识和信息为关键生产要素，以数字技术创新为核心驱动力，以现代信息网络为重要载体，通过数字经济与实体经济深度融合，不断提高传统产业数字化、智能化水平，加速重构经济发展与政府治理模式的新型经济形态。因此，数字经济安全指数据、信息安全，技术、网络可靠，产业融合深入，产业数字化发展有效，政府治理模式合理，数字经济整体健康运行、发展持续稳定、面临重大冲击仍能保证数字经济平稳健康发展的状态。

二、数字经济安全风险的层次性

安全是针对风险而言的，风险被理解为客观的危险，随着时代的发展现代风险被认为是某种损失发生的可能性。经济安全风险是指经济不安全的可能性和遭受损失的隐患。结合经济安全风险与数字经济发展特征，数字经济安全风险是指影响数字经济发展不安全的各种信息数据、技术、产业、政府治理等方面可能存在的问题以及致使数字经济发展偏离平稳健康状态的一系列隐患。数字经济安全风险从宏观微观两方面进行分析。宏观层面的安全风险从国家、社会、产业三方面进行识别，包括数据、信息层面的安全风险、政府监管治理层面的安全风险、社会公平层面的安全风险、数字经济运行层面的安全风险。微观层面的安全风险从企业、个人两方面进行识别，包括企业发展方面的安全风险、生活福利和生活质量层面的安全风险。

1. 在宏观层面主要从国家、社会、产业三方面进行数字经济安全风险的识别

首先，国家层面的数字经济安全风险主要体现在数据、信息层面的安全风险和政府监管治理层面的安全风险。数字经济以数据信息为主要生产要素，因此数据信息方面的安全风险是数字经济安全风险的重中之重。同时数字经济对政府治理模式提出了重构要求，以往的政府治理模式或会与数字经济发展不匹配，因此识别政府监管治理方面的风险是识别数字经济安全风险的重要组成部分。其次，社会方面的数字经济安全风险主要体现在社会公平层面的安全风险。数字经济以信息网络为重要载体，对经济主体运用新型生产要素与生产载体进行生产提出了更高的要求，或会对社会公平产生一定冲击，因此需要在数字经济发展的同时对社会公平层面的安全风险进行识别。最后，产业方面的风险主要体现在数字经济产业发展层面的安全风险。数字经济与实体经济深度融合，要求不断提高产业的数字化、智能化水平，而数字化、智能化水平的提升对企业的技术水平要求较高，或会引起数字产业波动，因此对产业发展层面的安全风险识别是识别数字

经济产业风险的主要抓手。

2．在微观层面主要识别企业和个人两方面的数字经济安全风险

一方面，企业层面的数字经济安全风险主要为中小企业发展方面的安全风险。由于数据、技术和平台是数字经济发展的关键驱动力，因此数据、技术垄断会引起数字经济企业发展困境，从而影响数字经济持续稳定健康发展，因此需要对数字经济中小企业的发展进行安全风险的识别；另一方面，个人方面的数字经济安全风险主要从生活福利和生活质量两方面进行识别，数字经济的发展离不开智能技术的发展，而智能技术的发展从一定层面上改变了人们的工作、生活方式，可能会对生活福利和生活质量造成冲击，因此需要对该层面的安全风险进行识别。

三、数字经济安全风险的形成机制

按照数字经济发展的宏观、微观两个层面进行数字经济发展风险的识别，以下从国家、社会、产业、企业、个人进行数字经济发展的安全风险及其形成机制分析。

（一）国家层面的宏观安全风险

1．信息安全层面的风险

信息安全层面的风险主要是公众、企业、社会的信息会受到威胁。根据数字经济的内涵以及发展特征，数字经济的发展离不开信息、数据等关键要素，同时数字经济的发展以现代网络为载体，因此网络安全对数字经济发展的影响至关重要。伴随着网络的发展，一系列网络安全问题逐渐造成了数字经济发展过程中的安全风险。数据、信息的应用以及网络技术的发展从产业效率方面提高了数字经济的发展能力，但也可能给国家、公众、产业等多方面带来前所未有的威胁，公众的信息安全受到威胁，企业利益受损，社会和谐稳定发展受到危害，阻碍数字经济的发展。主要表现在：

（1）数据泄露、隐私盗取问题、网络犯罪问题频发，公民的信息安全难以得到保障。过度采集个人数据信息使得数据安全风险加大，用户数据频频被盗用，存在严重私人数据泄露问题。一方面由于技术安全隐患，缺乏有力的私人数据保护手段，用户缺乏安全的网络环境；另一方面由于很多社会主体在建设数字经济的过程中，注重应用数据的建设过程，而忽略了对数据要素的保护，因此数据在传输、处理的过程中容易发生被盗取的现象。公民的信息、数据被盗取首先引起了用户的隐私安全受损，其次隐私泄露引起了网络犯罪率攀升，网络诈骗等一系列网络违法犯罪行为严重威胁着公众的财产安全。

（2）网络内部和外部的边界逐渐模糊，企业信息安全受到威胁，造成企业利益受损。传统的网络安全防护是基于物理边界将网络分为内网和外网，而数字经济时代网络内外部边界开始逐渐模糊。边界模糊使得企业数据被窃取等损害企业利益的现象时常发生。

企业对数据安全的投入较少，从而增加了对企业内部数据的盗取风险。同时高危漏洞、网络攻击等网络安全问题也给企业的利益带来损失，阻碍了数字经济的发展。

（3）平台传输内容存在风险，影响社会和谐稳定发展。网络平台上所传输的内容存在一定的内容风险，由于网络发布信息成本较低且权责不明晰，存在散播谣言的安全风险，不利于社会的健康发展。同时垃圾网站问题严重危害公众的网络环境，部分垃圾网站散播有诱导倾向的政治广告以及黄赌毒等有害信息，危害社会安定。

2．政府监管治理层面的安全风险

政府监管治理层面的安全风险主要是政府对数字经济的监管治理存在缺位风险。泰普斯科特在《数据时代的经济学》中提出："政府在理解接受数字化变革方面行动缓慢。"[①]这可能会导致政府监管跟不上数字化变革，从而造成对数字经济的监管治理存在缺位风险。政府在市场经济中具有对市场进行管理和监督的作用，从而维护市场秩序。但数字经济的生产要素数据和信息具有非竞争性和非排他性的特征，并且数据权属难以界定，监管难度大。同时数字经济的发展具有跨区域跨领域的特征，传统的监管框架难以适配数字经济的发展。以上种种问题可能会造成政府的监管治理不到位或难以监管治理而带来的监管治理缺位风险，而监管治理缺位不利于数字经济发展甚至可能会影响整个经济的运行。这一层面的安全风险主要表现在以下几方面。

（1）信息、数据总量庞大，传输成本低、速度快，权属难以界定，给政府的治理监管带来极大难度。传统的监管治理手段是基于宏观情况展开决策，受技术条件限制，以事前审批的方式为主。数字经济发展速度更快，影响面更广，数据在传输、应用的过程中所存在的问题将会带来更大的危害。数据、信息数量庞大，细节繁多，使得监管治理无法到达每一环节，同时数据权属难以界定但传输速度极快，使得事后问责难度加大，原有的治理模式和治理手段已难以适应对数字经济的治理，这迫切要求政府提高事中事后的响应速度和处理能力。

（2）数字经济跨地区、跨领域的发展特征使得传统的监管框架难以覆盖对数字经济的监管。数字经济依赖于网络与数字平台，而网络与平台的运用不受地域与行业的限制。同时作为数字经济生产要素的数据，对其的使用也不受限于时空因素，因此数字经济的发展具有跨地区与跨领域的特点，传统的监管框架从区域与行业等方面相互分割，不能适应数字经济跨界融合发展，监管治理出现空当。

（3）工业互联网等的出现使虚拟世界与物理世界打通，网络信息技术渗透于经济的每一个环节，监管治理缺位影响整个经济运行。伴随着数字经济与实体经济的融合，实体经济数字化不断发展，原有的生产空间被打破，因此对于基础设施网络层面的攻击将

---

① 唐·泰普斯科特：《数据时代的经济学：对网络智能时代机遇和风险的再思考》，毕崇毅，译．北京：机械工业出版社，2016年版，第23—25页．

会造成更大的危害。数字化将贯穿经济发展的每一环节，导致某一环节出现问题将会引起一系列的安全问题，影响涉及诸多层面，从而影响整个经济运行。这就要求政府必须对数字化的每一环节进行有力监管，从而能快速积极地对数字经济与传统经济融合过程中可能出现的一系列问题进行反应，并制定相应政策进行治理。

（二）社会层面的宏观安全风险

社会层面的安全风险为社会公平层面的安全风险。主要是数字经济的发展存在潜在加速社会不公平的风险。由于“数字鸿沟”的存在，数字基础设施建设存在差异，技术性失业加剧，信息访问存在隐性不公平从而信息获取能力存在差异等原因，数字经济的发展或许会带来收入差距拉大，财富两极分化从而加速社会不公平的风险。泰普斯科特在《数据时代的经济学》中提出猜想：“互联网的使用会不会一方面加速社会分层，另一方面加速富有阶层的自我保护意识和对社会底层的疏远。”①这一层面的风险表现在以下几方面。

（1）数字基础设施建设存在差异，“数字鸿沟”使不同区域从数字经济中的获益程度不同，将扩大收入不平等。随着数字经济的不断发展，数字鸿沟问题不容忽视。数字经济发展能力在东西部、城乡间差距显著。数字鸿沟的存在不利于数字技术的扩散应用和数字经济的持续发展，若数字化只能惠及少数人将会抑制数字溢出效应，这可能会导致只有部分群体从数字经济中获益。数字经济发展能力差的地区，由于受自身经济发展水平的限制，获得数字经济外部性的积极影响有限，得益较小，从而扩大了数字经济发展强势地区与数字经济发展弱势地区的收入差距，数字鸿沟从数字经济方面进一步加剧了收入不平等。

（2）数字经济时代技术性失业情况加剧引起的就业市场分化形式加剧，将带来收入差距进一步扩大的风险。由于数字经济具有数字化、网络化以及智能化的特征，因此数字化带来的一系列技术会影响劳动密集型产业的就业，随着技术的革新，势必会给一部分就业者带来被人工智能等高新技术替代的威胁。随着基础工作岗位被替代，低技能的就业者将面临极大的就业压力。技术性失业的工人一般属于低技能工人，而数字技术的就业门槛较高，对就业者的知识能力要求较高，这就使得相当一部分就业者难以找到与之匹配的工作。由于数字技术的发展速度更快，技术的快速发展变革加剧了技能不匹配的风险，对就业者提出了更高的要求。数字化带来的就业影响将主要由相对低技能的工人承担，而高技能工人可能会因就业市场需求扩大从而就业率上升、工资增长加快等受益更多，潜在地扩大不平等。

（3）由于经济水平、教育水平、数字化基础设施建设水平等存在差异，不同群体在信息访问方面存在隐性不公平，会带来“精英圈子化”的风险。信息作为数字经济的主

① 唐·泰普斯科特：《数据时代的经济学：对网络智能时代机遇和风险的再思考》，毕崇毅，译，北京：机械工业出版社，2016 年版，第 23—25 页.

要生产要素，在数字经济的发展过程中起着至关重要的作用，而由于经济水平、教育水平、数字化基础设施建设水平等存在差异，不同群体的信息获取能力和信息利用能力存在差距。导致对信息可获取和可利用的人群将从访问到的信息中获益，进一步扩大对信息的获取和利用，形成“精英圈子化”。而另一部分人群将受限于信息访问的隐性不公平，从而扩大与信息使用者之间的收入差距[①]。

（三）产业层面宏观安全风险

产业层面的安全风险是企业生存周期短，产业波动性强从而导致数字经济发展的持续健康稳定状态受到影响的风险。由于数字经济所依赖的网络平台具有方便、快捷、信息更新速度快等特征，从而市场需求变化快，因此在数字经济中，企业的生存周期和产品生命更短，而生命周期缩短将带来产业发展风险增大的后果。同时，数字经济的发展离不开技术水平的不断提升，技术的不断更迭将增大新技术开发与应用时遭到失败或造成损失的风险，导致产业波动性强，从而数字经济产业发展风险增大，影响整个数字经济的平稳健康发展。这一层面的安全风险主要表现在以下几方面。

（1）产业内企业生存周期和产品生命周期缩短带来的风险。这种风险使产业发展安全风险增大，从而影响数字经济持续健康发展。数字经济的发展依托于网络平台，现有网络平台的建设完善、用户群体庞大，使得数字企业初期可以借助已有平台优势进行业务推广，但若用户数量红利消失，企业往往由于战略发展机制不完善从而发展后劲不足，这导致数字产业中的企业平均生存周期大大缩短。因此数字经济在发展过程中存在许多“数字泡沫”，给数字产业的持续稳定发展带来重大挑战。同时，用户需求多变导致产品淘汰率高，由技术革新带来的供给创造的需求不断变化，需求的不断变化又使得对产品的要求不断提高，这就对企业的产品更新速度提出了更高的要求，因此需要企业提升用户需求洞察力，防止由于产品生命周期缩短带来的企业发展波动。

（2）技术更迭速度快和产业波动性强，造成的产业风险。技术创新对数字经济发展起着至关重要的作用，因此数字产业的发展对企业的技术创新能力要求较高，技术的不断更迭将增大新技术开发与应用时遭到失败或造成损失的风险，从而数字产业发展风险较大。同时市场需求变化波动，技术的革新要时刻适应市场需求，因此缺乏资金与技术的企业生存空间狭窄，整个产业内部波动变大，产业内部波动大将对数字经济平稳健康运行产生威胁。

（四）企业层面微观安全风险

企业发展层面的安全风险主要是指数字经济发展过程中可能存在中小企业发展受

① 杰里米·里夫金:《第三次工业革命》，张体伟，译，北京：中信出版社，2012年版，第274—275页.

困，新的企业创新者进入市场难度大的风险。数字经济的发展依赖平台的发展，并且具有极强的网络增值效应，平台或会凭借其数据优势与技术优势形成平台垄断。数字经济发展需要培育数据要素市场，加快推动各地区各部门之间的数据共享交换，而数据共享交换就必须要打破数据的分割垄断状态。数据垄断将会影响数据活力的释放，可能会带来中小企业由于相关平台数据垄断导致的消费者锁定而发展受限，新的企业创新者由于超级平台垄断的进一步深入、扩大而难以进入市场的风险。主要表现在以下几方面。

（1）数据垄断形成的消费者锁定，形成相关平台的自身竞争优势，中小企业发展受困。传统经济的垄断形式主要为依靠压缩产量、提高价格来获取垄断利润，而数字产品垄断与传统经济有很大的差异。数字产品垄断主要依靠扩大销量，来收集更多的用户信息、数据，从而形成自身的消费者以及使用者信息库，并利用人工智能等技术分析消费者偏好，锁定消费者和市场发展路径。数据掌握得越多，数据优势越大，对消费者的锁定机制便越强，从而所得到的垄断利润便越多。并且由于自身的数据优势，使得市场垄断者在进入另一行业时可以利用其海量的数据优势，形成自身的竞争优势。而拥有垄断优势的竞争者在进一步扩大市场的过程中将会对市场上现存的中小企业份额造成挤压。由于缺乏数据优势与技术优势，企业利润低，低利润又会带来竞争能力弱，无法大量投入资源，从而利用价值密度较低的大数据产出能力弱，中小企业的发展将会受到限制。

（2）超级平台的垄断优势不断扩大，从传统垄断进一步转化为双轮垄断，对新的创业者进入市场形成不利影响。超级平台会利用用户流量优势、数据优势、算法优势等从传统垄断转换为双轮垄断，平台垄断流量入口之后，就会进行横向和纵向扩张，将市场垄断力量从一个垂直市场传导至多个垂直市场，从而形成双轮垄断。从整体上看，超级平台在利用其某一领域的优势地位进入另一市场领域时，既可利用其海量的数据，从而形成进入新业务的优势；又可通过流量入口的掌控，在上下游市场进行纵向排斥，从而对新创业者进入市场形成不利影响；还可以利用其基础市场优势地位，通过“自我优待”拓展在其他领域的市场地位，进一步阻碍新的创新企业进驻市场。

（五）个人层面的微观安全风险

个人层面的风险主要是数字经济发展或会带来居民的生活福利降低、生活质量下降的风险。数字经济发展可能从就业压力、工作密度、家庭成员情感联系、社会成员获得产品的质量存在差异等方面带来人们生活福利降低的风险。数字经济的发展导致就业压力攀升，从而导致低技能工人工资降低。智能技术的发展，使人们的工作场景界限不再明晰，导致部分工作者休息时间被挤占。数字化产品，如智能电子设备的发展也拉大了家庭成员之间的交流距离。获得的产品质量受信息能力影响，这可能导致信息能力有差距的社会成员所获得的产品质量存在差别。主要表现在以下几方面。

（1）技术性失业加剧，失业人口数量上升，可能导致低技能工人的工资降低。技术性失业是由于技术进步所引起的失业。数字经济时代节省劳动力的新技术能够提高劳动生产率，这也会导致技术性失业加剧。杰里米·里夫金在《第三次工业革命》中推断："新技术取代了工人，失业人口数量上升，最终会压低工资，低工资使雇佣者雇佣更多的工人。"由此，技术性失业带来的失业人口数量上升导致低技能工人工资降低，从而这部分社会成员的社会福利大大降低。

（2）智能技术的发展带来了更便捷的工作方式，工作场景界限不再明晰，社会成员的休息时间被挤占，带来社会福利降低风险。随着数字化在各个产业的不断深入，人们的工作方式越来越便捷，这使得部分行业的工作者可以在任何地点运用数字化产品带来的智能技术展开工作，对开展工作的场景要求较为放松。拉兹·海飞门在《数字跃迁》一书中指出数字化变革包括从实体空间到数字与虚拟空间的转变，网站和手机应用是实体场所的延伸补充，并且在某些情况下，能够完全替代这些实体场所[①]。工作与休息场景界限的不明晰导致部分行业的工作者的休息时间被挤占，社会福利降低。

（3）数字化产品的发展带来的智能电子设备使得家庭成员之间交流减少，引起家庭成员情感距离扩大的风险。随着电子产品的发展，人们可以在网络上获取到各种各样的信息。近年来由于部分网络平台的发展，碎片化信息平台行业发展势头十分迅猛。由于碎片化信息易于接受并且带来的冲击更大，很大一部分社会成员容易被其吸引，并沉迷于其中，这导致在同一个家庭环境中，不同家庭成员沉浸在自己的信息世界中，减少了家庭成员之间的情感交流，带来人们幸福指数降低的风险。

（4）信息能力影响着人们所获得的产品质量，引起了信息能力差的社会成员所获得的产品质量差的风险。信息能力指理解、获取、利用信息能力及利用信息技术的能力。数字经济时代的供需关系发生了改变，张翼成等人在《重塑：信息经济的结构》一书中提出了一种新的供需关系，传统的供需关系以价格和数量为参数，新的供需关系在传统供需关系的基础上引入了产品的质量和人们的信息能力，认为对于给定信息能力的消费者，他们购买某一产品的概率依赖于产品的质量[②]。信息能力越高，购买概率对质量变化越敏感。而信息能力在不同的人群中存在差异，信息能力的差异将导致人们购买的产品质量也存在差异，信息能力差的社会成员对产品质量的变化不敏感，会增加购买低质量产品的概率，而商家也会对信息能力不同的群体区别对待，导致信息能力差的社会主体可获得的产品质量较差，从而可能引起这部分社会成员生活质量下降的风险。

总体来看，从公民、企业、社会的信息和财产安全出发，数据要素存在数据窃取、盗用，数据价值无法得到释放等风险问题，数字经济发展的网络载体存在网络攻击、高危漏洞、内

---

① 拉兹·海飞门，《数字跃迁》，习移山，张晓泉，译. 北京：机械工业出版社，2020 年版，第 140 页.
② 张翼成，吕林媛，周涛：《重塑：信息经济的结构》. 四川：四川人民出版社，2018 年版，第 43—51 页.

容风险以及网络犯罪等一系列安全问题，导致在数字经济发展过程中存在公民、企业、社会的信息和财产安全受到威胁的风险。从政府对数字经济监管治理的角度分析，存在治理难度大，传统监管治理手段与数字经济的发展特征难以匹配等问题，从而引起政府对数字经济的监管治理存在缺位风险。从数字产业发展出发，存在数字产业内企业生存周期、产品生命周期缩短等问题，并且技术更迭速度快导致产业波动性强，因此数字产业发展存在风险，影响数字经济平稳健康发展。从数字经济发展依赖的平台出发，存在平台垄断问题，从而在数字经济发展过程中可能存在中小企业发展受困，新的企业创新者进入市场难度大的风险。从社会公平的角度考虑，由于存在数字鸿沟，数字基础设施存在差异；技术性失业加剧，就业市场分化严重；信息获取的潜在不公平等问题导致数字经济发展过程中存在加速社会不公平的风险。从数字经济发展过程中的居民生活福利和生活质量出发，由于存在失业人数增加，低技能工人工资降低；工作场景界限不明晰，部分工作者休息时间被挤占；智能电子设备的发展减少了家庭成员之间的情感交流；信息能力差距导致获得产品的质量差异等问题，数字经济发展过程中可能存在居民的生活福利降低、生活质量下降的风险。

第三节 我国数字经济安全风险预警体系的构成

数字经济已经成为经济发展新动力，但是存在多种风险会对数字经济的发展造成影响，因此要对数字经济发展的风险进行预警，从而采取事前事中事后的一系列政策措施，保证数字经济平稳健康发展。同时，由于学术界近年来较为关注数字经济发展的一系列问题，而缺少对数字经济发展的风险预警，因此需要建立科学有效的体系对数字经济发展过程中的风险进行预警。

一、我国数字经济发展安全风险预警体系构建的理论维度

“预警”一词最早出现于军事领域，是关于突然袭击的信息预告。经济预警是指围绕经济循环波动这一特定经济现象所展开的一整套经济监测和经济评价的理论和方法体系，预警侧重于经济活动和发展方向的险情预报，旨在预报经济活动中的各种不正常现象，是未来经济趋势的科学推断，它主要包括预警指标的选择和确定、预警方法、警限界定和报警等方面的内容①。宏观经济预警是对整个宏观经济发展速度快慢的预警，是经济的冷热预警，是经济周期循环波动的预警。而数字经济发展安全风险预警不同于宏观经济的冷热预警，是对数字经济发展好坏趋势的预警，是对前述宏观微观两个层面共五

① 李晓白，付梅臣，蒿婉姝，等:《城市地价预警预报系统的发展现状及应用前景》,《价格理论与实践》, 2008 年第 4 期。

个方面风险点的预警，从而对安全风险进行监测，保证数字经济安全运行的预警。

预警体系是构成完整预警活动的全部要素的集合群，是预警的指标、等级、测度、方法和全部预警活动等各要素间相互关系的总和，可进一步细分为指标体系、组织体系和工作流程体系[①]。宏观经济监测预警系统是对宏观经济运行的波动性现象进行监测和预报的信息系统。通过对宏观经济预警指标体系的分析判断经济运行的冷热程度和运行状态，从而预测经济形势，为宏观经济管理部门提供政策制定依据[②]。参考宏观经济预警体系，数字经济发展安全风险预警体系是对数字经济发展的安全风险进行预警的系统，以数字经济发展中的安全风险为预警对象，以数字经济发展安全风险预警指标体系为中心，分析一系列用于表示可能造成数字经济发展的安全风险的关键指标的变化情况，当指标数值超过预警区间则给予对应的风险提示，从而为相关部门提供决策依据，保证数字经济平稳健康运行。

二、我国数字经济发展安全风险预警体系构建的特殊性

对数字经济发展的安全风险进行预警体系的构建，是将数字经济复杂的发展安全风险作为预警对象，把识别数字经济发展安全风险、保障数字经济的安全平稳健康发展作为预警目标。不同于传统宏观经济的经济波动预警体系，数字经济发展过程中的安全风险预警必须立足于数字经济发展的安全平稳状态和数字经济发展中安全风险的识别。具体来看，其特殊性主要体现在与传统宏观经济预警体系的预警内涵和预警目标不同。

1．预警内涵不同

传统的宏观经济预警体系是基于总需求与总供给平衡的宏观经济景气循环监测预警，其理论基础是宏观经济的周期性波动原理[③]，预警主体是经济走势，通过对经济发展态势的预警，判断宏观经济的运行状态。而数字经济发展过程中的安全风险预警体系是基于风险识别的预警体系，是针对安全风险的预警，其理论基础是风险管理理论，通过对具体的安全风险点的预警，识别影响当前数字经济安全健康发展的风险因素。

2．预警目标不同

传统的宏观经济预警体系的预警对象是经济运行的周期性波动，是针对经济运行状态的预警，是经济的冷热、波动性的预警，目标在于预测经济发展形势，从而为宏观经济政策的制定提供依据。数字经济发展安全风险预警的预警对象是数字经济发展过程中

① 聂思痕:《我国战略性新兴产业的人力资本安全预警研究：以江西为例》,《科技管理研究》, 2016 年第 1 期。

② 国家统计局统计科学研究所宏观经济监测课题组:《我国宏观经济动态的监测预警体系》,《统计研究》, 1989 年第 3 期。

③ 任保平，付雅梅:《黄河流域生态保护和高质量发展统计监测预警体系的构建》,《山东社会科学》, 2021 年第 9 期。

可能产生的安全风险，是对具体风险点的预警，目标在于识别数字经济发展过程中可能存在的安全风险，从而为相关部门提供风险防控依据，保证数字经济安全平稳发展。

三、我国数字经济发展安全风险预警体系的构建

立足于促进数字经济平稳健康发展这一目标，以前述数字经济发展的安全风险为基础，结合数字经济发展安全风险预警体系内涵，构建数字经济发展安全风险预警体系，包括国家、社会、产业、企业、个人五个层面以及预警警界。

1. 国家层面

从国家层面进行我国数字经济发展安全风险预警体系的构建，以前文分析的数字经济发展过程中国家层面的安全风险为基础，对数字、信息安全和政府监管治理两方面的安全风险进行预警。数字经济发展离不开信息技术的发展，而信息技术的发展依赖数据的传输与网络的建设，因此对数字经济发展过程中的风险进行预警，首先需要保障数字经济发展的前提条件，即对其发展所依赖的信息、数据、网络等进行预警体系的构建，从而更加科学地推进数字经济的发展。政府的监管治理也是保障数字经济平稳健康发展的重要力量，而数字经济的发展对政府治理提出了新的要求，因此需要对政府治理层面的风险进行预警，从而判断政府的治理能力是否与数字经济发展匹配，能否有效对数字经济的发展进行监管治理。

数据、信息安全风险的预警体系从信息安全和网络安全两方面进行构建。首先，信息安全方面，从数据泄露、个人隐私泄露、网络犯罪、内容风险等问题出发，构建对应的风险预警指标，监测数字经济发展过程中的信息安全风险。这一部分的基础指标主要有安全类基础设施投入占比、隐私泄露事件数量、网络犯罪事件数量、网民受教育程度四个指标，安全类基础设施主要指数据安全基础设施以及网络安全基础设施，通过衡量安全类基础设施的投入在总基础设施中的投入占比，评测数字经济发展的网络安全风险，占比越高风险越小。隐私泄露事件数量以及网络犯罪事件数量衡量数据泄露和网络犯罪两方面风险，指标值越大代表风险程度越高。网民受教育程度主要通过网民的素质水平衡量遭受到网络诈骗等网络违法犯罪行为损害的概率，网民的素质水平越高，越能具有网络自我保护意识，从而遭受损失的风险越小。其次，网络安全方面，从高危漏洞、遭受网络攻击等风险出发，构建对应的网络安全预警指标。这一部分的基础指标为遭受网络攻击次数和高危漏洞数量。遭受网络攻击次数、高危漏洞数量密度指标的指标值越大，网络安全风险越高，数字经济发展的安全风险越大。

政府监管治理安全风险的预警体系从政府的数字化变革水平进行构建。数字经济对政府的监管治理模式提出了新的要求，政府监管治理可能会由于数字经济生产要素的非竞争性和非排他性从而权责不明晰，造成监管治理的缺位风险。为了与数字经济的发展

进行匹配，政府必须进行数字化变革，政府的数字化变革水平越高政府监管治理层面的安全风险越低，越能有效地对数字经济的发展进行监管治理。该部分的基础指标为电子政务发展指数、政府数字化平台数量、政府数字政策出台数量三个基础指标。电子政务发展指数越高代表政府的电子政务能力越强，从而政府监管治理缺位风险越小，数字经济发展的安全风险越小；政府数字化平台数量和政府数字政策出台数量两个指标的指标水平越高对应的政府监管治理层面的安全风险越小。

2．社会层面

从社会层面进行我国数字经济发展安全风险预警体系构建，以前文分析的数字经济发展过程中社会层面的安全风险为基础，对社会公平层面的安全风险进行预警。从区域角度，随着数字经济发展的不断深入，各区域数字产业发展不平衡，技术差距等带来的数字产业差距扩大从而加深区域数字鸿沟，不利于数字经济平稳持续发展；从就业者的角度，数字经济发展依赖的智能技术等逐渐取代部分基础工作者的劳动，而由于这部分劳动者技术能力较低，可能会面临就业困境，同时数字经济时代导致就业市场分化形势加剧，存在潜在扩大低技能工作者与高技能工作者的收入差距，从而引起社会公平层面的风险。因此需要对社会公平层面的安全风险进行风险预警体系的构建，促进数字经济安全健康发展。

社会公平层面安全风险预警体系主要从区域平衡发展和就业市场分化程度两方面进行构建。首先，数字经济区域发展平衡指标选取莫兰指数与泰尔指数，利用已有数字经济指数进行莫兰指数以及泰尔指数的测度，莫兰指数测度数字经济在空间上的集聚态势，绝对值越大集聚态势越明显，区域发展越不平衡，数字经济发展的风险越大。泰尔指数可以衡量数字经济发展的区域差异，并且可以分析差距的来源，区域差异越大，数字经济发展风险越大。其次，就业市场分化程度指标主要选取数字行业失业率、数字行业失业人员平均受教育年限、数字行业就业人员平均受教育年限三个指标，数字行业失业率以及数字行业失业人员平均受教育年限衡量数字行业人员失业情况，数字行业失业率越高，数字行业失业人员平均受教育年限越低，低技能就业者承受的就业压力变大的风险越高，从而社会公平层面的风险就越高。数字行业就业人员平均受教育年限反映数字行业就业市场的人员均衡程度，指标水平越高代表数字行业对就业者的能力要求更高，可能带来的社会公平层面的安全风险就越大。

3．产业层面

从产业层面进行我国数字经济发展安全风险预警体系构建，根据前文分析的数字经济发展过程中产业层面的安全风险，对产业发展的安全风险进行预警。由于数字经济发展依靠网络平台，而网络平台的信息更新速度极快，导致市场需求变化快，从而数字产业可能会面临企业生存周期、产品生命周期缩短的情况，将引起产业波动从而威胁数字经济平稳发展。同时数字经济的发展离不开技术的不断创新，而技术的不断更迭将增大新技术开发与应用时遭到失败或造成损失的风险，从而增大数字产业的波动性，影响数字经济平稳健康运行。因此需要对产业发展层面的风险进行风险预警体系的构建，从而识别数字经济发展过程中的产业风险，保证数字经济平稳健康运行。

产业层面的安全风险预警体系从产业生命周期和产业波动两个方面进行构建。首先，产业生命周期选择数字企业年淘汰率和淘汰企业平均生存年限两个具体指标进行衡量。数字企业年淘汰率用以衡量数字企业被市场淘汰的情况，淘汰企业平均生存年限衡量数字企业的平均生命周期，以上述两个指标从产业生命周期角度对数字经济发展的安全风险进行预警。数字企业年淘汰率越高代表产业发展风险越大，淘汰企业平均生存年限越大代表企业生命周期越长，从而产业发展风险越小。其次，产业波动程度通过数字行业规模以上企业专利申请数和信息技术创新指数两个指标进行监测预警。数字行业规模以上企业专利申请数和信息技术创新指数代表数字企业的技术创新水平，指标水平越高代表企业的创新水平越高，在技术更迭时遭到失败或损失的风险就越小，从而产业波动性就越低，数字经济发展越平稳。

4．企业层面

从企业层面进行我国数字经济发展安全风险预警体系构建，根据前文分析的数字经济发展过程中企业层面的安全风险，对企业发展风险进行预警。数字经济依托于现代信息网络，具有网络外部性的特征，但由于网络外部性的存在，使得规模效益形成进入壁垒，进一步增加了新进企业进入市场的难度，阻碍数字经济发展过程中新创业者的市场进入，同时数字经济发展过程中存在超级平台对相关数字产业的纵向垄断甚至双轮垄断，对数字企业的发展形成威胁，因此需要对企业发展风险进行预警识别，从而维持数字经济的安全平稳运行状态。

企业层面安全风险预警体系从市场垄断程度和企业进入难度两个角度进行构建。首先，市场垄断程度反映了数字经济中的企业生存空间大小，垄断程度越高，资源越集中在垄断企业手中，对中小企业的生存空间挤占性越强，数字经济发展风险就越高。该部分的基础指标为市场集中度，市场集中度指标水平越高市场垄断程度就越强，与之对应的企业层面的安全风险就越大。其次，企业进入市场的难度用数字企业数量增长率衡量，该指标水平越高，代表企业进入市场难度越小，从而企业层面的安全风险越小，数字经济发展越安全稳定。

5．个人层面

从个人层面进行我国数字经济发展安全风险预警体系的构建，以前述分析的数字经济安全风险中个人层面的风险为基础，对生活福利和生活质量方面的风险进行预警。由于技术性失业加剧，失业人口数量上升可能会存在由于劳动力供给上升而引发工资降低的风险。而智能技术的发展也使得对工作的场景界限不明晰，存在挤压社会成员休息时间的风险。由于教育水平等的差异，不同社会主体信息能力存在差异，可能引起社会成员获得产品质量存在差异的风险，导致其生活福利水平下降，因此需要对数字经济发展过程中的福利风险进行预警。

福利风险维度的预警体系主要对数字经济发展过程中的生活福利、生活质量方面的风险进行预警，从福利水平进行预警体系的构建，包括劳动者报酬、人均工作时间以及互联网普及率三个指标。劳动者报酬指标反映就业人员的福利分配水平，劳动者报酬越高代表福利分配水平越高，从而生活福利层面的安全风险就越低。人均工作时间反映社会成员的工作强度，人均工作时间指标水平越高，社会成员休息时间被挤占的风险就越大，从而生活福利层面的安全风险就越大。互联网普及率主要从信息能力方面进行福利风险预警，互联网普及率越高，社会主体的信息能力就越能得到提升，从而福利风险就越低。

具体的预警体系构建如表 13-3 所示。

表 13-3　数字经济发展安全风险预警体系

主体维度	风险维度	分项维度	基础维度
国家层面	数字、信息安全风险	信息安全	安全类基础设施投入占比
			隐私泄露事件数量
			网民受教育程度
			网络犯罪事件数量
		网络安全	遭受网络攻击次数
			高危漏洞数量
	政府监管治理安全风险	政府数字化变革	电子政务发展指数
			政府数字化平台数量
			数字政策出台数量
社会层面	社会公平安全风险	区域平衡发展	莫兰指数
			泰尔指数
		就业市场分化程度	数字行业失业率
			数字行业失业人员平均受教育年限
			数字行业就业人员平均受教育年限
产业层面	产业发展安全风险	产业生命周期	数字企业年淘汰率
			淘汰企业平均生存年限
		产业波动	数字行业规模以上企业专利申请数
			信息技术创新指数

续表

主体维度	风险维度	分项维度	基础维度
企业层面	企业发展安全风险	市场垄断程度	市场集中度
		企业进入难度	数字企业数量增长率
个人层面	生活福利、生活质量安全风险	福利水平	劳动者报酬 人均工作时间 互联网普及率

6．预警警界设定

数字经济预警指标体系建立完成后，需要有相关的指示标准来界定数字经济的安全风险情况，因此需要对数字经济发展进行预警警界的设定。传统的经济发展景气信号灯，是以经济发展状态的警界设定，是整体警界，数字经济安全风险预警警界是对于具体风险点的警界，是为了清晰准确地识别数字经济发展过程中的安全风险类型。因此，参照传统经济发展景气信号灯，按照风险预警体系的五个主体维度，分维度进行预警警界的设定，将风险程度分为四种类型：红灯区，数字经济发展风险高；黄灯区，数字经济发展风险较高；绿灯区，数字经济平稳发展；蓝灯区，数字经济发展状态健康。以预警警界线为基础，通过对具体风险维度的风险识别，从国家调控、社会保障制度、产业政策的制度等方面保障数字经济的平稳运行。

第四节　我国数字经济安全风险防范机制构建

数字经济发展存在一定的安全风险，需要构建安全预警体系，同时构建我国数字经济安全风险防范机制。

一、构建信息安全层面的风险防范机制

从数据、网络、法律政策多方面采取措施，进行公民、企业、社会的信息和财产安全受到威胁的风险防范。从数据治理体系、数据保护技术、数据立法等多方面进行公民信息、财产安全受到威胁的风险防范；从网络安全保障体系以及“零信任理念”进行由于网络边界模糊造成的企业利益受损的风险防范；从完善法律政策、明晰主体责任等手段进行平台内容风险影响社会和谐稳定发展的风险防范。

第一，针对由于数据泄露、隐私窃取等问题引起的公民信息、财产安全受到威胁的风险，要从数据治理体系、数据保护技术、数据立法等方面多措并举，保护个人的信息、

财产安全。通过建立健全相关法律政策，完善构建数据监管治理体系。加大对数据防护的投入，革新技术等手段，不放过任何存在数据泄露的漏洞。规范数据的访问与使用，防止数据盗用以及贩卖数据等行为，通过完善相关法律法规，使应用数据时有法可依。同时，要对损害公民数据信息安全的行为依法惩处，保证数据安全。

第二，针对网络内外部边界模糊造成的企业信息安全受到威胁、利益受损的风险，首先要构建全面的网络安全保障体系，不断完善网络安全制度与法律法规建设，建立权责明晰的安全责任机制。其次要加大研发力度，推动创新数字安全网络安全核心技术，加强网络监控、核心技术密码研发等，加大专业人才培养力度，通过校企合作等手段充分利用人力资源保障我国网络安全。最后，参考《中国数字经济前沿（2021）》中提出的零信任理念，不以边界作为信任条件，应对企业内外部的所有访问者进行信任评估，对所有访问者的每次访问请求进行风险评估，将网络安全体系架构从“网络中心化”走向“身份中心化”①。

第三，针对平台传输内容存在风险引起的社会和谐稳定发展受到影响的风险，需要从网络环境、法律政策进行风险防范。要加大相关信息发布的审核力度、垃圾网站等有害网站的惩处力度，营造一个良好的网络环境。完善相关法律政策，对有害信息发布者依法惩处，对传播有害信息的网络主体也要使其承担相关责任，从有害信息源头和有害信息传播渠道两方面进行监管治理，从而规范网络环境，维护社会和谐稳定发展。

二、构建政府治理监管层面的风险防范机制

通过协同治理、转变监管理念，加快政府数字化转型等举措进行政府对数字经济的监管治理存在缺位，从而影响整个经济运行的风险防范。通过协同治理、联合监管，解决传统政府监管框架相互分割的问题；加快政府数字化转型，运用数字手段监管治理数字要素，进行监管理念的转变，从而进行由于政府对数字经济发展的监管治理缺位而导致的整个经济运行体系受到影响的风险防范。

一方面，加大数字经济协同治理力度，构建多元协同、共同治理的新格局，联合监管、联合执法。建立适应数字经济跨行业、跨领域发展的管理模式，有利于弥合政府监管中的缺位错位，提高执法有效性。构建数字经济市场监管体系，合理划分权责边界，强化企业的社会责任，完善社会监督举报机制，逐步形成政府、企业、行业组织和公众共同参与、有效协同的治理机制。

另一方面，加快数字政府转型，进行监管理念的转变、开放数据、培养和引进数字人才等。强化企业的治理作用、明确企业的治理职责。开发以数字技术、数字要素、数

① 李海舰、蔡跃洲、万相昱，等：《中国数字经济前沿（2021）》，北京：社会科学文献出版社，2021年版，第234页.

字资源为基础的新型治理工具，提升大数据等现代技术手段辅助治理能力，提升企业、事业、党政单位的数字化监管水平，推动国家、社会和个人共同参与的数字化治理。加强对数字化进程的每一环节的监管治理，对数字经济发展过程中的问题及时反映及时处理。

三、构建社会公平层面的风险防范机制

注重数字经济区域平衡发展，建设高质量就业体系，加大教育投入，防范数字经济发展过程中社会不公平被扩大的风险。注重数字经济区域发展平衡，通过加快数字基础设施建设，进行由于“数字鸿沟”引起的收入不平等扩大的风险防范；加快建设高质量就业体系，加强人才培育，进行由于就业市场分化引起的收入差距扩大的风险防范；加大教育投入，最大化缩小不同群体在信息访问能力方面的差距，从而进行“精英圈子化”的风险防范。

首先，针对由于“数字鸿沟”带来的收入不平等扩大风险，注重数字经济区域平衡发展，建立数字经济发展热点区域，使热点区域向外辐射，带动其他地区的数字经济发展，对不同地区的数字经济发展根据区域经济发展特征采取不同的驱动措施。加大网络基础设施建设投入，从信息化基础设施和互联网基础设施两方面进行加强，促进网络普及，缩小不同地区的数字化差距，从而消除收入、个体经济参与度等方面的差距。

其次，针对由于技术性失业加剧导致就业市场分化从而引起的收入差距进一步扩大的风险，充分利用就业市场发展情形，形成更加开放包容的良好就业氛围。探索并建立人力资源的网络共享平台，激发人力资源的活力，调动求职者的积极性能动性，提升劳动力市场供求双方匹配度。进行相关职业和岗位的普及推广，帮助求职者了解新型职业岗位。提高劳动者的数字技能，多举措全面培养数字型人才，以适应数字经济发展需要。

最后，针对由于信息访问隐性不公平引起的“精英圈子化”风险，推动全民数字化知识普及，提升全民数字化素养。加大教育投入，提升国民知识水平能力与信息访问技能。利用知识共享平台的普及，打破群体间的学习条件限制，最大限度地降低信息访问的不公平。

四、构建企业发展层面的风险防范机制

通过垄断防范手段、企业商业模式改进等机制进行数字经济发展过程中可能存在中小企业发展受困、新的企业创新者进入市场难度大的风险防范。从竞争政策、监管机制出发进行纵向垄断甚至双轮垄断引起的中小企业发展受困，新的企业创新者进入市场难度大的风险防范。企业应以改变商业模式为出口，而非过于强调数字化技术，从而提高自身竞争能力。

一方面，数字经济时代的反垄断主要方向应该是反纵向垄断，即防止一家企业利用数据优势在产业链上下游大肆垂直扩张从而导致每条产业链都被垄断企业把控。要从竞争政策、数据安全、监管机制等方面进行有效治理，建立推动创新创业的竞争政策，对平台的不正当竞争行为制定监管规则，对平台的垄断行为建立惩戒制度，同时要进行反垄断筛查，防止超级平台的垄断行为挤占市场，影响市场形态。

另一方面，企业必须避免对技术或组织结构的局限性思考。因此企业在数字化经济时代，不应只局限在数字化技术的运用，而应聚焦于商业模式的改进以及改善客户服务并提高价值。同时企业在数字化变革过程中，要避免一味地追求最新技术和最新领域的探索，中小企业可以在更简单、风险更小的领域寻求发展价值。

五、构建生活福利、生活质量层面的风险防范机制

多部门协同合作，多措并举，进行数字经济发展带来人们的生活福利降低、生活质量下降的风险防范。对生活福利降低、生活质量下降的风险而言，通过单个部门的努力难以防范，需要通过多个部门的协同合作，多角度全方位多措并举，提升居民生活福利和生活质量。

就业部门应紧密监控社会失业情况，对低技能的失业群体进行社会关怀与就业指导，同时关注其再就业后的福利变化情况，从而进行必要的工资政策制定，防范由于技术性失业加剧而造成的低技能工人的福利降低风险。企业管理者应明晰工作场景，明确工作时间范围，减少不合理的工作安排对相关工作主体的休息时间挤占。相关工作主体要提高劳动效率，在工作时间内完成相应工作，最大限度地享受休息时间，从而防范由于工作场景界限不明晰带来的社会成员社会福利降低的风险。宣传部门加大对家庭亲密关系重要性的宣传，利用已有完善平台与新型信息手段进行深入宣传，在人们碎片化信息获取的过程中进行宣传，从而尽可能紧密家庭成员之间的情感距离，提升人们的幸福指数。市场监管部门加大市场监管力度，防止商家对信息能力有差异的社会主体提供存在质量等方面差异的产品，从而防范信息能力较差的部分社会成员由于购买低质量产品而造成生活质量下降的风险。

第十四章　平台经济秩序和规范

平台经济是以数字技术为支撑、以互联网平台为依托的新兴经济形式。平台经济发展成为经济增长的主要动力源之一。平台经济使得交易突破了时空界限，供需双方构建起更加高效的沟通桥梁，公众的生活习惯和企业的商业模式也因此改变。平台的核心功能主要是匹配双边或多边市场，然而，正是其特殊的双边（多边）市场结构，决定了平台具备市场参与者与组织者的双重身份，扮演了信息壁垒打破者与重构者的双重角色。在数字时代之前，大企业拥有重要的社会地位，即便出现问题时，考虑到其“大而不能倒”，政府也会从轻处理。数字经济时代，面对数字经济领域的大企业尤其是平台企业，监管难题前移，快速技术迭代和商业模式创新导致监管部门“多而顾不上”“快而跟不上”“深而看不透”“新而读不懂”，综合成为“大而管不了”。[①]特别是，数据、算法、垄断、法律责任与社会责任等问题伴随平台经济发展不断涌现，平台经济秩序和规范面临着新的挑战。

第一节　平台经济对市场秩序的影响

一、市场秩序的内涵及分类

秩序是某种规范、规则和相应的遵从。市场秩序就是市场规范、规则和相应的遵从。市场经济是资源配置的方式。在马克思的理论框架中，市场秩序实质上是价值规律的作用机制。价值规律通过市场发挥作用，实现资源的有效配置。这是对市场秩序的本质要求。市场机制包含等价交换机制、充分竞争机制、风险机制与信息机制。古典和新古典的市场经济范式界定的市场秩序是竞争形成的秩序。这种竞争秩序的内容在现代有了新的发展：第一，市场经济不是无政府的而是有组织的。第二，完全竞争是可望而不可即的，只能通过法律等途径创造有效竞争。第三，反垄断不是一般的反对垄断组织形成，而

① 江小涓，黄颖轩：《数字时代的市场秩序、市场监管与平台治理》，《经济研究》，2021 年第 12 期。

是反对利用垄断地位而采取的各种垄断行为。第四，市场经济是竞争与合作相兼容的经济。①

市场秩序的重要性主要体现在“交易”与“预期”。市场交易中包含大量的长期交易和创新投资，这些交易都属于高风险性市场活动，这时就需要有规则来保护产权、保障远期合同的执行以及分散风险。市场秩序建设正是通过保护所有权、降低交易成本、保证公平的市场交易和实现社会利益来推进市场经济的平稳运行，具体借助完善市场规则、规范产权制度、克服信息不完善来尽可能地降低各类交易风险。在数字时代之前，最基础的市场秩序包括自发秩序、监管秩序和法律秩序，后两种统称为制度秩序。

自发秩序是市场秩序的基础。它是在无数次交易行为中自发形成的，包括交易自愿、讨价还价、遵守约定和履行合约等。竞争是形成市场自发秩序最重要的力量。一方面，供给方的竞争使其不能长时间占据信息优势，市场的信息不对称问题缓解；另一方面，重复博弈使得市场参与者的声誉变得尤为重要。对声誉的重视激励交易者约束自己的行为，绝大多数的交易行为都能依靠自发秩序平稳运行。

但自发秩序也具有局限性，在一些特定情况下，市场秩序需要行政监管的辅助。首先，自发秩序没有强制约束力只能靠参与者自觉遵守。但当少数竞争失利的企业执意破坏规则或是具有强势地位的企业限制其他交易方的自由选择和自愿交易能力时，就需要行政监管对其进行引导规制。其次，随着交易的国际化程度不断提升，跨国交易也需要明文昭示的监管和法制秩序保障。最后，例如汽车、航空器、食品和医药产业等对人类健康及产权有着重要影响的行业，不能依靠重复博弈建立秩序，需要事前制定规则。

自发秩序和监管秩序相辅相成，对传统市场经济的平稳运行起到极大作用。当二者发生冲突时，就需要依据法律秩序。相应的法律框架可以通过界定政府与市场的边界、权力与权利来防止自发秩序和监管秩序间的权益之争。一般而言，法律秩序的形成滞后于前两种秩序，但一旦形成具有相当高的稳定性和权威性。

二、平台经济中的市场秩序

数字经济背景下，网络外部性、头部效应、零边际成本、长尾效应等使市场结构和运行模式都发生了颠覆性的变革。尤其是，平台经济以其前所未有的技术、规模、商业模式和市场影响力冲击着传统秩序，导致原先部分市场秩序失效。

首先，平台经济带来了大量的商户和消费者，新产品新内容也在迭代。巨量且创新的交易模式需要更优化的算法支撑。同时，不断涌出的新产品新内容也为审核监管提出了新的考验。相关制度秩序的形成速度往往追不上实际交易的变化速度。其次，平台规模的扩大会使得越来越多的应用程序开发者愿意与平台展开合作。此时平台有意愿也有

① 洪银兴：《市场秩序和规范》，上海：上海人民出版社，2007 年版，第 6 页。

能力对现有的用户采取差异收费和交叉补贴的行为，这可能为商户和消费者带来更大收益，但也因此造就了平台的垄断和不正当竞争。传统秩序尚不能敏锐地识别认定这种行为。最后，平台既是市场的主体又是局部市场规划者，平台与平台上不同类型用户的关系复杂多样。在交易过程中，平台同时获取多方数据，很容易利用隐蔽手法开展不公平交易。原先以规则透明和事前方式规范交易的自发秩序难以解决平台经济中的问题。

传统的自发秩序和制度秩序部分失效，平台经济以技术为基础建立了新的治理秩序，称之为技术秩序。技术通过支撑平台商业运行、帮助平台自主监管和赋能其他市场秩序建立新秩序。首先，算法通过理解、利用和引导偏好科学地掌握消费的总体倾向和个体偏好，还可以通过显性和隐性导流引导消费者关注某种偏好。此外，通过将系统设计成有限或歧视某些消费者的模式，平台可以最大限度提高收益；其次，算法能有效识别、筛选和排除特定信息，快速精确地处理消费者反馈意见，并智能评判语言文字和图片等样式的内容是否合规。算法还可以利用大数据技术筛选出高违约概率用户，提前采取措施，将平台违约风险控制在合理区间；最后，技术可以进一步扩大传统自发秩序之中的声誉约束和监管约束。大数据时代下，信息的传播速度加快。声誉可以超越地域和特定人群的限制，不规范的交易行为对声誉的破坏较之前更甚。新一代信息技术的应用也使监管者更敏锐地察觉到市场中的失信行为，并提前着重监察违法可能性高的市场主体。

第二节　平台经济的竞争行为

一、差异化竞争策略

平台差异化竞争策略是指平台方通过提供个性化、特色化、定制化的产品或服务，以吸引用户和提高品牌价值，增加市场竞争力并提高收入。平台提供差异化服务的前提是市场存在多样化需求。多样化需求和差异化服务的同时存在反映出市场没有完全饱和，行业还有很多利润空间。此时，许多中小企业有动机进入市场参与竞争。与此同时，互联网行业又凭借技术进入壁垒低、基本不存在资本壁垒和市场壁垒低的特点使得中小型企业有能力进入市场参与竞争。

平台差异化竞争策略可以带来一系列好处，例如增加平台的吸引力、提高用户满意度、增强平台品牌价值、吸引更多广告投放和促进业务增长。但同时，平台差异化竞争策略也面临挑战。例如，不同国家和地区的用户习惯和需求不同，需要针对不同市场进行定制。这种策略可能导致平台复杂性增加，从而使维护成本增加。因此，平台企业需要比较差异化竞争政策带来的收益和制定策略付出的成本，做出正确的决策。

二、生态系统竞争策略

平台经济生态系统与自然生态系统类似，可借鉴生物成分的物种、种群和群落概念来研究平台经济生态系统的运行机理。经济生态系统中的核心企业是系统的价值中枢。它们通过组织、协调和数据挖掘的方式充分利用顾客信息和社会资源，设计运行规则，维护系统平稳运行，促进价值生态系统的成长。百度、阿里巴巴和腾讯就是典型的中枢机构。这些互联网原生巨头通过提供免费交易、即时通信、信息获取、精神文化共享和云储存等服务吸引顾客个体物种栖息，增强顾客黏性，提升顾客个体的忠诚度和依赖性，进而引导顾客成为平台经济生态系统中的常住居民。中枢企业借助自身优势并整合各类资源形成子系统最终实现盈利。

平台经济生态系统中，具有同样特征或偏好的物种在一定时间内占据特定空间，构成不同的价值种群，所有种群构成的集合体构成价值群落。种群与群落孵化多样性子系统，系统内的成员可以通过联盟合作、制定统一战略的方式加强联系，共同支撑平台经济生态系统的风险抵抗力和结构稳定性，提高整个系统的竞争力。

三、平台开放竞争策略

平台经济技术体系的复杂性以及企业用户需求的多元化，决定了平台供应商难以独自提供所有的服务，而必须要与上下游各类运营者开展合作，提供丰富多样的服务内容。平台开放竞争策略是指平台允许其他企业或开发者在自己的平台上提供应用程序或服务，或与自己的平台进行集成。

这种策略通常会实现平台方、进入者和用户的共赢，促进市场竞争和创新。因为新的应用程序和服务的出现，提高了现有用户的使用体验，并吸引新用户的进入。大量的利润空间促使其他竞争者不断提高自身产品和服务的价值，与已进入者展开竞争，平台依靠用户活跃度的提高和进入者的竞争获得多项收益，平台自身的价值也因为良性竞争而得以提升。然而，平台开放竞争策略也可能带来一些风险。例如未经授权的应用程序可能会损害平台的品牌价值或引起安全问题。因此，平台要事前对第三方运营者进行考察，并在合作过程中持续规范管理，以保护用户使用安全和平台自身形象。

四、提升转换成本策略

平台锁定效应与转移成本是相互关联的，难以分割的。转移成本高意味着用户需要花费高昂的成本来学习适应新平台、升级系统、重新建立连接等。这些成本使得用户即使在面对平台成本上涨时还是很难及时转移，并会选择坚持使用当前的平台。用户坚持使用当前平台会强化平台的自我强化机制，增加用户的转移成本，因此形成锁定效应。

规模大、技术领先、用户基础强大的平台更容易产生锁定效应。

为了将用户锁定，提高自身在市场竞争中的地位，当前很多大型平台都在建设形如通信服务、网络支付工具等新型基础设施。一个典型的平台锁定案例就是某即时通信软件，它早期提供免费的聊天功能，继而利用用户的社会关系网络迅速形成了庞大的用户基础，又在锁定效应的正反馈机制作用下，成为当前具有垄断地位的平台。

虽然平台锁定效应的存在有助于平台企业维护自身的市场地位，但对于用户和其他市场参与者而言，可能会带来一系列负面影响。对于用户而言，必须使用同一个平台的多项服务可能会使他们感觉沟通受限，但转移成本的提高又使其不愿在其他平台上建立新账户；对于其他市场参与者而言，平台锁定效应可能会导致市场上的竞争受到限制。因为平台企业会通过技术和策略手段，限制其他企业进入市场。这可能导致缺乏竞争，从而降低了市场创新和效率。

五、非对称定价策略

数字平台最主要的特征为双边市场，核心是让两个消费者均留在平台上，而两个市场的需求是正相关的。为了最大化商业价值，并保持市场平衡，平台会采取非对称定价策略，对不同类型的参与者（例如用户、商家、广告商等）采用不同的定价模式。

常见的非对称定价策略有如下几种：① 基础服务免费，高级服务收费。平台会提供一些基础的服务免费供用户使用，吸引更多的用户注册，但是对于比较高级的服务和功能则需要用户付费。此策略最为常见，在现有绝大多数的平台都得到了广泛应用。② 按照使用量或交易量定价。此策略适用于那些需要大量交互和交易的场景。例如，云服务商会根据客户使用的存储量、计算量和带宽来计费。这种定价模型可以为用户提供更好的灵活性，使用户根据自己的需求来选择所需的服务和产品。③ 去掉交易费用的定价。平台将收取的交易费用降至最低或完全取消，但平台在商品价值、销售量和用户满意度上获得回报。例如，支付宝和微信支付在交易中不收取用户的费用，但获得商户端的手续费，进而获得收入。④ 客户定价。在这种策略模式下，平台让客户自行决定支付的价格，以此来应对不同的客户需求。这种策略需要平台提供涵盖不同客户需求的产品和服务，并建立稳定和可管理的客户基础。例如，一些在线音乐和视频平台会提供多个不同价位的会员套餐，让用户根据自己的需求来选择。

这些非对称定价策略帮助平台在市场上取得领先地位，同时创造盈利模式。但是这些策略也可能导致市场不公平和竞争缺失。因此，监管者需要制定政策来确保平台经济中的价格公平性和竞争公平性。

第三节 平台经济的垄断行为

随着平台规模扩大和跨界经营普遍化，数字经济领域的垄断日益凸显，资本集中主要以横向垄断和纵向垄断为主。横向垄断为相同领域的平台竞争者，就统一价格、分割市场、限制商品产量、联合限制新技术新产品等，书面或口头所达成的卡特尔协议。纵向垄断为平台所有者、经营者与交易当事人，通过大数据、算法技术、平台规则等，沿产品供应链对生产、交换达成的限制性价格协议。[①]

一、搜索性平台的垄断行为

搜索性平台在追求盈利的过程中，会利用搜索算法实施垄断，这是其垄断行为的首要表现。搜索算法的质量直接影响到消费者、供应商、广告价格以及其他市场价格。平台考虑到盈利目的，会希望尽可能吸引更多的消费者使用平台来搜索。由于平台无法对消费者收费，因此其需要最大限度地组织第三方广告商进入，通过优化搜索算法将自己的广告放置在更好的位置。这种行为可能会使得其他竞争者无法获得公平的市场竞争机会。

除此之外，搜索性平台也会掌握大量消费者数据和背景信息，并利用这些数据来实施市场垄断。平台可能会利用数据垄断方法，针对特定时间和特定内容受众推送重要讯息。这种行为违背了公平竞争原则，阻碍了其他竞争者的合法商业机会。

在搜索性平台进行垄断行为时，消费者和其他市场参与者可能会面临一系列负面影响。如果平台将广告放置在更好的位置，消费者可能会接收到更多的推广信息，而且不一定是最相关的搜索结果。对于供应商而言，他们可能需要更多的广告投放费用来竞争更好的广告位置。对于其他市场参与者来说，搜索性平台的垄断行为可能会导致市场竞争受到限制，缺乏公平竞争和市场创新。

二、电子商务平台的垄断行为

电子商务平台的垄断行为首先体现在算法控制上。平台从每一次交易中获取数据，并双向记录生产者和消费者的交易满意度和点评信息。这些信息又进一步纳入平台的算法之中，使最有价值的生产者与消费者的个人需求相匹配。电商平台的算法控制在于算法的调整和修改方面。算法的调整会影响平台生态圈的任意一方，但是调整的权力却只

① 周文，韩文龙：《平台经济发展再审视：垄断与数字税新挑战》，《中国社会科学》，2021 年第 3 期。

掌握在平台手中，也更多体现平台方利益，其他各方只能被迫接受。算法的调整受平台运营目标的限制。平台会在用户体验和定价方案之间实现一种平衡，并通过优劣比较实现分级策略，实现自身的利益最大化。当自营业务与第三方业务利益发生冲突时，平台也可以通过算法实现“自我优待”。平台可以通过分析网站现有产品类别和销售数据的实时变化，对自营业务价格和营销策略进行及时调整，提高自营业务的营收。

电商平台的垄断行为还表现在价格操纵上。大型平台具有强大的定价权，依靠平台进行经营的主体很大程度上只能被迫接受平台对价格的调整。最惠价格策略是指平台要求在该平台上运营的商家向客户承诺，在该平台销售的商品和服务的价格相对于其他同类平台的同类商品是最优惠的。最惠价格策略从表面上看在一定程度上有利于消费者，但本质上平台是在滥用优势地位，通过价格控制实现成本转嫁。掠夺性定价是另一种价格控制方式，指平台的快速扩张目标远高于利润的定价策略，常见表现为初创期平台并不通过获利而存活，更多依靠风险资本的支持。分级价格策略是平台常用的定价策略。如“首单免费”策略涉嫌三级价格歧视。大数据杀熟，则涉嫌一级价格歧视。

三、社交类平台的垄断行为

社交类平台的垄断行为也根源于对大量用户信息的掌握。社交类平台早期提供免费的即时通信功能，其后利用单个用户的社会关系网络迅速形成了庞大的用户基础，并借此掌握了大量的用户信息，包括活跃用户、流量数据、行为偏好等。为了满足消费者的多样化需求，平台允许第三方应用程序接入。但同时，出于盈利的考虑，平台更愿意将接入机会和平台内广告优先推荐给自己的产品和服务。这种做法既能增加自身收入，又可以保证自身产品和服务的优先地位，在市场上取得更大的优势。

当社交类平台关闭有潜在竞争性的新应用接入时，会带来市场的不公平竞争，也阻碍了创新。其他第三方应用程序很难在平台上获得足够的注意和流量，他们难以与平台自营业务进行公平竞争。

四、移动支付类平台的垄断行为

移动支付类平台通过提供方便快捷的二维码支付方式吸引了大量用户，同时也从中获得了海量的用户数据。这些数据可以帮助平台识别个人信用状况，与金融机构合作开展信贷业务，还可以对海量客户进行精准的广告投放。由此，移动支付类平台掌握了海量用户信息及消费习惯，成为市场竞争中的垄断者。

为了最大规模占领市场份额，移动支付类平台可能会尝试控制其供应商、商家或其他合作伙伴与其他支付平台合作或运营，从而实现对支付渠道的控制。此外，一些移动支付平台可能会通过提高手续费、服务费等方式来打击竞争对手，从而实现垄断地位。

这种行为导致消费者缺乏选择权，同时也使得交易成本变得更高。

第四节 平台经济秩序的规范

一、市场监管的内涵及特征

市场失灵是因为市场存在不完全竞争、信息不对称、负外部性、公共产品等问题，这导致市场资源无法有效配置和分配，影响了社会整体利益。为了解决这些问题，政府职能中的市场监管应运而生。市场监管是以政府为核心的公权力主体，根据法律、规章、技术等手段，对违反市场秩序、损害社会整体利益的行为、主体等进行规制引导和处罚[①]。

市场监管的作用主要体现在以下几个方面：首先，政府通过监管手段对市场秩序进行维护，遏制不正当竞争、打击垄断行为、防范欺诈行为等，保证市场公平竞争。其次，政府鼓励和支持市场竞争，促进技术成果的转化和创新。再次，政府制定和完善相应的法律、法规和政策，建立健全市场监管体系，规范市场行为，维护市场信心，保障公众和企业的权益。最后，政府还可以利用市场监管手段对市场进行指导，通过合理的定价机制调控市场资源配置，为公共产品的供给提供保障等。

改革开放 40 余年，政府的监管方式和重点随着经济体制的变化和市场经济的新要求不断变化。我国市场监管的变迁可以划分为行业主管阶段（1949—1992 年）、独立监管阶段（1993—2008 年）和统筹监管阶段（2009 年至今），监管方式的改变体现了政府、市场和社会之间角色的转变[②]。变化的特征有三点：第一，监管方式从政府单一主体监管转向政府、自律组织、消费者组织和公众等多元监督主体共同运作；第二，随着改革开放，特别是中国加入世贸组织以后，学习国际经验并与国际标准接轨成为转变市场监管模式的重要力量；第三，党的十八大以来，我国逐渐加大放管服改革和改善营商环境成为政府市场监管的新方向。

我国对平台经济的监管具有多线条和多产业监管的特征，但这种监管模式存在一定的挑战。一是现行监管依然延续产业监管的思路，并未紧盯互联网平台跨产业的特征，导致原有的产业监管框架难以兼容互联网平台。尤其是事前监管的缺失，各类问题一旦爆发，使得各监管部门“九龙治水”，全都会参与到对平台的事后治理中，造成矫枉过正。二是平台类型过多，传统的产业监管模式难以与各类平台形成有效的对应关系。三是平

① 江小涓，黄颖轩：《数字时代的市场秩序、市场监管与平台治理》，《经济研究》，2021 年第 12 期。
② 刘亚平，苏娇妮：《中国市场监管改革 70 年的变迁经验与演进逻辑》，《中国行政管》，2019 年第 5 期。

台市场准入审批与行为监管在监管权限上存在错配。[①]审批部门和监管部门多头治理，造成对互联网平台缺乏统一的监管准则，平台与监管部门的沟通成本大幅增加。

二、平台经济的监管原则

平台经济监管应突出规范与发展并重、行为监管和功能监管相统一、私人监管和公共监管相协调的原则，根据平台的历史发展阶段适时调整监管的力度和方式[②]。

1. 规范与发展并重

国务院反垄断委员会2021年发布的《关于平台经济领域的反垄断指南》明确提出了针对互联网平台领域的具体监管原则，即“保护市场公平竞争、依法科学高效监管、激发创新创造活力、维护各方合法利益”，其核心指导思想是规范与发展并重[③]。平台经济极大地突破了交易的时空界限，以更精准的匹配机制连接了供需双方，助力我国经济的高质量发展。对平台经济的各项监管都是为了规范行为，助力发展。被监管对象是阻碍创新、破坏公平竞争、降低社会福利的个别行为，而非整个平台经济。监管的目的是建立更加健康的市场环境，推动平台经济的可持续发展。

2. 行为监管和功能监管相统一

新一代信息技术的应用也推动了监管的数字化与智能化。相关监管机构可以借助其庞大的数据分析处理功能，提高对平台垄断行为的识别能力，及时监察垄断行为的潜在风险。除了对平台服务的行为监管，还要加强对其功能的监管。凡平台经济从事特定类型服务的业务，都应纳入相应监管机构的监察。比如假设一个电商平台既从事商品买卖又从事金融服务，就应将其同时纳入市场监督管理和金融监管的体系。

3. 私人监管和公共监管相协调

私人监管和公共监管的双重监管体系有“政府—平台—企业”三个主体。政府作为委托人，目的是实现社会福利最大化；平台作为监督者，监管目的是自身利益的最大化；而企业拥有私人信息，也可以贿赂平台。在这个体系中政府可以通过设计方案对平台和参与交易的企业进行激励，使企业向外提供真实可靠的信息，也使平台不会参与合谋。其中政府提供公共监管职能，平台承担私人监督职能。政府对平台有直接监督，又通过监督平台，间接地监督企业。如果平台的私人监管得以发挥作用，不仅可以减轻政府公共监管的成本，也可以提高整体的监管效率。

---

① 黄益平，等：《平台经济：创新、治理与繁荣》，北京：中信出版社，2022年版第458页。
② 李三希，张明圣，陈煜：《中国平台经济反垄断：进展与展望》，《改革》，2022年第6期。
③ 曲创，王夕琛：《互联网平台垄断行为的特征、成因与监管策略》，《改革》，2021年第5期。

三、平台经济的监管模式

平台经济的监管模式众多，具体可分为合规监管、混合监管、分类监管、技术监管、算法监管、均衡监管和红绿灯制度。

1．合规监管

平台合规监管是指对互联网平台及其相关企业在法律法规、行业规范等方面进行监管的活动。随着互联网平台经济的快速发展，平台合规监管已成为互联网行业发展中不可或缺的环节。

平台合规监管主要包括以下方面：① 数据安全与隐私保护。政府需要建立相应的法律法规，明确规定数据安全和隐私保护的标准和责任分配。平台作为数据使用和监管的主体，应采取加强对数据加密和备份、建立保密机制和权限的管理体系。② 消费者权益保护。互联网平台需要履行消费者权益保护的责任，包括明示和保护消费者权益，诚实守信，杜绝欺诈行为等。③ 知识产权保护。互联网平台需要对商标、专利和版权等开展保护，防止侵权和抄袭行为的发生。④ 税收合规。互联网平台需要遵守国家和地方税收法规，按照相关税收规定纳税并向税务部门进行报告。⑤ 互联网金融监管。互联网金融平台需要遵守相关的金融法规和监管政策，包括个人征信、融资租赁、支付结算等方面的合规监管。

目前，各国政府已经开始加强对互联网平台合规监管的力度，逐步完善相关法律法规和监管政策，促进互联网平台健康有序发展。同时，互联网平台也应该在合规监管方面自觉履行社会责任，建立规范、透明、负责任的经营模式，为用户和社会创造更大的价值。

2．混合监管

平台混合监管的主要方式包括：① 自律管理。互联网平台可以建立自律管理机制，制定行业规范和自律准则，加强对平台内部经营行为的监管，保障用户权益和市场秩序。② 政府监管。政府可以制定和完善相关的法律法规和监管政策，对互联网平台的经营行为进行监管，加强对平台安全、稳定、合规的监管。③ 社会监督。社会各界可以通过舆论监督、消费者维权等方式，对互联网平台进行监督，促进平台合规经营和公平竞争。④ 专业机构监管。相关行业协会、第三方机构等可以参与对互联网平台的监管，加强行业自律和监管，维护市场秩序和公平竞争。

平台混合监管的优势在于，通过多种监管方式的有机结合，可以形成互相补充、互相促进的监管体系，实现对互联网平台的全方位监管，提高监管效率和监管质量。同时，平台混合监管也可以促进互联网平台健康有序发展，保障用户权益和市场秩序。

3．分类监管

平台分类监管是指对不同类型的互联网平台采取不同的监管方式和措施，根据其特点、风险程度和经营模式等进行分类监管，以实现精准监管和有效监管。目前，互联网平台可分为多种类型，例如电商平台、社交平台、金融平台等。针对不同类型的平台，监管部门可以采取不同的监管方式和措施：① 针对电商平台，监管部门可以加强对商品质量、知识产权保护、消费者权益等方面的监管，规范平台的经营行为，维护市场秩序和消费者权益。② 针对社交平台，监管部门可以强化对虚假信息、违法信息和有害信息等方面的监管，加强平台内容管理，保障用户安全和社会稳定。③ 针对金融平台，监管部门可以加强对平台风险防控、信息披露、合规经营等方面的监管，防范金融风险，保障投资者利益。

平台分类监管可以根据不同类型平台的特点、风险程度和经营模式等因素进行科学的监管，更加精准和有效地实现对互联网平台的监管。同时，分类监管也可以促进互联网平台的健康有序发展，保障用户权益和市场秩序。

4. 技术监管

平台技术监管是指对互联网平台技术层面的监管。互联网平台的技术监管主要包括以下几个方面：① 数据隐私保护。监管部门可以要求互联网平台加强用户个人信息保护，建立完善的数据安全管理制度，确保用户数据不被泄露、滥用或篡改。② 网络安全防范。监管部门可以要求互联网平台加强网络安全防范，建立安全技术体系，对恶意攻击、黑客入侵、病毒传播等安全威胁进行及时监测和防范。③ 智能算法监管。互联网平台普遍采用智能算法为用户提供个性化服务。监管部门可以要求平台公开智能算法的逻辑和运行机制，避免算法歧视、打击等不当行为。④ 公正竞争监管。监管部门可以要求互联网平台建立公正的竞争环境，禁止平台垄断、价格垄断、排除竞争等不当行为，促进公平竞争。⑤ 公信力维护。监管部门可以要求互联网平台建立公信力评估体系，加强对虚假宣传、造假行为等的监管，提升平台公信力。通过对互联网平台技术层面的监管，可以更好地保护用户隐私和安全，促进平台的公正竞争，提升平台的公信力，保障互联网生态的健康发展。

5. 算法监管

平台算法监管是指对使用算法的企业或组织进行监管的行为。随着人工智能技术的快速发展，越来越多的企业和组织开始使用算法来处理大量数据和提供个性化的服务，这使得算法监管变得越来越重要。算法监管的主要目的是确保算法在使用过程中不会产生歧视、滥用或者损害公共利益。具体来说，算法监管需要考虑以下方面：① 算法公正性。监管机构需要确保算法的设计和应用过程是公正的，不会造成种族、性别、年龄等方面的歧视或偏见。② 数据隐私。监管机构需要确保算法所使用的数据来源是合法的，并且对用户的隐私信息进行保护。③ 透明度。监管机构需要确保算法的使用过程是透明的，用户可以了解算法是如何运作的，以及算法所带来的影响。④ 责任追究。监管机构需要确保算法的使用者承担相应的法律责任，避免算法被用于不正当的目的。

目前，一些国家和地区已经出台了一些算法监管的政策和法规，例如欧盟的《通用数据保护条例》（GDPR）和美国的《公平信用报告法》（FCRA）。随着人工智能技术的快速发展和广泛应用，算法监管的重要性将不断提升。

6. 均衡监管

平台均衡监管是指平衡监管的力度与平台创新的发展，保证监管不会过度限制平台的发展，也不会让平台违规行为逃脱监管。平台均衡监管的主要原则包括以下几个方面：① 风险定向监管。监管部门应根据平台的特性和风险水平，对不同类型的平台实施不同程度的监管，避免一刀切的监管。② 信息披露。平台应该向监管部门和用户披露足够的信息，包括经营情况、风险控制措施、用户权益保护等，增加监管部门和用户的监督能力。③ 沟通合作。监管部门应该与平台建立良好的沟通合作机制，及时了解平台发展和变化情况，制定相应的监管措施。④ 促进创新。监管部门应该鼓励平台创新，不断推进互联网经济的发展，同时要确保创新不违反法律法规和监管政策。⑤ 多方参与。平台监管应该引入多方参与，包括行业协会、专家学者、公众等，共同制定监管标准和政策，促进监管科学化和公正化。通过平台均衡监管，可以保证监管的有效性和平台的发展空间，促进互联网经济的健康发展，保障用户和平台的合法权益。

7. 红绿灯制度

平台红绿灯制度是指对互联网平台进行评估，根据其经营行为的合规性、用户体验、信息安全等方面，给予不同的颜色评级，用来提示公众和监管部门平台的经营状况。一般来说，绿灯代表平台经营状况良好，红灯则代表存在风险。平台红绿灯制度的主要目的是保障用户权益和维护互联网市场的健康发展，推动互联网平台规范运营。具体来说，它的实施可以促进以下几个方面的改善：① 促进平台的合规运营。平台在知道自己处于何种状态后，可以有针对性地对自己的经营行为进行调整，以达到更好的经营状况，同时避免违规行为。② 提高用户选择的透明度。公众可以根据平台的颜色评级来选择更合适的平台，同时也可以了解平台的经营状况和风险水平，避免出现不必要的风险。③ 规范互联网市场秩序。通过制度的引导作用，可以促使平台遵守规则，保障公平竞争，避免不健康的竞争现象出现。总之，平台红绿灯制度可以通过给予不同的颜色评级，激励平台自我纠偏、自我规范，推动互联网平台健康、规范、可持续地发展。

第五节 我国平台经济秩序监管体系的完善

一、国外平台经济秩序监管的经验

近年来，西方国家和地区的监管重点绕开了传统反垄断工具中相关市场界定的先决条件，直接锁定头部平台为规制对象，明确其禁止实施的行为或必须履行的义务。

欧盟委员会于 2020 年 12 月颁布针对数字平台监管的新规，即《数字服务法案》和《数字市场法案》。其根据财年营业额或估计市值、上一财年月活终端或年活终端用户数等定量指标衡量平台“守门人”概念，规避了传统反垄断工具对相关市场界定、支配地位认定的难题，并明确提出限制“守门人”在平台中数据垄断、实施排他性行为、实行“自我优待”和对消费者实施歧视性行为等 18 项义务。法规还赋予了欧委会更强大的调查权。[①]

德国是全球数字市场反垄断立法的先驱，其率先制定并修订数字竞争法，于 2021 年 1 月正式通过《反对限制竞争法》第十修正案。对包括亚马孙、谷歌在内的“对跨市场竞争具有重要意义”的平台企业强化监管，系统性提升数据治理在反垄断监管中的重要性，更加关注超大型企业的并购行为，扩大反垄断机构的事前监管权限。

美国于 2020 年公布了对数字市场竞争状态长达 16 个月的审查结果。针对竞争行为提出激进的监管举措，包括禁止特定平台经营相邻业务、禁止支配性平台从事自我优待行为、要求支配性平台与其他竞争性平台实现互操作性和数据可移植性、将任何具有支配地位平台开展的并购都视为反竞争、要求新闻媒体摆脱平台对信息内容的强大支配力并强化自身的议价能力、限制平台滥用议价权以保护用户和依赖平台获取用户的第三方企业。

日本则针对特定数字平台服务协议提出透明度要求，列出了平台需要公开的具体内容，如要变更此内容需事前通知平台内的经营者和开发者且此类企业需要每年提交自评估报告。澳大利亚主要关注新闻媒体企业同数字平台之间议价能力不平衡的问题。

二、完善我国平台经济秩序的监管体系

创新和完善市场监管，推进市场监管现代化，是建立统一开放竞争有序的现代市场体系的客观需要，是完善社会主义市场经济体制的必由之路。《“十四五”市场监管现代化规划》提出，围绕“大市场、大质量、大监管”一体推进市场监管体系完善和效能提升，推进市场监管现代化，维护和优化高效、有序、统一、安全的超大规模市场，切实推动高质量发展。数字经济时代，以数字技术为支撑建设现代化平台经济的监管体系，以科技手段优化制度建设从而低成本地提升我国平台经济的

① 中国信息通信研究院政策与经济研究所：《平台经济与竞争政策观察(2021)》，http://www.caict.ac.cn/，2021 年。

监管效能。[①]

一是建设全国统一的数字化社会信用监管制度。现代社会是信用社会，市场经济是信用经济，信用介于法律和道德之间能够低成本、有效地将市场主体的行为约束于合法合规范围内。创新监管理念，建立健全贯穿市场主体全生命周期、衔接全监管环节的全国统一的数字化社会信用监管制度，能够进一步规范平台经济秩序、加快构建新发展格局。完善全国统一的“互联网+监管”系统，有效整合公共信用信息、市场信用信息、投诉举报信息和互联网及第三方相关信息，充分运用大数据、人工智能等新一代信息技术，实现信用监管数据可比对、过程可追溯、问题可监测。此外要推动企业将运营数据、监管数据与政府监管部门共享，保证政府能够实时了解平台运行情况和潜在运营风险，根据企业信用风险评级，政府监管部门按照平台的信用风险状况制定相应的监管措施，推进市场监管公平统一，并运用数据留痕加强政策执行中的监督机制建设。利用政务平台将权力运行监督具体化和透明化，变人力监督为数据技术监督，变事后监督为过程监督，以增强政府对市场监管的稳定性和可预期性，着力提升监管效能。以社会信用数据为基础，利用大数据算法建立风险预警预防机制，主动甄别违法违规线索与源头，统筹发展与安全、稳定市场秩序，为高质量发展保驾护航。构筑以综合信用为基础、以区块链和大数据等数字技术为支撑的新型信用监管机制以及信用修复机制，并推动其与社会再生产各环节深度融合，打通制约国内大循环的堵点。

二是推进公共资源交易全流程电子化建设与监管。一方面完善公共资源网上交易过程中所需的“交易双方身份认证、交易文件及材料电子签约以及签署数据证据保全等”服务，形成公共资源交易“信息发布、企业在线投标、专家不见面评标、线上竞拍、电子签约、电子保函服务”一体化闭环。在打通公共资源全程网上交易最后一公里的同时，使交易环节更易于监督、避免了人为不当干预。另一方面，推动公共资源在线挂牌拍卖，以阳光操作从源头防止设租寻租与暗箱操作，推进“互联网+”监管，加速交易监管的数字化、智能化与网络化转型，建立起触发式监管机制，保障公共资源交易的公开公平公正。

三是创新监管模式强力保护市场主体合法权益。在创新实施对平台经济精准有效监管方面，不断深化“放管服”改革，贯彻实施“双随机、一公开”监管，切实解决“谁来管、谁被管、怎么管”的矛盾，同时建立数字化监管平台推动跨部门信息共享互认。在依法监管执法行为方面，推动基层落实监管事项目录清单制度和执法三项制度，形成精细化监管以及行政部门“法无授权不可为”，防范对市场主体不当的行政干预。在保障

① 师博：《数字经济时代构建高水平社会主义市场经济的重点与难点》，《中国党政干部论坛》，2023 年第 2 期。

平台经济主体竞争公平方面，落实公平审查制度、规范政府有关行为，构建覆盖事前、事中和事后全环节的竞争政策实施机制，有效预防行政性垄断。此外创新是高质量发展的第一动力，对知识产权的科学监管与保护，能够直接激发市场主体的创新动力。因此在加强知识产权保护方面，通过数字技术辅助筛查和人工核查相结合，甄别违法使用商标、恶意注册申请商标甚至是研发操作、伪创新寻租等行为，加强知识产权信息化、智能化基础设施建设，建设知识产权保护大数据中心和公共服务平台。优化专利、商标等申请和审查程序，从源头打击不以保护创新为目的的非正常专利申请，保护平台经济主体高质量创新的积极性。

第十五章 数字鸿沟及其治理

数字鸿沟是经济和社会发展矛盾在数字时代的集中反映，是数字经济时代的新发展差距，是“数字不平等”的表现。弥合数字鸿沟不仅是为了帮助弱势群体跟上时代步伐，而且是落实一系列国家发展战略的客观需要和迫切要求，是提升国民素质、促进人的全面发展的战略任务，是实现从网络大国迈向网络强国的必由之路，是促进共同富裕的关键举措，是解决数字时代经济和社会发展过程中突出矛盾和难点问题的重要突破口。本章主要研究数字经济鸿沟的形成、表现、对经济社会发展的影响及其治理对策。

第一节 数字鸿沟及其形成

一、数字鸿沟的界定

在互联网高速发展的背景下，以信息通信技术为核心的数字技术成为推动经济和社会发展的新动力。数字技术的应用促进了经济的增长，带来了更多的创新与机遇，这种由于数字技术发展和使用带来的正面效应被称为数字红利，但数据表明数字红利却未在不同经济参与者、不同区域、不同国家之间同步实现。世界银行发布的《2016 年世界发展报告：数字红利》一书中认为这一现象背后的根本原因在于数字鸿沟（Digital Divide）的存在，要让所有人受益于数字技术，就需要消除横亘于前的数字鸿沟[①]。因此，对于数字鸿沟内涵及其治理的讨论成为数字经济研究中不可或缺的研究主题。

1. 数字鸿沟的起源

早在 20 世纪 90 年代中期，以美国为代表的西方社会对于数字鸿沟（Digital Divide）这一概念给予了高度关注。据推测，数字鸿沟一词首次出现在 1995 年美国《洛杉矶时报》的一则报道中，用来描述从事信息技术的人群与不从事相关技术的人群之间的社会划分。同年，美国国家远程通信和信息管理局（the National Telecommunications and Information

① 世界银行. 2016 年世界发展报告：数字红利. 胡光宇，等，译. 北京：清华大学出版社，2017 年版，第 2 页。

Administration，NTIA）发布的《在网络中落伍：一项对美国城市和乡村中非网民的调查》这一报告中，对“数字鸿沟”的概念给出了数据的支持，但仅使用“有”和“没有”来区分这一现象①。此后，随着互联网基础设施、计算机、移动设备的发展与应用，数字鸿沟及其相关研究问题的范围也在不断扩大。

21 世纪以来，数字鸿沟的议题广泛地被学术界和政策制定者列入讨论范围。目前，全世界面临着不同维度的不平等问题，在数字技术与数字经济深度发展的背景下，由于数字技术发展与使用差异性导致的“数字不平等”问题被广泛关注，而数字鸿沟被认为是形成数字不平等以及其他维度不平等的关键因素，并对于经济社会的发展具有深刻且广泛的影响作用。

2. 数字鸿沟的内涵

数字鸿沟的提出源自托夫勒的《权力的转移》，它是指“在全球数字化进程中，由于不同国家、地区、行业对信息及通信技术发展和应用的差异，使得他们产生对互联网技术和信息的拥有程度、应用程度及创新转化能力的差距，并带来享受信息资源的不平等及社会不平等的发展”。数字鸿沟作为一个典型的跨学科概念和话题，其涉及的学科包括但不限于信息技术、经济管理、公共管理、社会学、传播学、国际关系等，因此对于数字鸿沟的概念界定问题是一个涉及多学科的综合问题。但从 20 世纪 90 年代开始，数字鸿沟问题被学术界和社会各界关注以来，经过三十余年的发展，学术界对于数字鸿沟的概念和内涵仍未形成统一、具有说服力的知识体系，其中最大的问题在于相关的研究缺乏主导性的学科作为数字鸿沟问题的“根据地”②。

国外对于数字鸿沟的研究开始于 20 世纪 90 年代，美国国家远程通信和信息管理局最先在《在网络中落伍 ：定义数字鸿沟》的报告中对数字鸿沟做出定义，认为数字鸿沟指当代信息技术领域中存在的差距现象③。中国对数字鸿沟的研究文献最早发表于 2000 年前后，胡延平认为数字鸿沟是在全球数字化进程中，不同国家地区、行业、人群之间，由于对信息、网络技术的占有和应用程度不同所造成的“信息落差”“知识分隔”和“贫富分化”问题④。钟祥明和方兴东认为数字鸿沟经历了三种范式，从最初的接入鸿沟（数字鸿沟 1.0）到网络使用的素养鸿沟（数字鸿沟 2.0）和智能时代以数据为核心的智能鸿沟（数字鸿沟 3.0），三大数字鸿沟有着不同侧重和内涵⑤。薛伟贤认为本质上，数字鸿沟

---

① National Telecommunications and Information Administration. Falling Through the Net: A Survey of the "Have Nots" in Rural and Urban America[R]. Washington D. C.,U.S.A.: NTIA，1995.

② 钟祥铭，方兴东：《智能鸿沟：数字鸿沟范式转变》，《现代传播(中国传媒大学学报)，2022 年第 4 期。

③ 付立宏：《关于数字鸿沟的几个问题》，《图书情报知识》，2003 年第 2 期。

④ 胡延平：《跨越数字鸿沟：面对第二次现代化的危机与挑战》，北京：社会科学文献出版社，2002 年版，第 17 页

⑤ 钟祥明，方兴东：《智能鸿沟：数字鸿沟范式转变》，《现代传媒》，2022 年第 4 期。

是一个由技术、经济、知识和社会四个层面构成的综合性的差距。从技术层面上看，它是不同主体在接入新兴信息技术方面存在的差距;从经济层面上看，它是经济不平等和贫富差距在信息时代的延续；从知识层面上看，它是使用新兴信息技术获取和利用信息资源方面的差距；从社会层面上看，它是阶层分化和社会分化现象在信息社会的体现[①]。韦路和张明新从互联网使用带来的不同结果提出“第三道数字鸿沟”，即“在数字技术的接入和使用上的鸿沟会导致人们在知识获取上的鸿沟，而这种知识上的鸿沟将直接关系到信息社会中个人和社区的生存发展[②]。

依据学术界的不同界定，我们认为数字鸿沟的内涵可以界定为：数字鸿沟是指在信息传播与信息技术领域不同代际、族群、区域和国家之间存在巨大差异的现象。具体表现为不同人群、地区、国家之间在互联网技术设备接入、使用技能和结果影响等方面的差异。这种差异体现为三个层级的数字鸿沟：一级鸿沟，指由于 ICT 物理接入差异导致的数字鸿沟。二级鸿沟，指由于 ICT 使用和技能差异导致的数字鸿沟。三级鸿沟，指 ICT 使用所产生的结果与影响方面的数字鸿沟。

3．三个层级的数字鸿沟

（1）一级数字鸿沟：关注传统 ICT 物理接入的鸿沟，1995—2004 年。

在数字技术尚未大范围普及的 20 世纪 90 年代，最初对于数字鸿沟的定义关注“技术接入拥有者”与“技术接入缺乏者”之间的差距，即主要从 ICT 物理接入角度来界定数字鸿沟，是数字鸿沟研究领域的最初表现形式。这一阶段的研究以美国为主的西方学术界为主。《数字鸿沟》一书是第一本经常被引用的关于数字鸿沟的系统性研究书籍，书中扩展了 NTIA 最早对于数字鸿沟界定的范围，区分了全球鸿沟（工业化国家和发展中国家之间）、社会鸿沟（国家内富人和穷人之间）和民主鸿沟（使用互联网资源参与社区活动的人群与不使用的人群之间），但界定的重点仍为物理接入的角度[③]。

随着计算机普及率和互联网连接速度的大幅度提升，由于不同国家、地区、人群对于互联网及其接入设备的可获得性存在差异，数字鸿沟的概念及其相关研究逐步展开，并受到学术研究者和政策制定者的关注。在学术研究领域，研究者主要探究影响接入角度数字鸿沟的经济、社会、政治因素。这一阶段的研究表明 1995 至 2004 年期间，国家内部的受过高等教育、收入更高、年轻人群和大多数族裔，与教育、收入或就业更低人群、老年人和少数族裔之间，使用计算机和互联网连接的差距越来越大[④]。在政策制定者

① 薛伟贤:《区域数字鸿沟：定义与测度》，北京：科学出版社，2019 年版，第 32 页。

② 韦路，张明新:《第三道数字鸿沟：互联网上的知识沟》，《新闻与传播研究》，2006 年第 4 期。

③ NORRIS P. Digital Divide: Civic Engagement，Information Poverty，and the Internet World Wide. New York: Cambridge University Press，2001.

④ Van Dijk, J. A. G. M. The Deepening Divide: Inequality in the Information Society. Thousand Oaks, CA: Sage, 2005.

关注的领域，隶属于美国商务部的NTIA于1995年、1998年、1999年连续发布了关于数字鸿沟的报告[①②③]，认为数字鸿沟的本质在于以互联网为代表的新型通信技术（ICT）在不断发展和普及的过程中产生的不平衡现象。

临近千禧年时，伴随着互联网等相关技术应用与人们日常生活不断融合，部分研究者和政府官员认为由于物理接入导致的数字鸿沟会逐渐被填平，已不再是一项值得关注的话题[④]。这部分研究认为，与收音机、电视等大众传媒的普及类似，收入、社会地位、受教育程度更高的人群更容易接触并率先使用并接入ICT，根据“涓滴效应”，随后收入较低的人群会因市场提供价格更低、更便捷的计算机和互联网连接而接入ICT，最终这种由于传统ICT接入导致的数字鸿沟会逐渐消退。同时，以美国为主的政府机构得出了“数字鸿沟正在自然缩小”的结论，这一趋势体现在NTIA的一系列的报告以及美国政府对于普及互联网接入的基金项目的负面态度中。这种研究观点的转变意味着一级数字鸿沟已不再是数字鸿沟的主要表现形式，在广泛而平等的互联网接入机会之外，使用并通过接入ICT获得有用信息的技能逐步成为研究数字鸿沟所关注的重点[⑤]。

总的来看，对于一级数字鸿沟的研究主要集中在互联网终端的普及与接入的角度，主要关注的是由于ICT基础设施建设以及互联网接入终端普及差异所导致的传统ICT物理接入的数字鸿沟。因此，一级数字鸿沟又被称为“接入鸿沟”。随着技术和市场的发展，个人计算机等互联网终端不断普及，ICT接入方案的价格也在市场的介入中存在下降的趋势，接入领域的数字鸿沟被认为在不断消散。然而数据和研究表明数字鸿沟仍在不同受教育水平、收入、阶层、族裔中存在，对于数字鸿沟的关注点将从传统ICT物理接入方面转移。在这种背景下，数字鸿沟的内涵和界定范围仍需进一步扩展。

（2）二级数字鸿沟：关注传统ICT使用和技能的鸿沟，2004—2011年。

随着移动互联网的出现和普及，互联网连接变得更加便捷，连接速度也出现了明显的提升，互联网成为人们日常生活的一部分。然而，不同国家、区域之间在ICT接入层级的数字鸿沟依旧存在：在互联网技术处于前列的国家，家庭互联网接入率、宽带的普及率在不断提升，政府和社会舆论倾向于淡化“数字鸿沟”问题；在发展中国家和欠发

① National Telecommunications and Information Administration. Falling Through the Net: A Survey of the "Have Nots" in Rural and Urban America. Washington D. C.,U.S.A.: NTIA，1995.

② National Telecommunications and Information Administration. Falling Through the Net: New Data on the Digital Divide. Washington D.C.，U. S.A.: NTIA，1998.

③ National Telecommunications and Information Administration. Falling Through the Net: Defining the Digital Divide. Washington D.C.，U.S.A.: NTIA，1999.

④ Thierer, A. How free computers are filling the digital divide, Heritage Foundation Backgrounder, no. 1361, April 20, 2000.

⑤ LENTZ R G，ODEN M D. Digital Divide or Digital Opportunity in the Mississippi Delta Region of the US. Telecommunications Policy，Vol.25, No.5: 291-313, 2001.

达国家，实际接入和使用互联网的人口占比仍处于较低的水平。同时，政策制定者与教育部门都意识到数字鸿沟问题不应只考虑物理或物质层面的接入，互联网新用户需要技能和应用方法来利用互联网参与经济、社会和文化活动。在这种背景之下，对于数字鸿沟问题的研究范围变得更加广泛，关注点逐渐转向互联网新用户使用和技能的角度，即二级数字鸿沟。

二级数字鸿沟主要关注的是信息技术使用和技能方面的差距，是关于数字鸿沟最为广泛和普遍了解的定义。一般认为，Paul Attewell（2001）创造了术语“一级、二级鸿沟（first-and second-divide）”，认为二级数字鸿沟是由于计算机使用和读写能力差距导致的[①]。紧接着 Eszter Hargittai（2002）提出了网络技能不平等（unequal online skills）的问题[②]。对于数字鸿沟研究观点和视角转变的核心思想在于：如果没有必要的技能、知识和有效使用的支持，仅突破物理访问的限制是不够的，更重要的是如何使用信息技术[③]。同时数字鸿沟不是一个技术问题，而是社会、经济、文化和政治问题[④]。也就是说，不同个体、地区、国家之间的数字鸿沟表现为互联网接入、使用技能上的差距，但究其根本是社会地位、经济基础、文化水平甚至政治立场等方面差距的体现。

此外，类似于 20 世纪 70 年代发生在大众媒体上的知识差距（knowledge gap），大量的研究者观察到了互联网技术“使用差距（usage gap）”的显现。这一差距被认为是主要使用基础信息、教育和职业导向的互联网应用的人群与主要使用娱乐、简单商业服务以及通信应用程序的人群之间的差距[⑤]。

总而言之，随着互联网技术的普及以及移动互联的出现，越来越多的人群和地区实现了互联网的接入，传统 ICT 物理接入方面的差距在逐渐缩小。尽管如此，数字鸿沟表现在互联网的使用和技能方面的差距逐渐凸显，并成为研究的主要关注点。简言之，当技术发展推动接入领域的机会趋于平等时，技能方面的差异逐渐凸显。因此，二级数字鸿沟又被称为“技能型数字鸿沟”“素养鸿沟”，具体指不同人群在利用信息资源能力上的差异，包括计算机等信息设备的操作使用、对于软件的熟悉程度以及信息搜索能力等方面的差异[⑥]。

（3）三级数字鸿沟：关注使用 ICT 结果和获益的鸿沟，2012 年至今。

目前，在数字鸿沟的研究领域中，对于 ICT 使用和技能的研究仍在继续。但在发达

① Attewell, P. Comment: the first and second digital divides, Sociology of Education, Vol.74, No.3: 252–9, 2001.

② Hargittai, E. The second-level digital divide: differences in people’s online skills, First Monday, Vol.7, No.4, 2002.

③ LENTZ R G，ODEN M D. Digital Divide or Digital Opportunity in the Mississippi Delta Region of the US. Telecommunications Policy，Vol.25, No.5: 291-313, 2001.

④ Selwyn, N. Reconsidering political and popular understandings of the digital divide, New Media & Society, Vol.6, No.3: 341–62, 2004.

⑤ Van Dijk J. The digital divide. John Wiley & Sons, 2020.

⑥ 霍俐俐：《数字鸿沟概念在中国的发展与议题变迁》，《科技传播》，2021 年第 24 期。

国家中，计算机和互联网的扩散似乎已经达到了饱和点，一部分研究人员和政策制定者的关注点转向数字鸿沟对于个人、组织和社会产生了怎样的影响，即数字鸿沟所产生的结果及其影响，也就是所谓的三级数字鸿沟。

对于三级数字鸿沟的提出与最初研究主要依据调查和经济学实验数据。具有代表性的调查报告为 2015 年发表的一份来自英国和荷兰调查的比较研究报告——《互联网使用的有形结果》（*Tangible Outcomes of Internet Use*）——该报告观察并概念化了互联网使用在经济、文化、社会与个人福祉四个领域的结果[①]。此外，以三级数字鸿沟为基础的研究也在展开，如数字不平等（digital inequality）、数字红利（digital dividend）等视角。

总的来看，三级数字鸿沟主要关注数字鸿沟所产生的结果及影响。值得关注的是，研究者对于一级和二级数字鸿沟的划分已经形成较为一致的共识，但由于数字鸿沟仍处于不断发展与完善的过程中，数字技术相关的应用场景与适用范围在不断扩展，对于第三级数字鸿沟的界定还未形成一致的定论。除上述从 ICT 使用结果与获益方面的界定外，也有研究从知识获取[②]、智能算法[③]等角度分析了第三级数字鸿沟。此外，在以上三级数字鸿沟的基础之上，最新的文献认为随着算法、人工智能、大数据等智能赋能技术的突破性发展，数字鸿沟的概念在数字技术的推动下得到了进一步的发展，出现了一种新的数字鸿沟——算法鸿沟[④]。

二、数字鸿沟的形成因素分析

由于数字鸿沟是一个横跨多种学科、领域的综合概念，其形成因素也是复杂的、多领域因素交织的。随着数字技术的发展，互联网媒介环境与经济、社会、政治以及日常生活进行了深度的融合，海量的数据被生产、收集、分享并应用，大量的数据正在对经济生活的各个方面产生广泛而深刻的影响，“大数据时代”已经到来。在这种背景下，大数据时代的数字鸿沟是否存在、形成因素有哪些等问题的重要性再次显现。对于“数字鸿沟在大数据时代中是否存在”这一问题，特征事实和研究都表明数字鸿沟在此背景下依旧存在。然而，对于数字鸿沟形成因素的探究依旧存在挑战。本节结合数字鸿沟的内涵与大数据时代的特征，对于数字鸿沟的形成因素进行划分并分析。

---

① Helsper E J, Van Deursen A J A M, Eynon R. Tangible outcomes of Internet use: from digital skills to tangible outcomes project report. 2015.

② 霍俐俐:《数字鸿沟概念在中国的发展与议题变迁》,《科技传播》, 2021 年第 24 期.

③ 钟祥铭，方兴东:《智能鸿沟:数字鸿沟范式转变》,《现代传播(中国传媒大学学报)》, 2022 年第 4 期.

④ Van Dijk J. The digital divide. John Wiley & Sons, 2020.

1．互联网接入差异造成的数字鸿沟

在数字技术高速发展的今天，仍存在无法在物理层面上接入互联网的人群和地区。一方面，从地区角度来看，全球互联网普及率在不同国家和区域之间存在显著的差异，由于无法实现 ICT 的物理接入，落后地区的人群无法链接至互联网。尤其是在发展中国家和欠发达地区，互联网的普及率仍处于较低的水平。以我国为例，中国互联网络信息中心（CNNIC）在 2023 年发布的《第 51 次中国互联网络发展状况统计报告》显示，截至 2022 年 12 月，我国网民规模达到 10.67 亿，互联网普及率达到 75.6%①。我国在网络基础资源的普及方面已经取得了显著的成果，但依旧在互联网普及率上低于发达国家。而部分亚洲国家、非洲国家的互联网普及率依旧处于较低的水平。这表明，在全球范围内，由于互联网接入差异而导致的数字鸿沟依旧存在，即一级数字鸿沟在发展中国家和欠发达地区没有被填补。另一方面，从使用人群角度来看，由于基础设施、互联网接入设备缺失等原因，老年人、落后地区的人群仍存在无法接入并使用互联网的现象。互联网技术以及移动互联终端的使用在 20 世纪末至 21 世纪初不断发展，对于这部分人群而言，由于经济、社会、认知等原因无法获得互联网设备以及终端，这种原因导致的数字鸿沟一般被称为“代际数字鸿沟”。

因此，从一级数字鸿沟的内涵来看，ICT 物理接入差异这种因素在部分地区和人群中没有被完全消除，是导致数字鸿沟在不同地区和人群中存在的重要影响因素。

2．数字技术应用差异导致的数字鸿沟

在数字技术高速发展的环境下，从微观个体角度来看，只有快速掌握并应用数字技术的人群和企业才能够更好地享受数字信息技术所带来的便利，从而获得相对的竞争优势。这种由于数字技术应用与技能方面的差异导致的数字鸿沟对应上文中给出的二级数字鸿沟的内涵。此外，按使用范围来划分，数字技术又可以分为通用技术与专门技术，通用的互联网技术和专门的数字技术应用技能门槛和应用场景存在明显差异，因而可能从不同的角度对数字鸿沟产生影响。

一方面，从通用的互联网技术应用角度来看，这部分技能的差异主要体现在数字技术与社会生活融合的各方面。一般认为，数字技术的应用需要一定的受教育水平或特定的培训，也就是二级数字鸿沟内涵所指的 ICT 技术应用与技能。在互联网技术与生活各方面深度融合的过程中，受到数字素养、综合素质、受教育水平、思维方式等方面的影响，不同个体在通用互联网技术应用与使用技能方面存在差异，从而导致应用技能方面的数字鸿沟，并在结果上体现为数字技术获益、信息获取、知识获得等方面。

另一方面，从专门的数字技术应用方面来看，这部分技术的差异主要体现在大数据技术、人工智能技术等专门技术的应用领域。首先，互联网技术的高速发展使得每时每

① 中国互联网络信息中心：《第 51 次中国互联网络发展状况统计报告》，中国互联网络信息中心，https://cnnic.cn/NMediaFile/2023/0322/MAIN16794576367190GBA2HA1KQ.pdf.

刻都有海量的数据被生产出来，这也是大数据时代的特点之一：大量来自电子商务、社交网络、物联网、工业互联网等领域的非结构化数据。这些非结构化数据进而催生了相应的专门数字技术，即大数据技术。一般认为，大数据技术包括对于数据的收集、处理、存储、管理、应用以及数据安全方面需要的特定数字技术。在拥有同样量级数据信息的前提下，不同的企业在大数据分析利用并充分挖掘其中社会、经济价值等方面存在巨大的差异，进而会形成大数据应用方面的数字鸿沟。其次，人工智能技术正在不断融入生产领域的各个环节，凭借人工智能技术的优势不断改造企业生产任务、促进企业数字化转型、优化企业成本结构，使得利用人工智能技术的企业获得竞争优势，推动企业扩张。因此，人工智能技术在特定领域的应用差异也会导致一定的数字鸿沟。

因此，从二级数字鸿沟的内涵分析来看，不管是通用互联网技术还是专门数字技术，数字技术应用与技能角度的差异都是形成不同角度数字鸿沟的因素之一。

3．数据信息资源享有差异引发的数字鸿沟

大数据时代的背景下，数据信息在生产、消费、交易、管理等经济活动中是一项重要资源，“对大数据的掌握可以转化为经济价值的来源”[①]。因此，数据信息资源享有方面的差异也会从不同角度引发数字鸿沟。

第一，数据开放。大数据时代，政府和部分互联网企业是数据信息的制造者和直接拥有者，能够直接利用平台经济交易数据以及用户行为信息数据，这部分企业在数据信息资源拥有方面的优势导致了数据信息资源享有方面的数字鸿沟。数据共享是解决数字信息资源享有方面差异最直接、最简单的方法，即开放数据。但数据的开放面临一系列问题与挑战，如数据所有权、用户隐私权益、数据信息的负外部性等问题，因此可以从以下两方面提出应对开放数据挑战的可行方案：一方面，建立安全高效的数据要素市场，促进数据要素的流通；另一方面，倡导数据价值而非数据本身的流通，促进数据流通新的商业模式的出现[②]。

第二，数据收集。虽然互联网技术的发展使得大数据成为一种常态，但对经济参与个体来说，收集数据方面的成本存在较大的差距。对于企业来说，只有小部分互联网企业能够具备搜索并挖掘大数据的能力；对于普通民众来说，收集数据、获取信息并从中获益的难度更大，所需要的技能与成本差异也更明显。同时，由于互联网的发展，数据信息的时效性更加凸显，对于不同类型和技能水平的企业和个人，数据收集方面差异引发的数字鸿沟受到更多的关注。

第三，数据分析。在拥有同样数据的情况下，企业、民众对于数据的分析能力不同

① 维克托迈尔-舍恩伯格、肯尼斯·库克耶：《大数据时代》，盛杨燕，周涛译. 杭州：浙江人民出版社，2013 年版，第 15 页。

② 清华大学社会科学学院经济学研究所：《数字经济前沿八讲》，北京：人民出版社，2022 年版，第 36 页。

也会引发数字鸿沟。一般认为，即便通过数据的收集获得同样数据信息，由于数据分析利用能力的不同导致从数据中发掘出的可利用信息存在差异，进而也会导致数据信息资源享有方面的差异，从而导致数字鸿沟。

4．数据思维方式差异引发的数字鸿沟

适应大数据时代最重要的就是从思维上进行转变，即是否拥有数据思维。因此，在大数据时代，引发数字鸿沟的一个重要因素来自人们的思维方面，也就是说对于数据的思维方式存在差异进而导致数字鸿沟。大数据时代的思维方式就是要在掌握一定的数据收集、整理、分析、利用技能的基础之上，透过数据看到其背后潜在的价值。如果不能正确认识大数据，或者是不能真正理解大数据背后所包含的意义，又或者不能利用数字技术和大数据技术剖析并利用大数据的潜在价值，就不能很好地开放大数据并利用其获益。此外，大数据时代也要求社会大众培养并不断提高数据素养，以填补由于数据思维方式差异所导致的数字鸿沟。数据素养，也可称为数据信息素养，主要指人们在科学数据的采集、组织和管理、处理和分析、共享与协同创新利用等方面的能力，以及在数据的生产、管理和发布过程中的道德与行为规范。提高社会公众的数据信息素养，增强利用数据获得信息的能力，更好地面对大数据时代对人们思维方式上的挑战，并有利于消弭这种思维方式上的数字鸿沟。

第二节　数字鸿沟的表现

数字鸿沟是由于地理、社会、技术与文化等各种因素形成的数字落差问题在各方面的表现。总体来看，数字鸿沟表现形式主要有以下方面：

一、代际数字鸿沟

代际数字鸿沟又被称为“灰色数字鸿沟”，或者“数字代沟”，是指不同年龄的人群之间对数字化技术和产品的掌握不同产生的数字鸿沟，主要表现为老年人与年轻人之间的代际数字鸿沟[①]。代际数字鸿沟的实质就是数字技能鸿沟：年轻人拥有和使用数字化产品的能力要大大超过老年人，由此两个群体之间就产生了代际数字鸿沟。同时，代际数字鸿沟的形成也有生理因素，“老年人、眼疾患者以及患有其他重大疾病的人在使用数字工具方面比年轻人、身体健康者面临更大的困难”[②]。在代际数字鸿沟存在的情况下，老

① 刘翠霞：《数字化融入差异：代际数字鸿沟的反思与测量》，《南通大学学报（社会科学版）》，2021年第9期。

② 黄雨晴：《中国数字鸿沟的成因与赋权式治理》，《学习与实践》，2022年第9期。

年人对数字化产品使用不熟悉，对网络的使用比例较低。

代际数字鸿沟是现代化、数字化与老龄化进程的产物，是数字社会中代沟的重要表现形式，老年人对智能产品、电商购物、移动支付等数字化应用产品的掌握程度也较低。代际数字鸿沟体现了代际资源分配的不平等现象，数字社会将数字化资源完全贴敷于年轻一代身上，造成不同群体数字化技术应用能力的势差和不同年龄阶段人们的数字化融入差异，老年人数字素养较低，使他们成为被剥夺了数字权利和福利的弱势群体，数字化技术给人们的交通出行、娱乐购物、活动组织、工作办公等带来了前所未有的便利，提高了公共服务、行政管理、社会治理的效率，但是由于代际数字鸿沟存在，老年人难以充分享受数字经济发展成果和数字化带来的便利。在数字鸿沟存在的情况下，年轻人是“数字精英”而老年人是“数字贫民”，数字代沟概念容易产生代际冲突不可调和，不断制造着长辈群体的“落伍”意象。

二、城乡数字鸿沟

数字鸿沟不仅包含 ICT 接入差距，也包含使用差距，而城乡数字鸿沟是城镇和农村居民在 ICT 接入、使用及主体数字信息意识层面的差距。城乡数字鸿沟的存在使农村居民处于信息弱势地位，难以从多渠道获取消费相关的信息，信息渠道来源受限、信息搜寻难度加大，导致市场选择范围受限。由于城乡数字鸿沟形成了两极分化态势，农村居民难以借助多种信息渠道获取就业、创业等相关信息，收入来源有限，收入水平难以提升。由于信息贫困者数字技能和意识的欠缺，难以借助数字信息技术的优势提升收入水平，由此其与信息富有者的收入差距不断拉大。城乡数字鸿沟反映的是城乡居民在经济和社会发展这个过程中在数字技术、数字能力、数字基础设施方面所存在的一个差距。据《第 51 次中国互联网络发展状况统计报告》，截至 2022 年 12 月，我国农村网民规模为 3.08 亿，占网民整体的 28.9%；城镇网民规模达 7.59 亿，占网民整体的 71.1%[①]。

城乡数字鸿沟形成因素有：第一，经济发展和居民的收入水平的差距。由于经济发展和居民的收入水平的差距，农村居民收入有限，承担购买手机、计算机等电子设备、支付网络接入费用的能力有限，使用数字产品的给付能力不足、使用程度受到限制。第二，教育水平。教育水平决定了人们能否会使用现代的数字技术和数字产品。城市居民受教育水平高，使用现代的数字技术和数字产品的能力强。而农村居民受教育的水平低，使用现代的数字技术和数字产品的能力比较弱。第三，基础设施因素。城市数字基础设施优于农村，农村数字基础设施发展不足，缺乏使用数字技术和产品的能力，加上在新的技术使用方面存在一定的障碍，必然会形成“城乡数字鸿沟”。“城

① 中国互联网络信息中心：《第 51 次中国互联网络发展状况统计报告》，中国互联网络信息中心，https://cnnic.cn/NMediaFile/2023/0322/MAIN16794576367190GBA2HA1KQ.pdf.

乡数字鸿沟”是当前城乡差距的新表现，也是当前实现城乡融合发展，消除城乡差距的新问题。

三、产业间数字鸿沟

产业间数字鸿沟是指由于各产业在数字化发展与转型过程中受到算力分布、数据要素、数字技能差距影响而形成的数字鸿沟。在产业数字化进程中，由于数字基础设施、数字技能、数据安全三大因素对不同产业数据密度的影响，导致了算力分布、数据要素和数字技能的产业间差异，带来了巨大的产业数字化差异，这种差异就是“产业间的数字鸿沟”。

导致“产业间数字鸿沟”核心的因素有三个，一是算力分布不均，算力也是生产力，算力提升是衡量一个产业技术水平和数字化能力的指标，由于不同产业间的算力分布不均匀，造成产业生产力的差异，从而导致产业间的数字鸿沟。二是数据要素，数据是新的生产要素，数字成为新的生产要素以后，拥有数据要素的数量和质量就成为产业间发展差异的主要因素。三是产业数字技能。产业数字化是以数据为关键要素，以数据赋能为主线，对产业链上下游的全要素进行数字化升级和转型的过程，产业数字化取决于数字技能。产业数字技能是一个产业利用信息系统、各种传感器、机器视觉等信息通信技术，将数据、信息和知识进行统一的处理、分析和应用，转化为产业发展的关键要素的能力，产业数字技能也是造成产业间数字鸿沟的因素。为了帮助各产业用户跨越产业间数字鸿沟，需要从新模式（New Model）、新要素（New Essential Factor）、新产品（New Product）三大方面出发，打通物理和数字世界，持续推动数字技术与实体经济深度融合，助力各产业跨越“产业间的数字鸿沟”。

四、企业间数字鸿沟

企业间数字鸿沟是指企业间因应用新兴信息技术而产生的数字鸿沟问题，企业间数字鸿沟主要表现为技术鸿沟和信息鸿沟，技术鸿沟是企业间数字鸿沟外在表现，信息鸿沟是企业间数字鸿沟的内在表现[①]。随着数字化转型不断深化，企业之间特别是中小企业和头部企业之间的数字鸿沟正在日益扩大。企业之间的技术能力、资金实力、人才储备等要素不同，导致数字化转型的步伐差异。实力雄厚的大型企业的技术能力、资金实力、人才储备强，数字化转型速度快，而技术、资源和人才缺乏的中小企业在数字化转型中相对落后，小企业和头部企业之间的数字化转型差异就是“企业间的数字鸿沟”。与头部企业相比，中小企业量大面广、数字化基础薄弱，数字化人才短缺，在数字化转型过程中面临很多实质性障碍，头部企业与中小企业之间的“数字鸿沟”逐步凸显，在数字技

① 王君，袁勤俭：《企业数字鸿沟的影响因素分析》，《竞争情报》，2022 年第 2 期。

术普及率和转型成效之间存在较大差距。头部企业与中小企业之间的“数字鸿沟”会影响国家整体的数字化转型，并加剧个人、企业、社区和地方间的发展不平衡。头部企业与中小企业之间的“数字鸿沟”形成的原因在于：一是中小企业数字化转型的市场需求和实现路径不明晰，没有提出明确的数字化转型战略，数字化转型模式选择存在困难，企业数字化转型通用性解决方案较少。二是头部企业与中小企业之间信息与通信技术（ICT）的差异。信息与通信技术（ICT）被证明是非常关键的技术，企业的数字化取决于复杂的电子企业技术、价值链系统、供应商和客户关系管理系统等，中小企业和头部企业在传统信息通信技术（ICT）接入上的差距正在缩小，而在先进 ICT 技术之间的鸿沟却正在扩大。头部企业在内部价值链和外部价值链的整合上要远强于中小企业，头部企业更有竞争优势，拥有技术熟练且更有创新能力的员工队伍，对组织变革持接受和开放的态度，头部企业在其价值链系统的信息化变革中具有优势，而中小企业则缺乏这些条件。头部企业与中小企业之间在 ICT 接入意识、ICT 技能、高级 ICT 技术的应用方面形成明显的“鸿沟”。

五、区域间数字鸿沟

区域间数字鸿沟是指发达国家与发展中国家之间、各国内部地区之间的数字鸿沟，是在数字化进程中，各区域之间对信息网络技术发展和应用程度的不同以及创新能力的差别造成的“信息落差”“知识分隔”和“贫富分化”现象。从我国来看，区域之间的数字鸿沟是新发展阶段实现区域协调发展亟须重点解决的问题。

学术界关于区域间数字鸿沟的形成原因有两种解释：一是认为区域间数字鸿沟的形成原因是单一的，即区域间数字鸿沟仅仅是由技术方面的原因或经济方面的原因导致的。二是认为区域间数字鸿沟的形成原因具有多重性，是由技术、教育、经济、政治及社会文化等多方面的原因共同作用而导致的。总体来看，一方面，信息资源的差距和信息技能的差距是区域间数字鸿沟形成的直接原因①。信息资源的差距从“信息拥有”方面直接导致区域间数字鸿沟的形成，信息技术使用技能的差距从“信息使用”方面直接导致区域间数字鸿沟的形成。另一方面，经济发展水平的差距、政府相关政策的差异和社会文化的差异是区域间数字鸿沟形成的间接原因。经济发展水平的差距从“信息化需求”方面间接导致区域间数字鸿沟的形成，政府相关政策的差异从“信息化环境”方面间接导致区域间数字鸿沟的形成，社会文化的差异从“信息化意识”方面间接导致区域间数字鸿沟的形成。除此以外，区域间数字鸿沟的形成的原因还有地方政府财力不足，数字基础设施、数字公共服务投入低，地方企业发展动力不足、

① 薛伟贤，刘骏：《区域“数字鸿沟”形成原因分析》，《图书馆建设》，2011 年第 1 期。

数字化技术和数字化人才供给不足、企业数字化变革意愿不强、收入差距和教育差距、对数字消费和数字应用积极性不高等。

第三节 数字鸿沟对经济社会发展的影响

数字鸿沟是数字经济时代新的贫富差距，数字鸿沟会降低家庭收入、阻碍家庭金融投资、导致贫困居民失业、持续拉大贫富差距和区域经济差距，带来数字经济时代新的不平等。

一、数字鸿沟带来的数字不平等

随着以互联网、人工智能、大数据技术为代表的数字技术飞速发展，数字不平等的现象逐渐凸显，其早期表现为数字鸿沟，并在数字鸿沟内涵与研究范围不断发展的基础之上，逐渐演变为一种新型的社会不平等现象。Dimaggio 和 Hargittai（2004）首次提出了数字不平等的概念，研究了互联网接入和使用差异对人们生活机会产生的不平等现象[①]。在三级数字鸿沟的基础之上，数字不平等研究的重要性得到了不同领域研究者的关注。

一方面，数字鸿沟的结果与影响是加剧了多维的社会不平等。在数字鸿沟的内涵拓展至第三层级的过程中，研究者也在思考数字鸿沟的结果与影响是加剧了现实领域的多维的社会不平等，抑或创造了新的不平等形式。一种观点认为，最早“三级数字鸿沟”的内涵将 ICT 应用与技能的不平等拓展至 ICT 使用结果的不平等方面，那么数字鸿沟应包含其结果与影响方面的差异，即认为这种数字不平等会加剧传统的社会不平等。然而，随着数字技术与日常生活生产过程的不断融合，新的不平等形式正在逐渐生成，也就是在数字鸿沟基础之上所关注的数字不平等。2017 年 Ragnedda 提出了一个关于三级数字鸿沟的理论，致力于解决“数字鸿沟的结果仅仅扩展了传统形式的不平等，还是也包括了新的社会排斥的形式”[②]的问题。总结以上两方面的分析，我们认为数字不平等是在数字鸿沟基础之上发展而来的一种由于数字技术使用差异产生的新的不平等形式，既反映了由于数字鸿沟所带来的后果与影响，也反映了数字鸿沟在数字虚拟领域与物理现实领域

① DiMaggio P, Hargittai E, Celeste C, et al. From unequal access to differentiated use: A literature review and agenda for research on digital inequality. Social inequality, Vol.1: 355-400, 2004.

② Ragnedda, M. The Third Digital Divide: A Weberian Approach to Digital Inequalities. New York: Routledge, 2017.

的交叉影响[1]。

另一方面，由于“三级数字鸿沟”的内涵中包含了数字鸿沟所带来的结果与影响，在对于数字不平等概念进行分析的过程中，需要从内涵和研究范围上区分数字不平等与“三级数字鸿沟”。从内涵上来看，三级数字鸿沟所研究的 ICT 使用结果与影响的这种差异或不平等问题主要是从数字技术方面展开的，尤其是技术设备以及应用技能的差异；而数字不平等不是一个技术问题，而是一个更加综合的概念，ICT 接入和使用方面的不平等体现了不同人群的社会经济不平等状态在数字技术领域的反映，同时这种数字技术使用的不平等引发了新的、更多维的不平等，数字不平等是一个更加广泛的社会经济不平等问题，突破了数字鸿沟的局限。从研究范围上来看，三级数字鸿沟的范围主要使用简单的二分法进行研究，可以根据利用互联网技能转化为收益大小的能力，将群体划分为两个对立的群体；数字不平等所关注的是一种社会不平等的现象，不能够简单使用“二分法”进行研究，数字技术的接入和使用的区别是连续的，并且体现在社会福利、经济、政治参与、受教育机会等方面的不平等[2]。

目前对于数字不平等的研究处于初级的阶段，是在数字鸿沟研究的基础之上展开的，研究内容主要包括数字不平等的表现与形成原因分析、数字不平等的分析维度与测算、数字不平等的治理等。对于数字不平等的研究能够丰富数字治理的研究体系，促进学术界与政策制定者深入探究这一新型不平等维度的根源，为制定相关缓解数字不平等问题的政策提供理论支持。

二、数字不平等的维度

对于数字不平等表现维度的划分，研究者从不同的角度进行了阐释与分析。数字不平等的概念与内涵是在数字鸿沟的基础之上发展并延伸的，数字鸿沟也是造成数字不平等的最主要原因，因此，数字不平等的表现维度也可以按照“三级数字鸿沟”的内涵进行划分，分为数字领域的机会不平等与结果不平等。

1．机会不平等

即便在拥有相同互联网接入设备和使用技能的人群中，由于数字鸿沟的存在，拥有“信息优势”的人群能够获得更多的数字领域相关的机会，即产生数字不平等的机会不平等。机会不平等进一步又可以分为使用机会不平等和参与机会不平等[3]。

第一，数字使用机会不平等是指，在数字技术与日常生活不断融合的背景下，不同人群对于数字平台、数字媒体、电子商务等融合领域的产品与服务使用的机会存在不平

---

① 关爽：《数字不平等的治理逻辑与路径选择》，《学习与实践》，2022 年第 8 期。
② 许庆红；《数字不平等：社会阶层与互联网使用研究综述》，《高校图书馆工作》，2017 年第 5 期。
③ 陈梦根，周元任：《数字不平等研究新进展》，《经济学动态》，2022 年第 4 期。

等性。由于数字鸿沟的存在，“数字优势群体”能够更早、更大程度地利用与数字技术相关的产品与服务。

第二，数字参与机会不平等是指，由于部分与数字技术相关的经济、社会、教育、政治活动需要一定的门槛，即便具有相同的互联网接入设备和使用技能，有较高数字素养的家庭和企业能够更好地参与并利用相关的数字技术活动获益，提高自身综合素养和竞争力。家庭与个人角度的活动如在线教育、在线工作搜寻、数字金融等，企业角度的活动如平台经济、数字化转型、生产过程智能化改造等。

对比来看，使用机会的不平等侧重于与数字技术相关的产品和服务的使用方面，主要关注不同个体是否具有使用相关产品和服务的机会，而参与机会的不平等侧重于具有一定门槛的数字技术领域的活动，关注点在于参与数字活动带给不同家庭和企业的效用方面。

2．结果不平等

衡量数字不平等的最直接方法就是从数字鸿沟导致的不平等结果角度入手进行分析，因此，结果不平等也是数字不平等的重要维度。从结果层面来看，数字不平等可以进一步划分为经济层面的结果不平等与社会层面的结果不平等[①]。

第一，经济层面的结果不平等。从个人角度来看，利用互联网等数字技术能够提升个人收入水平，Dimaggio 的研究认为互联网使用与收入增长之间具有显著的正向关系，即互联网使用技能更熟练的人群收入增长更快[②]。从数字技术的应用角度分析，这可能是由于数字技能越来越受到就业市场的重视，也可能来自互联网对于个人能力、信息搜寻等方面的积极影响。从企业层面来看，数字化水平更高的企业能够更好地利用大数据技术、互联网技术、人工智能技术等，有利于其生产成本的降低与生产率的提高。从区域经济角度来看，数字经济发展较快、数字技术较为先进的国家在经济全球化不断加深的过程中具有优势地位，更有可能在国际贸易中占据顺差优势，在全球金融市场中进行金融创新与数字化改革，更好地利用数字技术提升金融市场的稳定性。

第二，社会层面的结果不平等。在“三级数字鸿沟”的研究基础之上，数字不平等的结果在社会层面上可能表现在教育、政府部门、社会阶层等方面。具体而言，教育与数字技能的关系是双向的，一方面不断加速发展的数字技术对个人和企业的数字技能提出了更高的要求，只有具有一定受教育水平的个人才能够掌握更为先进的数字技能；另一方面在线教育与社交媒体的发展促使具有一定数字技能的个人利用互联网等媒介获取更多信息，并不断提高自身受教育水平与综合能力。在政府部门的视角下，数字技术能

---

① 陈梦根，周元任:《数字不平等研究新进展》，《经济学动态》，2022 年第 4 期.

② DiMaggio P, Bonikowski B. Make money surfing the web? The impact of Internet use on the earnings of US workers. American sociological review, Vol.73, No.2: 227—250, 2008.

够促进政务效率的提高，推动电子政务化的进程，从而使数字化程度更高的政府部门办公效率更加公开、透明，更好地为公众服务。从社会阶层分化的角度来看，现有的社会阶层差异会延伸并在数字空间中再现，同时，数字不平等会以强化或重塑的形式对社会分层起到反向作用[①]。

三、数字不平等对经济社会发展的影响

随着数字技术的更新换代，数字技术与经济生活各方面深度融合，数字经济领域的发展速度不断提升，但由于数字鸿沟的存在，数字不平等现象在数字经济领域的表现尤为突出。数字不平等对经济社会发展的影响表现在：

1．对公平的影响

在数字经济领域，数字不平等对经济参与者的影响在公平方面表现为参与机会和获益的不平等。一方面，参与数字经济需要一定的技术门槛与信息收集能力。对个人来说，利用互联网平台消费、获取信息等需要一定的数字素养，移动互联、5G 技术的普及让大部分公众更加便利地参与到数字经济活动中，但由于不同层级数字鸿沟的存在，数字经济参与机会的差距依旧存在。对企业来说，数字经济的参与门槛表现得更加明显，尽管平台经济的发展使得中小微企业能够更加活跃于数字经济领域，但对于大数据、人工智能技术等高端技术的应用而言，需要企业具备一定的专业人才、资本投入。另一方面，数字不平等对公平的影响也体现在通过参与数字经济获益方面。不同个体参与数字经济的目的不同，van Dijk 和 van Deursen（2014）的研究发现，在荷兰，受教育水平更低的人群在互联网上花费更多的空闲时间[②]，其参与目的以休闲娱乐、社交活动为主。而受教育水平更高、收入水平更高的人群能够更好地利用互联网等数字技术获益，例如在线教育、数字金融服务、信息收集等数字经济活动，其参与目的以效用提升、降低搜索成本与时间成本等为主。

2．对数据资源共享的影响

在大数据时代，数据作为新的要素在数字经济领域发挥重要作用，数字不平等对于数据资源共享的影响主要从数据确权和数字流动两方面展开。数据确权侧重于数据资源的所有权如何划分的问题，囿于数据生成的特点，数字不平等表现为数据资源在不同规模的企业间分布的显著差异：头部互联网平台企业和政府部门对数据资源具有绝对占有的地位，而中小企业在数据资源拥有方面处于劣势地位。此外，数据要素的

① 赵万里，谢榕：《数字不平等与社会分层：信息沟通技术的社会不平等效应探析》，《科学与社会》，2020 年第 1 期.

② van Dijk, J. A. G. M., and van Deursen, A. J. A. M.. Digital Skills: Unlocking the Information Society. New York: Palgrave Macmillan, 2014.

流动涉及数据作为一种生产要素怎样交易、怎样构建数据交易市场等问题。数据要素不同于一般的商品，由于数据中包含大量隐私信息乃至国家机密，数据资源的共享与流动伴随着隐私信息或机密信息的泄露问题，具体的不平等主要表现在消费者与互联网平台企业之间。

3．对企业技术创新的影响

在数字经济领域，技术创新是企业获得竞争优势的重要来源之一，而数字不平等对于企业技术创新的影响主要表现在技术约束与融资约束两方面。从技术约束角度来看，数字经济领域的企业创新存在一定的技术门槛，例如高精尖技术、人工智能技术等领域，数字不平等使得数字化程度更高的企业在特定领域具有一定的技术创新优势，从而导致不同企业间的创新效率存在较大的差异。从融资约束角度来看，数字普惠金融的发展缓解了企业在创新投入方面的融资约束，降低了企业的融资成本，这一作用效果在中小企业中更为显著[①]。数字金融的覆盖广度与使用深度使得不同数字化程度的企业都能够利用数字金融服务进行技术创新的投入，从这一角度来看，在数字金融的发展作用下，数字经济领域的企业技术创新能够突破数字不平等带来的负面影响。

4．对区域协调发展的影响

由于不同区域间数字经济发展水平的不同，数字不平等的影响在区域协调发展方面也具有显著的影响效应，主要表现在区域间产业结构、城乡结构。从产业结构来看，数字鸿沟通过阻碍信息产业化和产业信息化的发展造成区域经济产业结构方面的发展不平等现象，这一影响主要体现在不同区域间产业结构合理化和产业高度化程度[②]。其中，产业结构的合理化是指资源在各产业之间的配置结构合理程度[③]，数字不平等的影响表现在信息通信技术对于资源配置的作用方面；而产业结构高度化程度是指产业结构在合理、协调的基础上，其素质和效益向更高层次进化，反映了产业结构由低级到高级、由简单到复杂、由小规模到大规模、由刚性结构到柔性结构的动态发展过程[④]，数字不平等的影响表现在产业间技术转移和新型产业的发展方面。从城乡结构来看，城乡关系是影响社会经济发展的关键，而数字鸿沟使得城乡居民拥有和使用信息通信技术的差距就是城乡数字鸿沟。数字不平等对城乡结构的影响主要表现为城乡居民在利用数字技术进行劳动、休闲、消费、享受社会福利保障方面的差距。

---

① 郎香香，张朦朦，王佳宁：《数字普惠金融、融资约束与中小企业创新：基于新三板企业数据的研究》，《南方金融》，2021 年第 11 期.

② 薛伟贤，等：《区域数字鸿沟：定义与测度》，北京：科学出版社，2019 年版，第 85 页。

③ 郭亚军，杨耀东，张瑞华：《区域产业结构的合理性及其评价方法》，《工业技术经济》，2003 年第 3 期.

④ 高远东，张卫国，阳琴：《中国产业结构高级化的影响因素研究》，《经济地理》，2015 年第 6 期.

第四节　我国数字鸿沟的治理对策

数字鸿沟在很大程度上影响了我国社会主义初级阶段经济和社会的发展，对于数字鸿沟的治理已经成为当下我国刻不容缓的重要议题。本节将从数字经济核心技术的开发与普及、数字经济对传统产业的改造、提升全民数字素养与技能、加强数字基础设施建设四个角度提出我国数字鸿沟的治理对策。

一、加强数字经济核心技术的开发与普及

从技术角度来看，治理数字鸿沟并弥合各层级的数字鸿沟需要贯彻数字经济与实体经济技术创新的深度融合①，其中数字经济领域最主要的任务就是要加强数字经济核心技术的开发与普及。

首先，加强数字经济核心技术的开发。在大数据时代，数据作为数字化转型的基础要素，可以作为划分数字经济核心技术的主要依据，据此数字经济的核心技术可以被划分为数据、算法和算力三个方面。第一，数据技术。数据是数字经济发展的基础，而作为生产要素的数据需要实现经济价值，需要在原有的市场基础之上构建数据要素市场，完善数据交易平台，健全数据要素市场的运行机制，在保护个人隐私与维护国家安全的前提下，促进数据的开放共享与流动交易，使数据在我国社会主义市场经济的发展过程中发挥重要作用。第二，算法模型。在数字化转型过程中，数据要素只有通过多种算法模型进行建模分析，才能够对各类预测分析、决策活动、优化问题提供支持，最大化发挥其价值。因此，当下我国需要不断推动以人工智能模型为核心的算法模型以及相关技术的发展，形成以数据为导向、以算法模型为核心的体系，适应大数据时代的特点，改变原有的决策思路；扩大算法模型的应用场景，充分发挥算法模型的优势，提升模型的可解释性，提高模型精确度与公平性；同时，由于模型本身存在一定的局限性，需要对算法模型的合规性、安全性进行监管控制，使其更好地服务于生产、消费和政府管理等活动。第三，算力技术。在数字经济时代，数字化呈现出新的特点，具体表现为海量数据、复杂模型、实时计算等，这对于算力技术提出了新的挑战。算力分布的不均衡导致了行业间数字化发展与转型的数字鸿沟，因此推动云计算、高性能计算机、智能芯片等算力相关技术的发展势在必行。

其次，加强数字经济核心技术的普及。从个人层面来看，数字经济核心技术的普及

---

① 洪银兴，任保平：《数字经济与实体经济深度融合的内涵和途径》，《中国工业经济》，2023 年第 2 期.

能够提高个人数字素养，有利于个人参与并高效利用数字技术进行消费、生产、休闲、提升个人综合素质，能够减小数字技能差异所导致的数字鸿沟。从企业层面来看，数字经济核心技术的普及使得不同规模水平的企业能更好地参与到数字经济活动中，促进企业的数字化转型发展，尤其在实体经济领域，技术的普及促进了企业的生产制造流程与数字技术的深度融合，对于弥合企业层面的数字鸿沟具有正向效应。从产业层面来看，大数据、物联网、工业互联网、云计算技术等的应用与普及促进了数字经济与产业层面的深度融合，有利于产业结构转型升级，促进上下游产业融合发展，弥合产业层面、区域层面、城乡层面的数字鸿沟。

最后，加强数字技能的教育和培训。提高全民数字技能是弥合数字鸿沟的重要任务，而提高全民数字技能需要加强数字技能的教育和培训。一是加强全民数字素养和技能教育培训，将数字素养和技能纳入教育体系。针对重点群体，加速推进数字基础设施适老化、无障碍化改造。二是提升数字技能实训能力。通过各种渠道和方式，加大数字技术教育和培训，包括学校教育、职业培训、在线教育等，提高人们的数字技术水平。三是完善数字化与智能化的学习生态。注重数字化教育资源的共建、共享。要强化高等教育在社会服务和促进区域经济发展中的地位，发挥继续教育和网络教育服务全民终身学习的优势，建立高水平的教育资源数据库，开放优质教育资源，实现数据库的共建和共享。

二、推动传统产业的数字化改造

数字经济与传统产业的深度融合是当下我国数字经济领域发展的关键领域，推动数字经济对传统产业的改造能够促进传统产业数字化转型升级，一定程度上弥合传统产业与数字化产业之间的数字鸿沟，补齐实体企业在数字化转型方面的短板，缩小企业之间的数字鸿沟。

从数字化技术角度来看，数字经济的发展推动了传统企业对于数字化技术的应用，应不断扩大互联网、人工智能、工业互联网等数字技术在传统企业中的应用场景，有利于缓解传统制造业企业与数字化水平较高的新兴互联网企业之间的数字鸿沟。此外，应建立传统产业与新型产业的协同生产关系，促进数字技术和数据资源流向传统产业，帮助其实现数字化转型升级，缩小产业之间的数字鸿沟。

从数字化投入角度来看，数字经济对传统企业的改造能够提高传统产业产品和服务的竞争力、化解消费剩余[①]，使传统企业收入和利润增加，进而增大其在数字化转型方面的投入，进一步缩小企业间的数字鸿沟。同时，数字经济的快速发展能够促进数字技术与数据资源应用的成本不断下降，不断促进传统产业与数字核心技术供应商的合作，不

① 秦晓鹏：《基于数字经济的传统产业数字化转型路径研究》，《现代商业》，2022 年第 36 期.

断扩大数字化技术与服务在传统产业的投入要素占比，不断消除传统产业数字化转型中的阻碍，进而缩小产业间的数字鸿沟。

三、提升全民数字素养与技能

二级数字鸿沟的产生与数字素养和技能的差异联系紧密，因此，提升我国全民数字素养与技能有利于从根本上缓解各层面的数字鸿沟。2021 年 11 月，中央网络安全和信息委员会印发《提升全民数字素养与技能行动纲要》（以下简称《纲要》），为提升居民数字素养提供总体要求与保障措施。

数字素养与技能是数字社会中公众学习工作生活应具备的数字获取、制作、使用、评价、交互、分享、创新、安全保障、伦理道德等一系列素质与能力的集合[①]。《纲要》对于我国全民数字素养与技能提升行动的发展目标做出总体发展规划：到 2025 年，显著提升全民数字化适应力、胜任力、创造力，全民数字素养与技能达到发达国家水平；到 2035 年，基本建成数字人才强国，全民数字素养与技能达到更高水平。《纲要》分别从数字资源供给、数字生活水平、数字工作能力、数字学习体系、数字创新能力、数字安全保护能力、数字社会法制道德规范七个角度给出了提升全民数字素养与技能的主要任务与重点工程。

提升全民数字素养与技能有利于我国建设网络强国，推动国家综合实力的提升；有利于弥合数字鸿沟，使得群众能够共享数字经济发展的成果；有利于科技进步与科技创新，数字素养的提升能够促进受教育水平和人力资源水平的进步，这两者对于科技创新与进步能够进一步起到促进作用。整体而言，数字素养与技能的提升是当下我国填补数字鸿沟、实现共同富裕的关键举措。一方面，从全局视角来看，提升全民数字素养与技能是顺应数字时代要求的战略任务，是推动我国数字化发展、弥合数字鸿沟的关键所在。另一方面，从系统视角来看，作为组成社会整体的个人，提升自身数字素养是融入数字时代的必经之路，掌握更多数字技能是获得更高劳动报酬的重要途径。因此，我国在推动建设网络强国、数字中国战略的过程中，不断加快数字基础设施的建设，不断提高数字经济发展水平，也同样需要重视居民数字素养与技能的提升。

在提升全民数字素养与技能的同时，也可以了解不同的“数字弱势”群体的需求，有针对性地开展数字援助：一是对于网络订票、网络挂号之类的公共服务需求，有关部门需设计好数字援助措施，让弱势群体也能方便地享受公共服务。二是设立基层服务站点，为弱势群体使用计算机和互联网创造条件。三是针对不同群体分类实施降费策略，让弱势群体、贫困人口享受更大优惠。

---

① 中央网络安全和信息化委员会：《提升全民数字素养与技能行动纲要》，2021 年 11 月，http://www.cac.gov.cn/2021-11/05/c_1637708867754305.htm。

四、加强数字基础设施建设

在数字鸿沟的内涵中，一级数字鸿沟主要是指由于传统 ICT 接入差异而导致的数字鸿沟。因此，依据一级数字鸿沟的内涵，弥合数字鸿沟仍需要加强数字基础设施的建设。

数字基础设施是指与数字经济相关的新一代信息基础设施，包含 5G 互联网、数据中心、人工智能、工业互联网等领域。在数字经济高速发展的背景下，数字基础设施水平决定了数字经济发展水平，而我国不同地区间数字基础设施水平存在显著的差异，由此引发了第一层级的数字鸿沟——ICT 接入鸿沟。这种由于数字基础设施导致的数字鸿沟主要存在于区域、城乡之间。从区域经济角度来看，我国东、中、西部地区经济发展水平的差异导致了数字基础设施发展水平的差异，经济水平较高的东部地区在数字基础设施方面的投入更多，其数字化水平更高，而中西部地区的数字基础设施水平低于东部地区，数字化转型的进程受到数字基础设施发展水平的影响，从而导致区域间的数字鸿沟产生。因此，加强中西部经济落后地区的数字基础设施建设促进其数字化转型，进而有利于缓解区域间的数字鸿沟。从城乡二元关系角度来看，城市和农村地区数字经济设施的发展存在巨大差异，这在一定程度上导致了城乡层面的数字鸿沟，增强农村地区数字经济基础设施的发展能够保证农村居民和第一产业相关企业突破由于 ICT 接入差异而导致的数字鸿沟，使农村居民享受数字经济带来的红利。

参 考 文 献

马克思：《资本论》，第 1 卷，北京：人民出版社，2004 年版。

马歇尔：《经济学原理》（上卷），朱志泰，译，北京：商务印书馆，2017 年版。

马克思：《哥达纲领批判》，北京：人民出版社，2018 年版。

习近平：《在中共中央政治局第三十六次集体学习时讲话》，《人民日报》，2016－10－10 (01)。

习近平：《不断做强做优做大我国数字经济》，《求是》，2002 年第 2 期。

习近平：《高举中国特色社会主义伟大旗帜 为全面建设社会主义现代化国家而团结奋斗：在中国共产党第二十次全国代表大会上的报告》，《人民日报》，2022 年 10 月 26 日。

阿瑟：《技术的本质》. 曹东溟，王健，译，杭州：浙江人民出版社，2018 年版。

保罗•梅森：《新经济的逻辑：个人、企业和国家如何应对未来》. 熊海虹，译，北京：中信出版社，2017 年版。

刘志毅：《智能经济：用数字经济学思维理解世界》，北京：电子工业出版社，2019 年版.

杰里米•里夫金：《第三次工业革命：新经济模式如何改变世界》. 张体伟，译，北京：中信出版社，2012 年版。

布莱恩约弗森 E，麦卡菲 A. ：《第二次机器革命：数字化技术将如何改变我们的经济与社会》. 蒋永军，译，北京：中信出版社，2014 年版。

唐塔普斯科特，亚力克斯•塔普斯科特：《区块链革命：比特币底层技术如何改变货币、商业和世界》，凯尔、孙铭、周沁园，译，北京：中信出版社，2016 年版。

杰里米•里夫金：《零边际成本社会：一个物联网，合作共赢的新经济时代》，赛迪研究院专家组，译，北京：中信出版社，2014 年版。

黄益平：《平台经济：创新、治理与繁荣》，北京：中信出版社，2022 年版。

王玉：《我国平台经济政府监管创新研究》，北京：人民出版社，2022 年版。

比尔•盖茨：《未来之路》，辜正坤，译，北京：北京大学出版社，1996 年版。

赵刚：《数字经济的逻辑》，北京：人民邮电出版社，2022 年版。

董耀华：《物联网技术与应用》，上海：上海科学技术出版社，2021 年版。

吴功宜：《智慧的物联网：感知中国和世界的技术》，北京：机械工业出版社，2010 年版。

张志勇，等：《物联网 万物互联的技术及应用》，合肥：安徽大学出版社，2018 年版。

刘鹏：《云计算》，北京：电子工业出版社，2011 年版。

朱雪田，等：《新基建：5G 引领数字经济》，北京：中国工信出版社，2021 年版。

约瑟夫·熊彼特：《经济发展理论》，贾拥民，译，北京：中国人民大学出版社，2019 年版。

陈辉，鲁阳：《保险科技：框架与实践》，北京：中国经济出版社，2022 年版。

徐德顺，程达军：《全球数字贸易发展和规则变革》，北京：科学技术文献出版社，2022 年版。

马忠述，濮方清，等：《数字贸易学》，北京：高等教育出版社，2022 年版。

保罗·克鲁格曼：《克鲁格曼国际贸易新理论》，黄胜强，译，北京：中国社会科学出版社，2001 年版第 98—112 页。

任保平，师博、钞小静，等：《数字经济学导论》，北京：科学出版社，2022 年版。

拉兹·海飞门，习移山，张晓泉.《数字跃迁》，北京：机械工业出版社，2020 年版。

张翼成，吕林媛，周涛.《重塑：信息经济的结构》，成都：四川人民出版社，2018 年版。

郭晓鹏.《中国数字经济前沿（2021）》，北京：社会科学文献出版社，2021 年版。

维克托·迈尔-舍恩伯格、肯尼斯·库克耶：《大数据时代》，盛扬燕，周涛，译，杭州：浙江人民出版社，2013 年版。

清华大学社会科学学院经济学研究所：《数字经济前沿八讲》，北京：人民出版社，2022 年版。

薛伟贤，等：《区域数字鸿沟：定义与测度》，北京：科学出版社，2019 年版。

洪银兴，任保平：《数字经济与实体经济深度融合的内涵和途径》，《中国工业经济》，2023 年第 2 期。

戚聿东，肖旭：《数字经济时代的企业管理变革》，《管理世界》，2020 年第 6 期。

吕越，谷玮，包群：《人工智能与中国企业参与全球价值链分工》，《中国工业经济》，2020 年第 5 期。

蔡跃洲，陈楠：《新技术革命下人工智能与高质量增长、高质量就业》，《数量经济技术经济研究》，2019 年第 5 期。

杨虎涛，胡乐明：《不确定性、信息生产与数字经济发展》，《中国工业经济》，2023 年第 4 期。

唐晓华，景文治，张英慧：《人工智能赋能下关键技术突破、产业链技术共生与经济“脱虚向实”》，《当代经济科学》，2021 年第 5 期。

李勇建，陈婷：《区块链赋能供应链：挑战、实施路径与展望》，《南开管理评论》，2021 年第 5 期。

陈志斌，潘好强，戚珺：《基于区块链技术的企业风险管理体系构建》，《财务研究》，2022 年第 3 期。

宋立丰，区钰贤，郭一蓉：《区块链经济下盈利模式探究》，《财会月刊》，2020 年第 24 期。

钟业喜，吴思雨：《元宇宙赋能数字经济高质量发展：基础、机理、路径与应用场景》，《重庆大学学报》(社会科学版)，2020 年第 4 期。

陆岷峰：《新格局下强化数字技术与实体经济融合发展路径研究》，《青海社会科学》，2022 年第 1 期。

江小涓：《高度联通社会中的资源重组与服务业增长》，《经济研究》，2017 年第 3 期。

向鹏：《元宇宙：以区块链为核心的数字新生态》，《高科技与产业化》，2022 年第 4 期。

李三希：《我国数字经济发展的主要特点和突出优势》，《国家治理》，2021 年第 18 期。

易宪容，陈颖颖，于伟：《平台经济的实质及运作机制研究》，《江苏社会科学》，2020 年第 6 期。

谢富胜，吴越，王生升：《平台经济全球化的政治经济学分析》，《中国社会科学》，2019 年第 12 期。

李海舰，李燕：《对经济新形态的认识：微观经济学的视角》，《中国工业经济》2020 年第 12 期。

李晓辉：《物联网开放体系架构发展研究》，《中国电子科学研究院学报》，2016 年第 5 期。

蔡凤翔、李群、李英浩：《物联网技术发展现状浅析》，《信息系统工程》，2021 年第 1 期。

贾源，等：《阿里物联网平台的智慧家居监测保护系统设计》，《物联网技术》，2023 年第 3 期。

李君、邱君降，等：《工业互联网平台评价指标体系构建与应用研究》，《中国科技论坛》，2018 年第 12 期。

钞小静，薛志欣，孙艺鸣：《新型数字基础设施如何影响对外贸易升级：来自中国地级及以上城市的经验证据》，《经济科学》，2020 年第 3 期。

龚强，班铭媛，刘冲：《数据交易之悖论与突破：不完全契约视角》，《经济研究》，2022 年第 7 期。

王瑶佩，郭峰：《区域数字金融发展与农户数字金融参与：渠道机制与异质性》，《金融经济学研究》，2019 年第 34 卷第 2 期。

尹志超，田文涛，王晓全：《移动支付对家庭商业保险参与的影响：基于中国家庭金融调查数据的实证分析财经问题研究》，2022 年第 1 期。

周利，廖婧琳，张浩：《数字普惠金融、信贷可得性与居民贫困减缓：来自中国家庭调查的微观证据》，《经济科学》，2021 年第 1 期。

孙国茂，李猛：《证券公司数字化转型与评价研究》，《金融发展研究》2022 年第 9 期。

徐金海，夏杰长：《全球价值链视角的数字贸易发展：战略定位与中国路径》，《改革》，2020 年第 5 期。

陈劲，阳镇：《新发展格局下的产业技术格局政策》，《经济学家》，2021 年第 2 期。

杨继军，艾玮炜，范兆娟：《数字经济赋能全球产业链、供应链分工的场景、治理与应对》，《经济学家》，2022 年第 9 期。

盛斌，陈丽雪：《多边贸易框架下的数字规则：进展、共识与分歧》，《国外社会科学》，2022 年第 4 期。

刘洪愧：《数字贸易发展的经济效应与推进方略》，《改革》，2020 年第 3 期。

江小涓，靳景：《数字技术提升经济效率：服务分工、产业协同和数字孪生》，《管理世界》，2022 年第 12 期。

马述忠，房超，梁银锋：《数字贸易及其时代价值与研究展望》，《国际贸易问题》，2018 年第 10 期。

蔡跃洲：《中国共产党领导的科技创新治理及其数字化转型：数据驱动的新型举国体制构建完善视角》，《管理世界》，2021 年第 8 期。

颜昌武、马敏：《知识生产与社会治理的数字化转型》，《浙江学刊》，2022 年第 3 期。

任保平：《数字经济赋能高质量发展的现代化治理体系研究》，《学术界》，2022 年第 12 期。

黄阳华：《基于多场景的数字经济微观理论及其应用》，《中国社会科学》，2023 年第 2 期。

乔天宇，等：《数字治理格局研判的理论与方法探索》，《中国科学院院刊》，2020 年第 10 期。

孟天广：《数字治理生态：数字政府的理论迭代与模型演化》，《政治学研究》，2022 年第 5 期。

李昊林，彭錞：《良好数字生态与数字规则体系构建》，《电子政务》，2022 年第 3 期。

戴勇：《生活服务电商平台的生态系统演化：战略逻辑和生命周期视角》，《湖北工业大学学报》，2021 年第 3 期。

韩炜：《商业生态系统研究述评与展望》，《南开管理评论》，2020 年第 3 期。

陈晓红、李杨扬、宋丽洁，等：《数字经济理论体系与研究展望》，《管理世界》，2022年第2期。

蔡跃洲、牛新星：《中国数字经济增加值规模测算及结构分析》，《中国社会科学》，2021年第11期。

许宪春、张美慧：《中国数字经济规模测算研究：基于国际比较的视角》，《中国工业经济》，2020年第5期。

王天夫：《数字时代的社会变迁与社会研究》，《中国社会科学》，2021年第12期。

程啸：《论大数据时代的个人数据权利》，《中国社会科学》，2018年第3期。

黄雨晴：《中国数字鸿沟的成因与赋权式治理》，《学习与实践》，2022年第9期。

关爽：《数字不平等的治理逻辑与路径选择》，《学习与实践》，2022年第8期。

Ashton K、Sarma S、Brock L D. The networked physical world，Auto－ID Center White Paper，2000.

International Telecommunication Union：ITU internet report 2005: The Internet of things，Tunisia: World Summit Of Information Society，2005.

EPOSS Expert Workshop：Internet of things in 2020，EPOSS Report，2008.

Gartner: Blockchain, quantum computing, augmented analytics and artificial intelligence will drive disruption and new business models，https://www.gartner.com/smarterwithgartner/gartner-top-10-strategic-technology-trends-for-2019.

GE: What is a digital twin?，https://www.ge.com/digital/applications/digital-twin.

Siemens：Digital Twin，https://www.plm.automation.siemens.com/global/en/our-story/glossary/digital-twin/24465.

Industrial Internet Cosortium：The Industrial Internet reference architecture technical Document，http://www.iiconsortium.org/IIRA-1-7-ajs.pdf.

Hansen N M. Unbalanced Growth and Regional Development, Western Economic Inquiry, Vol.4, No.1:3-14, 1965.

Geroski, P. A., Models of technology diffusion, Research policy, Vol.29, No.4-5:603-625, 2000.

Varian H.R., Artificial Intelligence, Economics and Industrial Organization, NBER Working Paper,No.24839, 2018.

Goldfarb, A., Tucker C., Digital Economics, Journal of Economic Literature, Vol.57, No.1: 3-43, 2019.

McQuinn A，Guo W，Castro D. Policy principles for fintech. Working Paper, 2016.

Boekholt，P. and Arnold，E.，The Governance of Research and Innovation：An

International Comparative Study. Synthesis Report，Technopolis Group Ltd. 2002.

Dunleavy P, Margetts H, Bastow S, et al. Digital Era Governance: IT Corporations, the State, and E-Government. Oxford University Press Inc, 2006,pp.216-217.

Zamora D, Barahona J C, Palaco I. Case: Digital Governance Office. Journal of Business Research, Vol.69, No.10, 2016.

Jane E. Fountain，Building the Virtual State:Information Technology and Institutional Change，Washington，D. C. :Brookings Institution Press，2001，p:16.

Chernyakov M, Chernyakova M. Technological risks of the digital economy. Корпоративные финансы, Vol.12, No.4, 2018.

Zhang M L, Chen M S. China's digital economy: Opportunities and risks. International Monetary Fund, 2019.

DiMaggio P, Hargittai E, Celeste C, et al. From unequal access to differentiated use: A literature review and agenda for research on digital inequality. Social inequality, Vol.1: 355-400, 2004.

BHARADWAJ A., EL SAWY O. A., PAVLOU P. A., VENKATRAMAN N. V., "Digital business strategy: toward a next generation of insights", MIS quarterly, 2013.

VIAL G., "Understanding digital transformation: A review and a research agenda", The journal of strategic information systems, Vol. 28, No. 2, 2019.

RÜßMANN M., LORENZ M., GERBERT P., WALDNER M., JUSTUS J., ENGEL P., HARNISCH M, "Industry 4.0: The future of productivity and growth in manufacturing industries", Boston consulting group, Vol. 9, No. 1, 2015.

SEBASTIAN I., ROSS J., BEATH C., MOCKER M., MOLONEY K., FONSTAD N., "How big old companies navigate digital transformation",MIS quarterly executive, Vol. 16, No. 3, 2017.

NAMBISAN S., LYYTINEN K., MAJCHRZAK A., SONG M., "Digital innovation management", MIS quarterly, Vol. 41, No. 1, 2017.

ELIA G., MARGHERITA A., PASSIANTE G., "Digital entrepreneurship ecosystem: How digital technologies and collective intelligence are reshaping the entrepreneurial process", Technological forecasting and social change, Vol. 150, 2020.

LYYTINEN K., YOO Y., BOLAND JR R. J., "Digital product innovation within four classes of innovation networks", Information systems journal, Vol. 26, No. 1, 2016.

BRIEL F., DAVIDSSON P., RECKER J., "Digital technologies as external enablers of new venture creation in the IT hardware sector", Entrepreneurship theory and practice, Vol. 42, No.

1, 2018.

YOO Y., HENFRIDSSON O., LYYTINEN K., "Research commentary—the new organizing logic of digital innovation: an agenda for information systems research", Information systems research, Vol. 21, No. 4, 2010.

MARKUS M. L., STEINFIELD C. W., WIGAND R. T., "Industry-wide information systems standardization as collective action: the case of the US residential mortgage industry", MIS quarterly, 2006.

WILLIAMS M. D., DWIVEDI Y. K., LAL B., SCHWARZ A., "Contemporary trends and issues in IT adoption and diffusion research", Journal of information technology, Vol. 24, No. 1, 2009.

NAKAMOTO S., "Bitcoin: A peer-to-peer electronic cash system", Decentralized business review, 2008.

PANARELLO A., TAPAS N., MERLINO G., LONGO F., PULIAFITO A., "Blockchain and IoT integration: A systematic survey", Sensors, Vol. 18, No. 25, 2018.

CIRIELLO R. F., RICHTER A., SCHWABE G., "Digital innovation", Business &information systems engineering, Vol. 60, 2018.

YOO Y., BOLAND JR R. J., LYYTINEN K., MAJCHRZAK A., "Organizing for innovation in the digitized world", Organization science, Vol. 23, No. 5, 2012.

重要术语索引

第十五章